웨슬리 이야기 2

존 웨슬리의 생애

김진두 지음

kmc

개정판

웨슬리 이야기 **2**

존 웨슬리의 생애

초판   1쇄 2006년 10월 2일
개정판 1쇄 2014년 10월 30일
     3쇄 2024년 3월 20일

김진두 지음

발 행 인 | 이   철
편 집 인 | 김정수

펴 낸 곳 | 도서출판kmc
등록번호 | 제2-1607호
등록일자 | 1993년 9월 4일

(03186) 서울특별시 종로구 세종대로 149 감리회관 16층
(재)기독교대한감리회 도서출판kmc

대표전화 | 02-399-2008, 02-399-4365(팩스)
홈페이지 | http://www.kmcpress.co.kr

디자인 · 인쇄 | 리더스 커뮤니케이션

값 20,000원

ISBN 978-89-8430-661-5 04230
      978-89-8430-536-6 04230(세트)

이 도서의 국립중앙도서관 출판예정도서목록(CIP)은 서지정보유통지원시스템 홈페이지(http://seoji.nl.go.kr)와
국가자료공동목록시스템(http://www.nl.go.kr/kolisnet)에서 이용하실 수 있습니다. (CIP제어번호 : CIP2014028935)

이 책을 완성하는 데 참으로 오랜 세월이 걸렸다. 이 책을 쓰기 시작한 것은 사실상 약 20년 전부터라고 할 수 있다. 존 웨슬리의 생애를 써야겠다고 마음 먹은 것은 영국으로 유학 가서 존 웨슬리를 공부하면서부터다. 이를 위해서 헌책방을 수없이 드나들고 도서관에서 자료를 구하느라 밥을 거른 적도 많다.

그러나 막상 귀국해서 쓰려고 하니 나 자신이 아직 준비가 되어 있지 않다. 수많은 역사 자료들을 읽고 이해하고 정리하는 것은 참으로 고된 작업이었으며, 한국인의 정서에 맞게 우리말로 표현하기까지 오랜 시간에 걸친 묵상과 많은 경험이 필요했다. 시간이 가면 갈수록 나는 존 웨슬리의 신학이나 목회나 그 밖의 다른 분야보다 생애를 쓴다는 것이 훨씬 더 어려운 일이라는 것을 깨달았다. 다른 사람의 생애에 관하여 판단하고 공개한다는 것 자체가 어려운 일이며, 그만큼 실수나 잘못을 범하기 쉽기 때문이다. 한 사람의 생애는 남이 다 알 수도 없고 말할 수도 없는 내면의 세계가 있으며, 세상에 알려지고 기록된 것과 다른 면이 얼마든지 있기 때문이다. 한 사람의 생애를 쓰려면 역사적인 사실을 객관적으로 정확하게 기술해야 하는데 이 일이 누구에게나 쉬운 일은 아닌가 보다. 그래서 많은 학자들이 웨슬리의 생애에 대하여 쓰기를 주저한 것 같다.

나는 그저 한국 사람들에게 존 웨슬리를 조금이라도 더 빨리 알리고 싶은 마음에서 이렇게 어리석은 모험을 한 것뿐이다. 원고는 신학대학 강의를 준비하면서 틈틈이 쓰기도 하였지만 마음먹고 쓸 때는 주로 조용한 한밤중이나 새벽에 썼다. 쓰다 보면 새벽 3시도 되고 때로는 밤을 꼬박 새우기도 하였다.

이 책의 특징은 다음과 같다. 첫째, 존 웨슬리의 생애를 역사적 사실대로 묘사하였다. 둘째, 그의 생애를 통해서 메도디스트 역사와 신앙 전통과 신학사상을 엿볼 수 있도록 기술하였다. 셋째, 평신도들도 쉽게 존 웨슬리를 배울 수 있도록 썼다. 넷째, 신학도와 목회자가 존 웨슬리를 자세히 이해할 수 있도록 기술하였다. 다섯째, 누구나 재미있게 읽을 수 있도록 이야기 식으로 썼다. 여섯째, 독자들에게 유익한 지식과 교훈이 되는 부분에 작은 제목을 달아서 이해를 도왔다. 일곱째, 존 웨슬리 원 자료와 초기 메도디스트 역사가들의 기록된 증언을 많이 참고하였다.

나는 이 책을 쓰는 동안 여러 번 마음이 뜨거워지는 것을 느꼈다. 그의 경건과 학문과 헌신, 고난과 시련을 이기는 용기, 그리고 모든 인류, 특히 가난하고 병들고 갇힌 자들에 대한 사랑에 깊이 감동하였다. 몇 번씩이나 사랑에 실패하며 괴로워 울었고, 불같이 질투하고 사나운 아내의 무서운 폭력에 시달리며 온갖 고통을 겪어야 했던 존 웨슬리를 가슴으로 동정하면서 나도 눈물을 흘렸다. 또한 그의 거룩한 삶과 죽음, 그리고 행복한 삶과 죽음을 보면서 나의 생애도 그렇게 되기를 기도하였다. 영국의 존 웨슬리 학자인 헨리 랙은 지금까지 많은 역사가들이 존 웨슬리의 전기를 지나치게 성인전(hagiography)으로 쓴 것이 문제라고 지적하였는데, 나는 이 책을 쓰면서 오히려 존 웨슬리의 생애는 성인전이 될 수밖에 없다는 사실을 다시 발견하게 되었다. 존 웨슬리는 단순히 18세기 부흥운동을 이끈 전도자나 메도디스트 교회의 창시자만이 아니다. 그는 오고가는 시대의 모든 그리스도인들과 인류를 위한 진리의 사도요, 성결과 사랑의 성자요, 행복의 교사다. 나는 많은 사람들이 이 책을 읽고 거룩한 삶, 행복한 삶을 사는 방법과 기술을 배울 수 있을 것이라고 확신한다.

이 책은 필자의 「웨슬리 이야기 1: 웨슬리의 뿌리」에 이은 제2권이다. 독자들이 「웨슬리 이야기 1」을 먼저 읽고 이 책을 읽는다면 훨씬 더 깊은 재미와 이해를 얻게 될 것이다. 앞으로 「웨슬리 이야기 3: 더욱 더 사랑해」를 쓸 계획을 갖고 있기는 하지만 그 동안 몇 권의 책을 집필하느라 지쳐서 지금으로서는 내가 더 쓸 수 있을지 자신이 없다. 아마 더 이상의 책을 못 쓸지도 모른다. 나는 모든 메도디스트들이 이 책을 읽기를 바란다. 그리고 메도디스트가 아닌 다른 사람들도 이 책을 읽고서 존 웨슬리와 메도디즘을 배우면 좋겠다. 가능하면 모든 메도디스트의 필독서가 되면 얼마나 좋을까 생각한다.

금년 8월은 내가 영등포중앙교회에 부임한 지 꼭 10년이 되는 해다. 지난 10년의 세월이 목회하고 강의하고 몇 권의 책을 쓰는 중에 쏜살같이 지나갔다. 그리고 올 10월은 내가 섬기는 영등포중앙교회가 창립 70주년을 맞는 해다. 바로 이렇게 의미 있는 때에 이 책을 출판하게 되어 더욱 기쁘다. 이 책을 출간하면서 감사해야 할 분들이 많다. 먼저 이 책을 쓸 수 있는 건강과 인내와 지식을 주신 하나님께 감사드린다. 영국 유학 시절 나를 아들처럼 대하면서 웨슬리와 초기 메도디스트 역사를 친절하게 가르쳐주신 웨슬리 대학의 레이몬드 조지 교수님께 감사하고, 또 나를 친구로 대하면서 영국 교회사를 가르쳐주신 브리스톨 대학교의 션 패트릭 길 교수님께 감사드린다. 그리고 이 책이 나오기까지 교정하느라 많이 수고하신 김진식 목사님, 원영만 목사님, 이성재 전도사님, 그리고 김정민 전도사님께 감사하고, 출판을 맡아주신 감리교 본부 홍보 출판국 총무 손삼권 목사님과 직원 여러분께 감사한다. 이 책이 출간된 기쁨을 나를 위해 기도해 주시는 모든 분들과 나누고 싶다.

2006년 7월 1일
저자 김진두

존 웨슬리의 생애

JJW: The Journal of the Rev. John Wesley A.M., 8 vols., edited by Nehemiah Curnock, Robert Culley, London, 1916.

LJW: The Letters of John Wesley A.M., 8 vols., edited by John Telford, Epworth Press, London, 1931.

SS: The Standard Sermons of John Wesley, 2 vols., edited and annotated by Edward H. Sugden, Epworth Press, London, 1921.

ENNT: Explanatory Notes upon the New Testament, John Wesley, 1754, reprinted by Epworth Press, London, 1950.

WJW: The Works of John Wesley, 14 vols., edited by Thomas Jackson, John Mason, London, 1831.

WJWB: The Works of John Wesley, Bicentennial Edition, vol., 1, 2, 3, 4, 7, 9, 11, 18, 19, 20, 21, 22, 23, 24, 25, 26., edited by Albert C. Outler etc., Abingdon Press, 1975~2003.

PWJC: The Poetical Works of John and Charles Wesley, 13 vols., edited by Dr. George Osborn, Wesleyan Methodist Conference Office, London, 1869.

CHPM: A Collection of Hymns for the Use of People Called Methodists, with a New Supplement Edition with Tunes, 1779, reprinted by Wesleyan Methodist Conference Office, 1878.

제1부

엡웟에서 옥스포드까지

(1703~1735)

소년 존 웨슬리 : 13세 때의 모습
(이 초상화는 현재 차터하우스 학교 도서관에 걸려 있음)

1. 영원한 고향 엡웟 – 어린 시절(1703~1711)

1) 명문가에서 출생한 존 웨슬리

존 웨슬리는 명문가에서 출생하였다. 세상적인 의미의 명문가가 아니라 신앙과 경건에서 그의 친가와 외가 모두 명문가였다. 친가 선조들은 중세기부터 대대손손 성직자가 많았고, 학자와 의사와 시문학가가 많았다. 특별히 중세기를 지나면서 존 웨슬리 가문에서는 유명한 기사(騎士; chivalry)들이 많이 나왔다. 그래서 존 웨슬리 선조들의 고향인 영국 남부지방의 교회 기록이나 향토사에는 웨슬리 가(家)가 기사도의 가문이라고 불렸다. 중세기부터 웨슬리 가의 문장(紋章)은 조개 모양인데 이것은 십자군 전쟁에 나갔던 기사 계급의 문장이다. 존 웨슬리와 찰스 웨슬리 모두 조개 모양을 자신과 가족의 고유한 문장으로 사용하였다.

고조할아버지는 영국 남부 데븐 주의 영웅적인 기사였다. 그는 경건한 신앙인이며 학식과 시문학, 음악에 탁월한 재능을 고루 소유한 유명한 기사였다. 존 웨슬리의 선조들은 신앙과 경건과 학문과 시와 음악과 도덕과 충성심으로 교회와 나라를 지키며 천년의 세월을 살아온 명문가였던 것이다.

증조할아버지 바톨로뮤 웨슬리(1595~1680?)는 옥스퍼드 대학에서 신학과 의학을 공부하였다. 그는 영국 국교회의 성직자가 되었지만 청교도 신앙에 깊이 감화되어 심한 박해 속에서도 굴하지 않고 비국교도의 길을 갔으며, 결국은 교구에서 축출되어 고난을 당하면서 방랑하는 성직자로서 설교하고 의사로서 가난한 사람들의 병을 고쳐주며 살았다.

할아버지 존 웨슬리(1636~1678)도 옥스퍼드 대학에서 신학과 동양고전어를 공부하였다. 그는 학문에 천재적인 재능을 타고나 당시 청교도 신학의 대가요 옥스퍼드 대학교 총장을 지낸 존 오웬의 총애를 받았다. 계속해서 순탄하게 학문에 전념했다면 옥스퍼드의 위대한 학자가 되었겠지만 그는 일찍이 청교도 신앙이 성서적이며 진정한 기독교라는 확신을 갖고서 험난하고 고생스런 비국교도의 길을 걸으며 형언 못할 박해를 당했다. 결국 교구에서 추방된 그는 감옥에 두 번씩이나 갇히고 머리 둘 곳도 없이 방랑하다가 42세의 젊은 나이에 요절하고 말았다.

아버지 사무엘 웨슬리(1662~1735)도 옥스퍼드 대학과 케임브리지 대학을 나오고 여러 권의 신학 책을 저술한 학자요 시인이요 영국 국교회 성직자였다. 사무엘의 세 아들도 모두 옥스퍼드 대학에서 학사와 석사 학위를 받은 학자이자 국교회 성직자였다. 큰아들 사무엘은(1690~1739) 명문 웨스트민스터 학교의 교사와 티버튼 학교 교장을 지냈으며, 시인으로서 많은 시를 남겼다. 셋째아들 찰스 웨슬리(1707~1788)도 국교회 성직자로서 존 웨슬리와 일평생 한길을 걸으며 메도디즘의 창시자가 되었으며, 특별히 실천신학자로서 약 9,000편의 찬송을 써서 교회사에 가장 위대한 찬송작가가 되었다.

존 웨슬리의 외가도 영국 교회사에 빛나는 명문가다. 외할아버지 사무엘 아네슬리 박사(1620~1696)는 옥스퍼드에서 신학과 법학을 공부하고 민법학 박사가 되었다. 그는 영국 국교회의 성직자가 되어 런던에서 대표적인 교회를 섬겼다. 그러나 선조의 신앙 전통을 따라 비국교도의 길을 택하였고 청교도의 대부라 불릴 정도로 당대 청교도 운동의 가장 탁월한 지도자였다. 그는 리처드 박스터의 가장 절친한 친구이며, 실천신학의 표본으로 존경받는 영국의 사도 바울이었다. 그는 25명의 자녀를 낳았다. 그중에 25번째가 바로 존 웨슬리의 어머니 수산나 웨슬리(1669~1742)다.

수산나는 당대 여성으로서는 최고의 교육을 받았으며, 청교도 경건과 신학에 정통한 여성이었다. 만약 그때 여자도 대학에 갈 수 있었다면 그녀는 분명히 옥스퍼드 대학에 가서 신학박사가 되어 유명한 신학자가 되었을 것이라고 역사가들은 말한다. 특별히 그녀는 신학만이 아니라 어학과 문학과 역사와 교육학에도 상당한 수준의 지식을 가지고 있었으며, 그 모든 것을 자녀 교육에 적용하여 경건과 자녀 교육에서 위대한 본을 남겼다.

존 웨슬리의 선조들은 돈과 부에서 가난했으며, 세속적인 명예와 세속적인 권력에서도 가난했다. 그러나 그들은 가난과 고독과 박해와 고난 속에서 오히려 경건과 학문과 성직을 온전히 지켰으며, 후손에게 거룩한 유산으로 물려주었다. 실로 존 웨슬리는 우리 모두가 흠모할 만하며 교회사에 빛나는 명문가에서 출생하였다. 그리고 이러한 명문가를 통해서 하나님께서는 오랫동안 인류의 사도인 존 웨슬리의 탄생을 예비하셨던 것이다.[1]

2) 아름다운 전원에서 자라난 존 웨슬리

존 웨슬리는 1703년 6월 17일 잉글랜드 북부의 링컨 주(Lincolnshire)에 있는 조그마한 시골 마을인 엡윗(Epworth)에서 영국 국교회 목사인 아버지 사무엘 웨슬리와 어머니 수산나 웨슬리 사이의 19자녀 중에 15번째 아이로 태어났다. 그가 태어났을 때 아버지 사무엘 웨슬리는 엡윗 교구의 담임 목사였다. 그의 본래 이름은 존 벤자민 웨슬리였는데, 이 이름은 태어나서 유아기에 죽은 10번째 아이 존과 11번째 아이 벤자민의 이름이 합해서 지어진 것인데, 벤자민이라는 중간 이름은 거의 사용되지 않았다. 예부터 인류역사에 빛나는 위인들의 다수가 시골에서 태어났는데, 존 웨슬리도 당시 대영제국의 찬란한 도시와 부유하고 번화한 도회지가 아닌 아주 작고 초라하여 아무도 알아주지 않는 소외된 농촌 마을에서 태어나 어린 시절을 보냈다. 존 웨슬리가 태어난 엡윗이란 마을은 존 웨슬리의 고향이 아니었다면 세상에 알려질 아무런 이유도 없는 그저 작은 농촌마을일 뿐이다.

엡윗은 사방이 악쏨(Axholme) 강으로 둘러싸여 있다. 마치 육지 가운데 있는 작은 섬과 같고 지대가 낮은 곳이어서, 비가 조금만 많이 와도 강이 범람하여 홍수가 나기 일쑤여서 주민들은 심한 고통을 겪었다. 그러나 엡웟은 아름답고 평화로운 동네였다. 주민의 대부분은 밀과 감자 농사를 짓고 살았으며, 지대가 조금 높은 언덕 지역에서는 양을 키우는 목장들이 펼쳐 있는 전형적인 농촌 마을이었다. 엡웟에는 일주일에 한 번씩 서는 장터가 있었는데, 존 웨슬리가 고향에 올 때마다 이 장터 한가운데 서서 설교하였다. 마을 장터에서 한 200여 미터 떨어진 마을 가장자리에는 중세기 초에 세워진 아주 고풍스런 교구 예배당이 있는데, 존 웨슬리의 부친이 이 교회의 담임목사였다. 그리고 그 마을에는 작은 침례교회와 퀘이커교회가 하나씩 있었으며, 그 외에 다른 국교 반대자들은 별로 없었다.

엡웟 교구 예배당에서 사방을 바라보면 온통 푸른 전원이며 마을에서 약 1킬로미터쯤 걸어 나가면 악쏨 강이 마을을 에워싸고 땅을 적시며 흐르고 있다. 옛날에는 이 강으로 곡식이나 물품을 나르는 배들이 다녔다. 자신의 어린 시절에 관하여 자세한 기록을 남기지 않았지만, 존 웨슬리는 이렇게 조용하고 아름다운 전원에서 어린 시절을 보내면서 순수하고 완전한 하나님의 사람의 인격의 기초를 이루었다. 엡웟은 존 웨슬리에게 영원한 마음의 고향이었다. 그는 일평생 고향 엡웟에 대한 노스탤지어를 마음속에 느끼며 살았다.

3) 불 속에서 꺼낸 타다 남은 막대기

엡웟 교구 예배당에서 약 200미터쯤 걸어 내려오면 붉은 벽돌로 지은 네모난 집이 서 있는데, 이 집이 교구 목사관이다. 목사관은 엡웟 교구 예배당만큼이나 오래되었는데, 세 번이나 화재가 나서 그때마다 다시 지은 집이다. 그리고 1709년에 일어난 화재 사건 때 6세 존 웨슬리가 불 속에서 기적적으로 구출되었기 때문에 그의 생애와 메도디스트 역사에 유명한 이야기로 기억되어 왔다.

그의 부모는 이 화재 사건을 하나님의 특별한 섭리로 생각하였으며, 어머니 수산나는 화염에 싸인 목사관 지붕이 무너지기 직전에 아이가 살아난 데는 하나님의 거룩한 뜻이 있다고 믿고, 다른 아이들보다 더욱 특별한 관심과 사명감을 갖고 키우기로 결심하였다. 존 웨슬리 자신도 부모로부터 자신이 불 속에서 기적적으로 구출된 이야기를 종종 들으면서 자랐으며, 후에 자신의 생명은 '불 속에서 꺼낸 타다 남은 막대기'(a brand plucked out of the burning)라고 고백하였다. 그는 화재 사건이 자신의 생애를 향한 하나님의 계시와 부르심(소명)이라고 믿었으며, 하나님의 소명의 뜻을 이루기 위해서 일평생 하나님께 헌신하여 완전한 사랑과 완전한 성화의 삶을 살았다.

4) 천연두를 앓은 존 웨슬리

존 웨슬리는 8세에서 9세 사이에 천연두를 앓았다. 당시에 천연두는 모든 어린아이가 앓는 흔한 병이었으며 또 많은 아이들이 이 질병으로 죽었다. 존 웨슬리도 천연두에 걸려 아주 심한 고통을 겪었으나 남자답게 또 그리스도인의 용기로 잘 참아내었다. 수산나는 런던에 있는 사무엘에게 보낸 편지에서 "자키(존의 애칭)는 이 질병을 어른같이 용감하게, 정말 그리스도인답게 아무런 불평 없이 잘 이겨냈다."고 전하였다.[2] 존 웨슬리가 천연두를 심하게 앓았기 때문에 그의 얼굴에 곰보의 흔적이 있었다는 기록이나 어떤 신빙성 있는 증거는 아무데도 없음에도 불구하고 간혹 어떤 사람들은 그가 심하지는 않지만 얼굴에 어느 정도 곰보의 흔적을 지녔을지도 모른다고 상상한다.

5) 무엇에나 진지하고 총명한 아이

존 웨슬리의 후계자요 전기 작가인 아담 클라크(A. Clarke)에 의하면 존 웨슬리는 아주 어려서부터 모든 일에 진지하고 학구적인 기질을 가졌으며, 모든 일을 이성과 양심에 꼭 맞게 행하려고 노력하였다고 한다. 무슨 일이든지 그것이 하나님의 진리와 인간의 도덕에 맞는 것인지 어긋난 것인지를 분명히 확인하기 전에는 아무것도 하지 않는 아이였다. 어떤 일을 하라고 요청받았을 때, 예를 들어 식사시간 외에 빵이나 과일을 먹으라는 제안을 받으면 "감사합니다. 생각해 보겠습니다."라고 말하고 먹을 것인지 안 먹을 것인지를 결정하고 나서 대답하는 습관을 가졌다.

　　존 웨슬리 전기 작가들은 존 웨슬리의 부모의 기록이나 생전의 존 웨슬리를 잘 아는 사람들의 이야기를 가지고 그는 어려서부터 생각이 합리적이고 태도는 진지하고 행동은 도덕적인 아이였다고 전한다. 한번은 그의 부친 사무엘이 존에게 "애야, 너는 모든 것을 논리에 맞게 해야만 한다고 생각하는구나. 그러나 네가 모르는 것이 있다. 세상에는 반드시 이치에 맞는 일만 있는 것은 아니란다."라고 충고했다. 또 한번은 사무엘이 수산나에게 "여보, 우리 자키는 아무리 상식적이고 자연스런 일이라도 이성에 맞지 않는 일이라면 전혀 거들떠보지도 않으려고 하는구료."라고 자키의 성격이 지나치게 냉철하고 합리적으로 치우쳤다고 불평하듯 말하기도 하였다.[3] 이와 같은 자료들을 통해서 어린 존 웨슬리가 이성과 양심과 신앙에 따라서만 행동하는 아이였다는 사실을 알 수 있다.

6) 8세부터 성찬상에 나갔던 존 웨슬리

　　어린 존 웨슬리는 명상적이고 이성적인 아이인 동시에 영적이고 신비적인 경험을 하면서 자라났다. 존이 일찍부터 어머니에게 엄격한 신앙 훈련을 받았지만 아버지의 깊은 배려에 의해서 깊은 신앙 체험을 하였다는 사실도 아주 중요하다. 아버지 사무엘은 존이 8세가 채 못 되어서부터 성찬상에 나가도록 허락하였다. 아버지 사무엘은 존에게 일찍부터 성례전적인 영성을 길러주려는 깊은 뜻을 갖고 있었던 것이다.

존이 성찬상에 나갔다는 말이 그가 성찬상에 나가서 빵과 포도주를 받아먹었다는 것인지 아니면 성찬상에서 목사가 그의 머리에 손을 얹기만 했다는 말인지는 분명치 않다. 왜냐하면 영국 국교회에서는 그때나 지금이나 성찬상에 나온 어린아이들에게는 성찬을 주는 대신 목사가 머리에 손만 얹어 안수해 주는 전통이 있기 때문이다. 그러나 초기 메도디스트 역사가들은 존 웨슬리가 실제로 성찬을 받았다는 뜻으로 이 사실을 전하는 것 같다. 어찌 되었든지 그가 8세부터 일생 동안 규칙적으로 그리고 지속적으로 성찬을 받았다는 사실은 아주 드물고도 놀라운 것이다. 존 웨슬리는 어려서부터 주의 성찬상에서 그리스도의 피로 자신의 마음을 씻으며 마음과 생활의 성결을 이루는 기도를 하며 자랐다.

존 웨슬리는 자신이 10세까지는 결코 죄를 짓지 않았으며, 갓난아이로 세례식을 통해서 받은 '성령의 씻음'을 그대로 간직하고 있었다고 말하였다. 그의 이러한 고백은 무엇을 의미하는 것일까? 이것은 그가 어려서부터 철저하게 이성과 양심과 신앙에 맞게 생활한 것을 말한다.[4] 엡윗에서 보낸 존 웨슬리의 어린 시절에 관하여는 이미 필자가 「웨슬리 이야기 1: 웨슬리의 뿌리」에서 소개한 것들과 이 책에서 새롭게 말한 것들이 그의 부모와 가족과 초기 역사가들이 전해 주는 이야기의 전부다.

7) 규칙에 따르는 생활로 훈련받은 존 웨슬리

아버지 사무엘 웨슬리는 영국 국교회의 목사였고, 어머니 수산나 웨슬리는 당대 영국 청교도의 대부로 존경받고 있던 사무엘 아네슬리 박사의 25번째 막내딸이었다. 존이 태어날 때 아버지 사무엘은 엡윗 교구 교회(Epworth Parish

Church)를 담임하고 있었다. 아버지는 당시 영국 국교회의 고교회(high church) 전통을 따르는 경건한 목회자요, 동시에 문학과 신학에 뛰어난 은사를 타고난 사람이어서 「그리스도의 생애」, 「욥기 연구」, 「바르게 준비된 성만찬」을 비롯하여 여러 권의 저서를 남긴 신학자요 문학가였다. 존 웨슬리는 아버지로부터 영국 고교회 경건주의 신앙을 이어받았으며, 아버지의 신학에 많은 영향을 받았다. 어머니는 교구 목사의 아내로서 교구민들의 어머니 역할을 잘 해내면서 동시에 많은 자녀의 교육에 헌신적인 생애를 살았던 메도디즘의 어머니다. 그녀는 교회사에 빛나는 세 아들을 키워낸 인류역사에 위대한 어머니가 되었다. 장남 사무엘은 영국 국교회의 성직자로서 훌륭한 교육가였으며, 15번째 아들 존은 메도디즘의 창시자로서 위대한 신학자요 전도자였다. 그리고 18번째 아들 찰스 역시 메도디즘의 창시자로서 교회사에 가장 위대한 찬송작가였다. 아들들을 잘 키워낸 수산나는 존 웨슬리 신앙 전통을 따르는 역사적이고 세계적인 모든 교회들의 영원한 신앙의 어머니로서 존경받고 있다.

존 웨슬리는 아버지로부터 영국 고교회 경건주의 신앙과 어머니로부터 청교도 경건주의 신앙을 몸에 배도록 배웠다. 메도디스트 역사가들은 찰스가 아버지의 감정적이고 급한 성격을 닮은 반면에 존은 어머니의 냉철하고 이성적이고 차분하고 질서 있는 성격을 닮았으며, 또한 찰스가 아버지의 문학적·시적인 소질을 물려받았으며 존은 어머니의 냉철한 지성과 깔끔하고 질서정연하고 절제된 경건을 물려받았다고 말한다. 이와 같이 존 웨슬리는 아버지의 영향도 많이 받았지만 그보다는 어머니의 성품과 영성을 더욱 깊이 닮았다. 어린 시절부터 그의 마음속에는 다른 자녀들보다도 어머니의 성품과 영성이 더욱 깊이 스며들었으며, 여자들이 많은 가정환경에서 특별히 누이들과 친밀한 관계 속에서 자랐기 때문에 그의 성품과 영성, 그리고 신학이 남성적이기보다는 여성적이며, 부성적이기보다는 모성적인 요소가 강하다고 말하는 학자들이 있다.

존 웨슬리의 모든 것은 어머니의 교육에 의하여 만들어졌으며, 어머니의 신앙 지도와 교육적 영향은 일생 동안 계속되어 그의 삶의 목표와 방향, 그리고 모든 생활방식을 이끌어 갔다. 특별히 어머니 수산나는 엄격한 규칙을 만들고 정해진 규칙에 따라서 자녀들을 교육하였다. 존 웨슬리는 어머니 수산나의 '규칙에 따라 생활하는 훈련'(disciplined life according to the rules)을 받으며 성장하였다. 잠자리에 드는 것과 일어나는 것, 식사, 기도, 독서, 공부, 노는 것, 일하기 등 하루의 모든 생활을 정해진 규칙에 따라서 하였으며, 모든 생활에서 반드시 지켜야 하는 규칙이 있었다. 규칙은 다음과 같은 것들이었다.

"성수주일

부모에게 순종하기

거짓말 안 하기

서로의 이름을 부를 때 brother와 sister 붙이기

남의 소유권 침해 안 하기

시간과 약속은 정확히 지키기

회초리를 두려워하기

잘못하여 매 맞고 울 때는 소리 내지 않고 울기

아플 때는 무슨 약이든 잘 먹기

집안에서 큰소리 내지 않기

경박한 말이나 장난 안 하기

남에게 무엇을 요구할 때에 겸양의 예의 지키기

간식 안 먹기

식사시간에 제멋대로 부엌에 들어가서 음식 요구 안 하기

남에게 무엇을 요구할 때에는 조용히 말하기

가족 기도회에 철저히 참여하기

음식을 버리거나 남기지 않기

침대보와 이부자리 교체, 옷 입고 벗기 등은 스스로 하기"

이러한 규칙을 잘 지킬 때에는 칭찬과 상이 주어졌으며, 잘 지키지 않을 때에는 벌을 받았다.

수산나는 아이들을 차례대로 매주 한 번씩 만나서 한 주간의 생활에 대하여 대화하고 잘못을 고백하고 질문도 하면서 어머니에게 용서와 칭찬과 위로와 사랑을 받게 하였다. 존이 어머니를 만나는 경건의 데이트 시간은 매주 목요일 저녁 시간이었다. 성인이 된 존 웨슬리는 자신의 인격 형성에 가장 중요한 영향을 끼친 것은 바로 어머니와 단 둘이 만났던 시간이었다고 말하면서 그 시간을 그리워하였다. 이와 같이 어머니를 통하여 받은 규칙에 따르는 엄격한 생활 교육이 존 웨슬리의 인격 형성과 영성 형성에 결정적인 영향을 끼친 것은 말할 것도 없다. 존 웨슬리의 선조들과 부모에 관하여는 「웨슬리 이야기 1: 웨슬리의 뿌리」에서 상세히 썼기 때문에 여기서는 더 이상 반복하여 다루지 않으려고 한다.[5]

2. 세상에 나온 어린 성자 – 차터하우스 학교에서(1711~1720)

1) 카투시안 수도원 학교

존 웨슬리는 10세 반이 되었을 때에 어머니 수산나의 개인 지도 학습 (tutorial)을 수료하였다. 이로써 존 웨슬리는 초등학교 교육을 어머니의 가정학습(home schooling)으로 마친 것이다. 당시에는 아이들의 초등학교 과정을 집에서 부모가 직접 가르치든지 아니면 개인 교사를 두어 마치게 하는 등 주로 가정 학교(Home School)를 통해서 이루어졌다. 이제 존은 중·고등학교로 진학하여야 하는 단계에 이르렀다. 1714년 1월 28일 존 웨슬리는 런던에 있는 명문 사립 기숙학교(boarding school)인 차터하우스 학교(Charterhous School)에 버킹검 공작의 추천을 받아 장학생으로 입학하였다.[6] 차터하우스 학교는 1611년에 카투시안 수도회(Carthusian Order)에 의하여 세워졌으며, 설립된 이래 현재까지 영국에서 가장 우수한 명문 사립학교 중 하나로 알려져 있다. 카투시안 수도회는 1084년 프랑스의 신비주의 성자 브르노(St. Bruno; 925~965)가 세운 엄격한 관상 수도회로서 세속에 대한 완전한 죽음과 포기를 추구하는 수도 규칙을 갖고 있었다. 이 수도회의 영성생활은 베네딕토 수도생활과 은둔적인 금욕주의가 결합된 것이다. 카투시안 수도회는 중세기 동안에 거의 유럽 전역에 전파되었고, 1371년에는 런던에 차터하우스 수도원이 설립되었다. 이 수도원 안에는 1611년에 토머스 서튼(T. Sutton)이라는 수도사가 세운 아름다운 예배당과 나그네 집, 그리고 기숙학교가 있었는데, 바로 이 학교 이름이 차터하우스다.[7]

위와 같이 차터하우스 학교는 중세기 카투시안 수도회의 전통을 계승하기 때문에 존 웨슬리도 엄격한 교육을 받았을 것이다. 유럽의 오래된 수도원 학교나 대성당 학교에서는 일반 학과목 외에 성경, 기독교 고전, 교리와 신학을 필수로 가르쳤으며 어학을 많이 가르치는 전통을 갖고 있었다. 존 웨슬리도 이곳에서 신학의 기초 과정을 충실히 배웠으며, 라틴어와 성서 히브리어와 성서 그리스어를 철저히 배웠다. 아버지 사무엘 존 웨슬리는 존 웨슬리가 어려서부터 어학에 탁월한 재능을 가지고 있다고 자랑하였으며, 형 사무엘과 동생 찰스도 존이 히브리어와 그리스어를 너무나 빨리 배워 원어 성서를 줄줄 읽는다고 칭찬하였다.

2) 고기는 다 빼앗기고 빵만 먹은 존 웨슬리

존 웨슬리가 이 학교의 학생이 된 것은 특권이었지만 동시에 고생도 많이 하였다. 당시 영국의 기숙학교 생활은 여러 면에서 집을 떠난 아이들에게 고생스러웠다. 엄격한 규율생활과 무거운 학과 공부 때문만은 아니었다. 학교의 음식도 별로 좋은 수준이 아니었으며, 게다가 상급생들이 하급생들의 고기를 모두 빼앗아 먹었기 때문에 존 웨슬리는 10세에서 14세까지 고기를 전혀 먹지 못했다. 오로지 빵만 먹었는데, 빵도 충분히 먹지 못했다. 아버지 사무엘은 기숙사에서 조잡한 음식을 먹으며 생활하는 아들의 건강을 염려하여 매일 아침 학교 운동장을 세 번씩 뛰라고 제안하였으며, 존 웨슬리는 졸업할 때까지 자신의 건강을 위하여 그렇게 하였다. 아버지 사무엘은 집을 떠나 고생하는 아들에게 "젊어서 멍에를 메는 것이 장래를 위해서 큰 유익이다."고 말하면서 격려하였다. 존 웨슬리는 신앙과 인내와 용기를 가지고 모든 어려움을 잘 이겨내면서 소년기를 지나 청년기로 성장해 갔다.

3) 권위와 야망의 소년

당시 차터하우스 학교 교장이었던 투크 박사는 존 웨슬리가 다른 학생들보다 뛰어나고 총명하여 입학에서 졸업까지 최고 우등생 중에 하나였다고 증언하였다. 투크 교장은 존 웨슬리가 주로 하급생들이나 키가 작은 아이들과 어울리는 것을 보고 그를 불러서 이유를 물어보았다. 이 물음에 존 웨슬리는 "천국에서 섬기는 것보다는 지옥에서 다스리는 것이 더 낫다."는 말로 대답하였다고 한다.[8] 투크 교장의 말이 얼마만큼 진실한 것인지는 잘 알 수 없으나 우리는 존 웨슬리가 실제로 그런 성격을 가졌거나 마음이 약해서 학교생활에 적응을 잘 못해서 그랬을 것이라고 상상할 수도 있다. 또한 그가 어려서부터 여자들이 많은 가정환경에서 자랐기 때문에 또래 아이들과 어울리기 어려운 문제점을 갖고 있었을 것이라는 추측도 할 수 있다. 그리고 어떤 역사가들은 투크 교장이 전하는 말 때문에 존 웨슬리가 이때부터 권위주의적이고 야망에 찬 사람이었다고 비평하려고 하였다.

그러나 위와 같은 의견들은 지나친 해석이라고 본다. 존 웨슬리의 대답 한 마디를 가지고 단순하게 그를 비평하는 것은 바람직하지 않다. 존 웨슬리의 그런 행동을 나쁘게만 보지 말아야 한다. 반대로 그것은 존 웨슬리가 하급생들과 약한 아이들에게 인기가 높았다는 증거인지도 모르며, 존 웨슬리가 어리고 약한 아이들을 도와주고 돌보는 것이었다고 볼 수도 있다. 그가 어려서부터 다른 아이들에게 좋은 의미에서 권위를 가진 아이였으며, 그들을 지도하고 통솔하려는 야망을 가진 아이였다는 사실을 긍정적으로 볼 필요도 있다. 왜냐하면 후에 그는 옥스퍼드 링컨 대학의 교수로 있으면서 동료들과 제자들이 모인 신성회(Holy Club)의 지도자가 되었으며, 그 후에는 불길처럼 일어나는 메도디스트 부흥운동을 거룩한 권위를 갖고 주도하였으며, '사회를 성화하고 민족을 개혁하여 성경적 성결을 온 땅에 전파하는' 선한 야망을 가지고 거대하고 치밀한 메도디스트 연합체(Methodist Connection)의 위대한 지도자가 되었기 때문이다.

4) 성자로 들어가서 죄인으로 나온 존 웨슬리

존 웨슬리는 이 학교에 다니는 동안 어떠한 경건 훈련을 받았을까? 존 웨슬리의 차터하우스 학교생활에 관하여 알려진 것은 별로 없지만 오랜 전통을 가진 수도원 학교에서 철저한 종교 교육을 받았으리라고 짐작할 수 있다. 그가 성경과 교리를 배우고 아침저녁으로 기도회에 참여하며, 주일에는 수도원 예배당에서 예배를 드리며 경건의 훈련을 하였다는 것에는 의심이 없다.

그럼에도 불구하고 존 웨슬리는 이 당시에 엡웟에서 지켰던 경건을 많이 상실하였으며, 경건생활에 게을러져서 죄의식에 빠졌다고 회상했다. 그는 1738년에 자신이 차터하우스 학교에 다닐 때의 종교생활에 관해 말하면서 "약 10세가 되기까지는 세례 받을 때에 주어진 성령의 씻김을 떠나서 죄를 지은 적이 없었다."고 주장하였다.[9] 존 웨슬리가 10세가 되는 때란 바로 그가 차터하우스에 입학하는 해였다. 아마도 그는 이 학교의 경건생활이 엡웟에서 어머니와 함께 실천하던 경건에 비해서 훨씬 느슨하고 약하다고 생각했던 것 같다. 또 존 웨슬리는 이 학교에서 경건생활에 게으르고 방탕한 다른 학생들을 보면서 일종의 영적인 혼란과 위기를 느꼈던 것 같다.

이러한 환경 속에서도 존 웨슬리는 혼자서 규칙적인 경건을 지키려고 단호한 결심을 하고 성경 읽기와 영국 국교회의 기도문을 가지고 아침기도와 저녁기도 하는 것을 하루도 빠짐없이 지켰다. 뿐만 아니라 그는 이런 환경에서 자신을 구원하고 지키기 위하여 다음의 세 가지 규칙을 세워 실천하였다. "첫째, 다른 아이들처럼 나쁘게 되지 않는다. 둘째, 무엇보다도 경건생활을 즐거워한다. 셋째, 성경을 읽고, 예배에 참여하고, 규칙적인 기도를 한다."[10] 차터하우스에서 존 웨슬리는 분명히 다른 학생들보다는 경건 훈련에 충실하였다.

그러나 어머니의 엄격하고 따뜻한 지도를 받던 가정을 떠나 처음으로 세상에 나온 그에게 차터하우스는 역시 하나의 도전이요 위기였다. 그래서 존 웨슬리 전기 작가 루크 타이어만은 위와 같은 존 웨슬리의 경험을 보고 "존 웨슬리는 차터하우스에 성자로 들어가서 죄인으로 나왔다."고 표현하였다.

위에 언급한 타이어만의 의견을 어떻게 보아야 할까? 존 웨슬리에게 엡웟은 따뜻한 온실과도 같으며, 세상의 유혹과 시련이 닿을 수 없는 가장 안전한 곳이었다. 그러나 차터하우스는 아주 다른 곳이었다. 차터하우스에서부터 존 웨슬리는 광야와 같이 험한 세상의 한복판으로 나아가고 있었던 것이다. 존 웨슬리는 세상에 갓 나온 어린 성자와 같았다. 그는 여기서부터 세상이 주는 죄악의 유혹을 받으며 그 세력과 싸워야 했고, 때로 그런 영적 전투에서 오는 시련과 고난을 견뎌내야 했다. 그리고 그는 이러한 과정을 겪으며 훈련되고 신체적으로, 영적으로, 그리고 사회적으로 성장하고 있었던 것이다.

존 웨슬리는 차터하우스에서 고생도 했지만 축복도 많이 받았다. 그는 졸업할 때까지 줄곧 우등생의 자리를 놓치지 않았다. 차터하우스 학교는 옥스퍼드와 케임브리지 대학에 각각 몇 명의 학생을 장학생으로 보낼 수 있었는데, 존 웨슬리는 졸업과 함께 옥스퍼드에 갈 수 있는 특권을 얻게 되었다. 그는 옥스퍼드에서도 가장 좋은 크라이스트처치 대학(Christ Church College)에 입학하였다. 차터하우스는 존 웨슬리로 인해서 그 명예가 더욱 빛나게 된 것이다. 존 웨슬리는 약 6년 동안 이 학교에서 공부하고 살면서 정이 많이 들었다. 졸업 후에도 존 웨슬리는 모교를 자주 방문하였다. 1727년에 창립기념일을 맞이하여 모교를 방문한 이래 그는 거의 매년 모교를 찾아 교정을 걸으며 옛 추억에 잠기곤 하였다.

3. 유령에 대한 신비한 경험(1716~1725)

1) 엡웟 목사관에 나타난 유령

존 웨슬리는 차터하우스 학교에 있으면서 1716년부터 1717년 사이에 엡웟 목사관에 유령(귀신이라고 표현할 수 있음)이 나타난다는 이야기를 들었다. 엡웟 가족들은 이 유령을 '늙은 제프리'(Old Jeffery)라고 불렀는데, 이것은 아주 오래전에 엡웟 교구에서 일했던 늙은 정원사의 이름이었다. 이후 메도디스트 역사에도 그 이름으로 불려 오고 있다. 존 웨슬리는 그 무렵 집에 있지 않았지만 귀신이 나타나는 현상에 대하여 자세히 알고 싶어 했다. 그는 편지를 통하여 부모님께 귀신이 어떤 소리를 내었는지를 물었다. 어머니 수산나는 편지를 통해서 존에게 귀신이 나타난 현상에 대하여 자세히 설명해 주었으며, 아버지 사무엘은 귀신이 나타난 증거들에 관하여 그의 일기나 편지, 그리고 잡지에 진지하게 묘사해 놓았다.

귀신이 나타나는 현상은 대개 이상하고 신비한 소리와 힘이 작용하는 것이었다. 말하자면 임종하는 사람의 신음소리, 문을 세게 두드리거나 탕탕 치는 소리, 충계를 오르내리는 발자국 소리, 사기그릇이나 병이 깨지는 소리, 개가 공포에 질려 짖는 소리, 문이 삐걱거리며 열리는 느낌, 침대가 솟아오르는 느낌, 어떤 알 수 없는 힘에 의해서 밀리고 있다는 느낌 같은 것들이었다. 그 외에도 칠면조가 울어대는 소리, 거센 바람이 몰아치는 소리, 그리고 풍차가 돌아가는 소리가 더욱 괴상하게 들렸다. 때로는 오소리나 흰 토끼 같은 생물이 나타났으며, 어떤 때는 그 생물들이 인간의 모습으로 변하기도 하였다. 사무엘 웨슬리가 기도문을 읽으며 조지 왕을 위해서 기도할 때면 문 두드리는 소리가 더욱 커지기도 하였다. 존 웨슬리의 누이 에밀리아는 엡윗 목사관을 방문한 어떤 유령과 같은 이상한 존재를 만났다고 주장하였다. 엡윗 가족들은 이런 초자연적이고 신비한 경험을 서로 이야기하고 각자가 경험한 그 현상들의 성격을 비교하며 그런 현상들이 무엇인지에 관하여 진지한 대화를 하였다. 이때 존 웨슬리는 비록 집에 없었지만 아주 진지한 호기심을 가지고 가족들과의 편지를 통하여 그런 대화에 깊이 참여하였다.

엡윗 목사관에서 있었던 이상한 현상에 대한 가족들의 경험에 관해서는 아직까지 납득할 만한 설명이 없다. 이와 같은 이상한 소리는 하녀가 제일 먼저 들었다. 처음에 가족들은 하녀의 말을 무시해 버리려고 했으나 며칠 후 밤에 아이들이 급히 문을 두드리는 무서운 소리를 들은 후 간간이 또 다른 이상한 소리를 들었다. 아이들은 불안하고 무서워하기 시작하였다. 그래서 수산나는 아이들에게 이상한 소리들은 한밤중에 쥐들이 만들어내는 것이라든지 동네의 나쁜 사람들이 목사네 가족을 괴롭히려고 장난치는 것이라며 안심시키려고 하였다. 사무엘 목사도 딸들 중에 누군가 장난치는 것이거나 아니면 딸들을 연모하는 남자들이 와서 자신의 애타는 마음을 전해 보려는 짓궂은 행동일 것이라고 말하였다. 그렇지만 얼마 후에 사무엘 목사와 수산나도 같은 소리를 듣고서는 생각이 달라졌다.

이제 엡웟 가족들은 그런 현상이 단순히 쥐들이 내는 소리나 존 웨슬리 가족을 괴롭히려는 이웃들의 소행, 또는 여자아이들의 장난일 것이라고 더 이상 생각하지 않게 되었다. 즉, 그 이상한 현상들을 자연 세계의 현상이라기보다는 초자연적 세계의 현상으로 이해하려는 생각이 더 강해졌다. 수산나는 그런 이상한 소리들이 그녀의 오라버니가 인도에서 실종될 것을 미리 알리는 신비한 징조라고 생각하였으며, 존 웨슬리는 그 당시 집을 떠나 있었기 때문에 직접 경험하지 못했음에도 불구하고 그런 현상이 1702년에 아버지 사무엘이 무분별하게 맹세한 것 때문에 사탄의 사자(使者)가 아버지를 벌하기 위해서 찾아온 것이라고 자신 있게 단언하였다.[11] 존 웨슬리도 1726년에 엡웟 목사관에서 문이 이상한 힘에 의해서 저절로 닫히는 소리를 들은 적이 있다.

철학적 유물론자인 조셉 프리스틀리는 그런 소리들을 단순하게 하인들이나 이웃들의 방해나 장난이라고 생각하였다. 실제로 사무엘은 몇 번에 걸쳐서 자신의 설교에서 엡웟 지역의 교활하고 난폭한 사람들이 자신과 가족을 괴롭히려고 훼방하는 소행에 관하여 비판하는 말을 하기도 했다. 그렇지만 19세기 초에 활동하던 존 웨슬리의 후계자라고 할 수 있는 다수의 웨슬리안들은 이러한 현상을 자연적인 것으로 단순하게 다루는 것을 반대하고 무언가 섭리적인 사연이 깃들인 초자연적인 신비 현상으로 보려고 한 것 같다.[12]

2) 초자연적 세계와 영적인 존재의 신비에 대한 신앙

엡웟 목사관에 나타났던 유령 이야기는 존 웨슬리의 신앙 세계를 형성하는데 중요한 영향을 끼쳤다. 그는 유령이 나타나는 현상과 가족들의 경험에 관하여 어머니와 4명의 누이들로부터 자세하게 전해 들었다. 그리고 아버지의 일기에서 유령에 관한 기록을 복사하여 자세히 분석할 정도로 깊은 관심을 보였다.

이 시기의 존 웨슬리는 귀신이나 어떤 영적인 존재를 확고히 믿고 있었던 것으로 보인다. 20세에 어머니에게 보낸 편지에서 그는 아일랜드에서 어떤 사람이 이상한 힘에 의하여 아무도 살지 않는 숲속에 끌려가 반신반인(半神半人) 같은 존재와 함께 밥을 먹었다는 신비한 이야기에 관하여 아주 진지하게 썼다. 같은 해 다른 편지에서는 자신이 옥스퍼드 근방을 걸어 다니다가 귀신 때문에 아무도 살지 못하고 버려진 아주 고적하고 으스스하게 보이는 집을 보았다고 말하면서, 귀신이 산다는 그 집에 가서 진짜인지 확인해볼 것이라고 말했다. 계속해서 존 웨슬리는 친구 바네슬리와 다른 친구들이 옥스퍼드 근처 어느 들에서 유령을 보았는데, 그들이 유령을 본 것은 바로 바네슬리의 어머니가 아일랜드에서 죽은 시기와 일치한다면서 자신은 이와 같은 유령의 존재에 관심이 많고 앞으로 자세히 알아보고 싶다고 썼다.

위와 같이 존 웨슬리는 소년 시절과 청년 시절에 미신적이든지 아니든지 간에 초자연적 세계와 초자연적 세계의 경험에 대해 관심이 많았다. 그래서 철학적이고 합리적인 어머니의 의견을 듣고 싶어서 편지를 보냈던 것이다. 어머니는 다음과 같이 답하였다.

"사랑하는 존아! 나도 바네슬리의 이야기를 들으니 여러 가지 상상을 하게 되는구나. 그 이야기가 사실이라는 것을 의심하지는 않지만 왜 그런 귀신이 나타나는지 이해할 수가 없단다. 만일에 귀신들이 우리에게 무엇을 말하기 위해서나 또는 보이지 않는 세계로부터 우리에게 유익한 어떤 것을 알려주기 위해서, 그리고 우리에게 어떤 위험이나 해로운 것을 피하는 길을 알려주어 우리에게 더 현명하고 안전한 길로 가도록 돕기 위해서 나타나는 것이라면 귀신의 나타남은 의미가 있다고 하겠다. 그러나 그렇지 않고 인간들을 무섭게 하는 것 외에 다른 아무 목적이 없다면 귀신의 나타남은 전혀 우주의 이치에 맞지 않을 뿐 아니라 아무런 의미가 없다."13)

이 편지에 나타난 수산나의 설명은 명쾌한 논리와 설득력을 갖추고 있다. 그 시대의 신앙과 세계관을 가진 사람으로서 이보다 더 좋은 설명을 할 수 없을 만큼 훌륭한 것이지만, 존에게는 만족스런 답변이 되지 못했다. 그만큼 존 웨슬리는 보이지 않는 세계와 그와 관련된 초월적 존재와 그것에 대한 인간의 경험에 대하여 진지한 호기심으로 가득 차 있었다.

19세기 영국 메도디스트 역사가인 아이작 테일러(I. Taylor)는 엡웟의 유령 이야기가 존 웨슬리의 신앙 세계에 너무나 깊이 작용했기 때문에 그 이후로 그는 초자연적·영적인 세계와 경험에 대하여 긍정적이고 열려진 사고를 하게 되었다고 주장했다. 20세기 초 영국의 존 웨슬리 전기 작가인 로버트 사우디 (R. Southey)는 존 웨슬리가 엡웟의 이상한 현상을 초자연적인 것으로 믿었다고 말하면서, 이와 같은 신비한 현상에는 오로지 눈에 보이는 자연 세계만을 인정하고 보이지 않는 세계와 영적인 존재를 부인하는 합리주의자들과 무신론자들에게 이 세상과 저 세상에는 상식이나 철학에서 생각하는 것보다 훨씬 더 많은 것들이 존재한다는 사실을 가르치는 섭리가 있다고 설명하였다.14)

물론 엡웟 유령 이야기를 일종의 자연 현상이나 엡웟 가족들의 오해나 착각으로 일축하는 사람이나 특별한 의미가 없는 것으로 취급하는 사람도 많다. 그러나 한 가지 분명한 것은 엡웟의 신비한 현상과 그것에 대한 가족들의 경험이 존 웨슬리에게 초월적인 세계와 보이지 않는 영적인 실재에 대한 생각과 신앙을 확고하게 하는 데 중요한 영향을 끼쳤다는 것이다. 동시에 이러한 확신은 그가 사도 신조와 니케아 신조와 같은 초대 교회의 교리를 이해하고 그의 신학을 형성하는 데 큰 역할을 하였다.

4. 학문과 경건과 낭만의 옥스퍼드 학생 시절(1720~1725)

1) 수도원과 옥스퍼드 대학교

존 웨슬리는 차터하우스에서 6년간의 과정을 우등생으로 마친 후 1720년에 옥스퍼드에서 가장 명성 높은 크라이스트처치 대학에 입학하였다. 옥스퍼드가 어떤 곳인지 그 역사에 대하여 간략하게 알아보자. 옥스퍼드는 주후 700년경에 영국의 신비주의 수도 성자 프리데스와이드(St. Frideswide)가 세운 수도원과 함께 형성된 도시이며, 중세기에 들어서부터는 아우구스티누스 수도회가 부흥하였다. 프리데스와이드의 출생 연도는 알려지지 않았으며, 주후 735년에 죽은 것으로 전해진다. 그는 금욕적 신비주의 수도사로서 옥스퍼드에 작은 수도원을 만들고 몇 명의 동료 수도회원들과 함께 평생토록 수도생활을 하였다. 11세기에도 수도원에 수도회의 법전과 규칙이 있었지만 12세기에는 아우구스티누스 수도회의 법전과 규칙이 정착하여 발전하였다. 주후 800년경부터 중세기를 거쳐서 근세기 종교개혁 시대에 이르기까지 옥스퍼드는 영국에서 아우구스티누스 수도회와 시토 수도회 수도원 운동의 중심 역할을 하였다.

옥스퍼드에는 주후 1000년경부터 여러 대학(college)들이 설립되어 중세기 유럽의 대학 도시로서 명성을 얻기 시작하였다. 옥스퍼드 대학교의 기원에 관해서는 정확한 역사가 없다. 물론 수도원에서 성경, 교리, 신학, 철학, 문학, 역사, 기독교 생활을 가르친 것은 분명하지만 옥스퍼드에 대학이 발생한 것은 수도원 밖의 중세기 영국의 사회 교육운동과 더 깊은 관련이 있었다. 옥스퍼드에는 주후 1167년에 '종합대학교'(Studium Generale)가 생겨났는데, 이것이 사실상 옥스퍼드 대학교(Oxford University)의 처음 형태라고 할 수 있다. 1230년에 들어서부터는 이탈리아의 볼로냐 대학교와 피렌체 대학교, 그리고 프랑스의 파리 대학교(Studium De Paris)와 함께 중세기 유럽의 가장 유명한 대학으로 명성을 얻고 있었다. 옥스퍼드에서 가장 먼저 생겨난 대학들은 머튼, 발리올, 지저스 등이다. 크라이스트처치 대학은 1524년에 프리데스와이드 수도원 자리에 세워진 것이다. 헨리8세의 종교개혁기에 프리데스와이드 수도원이라는 이름이 사라지고 수도원 대신에 성 메리 대성당(St. Mary's Cathedral)이 생겨나고 동시에 크라이스트처치 대학(Christ Church College)이라는 새 이름으로 대학이 발전한 것이다. 처음부터 크라이스트처치 대학은 옥스퍼드 대학교의 가장 크고 가장 중요한 대학이 된 것이다. 그러므로 역사적으로 영국의 유명한 성직자, 신학자, 정치가, 문학가 들을 비롯한 최고의 엘리트 계층의 지도자들은 주로 이 학교 출신이었다.

처음부터 옥스퍼드 대학교는 정치적으로 보수적이었으며, 종교와 학문의 구별 없이 대학생활 전체에 종교가 지배적이었다. 그때까지 영국에는 신학대학이 별도로 없었으며 신학사 학위도 없었다. 사실상 대학교 전체가 신학교였다고 할 수도 있다. 그리고 옥스퍼드 대학을 졸업하면 누구든지 성직에 들어갈 수 있는 자격이 주어졌으며, 성직에 들어가는 것은 개인의 신앙적 결단과 소명에 따라 결정되었다. 성직을 지망하는 학생들을 위해서 신학 과목들을 강화한 것은 19세기 중엽에 이르러서였다.

당시에 옥스퍼드 대학교가 주는 학위는 문학사(BA), 신학사(BD), 문학석사(MA), 신학박사(DD), 법학박사(DCL), 문학박사(DLIT) 등이었다. 문학사를 받으려면 3~4년이 걸렸으며, 문학사를 받은 후 약 1~2년에 걸쳐서 논문을 제출하여 시험에 합격하면 문학석사를 받을 수 있었다. 그리고 신학사 학위를 받으려면 문학사 학위를 받은 다음에 9년간의 과정을 마치고 논문에 통과되어야만 했다. 신학박사가 되려면 신학사가 된 지 6년 후에 시작할 수 있었다. 그러나 실제로는 다년간의 연구와 활동 경력을 인정하여 주는 명예박사가 많았다. 그리고 박사 학위가 실력과 권위의 최고 표상은 아니었다. 오히려 박사 학위를 갖지 않고도 연구를 많이 하고 훌륭한 책을 저술한 교수들이 많았다.[15] 웨슬리 3형제(Samuel, John, Charles)는 모두 크라이스트처치 대학 출신으로서 문학석사(MA)였으며, 아버지 사무엘은 이것을 매우 자랑스럽게 생각했다. 당시에 옥스퍼드 대학의 문학석사 학위는 영국 사회의 최고 엘리트 표식이었다.

2) 1,000권 이상의 책을 읽은 옥스퍼드 대학생

존 웨슬리의 옥스퍼드 생활은 세 시기로 나눌 수 있는데, 그것은 1725년 성직 임명을 받을 때까지 대학 재학생 시기와 1726년 링컨 대학의 펠로우(Fellow; 연구 교수)로 임명된 때부터 1729년 신성회(Holy Club)를 시작하기까지, 그리고 신성회를 시작하던 때부터 1735년 조지아 선교를 떠날 때까지다. 그중 존 웨슬리의 대학생 시절에 관한 이야기는 알려진 것이 별로 없다. 존 웨슬리가 일기를 쓰기 시작한 것도 1725년 4월부터고, 가족들과 주고받은 편지에도 대학생활에 관한 이야기가 많이 나타나지 않기 때문이다. 그러나 그 편지 몇 통에 단편적으로나마 그의 크라이스트처치 대학생활을 엿볼 수 있는 기록이 있다.

당시에 크라이스트처치 대학은 정치적으로 토리당(Tories; 전통적으로 왕을 적극 지지하는 보수당이며 왕당파라고도 불렸다)에 속했으며, 왕과 국가 권력의 전적인 지원을 받고 있었다. 존 웨슬리의 튜터(tutor; 영국 대학에서 개인 지도 교수를 의미하며, 모든 학생에게는 학업을 책임적으로 지도해 주는 튜터가 임명되었다)는 토리당의 신사이며 국교회 성직자인 조지 위건 교수와 헨리 셔먼 교수였다. 두 교수 모두 옥스퍼드에서 가장 우수한 학자들이었으며, 신앙과 도덕적 덕망을 지녔으며, 철저한 규칙에 따라 생활하는 경건주의자로 알려진 사람들이었다. 존 웨슬리가 이렇게 훌륭한 튜터를 만난 것도 큰 복이었다.

존 웨슬리는 크라이스트처치 대학에서 5년 동안 줄곧 최고 학점을 받은 우수한 학생으로 경건과 도덕성에서도 모범생이었다. 존 웨슬리의 대학생활에서 한 가지 놀라운 것은 그가 대학을 졸업할 때까지 약 400여 권의 책을 읽었으며, 크라이스트처치 대학을 졸업한 다음 1725년부터 신성회(Holy Club)가 해산되기 전 1734년까지, 말하자면 옥스퍼드에 있는 기간에 약 580권의 책을 읽었다는 사실이다. 그는 어려서부터 아버지와 어머니에게 철저한 독서지도를 받았다. 어머니가 그의 경건생활에 많은 영향을 주었다면 아버지는 학문과 독서지도에 더 깊은 영향을 주었다. 아버지 사무엘은 아들 존에게 꼭 읽어야 할 책을 추천하였으며, 특별히 초대 교부(敎父)들의 책을 많이 정독하라고 조언하였다. 아버지의 독서지도는 아들 존의 학문세계를 형성하는 데 결정적인 역할을 하였다.[16] 물론 존 웨슬리는 그 이후에 더 많은 책을 읽었다. 존 웨슬리가 메도디스트 설교자들과 모든 메도디스트들의 경건한 독서를 위하여 1750년에 출판한 「기독교 문고」(Christian Library, 전 50권)에는 약 200여 권의 책이 실려 있다. 이것은 모두 존 웨슬리가 직접 요약하고 발췌하여 편집한 것이다. 그러고 보면 존 웨슬리는 일생 약 1,000여 권 이상의 책을 읽었다고 할 수 있다. 이만한 독서량은 그때나 지금이나 아주 드문 일이다. 그는 한마디로 독서광이었다.

　존 웨슬리의 독서 영역은 크게 세 부류로 나눌 수 있다. 첫째는 고전(classics), 둘째는 기독교 신학(religion), 그리고 셋째는 그 외의 모든 분야(general)에 관한 것이다. 그는 평생 고전을 즐겨 읽었다. 교부들의 고전에 심취하였지만 그밖에 일반적인 고전 문학과 고전 철학과 고전 역사에 관한 책들도 많이 읽었다. 신학에 관하여는 시대를 초월하여 모든 시대의 작품을 읽었지만, 특히 중세기 신비주의 영성과 당대의 경건 문학에 심취하였다. 그는 '한 책의 사람' 또는 '성경 좀벌레'라는 별명을 얻을 만큼 성경을 많이 읽고 깊이 읽는 사람이었지만, 비단 성경과 신학에 관한 책만 아니라 철학 문학 역사 정치 경제 사회 지리 의학 예술 등에 걸쳐서 다양한 독서를 즐겼다. 심지어는 천문학 물리학 화학 생물 등 자연과학에도 깊은 관심을 가지고 이에 관한 지식 탐구에 심취하고 읽은 것들을 자신의 신학 저술과 설교에 많이 인용하였다. 그는 대학생활에서 정규 과목을 공부하는 것 외에 다른 분야의 독서에도 많은 시간을 사용했다.

존 웨슬리의 독서는 지식이 목적이 아니라 경건이 목적이었다. 독서를 통해서 하나님을 더 깊이 알고 하나님께 더 가까워지고 하나님의 뜻을 실천하고자 했다. 말하자면 존 웨슬리는 독서를 경건의 방편이요 일종의 실천신학으로 여겼던 것이다. 그래서 아무 책이나 읽는 것이 아니라 독서 계획표를 만들어서 체계적으로 읽었다. 메도디스트 설교자들에게도 성경만이 아니라 다방면으로 폭넓은 독서를 하라고 말하면서 모든 인문학과 자연과학이 하나님의 계시를 더 밝게 비춰주고 하나님의 말씀을 더 효과적으로 전하는 데 매우 유익하다는 것을 강조하였다. 이와 같은 연구와 독서를 통한 학식이 그를 훗날 위대한 신학자, 영성가, 설교가, 개혁가로 만들었다.

3) 명랑하고 쾌활한 대학생

옥스퍼드 시절의 존 웨슬리는 이제 막 10대를 넘긴 활기 넘치고 매력 있는 청년이었다. 아버지 사무엘 웨슬리와 다른 형제자매들이 그랬던 것처럼 존 웨슬리는 밝고 건실한 성격에 위트(wit)와 유머(humour)가 넘쳤다. 그는 아버지와 다른 형제들처럼 시문학을 좋아하여 유명 시인들의 아름다운 서정시와 애정시를 애송하고 라틴어로 된 시를 번역하였으며, 또 자신이 시를 쓰기도 하면서 시문학을 즐겼다. 특별히 화이트헤드 박사(Dr. Whitehead)와 조셉 나이팅게일(J. Nightingale)의 시를 읽으면서 그들의 시를 모방하여 쓰는 재미에 폭 빠지곤 하였다. 때로 그는 애정시를 번역하여 친구들과 형 사무엘에게 보내기도 하였다. 존 웨슬리가 번역한 시 중에는 다음과 같이 에로틱한 시도 있다.

"그녀의 두근거리는 가슴 위로
그대가 달려들면

그녀는 그대의 머리를 감싸 안네"

그가 즐겨 쓴 시 중에는 호레이스(Horace)의 다음과 같은 시도 있다.

"불타는 욕망에 사로잡힌 잔인한 여왕"[17]

존 웨슬리가 위와 같이 에로틱한 시를 인용했다고 비난하는 역사가도 있지만, 그의 후계자 중에 하나이며 존 웨슬리 전기 작가인 헨리 무어(H. Moore)는 이 시를 쓸 때 존 웨슬리는 이제 막 10대를 넘긴 피 끓는 청춘의 새파란 대학생이라는 점을 생각해야 한다고 변호하였다. 헨리 무어의 말이 젊은 존 웨슬리를 이해하는 데 도움이 된다. 오히려 존 웨슬리의 이러한 모습은 그가 어머니 수산나에게 받은 종교 교육이 무조건 인간의 사랑과 행복을 억압하는 율법주의나 어둡고 우울한 보수주의적 경건에 빠지게 하지 않았다는 것을 알게 해준다. 어려서부터 존 웨슬리가 물려받은 경건은 하나님에 대한 사랑과 인간에 대한 사랑, 그리고 하나님의 영광과 인간의 행복을 모두 다 증진시키는 것이었다. 시문학은 존 웨슬리 가족이 하나님께 받은 은사이며 복이다. 아버지 사무엘, 형 사무엘, 존 웨슬리, 동생 찰스, 그리고 누이 헤티를 포함하여 적어도 엡윗 가족 중에 시인이 5명이나 있었다.

4) 몸이 약한 존 웨슬리의 건강 규칙

옥스퍼드에서 존 웨슬리는 종교적으로 고뇌하는 대학생이 아니었다. 그는 활기차고 명랑하고 자신의 학업과 생활에 성실한 학생이었다. 그렇지만 건강상 약간의 문제가 있었다. 옥스퍼드 시절 존 웨슬리는 몸이 깡마르고 허약하였으며, 자주 코피를 흘렸다. 한번은 시골 길을 걸어가는 중에 코피를 심하게 흘러 거의 질식할 정도가 되었는데도 코피가 멈추지 않았다. 그러자 그는 옷을 다 벗고 옆에 있는 강물에 뛰어 들었다. 출혈은 곧 멈추었는데, 이것은 코피를 멈추게 하기 위해서 존 웨슬리가 사용한 민간요법이었다. 그는 폐병에 걸렸을지도 모른다고 생각하고 두려워할 정도로 건강에 자신이 없었다. 분명히 당시의 청년 존 웨슬리는 몸이 그렇게 튼튼한 편은 아니었던 것 같다. 차터하우스에서 잘 먹지 못했을 뿐만 아니라, 옥스퍼드의 식생활도 그렇게 영양이 좋은 편이 아니었던 것 같다. 그리고 학교생활과 무거운 공부를 감당하느라 건강이 많이 상하였을 것이다.

건강이 좋지 않았던 만큼 존 웨슬리는 건강에 관한 책을 열심히 읽었다. 그는 당대에 유명한 체이니 박사의 「건강과 장수」라는 책을 열심히 읽었으며, 어머니에게 자세히 소개하기도 하였다. 체이니 박사의 조언대로 존 웨슬리는 먹고 마시는 것을 적절히 조절하고 운동을 충분히 하였다. 또한 그는 소금이 많이 든 음식을 피하고 매일 2파인트(pints)의 물과 1파인트의 포도주를 마시고, 고기는 아주 조금씩만 먹고 대신 채소를 많이 먹었다.

그 결과 존 웨슬리는 70대와 80대에도 아주 건강하고 활력 있는 인생을 살았으며, 1770년 일기에 "체이니 박사의 원칙을 따라서 나는 오랫동안 적게 먹고 물을 적절히 마시며 살았다. 그런데 이것이 나의 건강을 계속적으로 지키는 데 참으로 훌륭한 방법이 되었다."고 말했다.[18] 옥스퍼드 학생 때부터 몸이 허약했던 존 웨슬리는 일평생 건강을 지키기 위해서 대단히 노력을 많이 하였으며, 체이니 박사의 규칙뿐만 아니라 당대의 훌륭한 건강 상식과 치료법을 자신에게 적용하여 매일의 생활 속에서 철저히 실천한 사람이다. 그 결과 존 웨슬리는 88세까지 건강한 몸을 가지고 정력적으로 큰일들을 많이 할 수 있었다.

5) 빚에 쪼들리는 가난한 대학생

옥스퍼드에서 존 웨슬리를 건강 문제보다 더 힘들게 했던 것은 늘 빚에 쪼들리며 사는 가난이었다. 옥스퍼드 학생 시절 존 웨슬리의 재정 상태는 매우 힘겨웠다. 그는 자주 남에게 돈을 빌렸으며, 적은 수입에 빌린 돈을 갚기 위해서 더 쪼들리며 살았다. 그는 누이들에게 자신은 우표 살 돈도 없어서 자주 편지를 못 쓰니 이해해 달라고 하면서 대신 누이들에게 자주 편지를 보내달라고 부탁하기도 하였다. 존 웨슬리의 아버지는 가난한 시골 목사이기 때문에 아들의 학비를 전혀 도울 수가 없었다. 존 웨슬리의 친구들은 대부분 부잣집 아들들이었으며, 가난한 존 웨슬리에게 돈도 잘 꾸어주고 친절하였다. 또한 그의 지도 교수들은 존 웨슬리의 사정을 고려하여 학교에 내는 여러 가지 비용을 가능한 한 적게 내도록 해주었다. 학생 시절 그의 수입은 오로지 모교인 차터 하우스에서 받는 장학금이 전부였는데, 이것은 그의 학비와 생활비를 충당하기에 너무나 적은 금액이었다. 1724년에 어머니 수산나는 존의 연약한 건강과 빚에 쪼들리며 지내는 삶을 걱정하는 편지를 보냈다.

"오랫동안 너의 소식을 듣지 못해서 걱정이 되는구나. 편지 한 통도 못 보내는 것을 보면 너에게 무슨 문제가 생긴 것 같은데, 제발 자주 편지를 하여 너의 건강이 어떤지 알려다오. 그리고 빚지고 사는 생활에서 벗어날 어떤 희망이 있는지도 알려주기를 바란다.

나는 너에게 10파운드를 빌려준 그 너그러운 신사가 무척이나 고맙구나. 이렇게 지불 기한이 많이 지나도록 참아주신 그 친절한 분에게 한두 달을 더 기다려 달라고 부탁하게 되니 참으로 부끄럽구나. 너의 삼촌이 인디아로부터 귀국할 때에 기대를 좀 했었는데, 그것이 다만 환상이 되는 것 같다.

혹시 내가 너를 위해서 할 수 있는 것이 있다면 얼마나 좋겠느냐? 만약에 모든 기대가 다 무산된다 하더라도 나는 하나님이 우리를 아주 버리지는 않으시리라 믿는다. 우리는 어떤 처지에서도 하나님의 선하신 섭리를 의지하고 우리의 생각을 초월하시는 그분이 우리를 구하시기 위해서 수천 가지의 방편을 갖고 계심을 믿어야 한다.

사랑하는 존아! 결코 실망하지 말아야 한다. 다만 너의 할 일에 충실해야 한다. 너의 학업에만 온전히 성실하고 반드시 더 좋은 날이 온다는 희망을 가져야 한다. 아무리 어려워도 올해가 다 가기 전에는 너를 위해서 약간의 돈이라도 마련할 수 있을 것 같다.

사랑하는 존아, 전능하신 하나님이 너를 지켜주시기를 기도한다!

언제나 네 곁에 있어 너를 사랑하는 너의 어미로부터."[19]

당시 옥스퍼드의 신사들(교수와 학생들)은 멋진 모자와 가발을 쓰고 다녔다. 모자와 가발은 상류층의 사회적 신분과 명예와 자존심의 상징이어서 부유한 옥스퍼드 신사들은 아주 값비싼 모자와 가발을 쓰고 다녔다. 그래서 종종 상류층 신사들이 모자와 가발을 날치기 당하는 일이 있었는데, 길을 가던 존 웨슬리가 어느 옥스퍼드 신사가 모자와 가발을 날치기 당하는 것을 보았다. 그는 어머니에게 보낸 편지에서 "나는 그런 신사들에 비해 매우 안전합니다. 이런 일이 결코 저에게는 일어나지 않을 것입니다. 왜냐하면 저는 모자도 가발도 없기 때문입니다. 비록 날치기들이 나에게서 무엇을 빼앗아간다 하더라도 그들은 그저 하찮은 물건만 가져갈 뿐입니다."라고 전하였다.[20] 사실상 존 웨슬리는 그때뿐만 아니라 평생토록 값비싼 모자나 가발은 한 적이 없다. 그저 긴 머리카락을 끝에서 말아 올려 단정하게 빗고 다녔을 뿐인데, 이것은 그가 어떤 멋을 내기 위한 것이 아니라 모자나 가발 대신 그렇게 한 것이요, 또한 이발소에 가서 머리를 깎는 돈까지도 절약하기 위한 조치였다.[21]

빚에 쪼들리는 것은 존 웨슬리 가문의 내력인가 보다. 아버지 사무엘이 그랬던 것처럼 아들도 빚에 쪼들리고 빚을 못 갚아 빚쟁이에게 시달렸다. 대학생 시절에 돈이 없어 고생을 많이 했다고 해서 존 웨슬리가 그것 때문에 세상을 부정적으로 보거나 자신의 처지를 비관하거나 부자들을 나쁘게 생각하는 등 마음이 삐뚤어진 적은 없었다. 또한 돈에 대하여 무슨 한이 맺힌다든지 아니면 돈에 대하여 이상한 욕심을 가져본 적도 없었다. 이같이 가난한 처지에서도 그가 밝고 건강한 인격을 형성하고 하나님과 사람 앞에 성결의 삶을 살았던 것은 어려서부터 부모에게 받은 교육의 결과요, 멀리 떨어진 자녀에게 끊임없이 편지를 통해 기도와 말씀과 사랑으로 격려하고 용기를 주며 축복하는 부모님 덕분이었다. 그가 이렇게 어려운 처지에서도 한 번도 낙심하지 않고 학업에 성실할 수 있었던 것은 어린 시절부터 몸에 배인 규칙적인 경건생활의 결과였다.

6) 역경 중에 감사하는 가난한 짐꾼

어느 날 존 웨슬리는 옥스퍼드 크라이스트처치 대학의 짐꾼과 만나 잠깐 이야기를 나눈 적이 있다. 그날 존 웨슬리는 짐꾼의 말에 깊은 감동을 받았으며, 일생 동안 가슴속에 새기고 살았다. 이 짐꾼은 저녁 시간에 일하다가 존 웨슬리의 방 앞에서 존 웨슬리를 만나게 되었다.

존 웨슬리가 짐꾼에게 간단한 인사를 하고 보니 그가 입고 있는 코트가 너무나 낡고 더러웠다. 그래서 짐꾼에게 지금 입고 있는 코트가 너무 더러우니어서 집에 가서 새 코트로 갈아입으라고 말했더니, 그 짐꾼은 "나의 코트는 세상에서 이것 하나밖에 없습니다. 그러나 나는 이 코트를 주신 하나님께 감사합니다."라고 대답하였다. 존 웨슬리가 "그러면 집에 가서 쉬고 저녁이나 먹으시오."라고 말했더니, 짐꾼은 "오늘 저녁에 나는 먹을 것이 아무것도 없고 마실 물만 있습니다. 그러나 나는 마실 물을 주신 하나님께 감사합니다."라고 대답하는 것이었다. 그래서 존 웨슬리는 "벌써 늦은 저녁인데, 문 닫히기 전에 방에 들어가 편히 자고, 그 다음에 하나님께 감사하든지 하시오."라고 하였는데, 짐꾼은 다시 "나는 집에 들어가 자지 못해도 하나님께 감사할 것입니다. 왜냐하면 나는 깔고 잘 수 있는 판판한 돌은 있거든요."라고 대답하였다. 그러자 존 웨슬리는 그 짐꾼에게 다음과 같이 말하였다. "당신은 입을 것이 없어도 감사하고, 먹을 것이 없어도 감사하고, 누워 잘 침대가 없어도 감사한다고 하니, 그밖에 또 뭐 감사할 것이 있습니까?" 그 가난한 짐꾼은 이렇게 대답했다. "예, 나는 나에게 생명을 주시고 이렇게 아름다운 세상에서 살게 해 주신 하나님께 늘 감사하지요. 그리고 하나님을 사랑하는 마음과 섬기는 열심을 주셔서 또 감사합니다."(I thank Him that He has given me life and being; and a heart to love Him, and a desire to serve Him.)라고 말하는 것이었다. 22)

존 웨슬리는 그 짐꾼의 말에 아주 깊은 감동을 받았으며, 그의 말은 존 웨슬리의 마음 깊이 새겨졌다. 그리고 가난해서 빚에 쪼들리며 사는 자신의 모습을 바라보며 자기보다 더 가난함에도 불구하고 훨씬 행복하게 사는 그 짐꾼의 신앙과 삶을 꼭 배워야만 한다고 생각했다. 그리고 기독교 신앙에는 아직까지 자신이 상상도 하지 못하는 위대하고 신비한 세계가 있다는 사실을 깨달았다. 분명히 그 짐꾼의 말은 평생토록 존 웨슬리의 마음속에 살아 있어서 자신의 생활에 꼭 필요한 것만을 가지고 모든 것을 하나님과 이웃에게 주면서 가장 단순한 삶을 즐거워하며 감사하며 살도록 스승의 역할을 하였을 것이다.

5. 생애 전체를 바치는 회심(1725)

1) 11년간 죄 가운데 살았던 존 웨슬리

존 웨슬리가 신앙적으로 더 진지하고 성결의 삶 속으로 깊이 들어가기 시작한 때는 크라이스트처치 대학을 졸업한 다음 해인 1725년부터라고 할 수 있다. 그는 부모 곁을 떠난 11세(1714년)부터 대학의 학부 과정을 마친 22세(1725년)까지 11년 동안 보통 사람들처럼 습관적으로 죄를 지으며 죄 가운데 살았다고 말했다.[23] 이 시기에 존 웨슬리의 신앙은 깊지 않았으며, 영적으로도 그렇게 섬세한 감각을 갖고 있지 않았다. 이것은 그가 아주 탕자가 되었다거나 세속에 타락한 몹쓸 죄인이 되어버렸다는 의미가 아니다. 그는 태어나서 10세가 되기까지는 죄를 짓지 않았다고 말했는데, 이것은 그가 어려서는 의도적인 죄를 지은 적이 없었다는 말이다.

그 후 약 11년 동안 죄를 짓고 살았다고 하는 말은 모르고도 죄(비고의적인 죄)를 지었지만 때로는 알고도 죄(고의적인 죄)를 지었다는 뜻이다. 그는 자기 아버지처럼 조급해서 화를 잘 내고 남을 괴롭히는 나쁜 죄를 짓기도 했다고 고백했다. 또 어려서부터 훈련받은 종교적 원칙을 따라서 행하지 못하고 거짓말을 하는 의지가 약한 사람이어서, 갚을 능력도 없으면서 갚을 수 있다고 계약을 하고 돈을 빌린 적이 있다고 고백했다. 아버지처럼 아들도 빚지는 데 용감했다. 적어도 존 웨슬리의 생애 중에서 이 시기만큼은 그도 우리와 같이 거룩하지 못하고 연약한 보통 인간이었다는 사실을 발견하게 된다. 존 웨슬리도 세상의 보통 죄인들처럼 먼지와 재 가운데서 죄를 회개하며 예수의 십자가 피에 죄를 씻는 중생의 변화가 꼭 필요한 죄인이라는 평범한 사실을 보여준다.

2) 빵이냐 하나님의 영광이냐?

1725년쯤부터 존 웨슬리의 신앙에 근본적인 변화가 생겼다. 그러한 변화는 주로 세 가지 동기를 통해서 이루어졌다고 볼 수 있다. 첫째는 대학을 졸업한 후에 인생의 진로를 결정할 때 성직의 길을 가기로 거룩한 결심을 하게 된 것이며, 둘째는 여성과의 관계에서 일어나는 심경의 변화와 관련된 것이다. 셋째는 1725년부터 영적 독서에 심취하고 영적 독서를 통해서 크나큰 감화를 얻은 것이다. 여기서는 첫 번째 동기만 다루고 다른 두 가지 동기는 뒤에서 이야기하겠다.

존 웨슬리는 1724년 여름에 크라이스트처치 대학을 졸업하고 문학사 학위(BA)를 받은 다음 계속 문학석사 학위(MA)를 얻기 위해서 크라이스트처치 대학에 남아서 논문을 준비하고 있었다. 당시 영국 대학의 석사 학위는 학사 학위를 마친 다음 대학 당국이 인정하는 수준의 성적을 받은 학생에 한해서 최소한 1년 동안 대학에 남아서 석사 학위 논문을 써서 제출하고 심사를 통과하면 받는 것이었다. 석사 학위 이상의 학생들에게는 교수의 공식적인 강의는 없고 다만 논문을 작성하는 과정에서 담당 교수의 개인 지도가 있을 뿐이었다. 이 전통적인 제도는 아직도 그대로 시행되고 있다.

그는 석사 학위 공부를 하면서 자기 인생의 진로를 진지하게 생각했다. 존 웨슬리에게는 자신도 아버지나 형 사무엘이 걷는 성직의 길을 가야 한다는 어떤 잠재적인 희망이 있었다. 이러한 희망 속에 그에게는 현실적으로 세 가지 가능한 길이 있었다. 우선 그는 영국 국교회의 성직자가 되는 것을 진지하게 생각하고 있었다. 성직에 들어가는 것에 관해서는 자신의 마음속에서 점점 소명감이 형성되고 있었으며, 부모님도 존이 성직에 들어갈 것을 강하게 바라고 있었다. 그리고 아버지는 존이 엡윗 교구에 와서 자신을 도와줄 것을 간절하게 원했다. 한편 존 웨슬리는 형 사무엘처럼 학교 교사가 되는 것에 관해서도 깊이 생각하고 있었다. 그러면서 동시에 옥스퍼드의 어느 대학에라도 펠로우(fellow; 연구교수) 자리가 나면 꼭 들어가고 싶은 희망을 품고 있었다.

존 웨슬리는 진로를 결정하기 전에 부모님께 자신이 성직에 들어가기를 희망한다는 뜻을 전하고 부모님의 조언을 구했다. 그의 부모는 존이 성직에 들어가는 것을 환영했으나, 그 방법에 대해서는 의견이 약간 달랐다. 아버지는 존이 성직 임명을 받기 전에 공부를 더 많이 할 필요가 있다는 것을 강조하면서, 특별히 성경을 만족스럽게 이해하고 해석하기 위해서 그리스어와 히브리어를 집중적으로 공부하라고 권고하였다. 무엇보다도 아버지는 존에게 서두르지 말고 성직자가 되려는 확고한 소명을 얻기까지 기다리라고 말하였다.

"성직에 들어가는 가장 중요한 동기는 엘리의 아들들처럼 빵이나 고기를 먹기 위함이 아니라 하나님의 영광과 인류를 구하는 일이어야 한다. 그리고 이러한 성직 수행의 자격을 갖추려면 성경에 대한 철저한 지식과 성경을 원어로 능통하게 읽고 해석할 수 있어야 한다. 결코 성직 임명을 받기 위해서 조급하게 서두르지 말아야 한다."[24]

어머니의 생각은 좀 달랐다. 아버지는 성직 수임에 있어서 신학적 소양을 중시하는 편이었으나 어머니는 실천적인 영성의 소양을 중시하는 편이었다. 어머니 수산나는 다음과 같이 편지하였다.

"네가 성직 수임에 관해서 마음을 확실하게 정하지 못하는 것 같구나! 나는 네가 취향이나 감각적인 욕구를 따르지 않고 성령의 이끄심에 따라서 결정하기를 바란다. 성령께서 너의 마음을 더욱 근원적이고 영적인 것으로 이끌어 가며, 네가 하나님을 섬기는 신앙을 네 생애의 중심과 전체로 삼기를 바란다. 무엇보다 중요한 것은 이것이다. 먼저 너 자신을 진지하게 성찰하고 네가 전심으로 구원을 갈망하고 있는지, 그리고 진심으로 모든 죄를 회개하고 하나님께 생애 전체를 맡기려 하는지를 확실하게 해야 한다. …

나는 성직에 들어가려는 너의 계획을 큰 기쁨으로 환영한다. 그러나 네 아버지와 나는 이렇게 기쁜 일에도 생각이 같지 않으니 우리 가족의 불행이 될까 두렵구나! 나는 너의 결정과 계획에 전적으로 동의하며, 너의 성직 수임(Deacon; 집사, 당시 영국 교회의 성직자는 첫 번째 집사로 임명되고 두 번째 장로로 임명된다. 역자 주)이 빠르면 빠를수록 좋다고 생각한다. 그렇게 되면 네가 실천신학(practical divinity)을 더 많이 공부하게 될 것이다. 나는 성직 후보생에게는 실천신학이 가장 필요하고 유익한 공부라고 믿는다. 네 아버지는 이 점에서 나와 생각이 다른데, 네 아버지 생각이 너에게 걸림돌이 되지 않기를 바란다. 이론 신학도 중요하지만 늘 필요한 것이 아니고 또 실천신학만큼 중요한 것이 아니니 그것에 치중하는 것은 현명하지 못하다. 나는 네가 절대적으로 중요한 것을 소홀히 하고 상대적으로 덜 중요한 것에 더 신경 쓰는 일이 없기를 바란다."[25]

아버지 사무엘은 이론적 학문에서 존에게 더 많은 영향을 끼쳤으며, 어머니 수산나는 실천신학에서 더 깊은 영향을 끼쳤다는 사실이 여기서도 나타난다. 얼마 후에 아버지의 생각이 변했다. 아버지는 존의 이른 성직 수임에 대한 반대를 거두어들이고 이제는 그것을 적극적으로 지지하고 나섰다. 이유는 자신의 건강이 급속히 나빠지고 곧 하늘나라로 갈 때가 가까웠다는 것을 느끼고 있었으므로 존이 속히 루트(wroot) 교구에 와서 자신을 도와줄 필요를 느꼈을 뿐만 아니라, 어머니의 지혜롭고도 강력한 설명이 아버지를 설득하였기 때문이다. 이제 아버지 사무엘은 아들 존에게 지체 없이 성직 임명을 받으라고 촉구하면서 아들의 성직 수임에 필요한 모든 비용을 지원하겠다고 약속하였다. 그리고 이제부터 성직 수임을 위해서 세밀한 자기 성찰, 성경 읽기, 기도와 금식을 지키는 데 전념하고 실천신학을 부지런히 공부하라고 부탁하였다. 존 웨슬리는 어머니의 격려와 아버지의 적극적인 지원에 용기를 얻어 곧 성직에 들어갈 것을 결심하고 부모님의 조언을 따라 실천신학에 전념하기 시작하였다.

존 웨슬리는 옥스퍼드의 주교(bishop)였던 존 포터(J. Potter)에 의해서 1725년(9월 19일 주일)에 집사(deacon)로 임명되고, 1728년(9월 22일)에 장로(elder; priest)로 임명되었다.[26] 그가 성직에 들어가게 된 동기는 우선 자신의 신앙적 결단과 소명감이요, 다음은 부모님의 영적 지원이라고 할 수 있다. 그리고 이어서 설명할 세 사람의 영적 교사들의 영향은 실로 위대하고 결정적이었다.

이 무렵 존 웨슬리의 신앙 형성에 가장 결정적인 영향을 끼친 사람은 어머니와 세 사람의 영적 교사들이었다.

3) 완전한 헌신을 위한 거룩한 결심

1725년에 들어서서 존 웨슬리는 중대한 전환점을 맞이하게 된다. 그것은 자신의 영성을 형성하는 데 크나큰 영향을 미치게 된 영적 교사들과의 만남을 통해서였다. 그들은 중세기 신비주의 수도 성자인 토마스 A. 켐피스(T. A. Kempis)와 영국 국교회의 주교이며 신비주의 영성가인 제레미 테일러(J. Taylor), 그리고 옥스퍼드 대학 교수요 자신의 스승인 윌리엄 로우(W. Law)이다. 세 사람의 책들은 존 웨슬리에게 꼭 필요한 실천신학을 가르쳐주었으며, 일평생 가장 중요한 영적 생활의 교과서가 되었다. 그는 이 책들을 읽는 데 전념하였다. 이러한 영적 독서는 존 웨슬리의 성직 수임을 준비하는 영적 수련과 그가 자신의 전 생애를 하나님께 바치는 완전한 헌신을 결심하는 데 결정적인 동기를 주었다. 그래서 존 웨슬리는 토마스 아 켐피스의 책 「그리스도를 본받아」(Imitation of Christ)를 만난 것이 적절한 시기에 나타난 하나님의 섭리라고 생각했다. 그는 이 책을 읽고서 참된 신앙은 먼저 마음속에 뿌리내리고 자라서 모든 생각과 말과 행동에까지 미치는 것이라는 사실을 더욱 확신하게 되었다. 그리고 마음의 신앙(religion of heart)의 중요성을 어느 때보다도 더 절실하게 느끼면서 다음과 같이 자신의 확신을 표현하였다.

"나는 비록 나의 삶을 전부 드린다 해도(아니 그 이상을 드린다 해도) 내가 나의 마음, 즉 내 마음 전체를 드리지 않는다면 아무 유익이 없다는 사실을 깨달았다. 나는 의도의 단순성(simplicity of intention)과 감정의 순수성(purity of affection)이야말로 하나님의 산에 오르는 영혼의 두 날개인데, 이것은 우리의 모든 말과 행동에서 오직 한 가지 의도를 품으며 우리의 성품을 다스리는 오직 한 가지 소원을 가지는 것임을 발견했다."27)

이때부터 존 웨슬리는 매일 1~2시간씩 기도하기 시작하였고 매주일 성만찬을 받았다. 그는 모든 말과 행동에서 죄를 짓지 않으려고 노력했다. 그리고 내적인 성결(inward holiness)을 얻기 위해서 매일 기도했다. 이제 그는 하나님께 자신의 마음 전체를 드렸다. 즉 자신의 순수한 마음을 오직 하나님께만 드리며 모든 생각, 말, 의도, 성품, 행동에서 하나님을 향하여 순수하고 완전하기로 결심하였다.

이어서 존 웨슬리는 제레미 테일러의 저서 「거룩한 삶과 거룩한 죽음」(Rules and Exercises for Holy Living and Holy Dying)을 읽는 동안, 특별히 의도의 순수성에 관한 부분을 읽는 중에 깊은 감동을 받았다. 그는 이 책을 통해서 자신에게 생긴 변화에 대하여 이렇게 말하였다.

"즉시로 나는 나의 모든 삶을 하나님께 드리기로 결심하였다. 즉 나의 모든 생각과 말과 행동을 드리기로 결심하였다. 내 삶의 모든 것은 하나님께 제물로 바쳐야 하며, 만일 내 삶의 어느 부분이라도 하나님께 바치지 않은 것이 있다면 그것은 곧 마귀에게 바친 것이 된다. 나는 내 삶에서 하나님 섬기기와 마귀 섬기기의 중간은 없다는 사실을 확실히 깨달았다. 진실한 믿음을 가진 사람이라면 누가 하나님 섬기기와 마귀 섬기기의 중간에 설 수 있겠는가?"28)

여기서 존 웨슬리는 자신의 생애 전체를 하나님께 제물로 드리는 완전한 헌신을 위한 거룩한 결심을 하였다. 그는 마음과 의도와 태도와 행동에서 순수하고 완전하여 자신의 삶 전체를 하나님께 제물로 드리고, 삶의 어느 일부분이라도 하나님께 드리지 못함으로 마귀에게 바치는 일이 없도록 결심한 것이다.

이어서 존 웨슬리는 윌리엄 로우의 「그리스도인의 완전」(*Christian Perfection*)
과 「경건한 삶에로 중대한 부르심」(*Serious Call to A Pious Life*)을 읽고서 자신의
생애 전체에 걸쳐서 완전한 그리스도인으로 살기로 결심하고 다음과 같이 고
백하였다.

"나는 어느 때보다도 절반의 그리스도인(half a Christian)이란 결코 있을 수 없다
는 것을 확실히 알았다. 나는 주님의 은혜에 의지하여 나의 영혼과 몸, 그리고 존재
전체와 소유 전체를 하나님께 드리기로 결단하였다. 진지한 신앙을 가진 사람이라면
그 누가 이와 같은 완전한 헌신이 너무나도 지나친 것이라고 말할 수 있겠는가? 우리
에게 생명과 구원을 주신 하나님께 우리 자신과 우리가 가진 모든 것과 모든 존재를
드리는 것보다 덜 드리는 것이 합당하다고 말할 수 있겠는가?"[29]

같은 시기에 존 웨슬리는 그리스도인의 완전한 성화의 삶을 이루기 위하여
'총칙'과 '세부 규칙'과 '결심'을 만들어 사용하였다. 그는 결심의 서두에 다
음과 같은 '거룩한 삶의 행동을 위한 총칙'을 두었다. "너는 언제 무슨 행동을
하든지, 이런 경우에 주님은 어떻게 하셨으며, 어떻게 하실까 생각하고 주님
의 모범을 본받아 행하는가?" 또한 그는 다음과 같은 '의지에 관한 총칙'을
정했다.

1. 모든 행동에서 자신의 목적을 숙고하라.
2. 모든 언행을 성부와 성자와 성령의 이름으로 시작하라.
3. 모든 중요한 일을 기도로 시작하라.
4. 어떤 유혹이라도 물리치고 자신의 의무를 완수하라.

존 웨슬리는 이러한 총칙 아래 매일의 실제 생활에서 마음의 성결과 삶의

성결을 이루기 위한 규칙을 따르는 방법을 정하였다. 그는 이러한 목적을 이루기 위하여 다음과 같은 '거룩한 삶을 위한 시간 사용의 아홉 가지 규칙'을 만들어 실천하였다.

1. 하루의 삶을 하나님과 함께 시작하고 마치라 – 잠을 너무 많이 자지 말아라.
2. 너의 소명에 부지런하여라.
3. 남은 시간을 경건생활에 사용하여라.
4. 모든 성일을 거룩하게 지켜라.
5. 술주정뱅이와 수다쟁이들을 피하여라.
6. 쓸데없는 호기심과 세상 일, 그리고 무익한 지식을 피하여라.
7. 매일 밤 자신을 성찰하여라.
8. 무슨 이유로도 최소한 기도를 위해서 한 시간을 떼어놓지 않고 보내는 날이 없게 하라.
9. 모든 종류의 정욕을 피하라.

또한 이때부터 존 웨슬리는 매일 밤 기도 시간에 자기성찰을 하였지만 매주 토요일에는 더욱 진지하고 철저하게 한 주간의 마음 상태와 언행을 성찰하기 시작하였다. 그는 다음과 같은 자기성찰의 질문을 만들어 사용하였다.

1. 질문: 나는 하나님보다 여자나 세상 친구를 더 사랑하였는가?
   결심: 나는 기필코 기도생활을 방해하는 잠과 세상 친구를 버린다.
2. 질문: 나는 하나님의 이름을 헛되게 하였는가?
   결심: 나는 경건한 마음으로 하지 않고는 하나님의 이름을 결코 부르지 않는다.
3. 질문: 나는 교회에서 거룩하지 않은 언행을 하지 않았는가?
   결심: 나는 교회에서 쓸데없이 웃거나 무익한 말을 하지 않는다.

4. 질문: 나에게 경건치 않은 어떤 요소가 있는가?

　결심: 나는 기도와 겸손으로 살아가리라.

5. 질문: 나는 교만한가?

　결심: 나는 죽음을 진지하게 생각하고 성경에 복종하리라.

6. 질문: 나는 게으른가?

　결심: 하루에 6시간은 기도와 연구에 사용한다.

7. 질문: 나는 잠을 너무 많이 자는가?

　결심: 나는 매일 아침 5시에 일어난다.

8. 질문: 나는 불결한 생각을 하는가?

　결심: 나는 전지하신 하나님 앞에 마음을 지킨다.

9. 질문: 나는 거짓말을 하는가?

　결심: 나는 하루에 두 번 마음을 살피고 진실하기로 다짐한다.

10. 결심: 나는 매일 한 번씩 지난주간의 결심을 잘 지켰는지 성찰한다.[30]

　1725년에 일어난 변화는 존 웨슬리의 생애에서 분명히 중대한 전환이다. 하나님께 자신의 생애 전체를 드리는 완전한 헌신을 결심하였다는 것은 근본적이고 전적인 회심(conversion)이라고 할 수 있다. 그가 삶 전체, 존재 전체, 생애 전체를 하나님께 제물로 드려 살기로 거룩한 결단을 한 것은 이것이 처음이고 마지막이었다. 그리고 이때부터 그의 삶의 유일하고도 전적인 목적은 완전한 사랑(perfect love)으로 하나님을 사랑하고 이웃을 사랑하는 것이며, 일보의 실수도 없이 안전하게 천국에 도달하는 것이었다. 이때 존 웨슬리의 생애 목표는 확고히 정해졌다. 그것은 완전한 헌신, 완전한 성화, 완전한 사랑, 완전한 그리스도인이다. 이 목표는 일생 한 번도 변하지 않았고, 이러한 결심을 후회한 적도 없었다. 그는 오직 이 한 가지 목표를 향하여 일평생 전진하였다. 세상에 누가 이보다 더 신실하고 더 경건하고 더 부지런하고 더 희생적이고 더 헌신적인 믿음을 가질 수 있을까?

물론 그는 이후에 자신의 노력만으로는 결코 완전에 도달할 수 없다는 사실을 발견하였으며, 자신에 대한 절망감 속에서 고뇌하고 방황하기도 하였다. 그가 복음적 회심을 체험한 것은 이보다 13년 후의 일이다. 그렇지만 1725년의 완전한 헌신은 분명히 거룩한 결심이었다. 이것은 하나님께 완전한 사랑을 드린 거룩하고 고귀한 신앙이다. 그는 자신의 도덕적 노력으로는 절대로 완전 성화를 이룰 수도 없고 천국에도 갈 수 없으며, 그리스도의 은혜를 믿음으로만 된다는 진리를 깨달았으나, 그의 이러한 노력이 없었다면 구원의 진리도 발견하지 못했을 것이다. 올더스게이트에서 복음적 회심을 체험한 이후에도 그는 완전한 성결(perfect holiness)을 향한 거룩한 목표를 결코 버리지 않았다.

1738년에 경험한 것을 개신교 신앙 전통의 회심이요 복음적 회심이라 한다면, 1725년의 회심은 가톨릭 신앙 전통의 회심이요 도덕적 회심이라고 할 수 있다. 또 마음이 뜨거워지는 경험을 아무리 많이 한다고 해도 자신의 삶 전체를 드리는 사랑과 헌신과 성화가 없다면 그 경험이 무슨 가치가 있겠는가? 그러므로 그리스도의 구원의 은혜를 믿는 믿음과 삶 전체를 드리는 사랑은 하나님의 거룩한 산에 오르는 두 날개라고 할 수 있다.

6. 여자 앞에만 서면 작아지는 존 웨슬리(1725~1727)

1) 나의 사랑 나의 이상 바라네즈

존 웨슬리의 신앙 발전 과정에서 특이할 만한 요소가 있는데, 그것은 다름 아닌 여자들과의 관계다. 여자들과의 관계는 그의 신앙 변화에 많은 영향을 미쳤다. 존 웨슬리가 깊은 신앙의 세계로 들어가기 시작한 것은 1725년이라고 했는데, 이때는 그의 생애에서 아주 중대한 일들이 있었기 때문이다. 그는 대학을 졸업하고 인생의 진로를 결정해야만 했다. 즉 이제부터 무엇을 위해서 어떻게 살아야 하는가 하는 문제를 앞에 놓고 고뇌하며 기도하였다. 성직의 길을 갈 것인지, 아니면 대학에 남아서 연구를 더 해야 하는지 결정해야 했다. 또 한 가지 중대한 과제는 사랑과 결혼이었다. 이것은 그의 신앙의 변화와 완전한 성결을 추구하는 인생의 목표 설정과 성직의 길로 나아가는 것에 깊이 연관되어 있어서 인생의 모든 일에 변수로 작용하였다. 여성 문제는 이때만이 아니라 이후에도 두세 번에 걸쳐서 그에게 불명예스러운 흔적을 남기며 그의 인생에 결정적인 영향을 미쳤다.

존 웨슬리는 이와 같이 인생의 중요한 시점에서 진지한 이성 교제를 시작하였다. 이 무렵 존 웨슬리는 두 여성과 특별한 관계를 갖고 있었다. 한 명은 존 웨슬리보다 네 살 연상인 샐리 커크함(Sally Kirkham)이고, 또 한 명은 세 살 연상인 젊은 과부 메리 펜다르브스(M. Pendarves; 메리 그란빌) 부인이었다.

그는 코츠월드(cotsworld)에 사는 성직자 가족들을 알게 되어 친하게 지냈는데, 특히 스탄턴의 교구 목사 리오넬 커크함(L. Kirkham)의 가족과 친했다. 커크함 목사의 아들 로버트는 옥스퍼드 출신으로서 신성회(Holy Club) 회원이었으며, 존 웨슬리와 절친한 친구였다. 그는 로버트를 만나기 위해 자주 그의 집을 방문하다가 그의 세 누이와 친하게 되었다. 존 웨슬리는 커크함 세 자매와의 교제를 너무나 좋아하였으며, 세 자매 역시 존 웨슬리를 매우 좋아하였다.

샐리는 존 웨슬리보다 네 살 연상이었다. 아름답고 명랑하고 재치 있고 재능이 많을 뿐 아니라, 우아한 성품과 깊은 경건을 갖추었으며, 신학과 문학에도 조예가 깊은 지성적 여성이었다. 존 웨슬리는 세 자매 중에 샐리를 보고 첫눈에 맘에 들었던 것 같다. 그는 그녀가 신앙과 지성과 미모를 겸비한 여성으로서 자신과 어울리는 이상적인 짝이라고 생각했다. 존 웨슬리는 샐리에게서 자신이 바라는 이상적인 여인상과 이상적인 그리스도인 상을 발견하였다. 그녀는 경건과 성품과 생활에서 존 웨슬리의 모델이었다. 아마도 존 웨슬리는 샐리가 자신의 어머니 수산나를 가장 많이 닮은 여성이라고 생각했었나 보다.

1725년 5월쯤에 존 웨슬리에게 토마스 A. 켐피스와 제레미 테일러의 책을 읽으라고 추천한 사람은 바로 샐리 커크함이었다. 이것은 사실상 존 웨슬리가 영적 독서에 깊은 관심을 가지게 된 동기 중 하나였으며, 이후로 샐리는 한동안 존 웨슬리에게 영적인 친구(spiritual friend) 내지는 영적 조언자(adviser) 역할을 하였다. 둘은 마음을 주고받는 아주 깊은 연애를 하였는데, 존 웨슬리는 그녀와 결혼할 마음을 품고 교제하였던 것이 틀림없다. 처음에는 영적인 친구로 시작했다가 이성적인 사랑을 하게 된 셈이다. 그들의 관계는 거룩한 사랑으로 시작해서 인간적인 사랑으로 발전하였다.[31] 둘 사이에는 따스한 봄날 나무 위에서 사랑을 노래하는 한 쌍의 종달새와 같은 에로틱한 사랑이 오갔던 것이 분명하다.

그들은 서로 애명(愛名; pet name)을 지어 불렀으며, 편지도 애명으로 주고받았다. 존 웨슬리는 샐리를 바라네즈(Varanese) 또는 사포(Sappho)라 불렀고, 샐리는 존 웨슬리를 사이루스(Cyrus)라고 불렀다(찰스의 애명은 아라스페스; Araspes였고, 펜다르브스 부인은 아스파시아; Aspasia였다). 존 웨슬리는 마음속으로 바라네즈와의 결혼을 진지하게 원했으며, 그녀와 결혼할 희망으로 한동안 행복했던 것 같다. 그렇지만 마음만 컸지 결혼하자는 말은 한 번도 못하고 일기에 "나는 바라네즈를 다시 보았다. 이것이 수포로 돌아가지 않기를 바랄 뿐이다."라고 암호로 썼을 뿐이다. 그러는 동안 바라네즈는 1725년 말경에 학교 교사인 잭 차폰 목사와 결혼하고 말았다. 존 웨슬리는 사랑에 실패했다는 사실에 마음이 몹시 상하고 실망하였으며, 괴로워한 것이 분명하다. 이때 존 웨슬리의 누이 에밀리아가 보낸 두 통의 편지를 보면 존 웨슬리의 마음 상태를 알 수 있다.

"네가 당장에 결혼할 수 있도록 너의 세상사가 다 잘 되기 전에는 애정에 빠지지 말아야 한다. 너는 많은 고통을 견뎌낸 대장부가 아니냐? 네가 아무 희망도 없는 사랑의 고통을 겪게 된다면 그것은 그 어떤 질병보다도 더 아픈 것이 된다는 내 말을 명심해라."[32]

"너의 사랑을 쏟아 부었던 너의 사랑스런 (…)를 놓쳐버렸구나! 나는 그렇게 되기를 바랐다. 그렇지만 그녀의 역할도 컸다. 그녀가 아니었다면 너는 그렇게 영적인 사람이 되지 못했을 것이다. 그것은 세상의 행복을 빼앗기는 것이었다. 이제 너는 그 목적을 상실했으니 너의 진정한 행복을 위해서 창조주 하나님만을 바라보게 되었구나!"[33]

바라네즈를 놓쳐버린 후에 존 웨슬리는 더욱 본격적으로 성직 임명을 준비하고 거룩한 생활로 깊이 들어갔다. 연애의 실패감은 거룩한 생활에 헌신하게 되는 하나의 동기가 된 것이 분명하다. 그러나 몇몇 존 웨슬리 연구가들처럼 존 웨슬리가 연애에 실패한 것이 성직을 선택하고 거룩한 생활에 전념하게 된 유일한 요인이라고 단적으로 말하는 것은 지나치고 잘못된 판단이다.

존 웨슬리는 바라네즈의 결혼식에도 갔었고 그녀가 행복하기를 마음으로 기도했다. 그 후 바라네즈는 자녀도 많이 낳았고 행복한 결혼생활을 하였다. 그런데 존 웨슬리는 바라네즈가 결혼한 후에도 그녀를 잊지 못하고 계속 사랑한 것 같다. 그들은 여전히 편지를 주고받았으며, 함께 영적인 독서를 하고 신앙과 신학에 관한 대화도 계속 하였다. 바라네즈는 존 웨슬리에게 다음과 같이 편지하였다.

"설령 나의 남편이 우리의 우정을 보고 화를 낸다 할지라도 나는 당신을 진심으로 존경하고 있다고 말할 것입니다. 우리의 우정은 이성과 미덕에 근거한 것입니다. 세상의 어떤 환경도 나를 변하게 할 수는 없습니다. 당신의 편지는 읽을 때마다 나의 영혼에 생기를 주고 나의 삶에 신선한 활력을 주고 있습니다."[34]

이때 어머니 수산나와 누이 에밀리아는 존과 바라네즈의 관계에 대하여 걱정하였다. 그들의 우정이 종교적인 것 그 이상이 아니기를 원하였다. 수산나는 존에게 이렇게 충고하였다.

"바라네즈와 관계가 결백한 것이기를 바란다. 하나님이 너를 위험에서 지켜주시기를 기도한다. … 많은 사람들이 하나님의 나라에 들어가기를 바라지만 데릴라 때문에 못 들어간단다."[35]

수산나는 또 다른 편지에서 아들에게 육체적 사랑을 피하라는 충고를 보냈다.

"감각적 쾌락과 섹스에 대한 열망과 무분별한 이성 교제가 진정 네가 바라는 것과 얼마나 다른지를 알아라. 네 영혼의 구원을 위하여 지혜로운 친구를 사귀어라. 그리고 네 인생의 장래에 복이 되는 순결하고 건강한 친구와의 교제만 즐겨야 한다. 너는 육체적 사랑의 모든 위험으로부터 멀리 피하여라."[36]

아버지 사무엘도 존에게 "누구든지 세상에서 무언가 위대한 것을 이루려거든 반 플라토닉 러브(anti-platonic love)에는 아예 눈을 감고 마음을 닫아야 한다."[37]고 하면서 육체적인 사랑을 경계하고 플라토닉 러브만을 할 것을 아들에게 강력하게 주문하였다.

존 웨슬리는 샐리의 동생 베티에게도 매력을 느낀 것 같았다. 그런가 하면 엡윗에서는 이웃집 딸 키티 하그리브스를 가까이하며 자주 만났다. 아버지 사무엘은 이것을 눈치 채고는 곧 키티를 멀리 떼어 놓기도 했다. 그러나 존 웨슬리는 누구에게도 정식으로 결혼 제안을 하지 않았다.

다시 바라네즈를 생각해 보자. 왜 존 웨슬리는 그녀에게 청혼을 하지 않았으며, 바라네즈를 그냥 가게 하였을까? 몇 가지 이유를 댈 수 있다. 우선 샐리는 당시 26세로서 결혼 적령기를 넘기고 있었으며, 존 웨슬리를 마냥 기다릴 수 없었다. 반면에 존 웨슬리는 현실적으로 결혼할 돈도 없고 오히려 빚을 잔뜩 지고 있는 형편이었다. 그가 만약에 당장 결혼한다면 링컨 대학의 펠로우직을 얻으려는 희망도 헛되이 사라지게 된다. 왜냐하면 당시 옥스퍼드 대학교 제도상 펠로우는 결혼하지 않은 학자에게만 주어지는 연구교수직이었기 때문이다.

그렇지만 이것들보다 더 근본적인 이유는, 그가 '하나님에 대한 사랑과 여성에 대한 사랑' 사이에서 갈등하고 있었던 것이 분명하다. 그는 1725년 봄 일기에서 "내가 하나님보다 여자들이나 친구들을 더 사랑하는가?"라는 자기 성찰을 위한 질문을 심각하게 묻고 있었다. 즉 그는 처음부터 결혼이냐 독신이냐 하는 두 가지 갈래 길에서 고뇌하며 머뭇거리고 있었다.

2) 나의 사랑 나의 친구 아스파시아

매혹적인 젊은 과부 메리 펜다르브스 역시 존 웨슬리의 영적인 친구였으며, 그녀와의 관계는 그의 신앙과 인생에 중요한 역할을 하였다. 메리는 스탄턴 가까이 사는 아주 고상한 귀족인 그란빌(Granville) 가족의 딸이었다. 존 웨슬리는 커크함 가족을 통해서 이 여성을 알게 되었다. 메리는 샐리와 절친한 친구였으며, 존 웨슬리보다 세 살 연상이었다. 메리는 아버지가 죽은 후에 삼촌과 함께 살게 되었는데, 17세 되던 해에 강제로 60세 된 펜다르브스 씨와 불행한 결혼을 하였다. 메리의 남편은 결혼 후 7년 만에 죽고 상당한 재산을 남겼다. 존 웨슬리가 메리를 만났을 때 그녀는 이제 29세의 매력적인 미모에 신앙과 좋은 성품을 지녔으며 존 웨슬리의 마음을 끌 만큼 대단히 우아한 과부였다.

이 무렵 존 웨슬리는 바라네즈의 환경이 허락되지 않아서 그녀와 어떤 교제나 편지 왕래를 계속할 수가 없었다. 바로 이때 바라네즈 대신 펜다르브스 부인을 만난 것이다. 존 웨슬리에게서 아스파시아(펜다르브스 부인)는 바라네즈의 자리를 차지하게 된 셈이라고 할 수 있다. 바라네즈를 완전히 잃어버린 존 웨슬리에게 아스파시아는 바라네즈의 대리 역할을 한 것인지도 모른다. 실제로 존 웨슬리는 아스파시아에게 느끼는 감정과 바라네즈에게서 느낀 감정이 너무나 유사하다고 말하기도 했다.

아스파시아는 존 웨슬리의 설교를 듣고 감동을 받아 그에게 설교 원고를 달라고 하였다. 그 일로 인해서 둘 사이는 아주 가까워졌으며, 이후 몇 년간 편지를 주고받으며 존 웨슬리가 조지아로 떠날 때까지 특별한 관계를 유지하였다. 둘이 주고받은 편지 내용은 주로 종교적인 것인데, 때로 깊은 우정 관계가 표현되기도 하였다. 말하자면 그 편지들은 거룩한 사랑과 인간적 사랑이 혼합된 내용이라고 할 수 있다. 아스파시아는 존 웨슬리에게 설교 스타일에 대하여 조언을 하기도 하고 경건에 대하여 조언을 구하기도 하였다. 존 웨슬리는 펜다르브스 부인이 외모와 내면에서 매우 아름답고 우아한 여성이라고 칭찬하였으며, 자신보다 하나님께 더 가까운 사람이며, 자신의 성결을 이루는 데 그녀의 도움이 꼭 필요하다고 말하였다. 한번은 그녀가 자신이 보낸 모든 편지를 읽은 후에 반드시 찢어버리라고 요구하였는데, 존 웨슬리는 찢기 전에 다른 종이에 베껴 놓기도 하였다.

존 웨슬리가 아스파시아를 정말로 사랑했는지는 간단히 말하기 어렵다. 그러나 존 웨슬리는 그녀와 계속적인 편지 왕래를 원했던 것 같다. 그녀는 한동안 아일랜드에 가서 살면서 존 웨슬리에게 아무런 소식을 보내지 않다가, 1734년 7월에 와서 다시 존 웨슬리에게 편지를 보내 관계를 다시 시작하자고 요청하였다. 그러나 존 웨슬리는 정중하고 확고하게 거절하였다. 왜 그랬을까? 존 웨슬리의 중심이 바뀐 것이다. 그의 관심사는 신성회에 집중되었다. 그는 신성회의 생활과 활동에 전심전력을 하고 있었다. 그는 아스파시아와의 우정 관계가 더 이상 필요치 않았고, 성결을 추구하는 데 오히려 방해가 된다고 생각했을 것이다.

3) 하나님이냐 여자냐?

여자들이 존 웨슬리를 좋아하는 이유는 무엇일까? 존 웨슬리의 여자친구들이 보낸 편지를 읽어보면 존 웨슬리가 따뜻하고 부드럽고 친절한 사람이라는 것을 알 수 있다. 그렇지만 존 웨슬리는 여성 관계에서 친절하고 적극적이면서도 다른 한편으로는 항상 망설이고 주저하고 두려워하는 면이 있었다. 존 웨슬리는 바라네즈나 아스파시아에게 청혼하고 곧 결혼할 수도 있었지만, 그렇게 하지 못했다. 그리고 두 여성은 존 웨슬리의 그런 모습을 보고 혼란스럽고 실망했을 것이다.[38] 그것은 "내가 하나님보다 여자들을 더 사랑하는가?"라는 자기성찰의 질문에서 나타나듯이, 그는 하나님을 완전하게 사랑하고 완전한 성결의 삶을 사는 데 여자가 유익이 되는지 방해가 되는지 아직도 해답을 발견하지 못했기 때문이다.

그는 오랫동안 하나님이냐 여자냐? 결혼이냐 독신이냐? 하는 두 갈래 길에서 고뇌하고 주저하였다. 즉 그는 하나님과 여자를 동시에 사랑할 수 없다고 생각했고, 하나님이냐 여자냐 둘 중에 하나를 선택해야 한다는 깊은 고민을 하고 있었다. 그러므로 그가 진정 원했던 것은 이성적 사랑이나 결혼이 아니라, 이성적인 사랑과 우정을 통해서 영적인 친구를 찾고 동시에 영적인 친구와의 교제를 통해서 완전한 성결을 추구하는 길에서 영적인 위로와 격려를 얻으며 거룩한 사랑을 느끼려는 것이었다고 볼 수 있다. 즉 인간적 사랑이 거룩한 사랑을 이루는 데 도움이 되리라고 희망했을 것이다. 그가 목적하는 것은 이성적 사랑이나 결혼이 아니라 거룩한 사랑이요 거룩한 헌신이었다.

그래서 존 웨슬리는 바라네즈도 아스파시아도 모두 떠나보낼 수밖에 없었다(아스파시아는 1743년에 다시 델라니 박사; Dr. Delany와 결혼하였다). 그도 인간이고 남자였으므로 이성적 사랑과 애정의 욕망 때문에 혼돈스럽고 고뇌하였을 것이다. 더군다나 그는 자신이 아버지의 충고대로 플라토닉 러브만을 한다는 것이 불가능하다는 것을 깊이 경험하였을 것이다. 그것은 존 웨슬리의 지극히 인간적인 내면세계였다. 인간은 누구나 자신의 내면을 털어놓고 대화할 수 있는 대상이 필요하다. 존 웨슬리도 그와 같은 사적인 친구가 필요했으며, 그런 대상을 만나고 있었던 것이다.

존 웨슬리는 옥스퍼드 생활의 말년에 이르러서 독신주의가 거룩한 생활을 위해서 가장 이상적인 방법이라고 생각하는 사람들의 영향을 받았으며, 여성에 대한 사랑과 하나님에 대한 사랑을 동시에 하면서 완전한 헌신(완전한 성결)을 이루는 것이 불가능하다고 결론을 내리고 있었을 것이다.[39] 그래서 존 웨슬리는 여자 앞에만 서면 작아지는 것이었다. 그러나 약 20년이 지난 후에 존 웨슬리의 독신주의 이상은 흔들렸고 결국 깨지고 말았다.

7. 내 아들은 링컨 대학 교수다(1726~1735)

1) 옥스퍼드 링컨 대학의 펠로우가 된 존 웨슬리

존 웨슬리는 1724년 가을에 옥스퍼드 대학을 졸업하고 문학사 학위(BA)를 받은 후 문학석사(MA) 학위 과정을 밟기 위하여 계속 대학에 머물러서 연구를 하였다(그는 1727년 2월에 문학석사 학위를 받았다). 존 웨슬리는 옥스퍼드에서 펠로우(fellow)가 되기를 희망했다. 펠로우란 정교수직은 아니고 일종의 연구교수직이며, 대학에 머물러 살면서 강의를 하고 학생들의 개인 지도를 맡는 전임 교수직이었다. 펠로우에는 학자나 정교수가 되기를 희망하는 학생들 중에서 최고로 우수한 학생들이 임명되었다. 그러나 펠로우가 되기 위해서는 미혼이어야 한다는 까다로운 조건이 붙었다. 만약에 임명되었다가도 결혼하면 즉시 임명이 취소되었다.

당시 링컨 대학의 교수진은 1명의 학장과 12명의 펠로우로 구성되어 있었다. 옥스퍼드 대학교의 펠로우에 선발되는 것은 경쟁이 아주 치열했다. 존이 펠로우가 되기를 희망한다는 뜻을 전해들은 존의 가족은 일찍이 이 일에 관하여 진지하게 의논하고 있었다. 드디어 링컨 대학에 펠로우 자리가 하나 나왔다. 아버지 사무엘은 아들의 후원을 부탁하기 위해서 바쁘게 다녔다. 사무엘은 링컨 대학의 학장이며 링컨 대학의 주교인 몰리 박사에게 아들이 꼭 희망하는 것이고 존이 링컨 대학의 펠로우에 적임자라고 설득하였다. 또한 그는 물러나는 펠로우의 아버지인 존 토롤드 경에게 후원을 부탁하였다. 존 웨슬리 가족의 정치적 입장도 다소 영향을 미쳤다. 당시 링컨 대학은 옥스퍼드에서도 가장 보수적인 토리당에 속해 있었기 때문에 오랫동안 토리당에 충성스런 존 웨슬리 가족과 정치적으로 가까웠다. 존 웨슬리는 운이 좋았다. 여러 가지 여건이 존 웨슬리에게 유리하게 작용하였다.

대학 당국은 여러 후보들 중에 존 웨슬리가 가장 실력을 갖춘 적임자라는 결론을 내렸고, 마침내 존 웨슬리는 1726년 3월 17일에 옥스퍼드 링컨 대학에 펠로우로 임명되었다. 온 가족이 크게 기뻐했다. 수산나는 먼저 하나님께 영광을 돌리며 감사했다. 사무엘은 "나는 비록 시골 목사지만 내 아들은 링컨 대학의 펠로우다."라고 자랑스럽게 말했다. 그리고 사무엘은 아들이 펠로우가 됨으로써 가정 형편이 개선될 것을 생각하고 한숨을 돌렸다. 링컨 대학은 중세 후기에 세워진 재단으로서 한때 개혁자 존 위클리프의 개혁운동을 저지하기 위한 운동의 일환으로 설립되었다. 존 웨슬리는 링컨 대학이 "모든 이단을 배격하고 진정한 가톨릭 신앙을 수호하기 위한 목적에서 세워지고 운영되는 대학"이라고 격찬하였다.

당시 교회법과 옥스퍼드 대학교의 제도에 의하면 펠로우가 되는 것은 신학을 연구하는 연구원으로서 법적인 연령이 되면 사제로 임명되는 순서를 밟는 것이었다. 그리고 옥스퍼드 대학교의 학위제도는 문학사 학위를 마치고 9년 과정의 신학박사 학위 공부를 시작할 수가 있었는데, 이것이야말로 가장 권위 있는 학위였다. 존 웨슬리는 동생 찰스와 함께 신학박사 학위 과정에 들어가려는 계획을 세웠다가 실천하지 못했다. 펠로우가 되는 것은 이렇게 공부를 계속할 수 있는 아주 특별한 기회를 얻는 것이었다. 존 웨슬리는 1751년 결혼할 때까지 펠로우의 자격을 갖고 있었다. 그는 1750년 말까지 해마다 18파운드에서 최고 80파운드까지 급료를 받았고, 평균 약 30파운드의 수입을 기록하였는데, 이것은 그 동안 빚에 쪼들리던 존 웨슬리가 경제적으로 안정된 생활을 하는 데 도움이 많이 되었다.

존 웨슬리는 1726년 임명받던 해부터 1735년 조지아로 떠날 때까지 펠로우로서 성실하게 임무를 수행하였다. 존 웨슬리가 가르친 과목은 고전 문학과 논리학(1726~1730), 신약성서 그리스어(1726~1727, 1729~1734), 그리고 고전 문학과 철학(1730~1735)이었으며, 그 외에 학생들의 개인 지도(tutorial)를 맡았다. 펠로우로서 존 웨슬리는 학생들의 경건생활을 지도하고 학업을 지도 감독하는 책임을 지고 있었으며, 대학의 교수와 학생들의 예배를 집례하고 설교하는 대학교회의 목사와 같은 역할을 맡았다.

존 웨슬리는 링컨 대학의 펠로우로서 강의를 하면서 석사 학위 시험도 준비하고 더 많은 독서를 하면서 아주 행복하고 보람 있게 지냈다. 링컨 대학은 존 웨슬리에게 연구와 경건생활을 발전시키는 데 더 없이 좋은 곳이었다. 그는 1727년 2월에 문학석사(MA) 학위를 받았다. 당시 규칙에 따라서 존 웨슬리는 라틴어로 세 가지 주제에 대하여 강의를 하고 우수한 성적으로 시험에 통과하였다. 세 가지 강의의 주제는 "동물의 영혼"(De Anima Brutorum), "줄리어스 시저"(De Julio Casare), "하나님의 사랑"(De Amore Dei)인데, 이 강의의 원고는 아직도 발견되지 않고 있다. 이 시기에 그는 독서를 가장 많이 하였으며, 다음과 같은 체계적인 연구 계획을 짜서 실천하였다. "월요일과 화요일에는 고전, 수요일에는 윤리와 논리학, 목요일에는 성서 원어, 금요일에는 철학과 형이상학, 토요일에는 시문학과 수사학과 설교 작성과 편지 쓰기, 주일에는 신학…."[40]

옥스퍼드 펠로우로서 존 웨슬리는 좋은 친구들을 많이 사귀었으며, 그들과 활발한 사교생활을 즐겼다. 여러 사람들과 함께 식사도 하고 커피 집에도 가고 코츠월드에 사는 고상한 가문의 가족들과 교제를 즐겼으며, 앞에서 밝힌 대로 특별히 커크함 목사의 가족들과 친밀하게 지냈다.

이렇게 존 웨슬리는 옥스퍼드에 정착하여 펠로우로 지내면서 옥스퍼드 여러 교회에서 설교하기 시작하였다. 그리고 방학과 시간이 날 때마다 엡윗으로 가서 아버지의 목회를 도왔다. 그는 1727년부터 1729년까지는 아버지의 요청에 따라 대부분의 시간을 엡윗과 루트에서 부목사로 아버지를 도와 목회를 하였다. 당시의 펠로우는 대학 내에 머물러 교수생활을 하지 않고도 계속 연구한다는 조건이면 다른 곳에서 생활하는 자유를 가질 수 있었다. 그러나 그는 링컨 대학 교수의 수가 모자라 속히 돌아와 달라는 학장의 요청을 받고 1729년 11월 다시 링컨 대학에 돌아왔다. 존 웨슬리는 링컨 대학에 돌아와 1735년 조지아로 떠날 때까지 펠로우로서 성실한 교수생활을 하였다. 존 웨슬리는 조지아에 있는 동안에도 링컨 대학의 펠로우로 해마다 재임명되었다. 그는 1726년 3월에 펠로우로 임명된 때부터 1735년 10월 14일 조지아로 떠날 때까지 약 9년 반 동안 펠로우로서 교수생활을 한 셈이다. 만약에 그가 조지아에 선교사로 가지 않았다면 그는 신학박사가 되었을 것이며, 그렇게 되었다면 존 웨슬리는 분명히 옥스퍼드 대학교의 교수로서 학자의 인생을 살았을 것이다.

2) 아버지의 부목사 - 첫 목회

존 웨슬리는 1727년부터 1729년 사이에 대부분의 시간을 엡윗과 루트에서 아버지의 부목사(curate; 영국 국교회 부목사)로 보냈다. 당시에 아버지 사무엘 목사는 엡윗과 루트(Wroot) 두 교구를 맡아 목회를 하고 있었는데, 연로하여 두 교구를 돌보기에 벅찼다. 그래서 아들이 루트 교구를 맡아주기 바랐으며, 몇 년 후에 자신이 은퇴하면 엡윗 교구까지 맡기를 원했다. 이러한 아버지의 의도를 오늘날 한국 교회에서 벌어지는 담임목사 세습과 같은 것으로 보아서는 안 된다. 오히려 링컨 대학의 교수로 있다가 외진 시골 교회 목사가 된다는 것은 그때나 지금이나 상식이 아니다. 그렇지만 아버지는 아들이 자신을 희생하고서라도 이런 시골 교구를 맡기를 바랐으며, 이렇게 하여 훌륭한 목회자가 되기를 희망했던 것이다.

존 웨슬리는 1729년 링컨 대학에 복귀하기까지 약 2년 동안 주로 루트 교구에서 첫 목회를 하였다. 당시 루트는 영국 동북쪽에 위치한 외진 곳으로 인구 250명 정도의 조그마한 농촌 마을이었다. 지리적으로는 습지로 둘러싸여 소외된 곳이며, 경제적으로 황폐할 뿐 아니라 도덕적으로도 타락한 지역이었다. 교회당은 붉은 벽돌로 지은 작은 건물이었고, 목사관은 돌멩이로 쌓은 후에 밀짚 이엉으로 지붕을 덮은 전형적인 시골집이었다. 교회당이나 목사관 모두 작고 초라하였다. 그리고 교회당 주변에는 쥐가 우글거리고 고양이, 돼지, 닭, 오리, 그리고 양들이 제멋대로 돌아다니는 아주 더러운 환경이었다. 주민은 전혀 교양이 없으며, 아주 거칠고 험한 사람들이어서 존 웨슬리의 누이 헤티는 '루트 사람들은 당나귀처럼 둔하고 돌멩이같이 굳은 머리를 가진 속물들'이라고 표현하였다.

옥스퍼드의 학자인 존 웨슬리가 이런 사람들을 상대로 목회하고 설교할 때에 처음에는 당황스럽고 두려웠던 것이 당연하다. 그리고 자신의 설교가 아무런 감화나 영향을 주지 못하는 것을 발견할 때마다 많이 실망하기도 했다. 이런 사람들에게 설교할 때에 그의 고상한 신학과 시문학과 고전에 대한 지식이 무슨 소용이 있겠는가? 그는 "나는 매주일 열심히 설교했지만 나의 설교는 아무런 열매를 맺지를 못하며, 나의 설교는 사람들을 회개시키지도 못하고 복음을 믿게도 못하는구나!"라고 개탄한 적도 있었다.[41] 이런 곳에서 첫 번째 목회를 맡는 데에는 대단한 용기가 필요했다. 이것은 그 동안 경건과 교양을 잘 갖춘 사람들과만 지내던 존 웨슬리가 처음으로 교양 없는 거친 사람들을 대하는 경험이었다. 그래도 그는 처음의 낯설음과 두려움을 담대하게 극복하고 잘 적응하면서 루트에서의 목회생활을 즐거워하였다.

존 웨슬리는 곧 루트의 조용하고 평화로운 시골생활을 좋아하고 루트의 거친 사람들을 조심스럽게 사귀면서 친근한 관계를 만들어 갔다. 그는 루트에서 많은 시간을 책에 빠져 지냈다. 때로 들이나 강으로 놀러 나가기도 했으며, 사냥을 다니기도 하고 누이들과 카드놀이나 체스를 즐기기도 하였다. 더욱이 루트의 생활은 10세부터 약 15년간 집을 떠나 살았던 그에게 부모님을 도와드리며 누이들과도 함께 지낼 수 있는 정말로 귀중한 시간이었다. 그는 만약에 링컨 대학 학장이 급히 부르지 않았다면 더 오랫동안 루트에 살고 싶었을 것이다. 링컨의 학장은 존 웨슬리를 급히 소환하였다. 튜터(tutor; 영국 사립학교의 교사나 대학의 지도 교수로서 학부생들의 기초과목 강의와 개인 지도를 맡았다)의 수가 부족하여 학생들에게 강의하고 개인 지도 할 수 없는 형편에 이르자 학장은 존 웨슬리를 제일 먼저 불렀던 것이다. 학장은 존 웨슬리에게 대학에 살면서 옥스퍼드 가까이에 있는 교구에서 부목사 자리를 찾아보자고 제안하였다.[42] 그리하여 존 웨슬리는 1729년 11월 22일에 링컨 대학으로 돌아왔다. 그의 첫 목회는 그리 길지 않았지만 매우 행복하고 귀중한 경험이 되었다.

8. 규칙이 없이는 좋은 그리스도인이 될 수 없다 – 신성회 이야기(1729~1735)

1) 정확하고 엄격한 옥스퍼드 메도디스트의 탄생

메도디스트 운동은 존 웨슬리가 아니라 동생 찰스 웨슬리가 시작하였다. 1726년에 크라이스트처치 대학에 입학한 찰스는 아주 명랑하고 활기차고 재주 많은 청년이었다. 옥스퍼드 대학생활을 시작한 찰스에게 존은 신앙생활에 더욱 진지하라고 충고하였으나 찰스는 존에게 "형님은 나를 당장에 성자로 만드시렵니까?"라고 대답한 적이 있다. 이만큼 찰스는 옥스퍼드 대학생활 첫 해에는 경건생활에 그렇게 진지하지 못하였다. 그러나 편지를 통한 어머니의 끊임없는 조언과 격려를 받으며, 또한 형 존이 돌아와 곁에서 지켜주는 데 힘을 얻어 자신의 게으름을 반성하고 영적 생활을 새롭게 하려는 결심을 하였다. 이후로 찰스는 학생 시절 내내 학문과 경건생활에 부지런하였으며, 형 못지않게 우수한 성적으로 대학을 졸업하였고, 졸업과 동시에 크라이스트처치 대학의 튜터가 되었다.

영적 생활을 갱신하려는 결심을 한 이후 찰스는 매주일 성만찬을 받으며 매일 규칙적으로 개인 기도 시간을 지키면서 경건생활에 매진하였다. 그리고 형존이 엡웟과 루트에 가 있는 동안에는 매주일 저녁에 두 친구(윌리엄 몰간과 로버트 커크함)와 함께 성경과 경건 서적을 읽고 대화하는 모임을 만들었다. 형존은 1729년 11월 말경에 옥스퍼드에 돌아오자마자 동생의 고전 연구를 지도하고 동시에 그의 영적 생활의 증진을 돕는 조력자가 되었다. 자연스럽게 존은 동생이 시작한 모임의 지도자가 되었으니, 이것이 신성회(Holy Club)의 시작이다. 찰스는 이 일에 대하여 다음과 같이 기록하였다.

"나는 매주일 성만찬을 받으러 갔으며, 곧 2~3명의 젊은 학생들을 설득하여 함께 성찬에 나가고 대학이 규정한 연구 규칙을 철저히 지켰다. 이렇게 하는 것 때문에 나는 메도디스트(Methodist)라는 별명을 얻게 되었다. 이후 반년이 되어서 나의 형님이 엡웟에서 돌아왔고 우리들을 돕기 시작하였다."[43]

이 모임은 학문 연구와 경건의 훈련, 즉 기도와 성경 읽기와 성만찬 받기를 정해진 규칙에 따라서 실천하는 것으로 시작되었다. 존 웨슬리는 신성회의 시작에 대하여 다음과 같이 회상하였다.

"1729년 11월에 옥스퍼드의 네 청년이 매주 3~4회 저녁에 함께 모여 그리스어 신약성경을 읽기 시작하였다. 그들은 링컨 대학의 펠로우 존 웨슬리, 크라이스트처치 대학의 찰스 웨슬리, 크라이스트처치 대학의 윌리엄 몰간, 그리고 머톤 대학의 로버트 커크함이었다."[44]

신성회의 발생 동기는 찰스의 개인적인 경건생활에 대한 열심이며, 그 다음으로는 그가 2~3명의 동료와 함께 모여서 정확하고 엄격한 규칙에 따라서 학문 연구와 경건의 증진을 위한 훈련된 생활을 시작한 것이었다.

이것이 옥스퍼드 메도디스트들의 모임인 신성회가 처음 생겨난 이야기이다. 신성회는 존 웨슬리의 동생 찰스 웨슬리가 시작하였다. 그러므로 찰스는 최초의 옥스퍼드 메도디스트라고 할 수 있다. 그러나 신성회는 형 존 웨슬리의 영적·학문적 지도력에 의하여 가장 건전하고 강한 영향력을 지닌 경건 훈련 모임으로 발전하고 후에 위대한 메도디스트 운동을 낳게 되었다고 할 수 있다. 처음에 옥스퍼드 신성회는 3~4명으로 출발하였으나 점점 회원 수가 증가하여 1735년에는 약 40명까지 되었다. 회원들 중에는 신성회의 엄격한 규율을 견디지 못하거나 신성회의 이상과 다른 생각 때문에 중도에 떠나가는 사람들도 있었다. 신성회 회원들은 모두 옥스퍼드 대학교의 여러 칼리지(college)에서 모였다. 이들 중에 3명은 튜터들이었고, 대부분 영국 교회의 성직 임명을 받은 젊은 목사들과 학생들이었다. 신성회 회원들은 각각 자신들이 속한 대학 내에 경건의 훈련과 사회적 봉사 활동을 위해서 작은 모임을 만들어 활동하고 있었으며, 여러 회원들이 자신들의 작은 모임과 신성회에 동시에 참여하고 있었다. 이들은 1735년 10월 존 웨슬리 형제가 아메리카로 떠난 후에도 계속 모였으며, 그들 중에 존 웨슬리 형제를 포함하여 몇 명은 교회사에 유명한 위인들이 되었다.

2) 경건과 학문과 사랑의 실천

신성회 회원들이 처음에 한 것은 매주 3~4회 저녁에 모여서 고전을 읽고 주일에는 신학을 읽으며 학문과 경건의 대화를 나누는 일이었다. 그들의 독서 목적은 학문의 발전과 경건의 증진을 위한 것이었는데, 점차로 그들의 관심은 규칙적으로 함께 모여서 독서와 대화와 기도를 함으로써 서로의 경건을 증진하는 일에 모아졌다. 그들이 주로 읽는 책은 초대 교회와 중세기 성자들의 신비주의와 종교개혁 시대와 당대의 경건한 사람들의 작품이었다. 또한 그들은 매주 수요일과 금요일을 금식일로 정하여 금식과 절식과 약식을 실천하였다. 이와 같은 규칙적인 금식은 옥스퍼드 메도디스트들의 평생의 거룩한 습관이 되었으며, 후에 모든 메도디스트들의 실천이 되었다. 그리고 신성회의 기도는 주로 자기 성찰에 집중하였다. 그들은 1732년부터는 거의 매일 저녁에 모여서 신약성경을 읽고 경건의 독서와 대화와 묵상을 통하여 자기의 마음과 생활을 철저히 성찰하고 자신을 개혁하는 데 힘썼다.

존 웨슬리는 1732년 자신과 신성회 회원들이 사용할 「매일 기도집」(*A Collection of Forms of Prayer for everyday in the week*)[45]을 만들었는데, 이 기도집에는 주일부터 월요일까지 매일 아침기도와 저녁기도가 실려 있으며, "매일의 자기성찰

일람표"(A Scheme of Self-examination)[46]가 포함되어 있었다. 그러므로 매일 아침과 저녁 기도 전에는 영적 생활을 성찰하는 몇 가지 질문들(General Questions)을 통하여 자신을 성찰하고 기도하도록 한 것이다. 신성회의 자기 성찰과 매일 기도의 목적은 먼저 자기 개혁을 통하여 모든 면에서 마음의 성결과 생활의 성결(holiness of heart and life)을 이루는 것이었다. 옥스퍼드 메도디스트들은 '마음과 생활의 성결', 즉 그리스도인의 완전한 성결을 얻기 위하여 '함께 모이고 서로의 영혼을 책임지고 서로 감독하고 돌보고 권면하고 돕기 위하여 함께 모이는' 사람들이었다. 그들은 이러한 일을 위하여 규칙을 만들고 정해진 규칙을 엄격히 지켰다.

1730년 8월에는 신성회에 중요한 변화가 있었다. 윌리엄 몰간이 옥스퍼드에 있는 바카도 감옥의 죄수들을 방문하면서 이 일을 신성회에 제안하여, 신성회 회원들은 이때부터 감옥의 죄수들을 규칙적으로 방문하여 전도하고 그들의 필요에 따라 돕는 일을 시작하였다. 이러한 일은 곧 신성회의 중요한 자선 활동으로 정착하였다. 존 웨슬리는 이 일을 하기 전에 아버지에게 편지로 의논드렸는데, 아버지는 아들에게 자신도 감옥의 죄수를 방문하여 전도하고 돕는 일을 했다고 하면서 아들을 격려하였다. 존 웨슬리는 이 일을 위해서 옥스퍼드 주교의 승인을 얻기도 하였다. 그들은 죄수들과 함께 예배를 드리고 성찬식을 베풀어주었다. 당시 죄수들의 감옥생활은 지옥을 방불케 할 정도로 비참했으며 많은 죄수들이 감옥에서 굶어죽거나 병들어 죽었다. 신성회는 죄수들을 위해서 먹을 것과 입을 것을 주었으며, 추운 겨울에는 석탄이나 나무를 갖다 주어서 따뜻하게 지내도록 하였다. 당시 죄수들 중에는 생활비로 빌린 돈을 갚지 못해서 들어온 사람들이 많았는데, 신성회는 돈을 모아서 그들의 빚을 갚아주고 석방시켜 주었다.

같은 해에 몰간은 또 다시 새로운 일을 제안하였는데, 옥스퍼드와 주변 지역에 있는 병자들을 방문하여 돌보는 일이었다. 병자 방문 역시 신성회 회원들의 핵심적 사회 활동이 되었으며, 옥스퍼드 메도디스트들뿐만 아니라 후에 모든 메도디스트들의 실천이 되었다.

1732년에 이르러 신성회는 한 단계 더 발전하게 된다. 존 클레이튼의 제안에 따라서 구빈원(workhouse)을 방문하고 가난한 사람들을 찾아가 돕는 자선 활동과 가난한 집 자녀들의 교육을 시작하게 된 것이다. 구빈원이란 가난한 사람들이 모여 공동으로 살면서 노동을 하는 곳이었다. 당시의 영국 사회와 교회는 이런 사람들에게 관심이 없었으며, 한번 구빈원에 들어가면 영원히 그곳에서 고생하다가 죽는 절망적인 신세가 되었다. 신성회 회원들은 가난한 사람들의 친구가 되고 전도자가 되었다. 그들은 감옥 죄수들을 돕는 것과 같은 방식으로 가난한 사람들을 도왔지만, 특별히 가난한 사람들의 자녀들을 모아서 옥스퍼드 대학 내에 간이 학교를 설립하여 가르쳤는데, 이것은 영국 교회 역사상 처음 있는 일이었으며 옥스퍼드 대학 사람들에게 아주 특별하고 이상한 행동으로 보였다.

이런 종류의 용기 있고 헌신적인 자선 활동 때문에 신성회는 심한 비판과 조롱을 받게 되었다. 존 웨슬리는 이러한 비판에 대하여 답변하지 않을 수 없었다. 메도디스트들이 이러한 일들을 하는 이유는 그리스도를 본받는 것이며, 초대 교회를 모방하는 것일 뿐이라고 역설하였다. 그리스도인들이 사람들에게 복음을 전할 때에는 선을 행해야 하는데, 그것은 곧 가난한 자들을 돕고 배고픈 자들을 먹이고 헐벗은 자들을 입히고 병자들을 고치고 갇힌 자들을 돌보는 사업이라고 하면서 이러한 선행은 이웃을 감동시키며 영적인 교제의 길을 여는 가장 좋은 방법이라고 설명하였다.[47] 이어서 존 웨슬리는 우리가 그리스도를 믿을 때에는 이와 같은 선을 행하는 것이 필수적이라는 것과 이런 선행은 그리스도의 두 가지 대강령인 하나님 사랑과 이웃 사랑을 행하는 것으로서 이것이 그리스도가 걸으신 대로 걸으며 우리의 위대한 모범이신 그리스도에게 일치하는 삶을 살아가는 것이라고 답변하였다.

존 웨슬리는 그리스도인의 삶을 경건의 행위(works of piety)와 자비의 행위(works of mercy) 두 가지로 구분하였는데, 앞에서 소개한 신성회의 활동이 경건 행위라면 뒤에서 소개한 것은 자비 행위라고 할 수 있다. 옥스퍼드 메도디스트들은 자비 행위로서 사랑의 실천, 즉 그리스도 사랑의 사회적 실천을 중시하였는데, 이것을 실천적 성결(practical holiness), 즉 성결의 실천이라고도 한다. 신성회 회원들은 이러한 사랑의 사회적 실천을 그리스도의 삶과 초대 교회에서 배웠으니, 신성회의 표준과 모범은 성경과 그리스도와 초대 교회였던 것이다.

신성회는 처음에 학문적 발전을 도모하는 모임으로 시작하여 경건의 훈련을 더하고 더불어 사랑의 실천을 필수적인 활동으로 삼는 모임으로 발전하였다. 옥스퍼드 신성회는 학문과 경건과 사랑의 실천을 위하여 모였으며, 동시에 이러한 일은 먼저 자신을 개혁하고 그 다음 교회를 개혁하고 사회를 성화하는 최선의 방법이라고 확신하였다. 그리고 그들은 이렇게 함으로써 진정한 기독교를 소유하고 완전한 그리스도인이 되기를 추구하였다.

3) 만병통치 식이요법 – '메도디스트'라는 이름의 유래와 의미

존 웨슬리는 신성회의 영적 지도자로서 경건의 증진과 성결의 실천을 위해서는 규칙을 정하고 규칙대로 생활하는 것이 가장 중요하다고 강조하였다. 그는 "아무도 규칙이 없이는 좋은 그리스도인이 될 수 없다."고 기회가 될 때마다 역설하였다. 옥스퍼드 메도디스트들은 학문 연구뿐만 아니라 모든 생활에서 약속된 규칙(rules)을 엄격히 지키고 정해진 시간표를 정확히 지켰다. 그들의 이러한 생활 방식은 다른 사람들에게 아주 독특하고 이상하게 보였다. 지나칠 정도로 규칙적이고 너무나 열성적으로 규칙을 지키기 때문에 사람들은 그들을 이질적인 존재로 보았으며, 심지어 불쾌하게까지 생각하였다. 그래서 옥스퍼드 대학 사람들은 이렇게 말하였다. "새로운 종류의 메도디스트들이 생겨났다." 메도디스트라는 이름은 신성회 회원들을 조롱하여 일컫는 별명으로 곧 옥스퍼드 대학 전체로 퍼져나갔다.

그러나 존 웨슬리는 이 별명을 긍정적으로 해석하였고, 신성회 회원은 모두 다 열성적인 신자들로서 어떤 경우에도 영국 국교회의 교리와 경건의 규칙을 철저히 지키고, 옥스퍼드 대학의 모든 규정을 열성적으로 지키는 사람들로서 이러한 이름에 꼭 어울린다고 말하였다.[48] 이후로 신성회에 가입하여 활동하는 사람들은 모두 메도디스트라고 불리었으며, 메도디스트 부흥운동이 일어난 후에 존 웨슬리의 추종자가 되거나 메도디스트 신도회에 들어오는 사람들도 같은 이름을 얻게 되었다. 처음에는 조소하고 모욕하기 위해서 얻은 이름이 곧 거룩하고 명예로운 이름이 되었다.

'methodist'의 역사적인 유래와 의미는 무엇일까? 'method'라는 단어는 '방법, 방식, 일을 하는 순서, 생각이나 행동의 조리, 질서 정연함, 규율에 따름, 규칙' 등의 의미로 번역될 수 있는 말이다. 한마디로 정확하게 번역이 어려운 말이지만 메도디스트 역사에서는 주로 '규칙'이나 '방법'으로 번역하여 왔으므로 'methodist'라는 말도 '규칙주의자, 규칙쟁이, 방법주의자, 방식주의자'라고 번역되어 왔다. 이 말은 옛날이나 지금이나 일상생활에서 흔히 사용되는 말이 아니다. 그것은 건축, 요리, 의학, 수사학, 과학, 교육, 철학 등 특별한 분야의 연구나 기술적 방법을 일컬을 때에 사용된다. 그러나 역사적으로 옥스퍼드 신성회와 존 웨슬리 형제의 부흥운동과 메도디스트 교회 때문에 세상에 널리 알려지게 된 것이다. 그리고 'methodism'이라는 말도 동시에 사용되었다. 이것은 메도디스트들의 교리와 신학, 신앙, 생활, 전도, 봉사, 예배 등 메도디스트들의 모든 것을 통틀어 일컫는 말로 사용되고 있다. 그러나 한국 감리교회에서는 주로 'Methodist'를 '규칙주의자, 규칙쟁이, 방법주의자' 또는 '감리교인'이나 '감리교도'라고 번역하고 'methodism'은 '감리교'라고

번역하고 있다. 그러나 존 웨슬리 전통의 신앙을 따르는 사람들이 감리교인만
이 아니라 다른 교파에 속한 사람들도 많기 때문에 감리교회 밖에서는 원어로
사용하는 것이 바람직하다.

존 웨슬리는 'methodist'라는 말이 처음으로 사용된 것은 로마 네로 황제
시대부터라고 설명하였다. 네로 황제 시대에 특별한 방법(methods)의 의술을
사용하여 병자들을 치료하는 의사들이 있었는데, 그들은 모든 질병이 특정한
음식을 일정한 규칙을 지키는 방법(methods according to the rules)에 따라서 섭취
하는 식사 방법(규칙적인 식이요법; diet)과 규칙적인 운동에 의해서 치료될 수 있
다고 가르쳤다. 메도디스트란 바로 이러한 의사들을 지칭하는 이름이었다.[49]
그 의사들은 자신들의 식이요법 의술이 만병통치의 길이라고 믿었다. 그러므
로 메도디스트는 본래 의학이나 의료 기술에 관련된 용어였다. 옥스퍼드 신성
회는 인간의 병든 마음과 삶의 불행, 그리고 사회의 모든 질병을 치료하고 민
족의 고통을 치료하는 특별한 규칙과 방법을 발견하고 실천하였던 새로운 메
도디스트들이었던 것이다. 옥스퍼드 메도디스트들은 인간의 죄악과 모든 불
행을 치료하기 위하여 영적인 의술과 영적인 식이요법을 실천한 사람들이었
다고 할 수 있다.

영국 역사에서는 1639년에 '메도디스트'란 용어가 사용된 기록이 있다. 그
리스도의 교회에 충성한 신자들을 지칭하여 그들이 새로운 규칙과 방법
(methods)을 사용하여 다른 신자들에게 모범을 보였다는 뜻에서 '새로운 메도
디스트들'이라고 불렀다는 기록이 있다. 또 이 이름은 새로운 종류의 설교 방
법을 사용하는 설교자들을 지칭하는 것으로 사용된 적이 있다. 화려한 꽃을
장식하듯이 찬란한 언변으로 하는 수사학적인 설교를 잡초만도 못한 것으로
여기면서 누구든지 이해할 수 있도록 쉽고 단순하고 진실하게 설교하는 설교
자들을 '새로운 메도디스트들'이라고 불렀다는 기록이 람베트(Lambeth) 설교
집에 나온다.[50] 영국 교회사에 나타난 메도디스트는 경건과 실천을 위하여 특

별한 규칙을 만들고 엄격하고 정확하게 실천함으로써 그리스도와 교회에 충성하는 신자들을 일컫는 이름이었다. 또 그 이름은 그리스도 예수의 설교 방법을 따라서 평범한 사람들이 쉽게 이해하고 실생활에 실천할 수 있도록 설교하고 그것을 자신이 먼저 실천하는 실제적이고 진실한 설교자들, 즉 진정으로 복음적인 설교자들을 일컫는 이름이었다.

사람들은 이와 같이 교회사에 나타난 옛 메도디스트들을 생각하고 옥스퍼드 신성회 회원들을 '새로운 메도디스트들'(new methodists)이라고 불렀던 것이다. 그리고 보면 메도디스트라는 이름은 옥스퍼드 신성회에 꼭 맞는 이름이라고 할 수 있다. 존 웨슬리와 옥스퍼드 메도디스트들은 일정한 규칙에 따르는 방법(regular method of living by rules)이 하나님과 이웃에 대한 완전한 사랑을 실천하는 최선의 길이라고 확신하였다. 그들은 이러한 경건의 규칙을 따라서 사는 방법을 통하여 일생 동안 거룩한 마음과 거룩한 삶을 이루면서 완전한 성화의 언덕에 오르는 가장 복된 길을 걸어갔던 것이다.

4) 성경 그리스도인(bible Christian)

이어서 존 웨슬리는 신성회 회원들은 무엇이든지 성경에 온전히 맞는 것이면 지켰지만 그 어떤 것이라도 성경에 맞지 않으면 지키지 않았다고 말하면서, 바로 이것이 그들이 원하는 한 가지, 곧 '성경 그리스도인'(bible Christians)이 되는 것이라고 주장하였다. 여기서 '성경 그리스도인'이란 성경을 초대 교회가 해석한 대로 따르면서 성경을 모든 신앙과 삶의 전적이고 유일한 규칙으로 삼는 것을 의미하는 것이다.[51]

존 웨슬리는 다른 사람들이 옥스퍼드 메도디스트들을 반대하고 조롱하는 한 가지 이유는 그들이 모든 면에서 너무나 철저하고 정확하기 때문이라고 하였다. 즉 메도디스트들은 너무나 양심적이고 모든 일을 완벽하게만 하고 엄격하게 성경을 따르려고 하였다. 특별히 그들은 영국 국교회의 규범과 예배 규정을 지나치게 강조하고 옥스퍼드 대학의 규정을 엄격하게 지키려고 노력하였다. 그런데 이러한 생활 방식이 다른 사람들에게는 비난과 조롱거리가 되었던 것이다.

존 웨슬리는 1729년 링컨 대학에 돌아와 신성회를 지도하면서 한 가지 중요한 변화를 경험하였다. 이제 그는 성경을 읽는 것만이 아니라 깊이 묵상하고 연구하기 시작했는데, 성경을 진리의 유일한 표준이요 순전한 기독교의 유일한 모범으로 삼게 된 것이다. 그는 진정한 기독교 신앙이란 모든 생활에서 그리스도를 믿을 뿐 아니라 그리스도의 마음을 품고 그리스도가 걸으셨던 대로 걷는 것이며, 모든 언행에서 우리 주님과 완전하게 일치하는 것이라고 주장하였다. 그리고 그는 이러한 확신과 규칙을 자신뿐만 아니라 다른 사람들에게도 가르쳐 지키게 하며, 어떤 작은 일에서라도 우리의 위대한 모범이신 주님과 일치하지 않는 것을 가장 두려워한다고 역설하였다.[52] 또한 존 웨슬리는, 옥스퍼드 메도디스트들은 일평생 모든 생활에서 '성경 그리스도인'(bible Christian)이 되어 살기로 결심하고 어디서든지 '성경 기독교'(bible Christianity)를 설교하기로 헌신한 사람들이라고 말하였다.

위와 같은 존 웨슬리의 설명을 보건대 옥스퍼드 신성회는 모든 신앙과 생활에서 성경을 최우선적 권위와 표준으로 삼으며, 성경 안에 나타난 그리스도의 마음과 생활에 완전히 일치하고, 영국 국교회의 교리와 규칙과 법을 순전하게 지켜 완전한 성결, 즉 마음과 생활의 성결(holiness of heart and life)을 추구하였던 것이다.

5) 그 밖에 다른 이름들

옥스퍼드 신성회 회원들은 위에서 설명한 '메도디스트'(methodist)와 '성경 그리스도인'(bible Christian) 외에도 여러 가지 이름을 얻었다. 모두 사람들이 그들의 신앙과 생활을 보고 비난과 조롱의 뜻으로 지어 부른 별명이지만 이 이름들만 보아도 우리는 옥스퍼드 메도디스트들의 특징과 그들이 무엇을 하며 어떻게 살았는지를 잘 알 수 있다. 옥스퍼드 메도디스트들은 다음과 같이 다양한 별명으로 불렸다.

① 거룩한 모임(holy club, 신성회): 그들은 모든 생활에서 거룩함(성결, holiness)을 추구하였기 때문에 이런 별명을 얻었다.

② 경건한 모임(godly club): 그들의 일상생활의 언어와 행동, 태도와 모습, 특별히 교회와 대학의 모든 예배와 집회와 성례전과 신앙의 규칙과 법을 철저히 지키는 경건함을 보고 사람들이 붙인 별명이다.

③ 성경 좀벌레들(bible moths): 그들은 이미 성경 그리스도인이라고 불린 것처럼 성경을 얼마나 열심히 읽었는지 마치 좀벌레가 종이를 갉아먹는 것과 같다고 해서 붙여진 별명이다.

④ 성경 고집쟁이들(bible bigots): 일찍이 존 웨슬리는 다음과 같이 고백한 적이 있다. "나는 오직 한 가지-하늘나라에 가는 길을 알기 원합니다. 그 행복의 항구에 안전히 상륙하는 방법을 알기 원합니다. … 하나님은 그 방법을 한 책에 써놓으셨습니다. 오! 나에게 그 책을 주십시오! 그 하나님의 책을 주십시오! … 나는 그 책을 받았습니다. 여기에 내가 필요한 모든 것이 다 들어 있습니다. 나로 하여금 '한 책의 사람'(homo unius libri)이 되게 하소서!"[53] 그는 또한 1766년(6월 2일) 일기에서 "나의 근거는 성경이다. 그렇다. 나는 성경 고집쟁이다. 나는 크든지 작든지 모든 면에서 성경을 따른다."[54]라고 공언하였다. 신성회 회원들은 언제나 모든 면에서 성경을 너무나 고집스러울 정도로 철저하게 주장하였기 때문에 이런 별명을 얻게 되었다.

⑤ 여공주의자들(superogation men): 이 용어는 본래 선행을 많이 쌓아서 구원을 얻는다고 하는 가톨릭교회의 교리에서 나온 용어다. 영국에서는 가톨릭교회의 공로주의 구원론을 믿는 신자들이 자신의 구원을 위해서 필요한 선행보다도 더 많은 선을 행하여 공로가 넘쳐흐른다는 뜻으로 쓰이는 말이다. 옥스퍼드 메도디스트들이 지나치게 많은 선을 행하기 때문에 이러한 별명이 붙은 것이다.

⑥ 성례전주의자들(sacramentarians): 신성회의 규칙 중에 매주일과 모든 기회에 성만찬을 받는다는 규칙이 있다. 그들은 일평생 열성적인 성만찬주의자들이었다. 이것은 그들의 경건의 특징이었다. 그리고 이와 같은 성만찬 신앙은 이후 모든 메도디스트들의 신앙이 되었다.

⑦ 초대 교회(primitive church): 그들은 초대 교회 사도들과 교부들의 신앙과 생활을 자신들의 모범으로 삼고 따랐다. 특히 존 웨슬리가 초대 교회 교부들의 영성생활의 연구에 심취하였고 실천하였기 때문에 붙여진 별명이다.

⑧ 열광주의자들(enthusiasts): 다른 사람들이 보기에 신성회 회원들의 신앙생활은 지나칠 정도로 열심이고 독특하고 색다른 것이었다. 그래서 사람들은 그들을 열광주의자들이라고 조롱하였다.

⑨ 개혁 집단(reformation club): 신성회의 규칙과 실천은 우선 자신들의 신앙과 삶의 방식과 태도, 그리고 사회도덕과 습관을 개혁함으로써(reformation of manners and morality) 궁극적으로는 민족과 세계를 개혁하고 구원하는 데 목적을 두었다. 모든 면에서 개혁을 강조하는 것 때문에 붙여진 이름이다.

역사적으로 이 많은 이름들 중에는 두 가지가 가장 잘 알려졌다. 즉 메도디스트와 신성회. 이 모든 별명들은 세상 사람들이 신성회를 비웃고 핍박하는 뜻으로 부른 것이지만 신성회 회원들은 오히려 기쁘게 받아들였으며 그리스도를 따르는 거룩한 삶의 실천을 통해서 명예로운 이름으로 만들었다.

6) 일찍 자고 일찍 일어나기 - 신성회의 규칙과 활동

존 웨슬리는 혼자 마음속에 품고 있었던 완전한 성결의 이상을 이제 신성회라는 작은 공동체 안에서 동료들과 함께 추구하는 거룩한 실험을 하게 되었다. 존 웨슬리는 진정한 성결을 얻기 위한 모든 생활방식에서 먼저 모범을 보였으며, 존 웨슬리의 생활방식은 곧 신성회의 규칙으로 지켜졌다. 신성회 회원들은 약속된 규칙에 따라서 모든 생활을 하였으며, 이러한 규칙적인 생활은 일평생 변치 않았다. 그들의 규칙을 정리하면 다음과 같다.

① 일찍 일어나고 일찍 잠자기: 옥스퍼드 메도디스트들은 매일 새벽 4시에 잠자리에서 일어났고, 저녁 9시에 잠자리에 들었다. 그들은 일찍 일어나고 일찍 잠자는 것이 경건과 건강에 꼭 필요하고 유익한 생활 습관이라고 생각했다. 존 웨슬리는 일평생 매일 새벽 5시에 설교하였으며, 이것이 그의 건강 유지 비결 중 하나였다고 말하였다.

② 규칙적인 자기성찰과 기도: 그들은 매일 새벽 4~5시에 한 시간, 또 저녁에 한 시간 동안 성경을 읽고 개인 기도 시간을 가졌다. 그리고 잠자리에 들기 전에 1시간 동안 자기성찰을 함으로써 하루의 마침 기도를 하였다. 존 웨슬리는 자신과 회원들을 위해서 "매일의 자기성찰 일람표"와 「매일 기도집」을 만들어서 사용하였다. "매일의 자기성찰 일람표"는 성찰의 주제와 세부내용에 따라서 매일 저녁 자신의 마음과 생활을 성찰하는 것이며, 「매일 기도집」에는 한 주간의 아침 기도와 저녁 기도가 들어 있다. 자기성찰의 주제와 질문들은 하나님 사랑하기, 이웃 사랑하기, 겸비하기,

육체의 정욕 죽이기, 자기부정, 세속적인 것 포기하기, 온유하기, 감사의
생활 등이었다.

③ 영적 독서: 그들은 또 경건서적을 읽고 내적 성결과 성결의 실천을 증진
하기 위한 토론과 대화를 하였다. 영적인 독서는 신성회의 가장 핵심적
인 일로서 신성회의 경건생활의 원동력이 되었으며, 존 웨슬리는 회원들
이 읽어야 할 영적 독서의 목록을 만들어주었다.

④ 매일 영적 일기를 쓰며, 한 주간에 하루는 편지를 썼다.

⑤ 영국 국교회의 모든 공중예배와 기도회에 반드시 참여했다.

⑥ 매주일과 모든 가능한 기회에 성만찬을 받았다.

⑦ 영국 국교회의 모든 법과 규칙을 지켰다.

⑧ 매일 9시, 12시, 오후 3시, 6시에 매일의 기도(collects)를 드렸다.

⑨ 매주 수요일과 금요일에 금식하되, 오후 3시까지는 아무것도 먹지 않
았다.

⑩ 매일 한 시간씩 사람들에게 전도하고 신앙생활에 관하여 권면했다.

⑪ 모든 대화에서 논쟁을 피하고 성결의 증진과 성결의 실천을 위한 실제
적이고 유익한 대화만 했다. 모임마다 대화의 주제를 미리 정하고 계획
했다.

⑫ 중보기도를 하되, 주일에는 동료들을 위하여, 월요일에는 학생들을 위하
여, 수요일과 금요일에는 중보기도를 요청하는 사람들을 위하여, 그리고
매일 함께 있는 모든 사람들을 위하여 하였다.

⑬ 감옥의 죄수들을 방문하여 도왔다. 당시에는 억울하게 감옥에 갇힌 사람
들이 많았으며, 감옥의 환경이 극도로 나빠 인간 이하의 생활을 하며 병
고에 시달리다가 죽는 죄수들이 많았다. 신성회의 사회적 자선행위는 죄
수들을 방문하는 일로 시작되었으며, 이것은 그들 평생의 사역으로 지속
되었다. 옥스퍼드에는 바카도 감옥과 캇슬 감옥이라는 두 개의 감옥이

있었으며 이들 감옥에는 각기 수백 명의 죄수들이 있었다. 존 웨슬리는 죄수 방문에 관하여 아버지로부터 격려와 조언을 얻은 뒤 더욱 적극적으로 실천하였는데, 이후 이것은 초기 메도디스트들의 중요한 전통이 되었다.

⑭ 매주 정기적으로 병든 사람들을 방문하여 돌보았다.

⑮ 가난한 사람들을 방문하여 돌보았다. 그들은 주린 자들을 먹이고 벗은 자들을 입히고 병든 자들을 돌보고 갇힌 자들을 돌아보라는 그리스도의 명령을 따라서 자신들이 할 수 있는 모든 선행을 실천하였다. 가난한 사람들이 노동하는 공장(work house)을 방문하였으며, 가난한 사람들이 공동으로 생활하는 구빈원(poor house)을 방문하여 도왔다. 이러한 일들은 당시 옥스퍼드 대학 사람들로서는 혁명적인 행동이었다. 그들은 이러한 선행의 최종적인 목적이 사람들의 영혼을 죽음에서 구원하는 일이라고 믿고 실행하였다. 신성회는 다음과 같이 고난당하는 자들을 위한 방문 계획표를 만들고 방문 규칙을 만들어 실행하였다.

· 월: 바카도 감옥   · 화: 캇슬 감옥
· 수: 가난한 어린이들   · 목: 캇슬 감옥
· 금: 바카도 감옥   · 토: 캇슬 감옥
· 주일: 가난한 사람들과 외로운 노인들

⑯ 가난한 집 아이들을 위하여 학교를 설립하여 가르쳤다. 신성회의 사회 활동은 자선과 교육을 함께 행하는 것이었으며, 이것은 이후에도 신성회 회원들의 평생의 사역이 되었다. 신성회 회원들은 옥스퍼드 대학 내에 가난한 아이들을 위한 임시 주간학교를 운영하였는데 이것은 옥스퍼드 역사상 처음으로 노동자 계층의 사람들(working class people)이 옥스퍼드

대학 안에 들어온 것이라 한다.

⑰ 수입 중에서 자신의 필수적인 생활비를 제하고는 모든 것을 남에게 주었다. 가능한 한 많이 주는 생활은 옥스퍼드 메도디스트들이 평생토록 지킨 규칙이었다. 이것은 이후 "가능한 한 많이 벌고, 가능한 한 많이 저축하고, 가능한 한 많이 주라."는 규칙으로 발전하여 모든 메도디스트들의 규칙이요 경제생활의 원칙이 되었다.

7) 존 웨슬리가 내 아들을 죽였다 - 조롱과 핍박

앞에서 언급했듯이 신성회 회원들은 다른 사람들에게 조롱과 핍박을 심하게 받았는데, 그 이유는 세상 사람들이 보기에 지나칠 정도로 엄격하고 정확하게 규칙적인 생활과 금욕적인 생활을 하였기 때문이다. 이러한 비웃음과 핍박은 주로 지도자인 존 웨슬리에게 집중되었다. 존 웨슬리가 순진한 사람들에게 지나친 금욕주의 생활을 강요하여 그들을 광신주의자들로 만들고 있다고 생각했기 때문이다. 이러한 오해 때문에 한때 존 웨슬리는 곤경에 빠지게 되었으며, 신성회는 심각한 위기에 직면하였다.

처음부터 신성회 회원이었을 뿐만 아니라 이 모임의 발전에 중요한 공헌을 하여온 윌리엄 몰간이 질병으로 인해 사망하였다. 그는 이미 1731년에 육체적·정신적으로 깊이 병들어 있었고, 다음 해 8월에 죽었다. 그의 아버지는 아들의 질병의 원인과 죽음의 책임을 신성회와 존 웨슬리에게 돌렸다. 그의 아버지는 신성회를 마치 사이비 이단종파나 광신주의 집단으로 정죄하며 비난하였다. 존 웨슬리는 이것을 부정했지만 그의 아버지는 자기 아들의 질병이 지나친 규율 때문에 생기지는 않았다고 하더라도 적어도 그것 때문에 질병이 악화되었고 존 웨슬리의 지나친 금욕생활 강요 때문에 자기 아들이 미치게 되었다고 생각하였다. 존 웨슬리는 몰간의 아버지에게 신성회와 자신을 변호하는 장문의 편지를 보냈다. 그러나 그의 편지가 그 아버지의 마음을 풀어주거나 이 문제를 해결하지는 못했다. 이미 세상 사람들 사이에 몰간의 죽음이 신성회의 지나친 금욕생활 때문에 일어난 것이라는 소문이 퍼졌으며, 이로써 신성회의 명예는 심각한 타격을 입었다.

신성회에 대한 세상 사람들의 오해는 계속되었다. 한번은 존 웨슬리가 동성연애를 하다가 감옥에 갇힌 블레어라는 죄수를 도우려고 여러 번 방문하여 상대하였다는 것 때문에 세상 사람들이 존 웨슬리를 비난하게 되었다. 존 웨슬리가 감옥의 죄수들을 돕는 일은 그전에도 계속되었지만 동성연애자를 돕는 것은 마치 존 웨슬리 자신이 동성연애를 인정하는 것처럼 오해를 받게 된 것이다. 이 사건은 세상 사람들이 신성회를 더 나쁘게 보는 계기가 되었다. 당시 영국에는 감옥이 포화상태였으며, 죄수들 중에는 결백한 사람들도 많았지만 사회적으로 동정을 얻지 못하는 극단적인 범죄자들도 많아서 그들을 돕는 일은 단순하지 않았다. 신성회는 이런 모험 때문에 세상의 오해와 핍박을 받을 수밖에 없었다. 그럼에도 불구하고 옥스퍼드 메도디스트들은 용감하고 희생적이었다. 그들은 감옥에서 비참하게 죽어가는 죄수들을 계속 방문하여 도왔다. 몰간이 신성회로 인해서 죽었는지는 아무도 알 수가 없다. 그러나 존 웨슬리에게 한 가지 위로가 된 것은 다음 해에 몰간의 아버지가 옥스퍼드 대학에 들어온 자신의 둘째아들을 존 웨슬리에게 맡긴 것이다.

또 한번 옥스퍼드 신성회에 결정적인 타격을 입힌 사건이 생겼다. 당시 영국의 대학가와 지성인들에게 인기 있는 주간신문인 〈포그의 주간 잡지〉(Fog's Weekly Journal)에 옥스퍼드 메도디스트를 통렬하게 비난하는 비평이 실렸다. 그 비평은, 신성회 메도디즘은 영국의 악명 높은 사회적 우울증 증세이며, 이러한 우울증이 영국에 유행되는 것을 막아야 한다고 촉구하였다. 그 비평가들은 메도디스트들이 세상의 하찮은 일에도 너무나 진지해서 평범한 세상 사람들이 죄가 아니라 상식이라고 생각하는 것을 정죄하고 모든 정상적인 사람들을 모조리 죄인 취급하고 있다고 비판하였다. 즉 메도디스트들은 지나친 금식으로 자기 몸을 학대하고 심지어 육체의 정욕을 진정시키려고 피를 흘리기도 하고, 성욕을 억제하려고 성기를 절단한 교부 오리겐을 찬양하는 광신주의자들이라고 주장하였다. 또한 그들은 메도디스트들이 세상 사람들에게 검은 수도복을 입히려고 한다고 비난하기도 했다.

이러한 핍박으로 인해서 1733년에 들어서는 신성회 회원 수가 줄어들기도 했다. 그럼에도 불구하고 신성회의 모든 경건 훈련과 활동은 흔들림 없이 계속되었고, 회원들은 자신들의 신앙과 실천이 정통 기독교에 근거한 것이라는 사실을 점차 확신하게 되었다. 한바탕 폭풍이 지난 후에 신성회는 다시 회원 수가 증가하여 1735년에는 약 40명까지 증가하였다.

8) 다시 옥스퍼드 메도디스트가 되고 싶다! – 영원한 노스탤지어

1735년부터 신성회 회원들이 각자의 길을 찾아 흩어지기 시작하였다. 신성회의 중요한 회원들이 자기의 사명을 따라서 옥스퍼드를 떠나게 된 것이다. 이것은 신성회의 실패가 아니라 이제 각자의 소명을 따라서 현장을 향해 나가는 것으로서, 이제부터는 신성회 밖에서 메도디스트로서 새로운 삶을 출발하는 것이었다. 그들은 옥스퍼드를 떠난 후에도 신성회의 거룩한 규칙을 따라서 평생 메도디스트로 살아갔다. 갬볼드는 스탄턴 하코트 교구 교회를 맡아 나갔고, 잉함은 에섹스에서 목회를 시작했고, 휫필드는 글로스터와 브리스톨을 시작으로 전국적으로 전도운동을 벌여 나갔다. 브로우톤은 타우어 학교의 목사가 되었다. 다른 회원들도 자신의 소명을 확인하거나 기다리고 있었으며, 소명을 얻는 대로 교구 목회자로 나가든지 아니면 학교 교육자나 자선 사업가가 되었다(존 웨슬리 형제는 신대륙의 새로운 식민지 조지아에 선교사로 갔다. 이때 잉함과 델라모트가 존 웨슬리 형제를 따라 함께 갔다).

존 웨슬리는 성직 임명을 받을 때부터 엡웟 교구를 맡으라는 아버지의 요구를 받아왔다. 그렇지만 존 웨슬리는 엡웟이 자신의 이상을 실현하기에 적합하지 않다는 결론을 이미 내리고 있었으며, 계속 옥스퍼드에서 학자의 길을 가기로 마음먹은 상태에서 다음과 같이 말하였다. "하나님의 영광을 나타내는 데 도움이 되는 길을 가는 것이 나의 의무다. 하나님의 영광은 거룩한 생활을 통해서 나타나는데, 옥스퍼드는 거룩한 생활을 잘 따라갈 수 있는 곳이다. 나는 옥스퍼드에 머물러 살아야 한다."[55] 이때 존 웨슬리는 목가적인 시골, 그렇지만 거친 엡웟이 아니라, 평화로운 환경과 경건한 동료들이 있는 옥스퍼드에서 거룩한 규칙을 따라서 사는 거룩한 생활을 즐거워하고 있었던 것이다. 당시에 존 웨슬리는 옥스퍼드의 신성회 생활이야말로 자신이 바라는 가장 이상적인 인생을 살 수 있는 환경이라고 생각했다.

사실상 그는 조지아에서 돌아와서도 다시 옥스퍼드 펠로우로 돌아가려는 생각과 신성회를 이어가려는 희망을 갖기도 하였다. 그래서 그는 조지아에서 귀국한 후에 옥스퍼드 메도디스트들과 계속적이고 친밀한 관계를 유지하였으며, 그들을 페터레인 신도회에 참여시키려고 하였다. 그리고 올더스게이트 체험이 없었다면, 또 여행 전도자의 생활을 하지 않았다면 존 웨슬리는 아마도 신성회의 규칙과 실천을 발전시켜서 새로운 수도회(a new monastic order), 즉 메도디스트 수도회의 창설자(founder of the methodist monastic order)가 되었을지도 모른다. 그는 바쁜 전도 여행 중에도 가끔 옥스퍼드 메도디스트의 거룩한 생활을 그리워하였다.

그래서인지 존 웨슬리는 바쁜 전도 여행에도 불구하고 여러 번 옥스퍼드를 방문하였다. 그는 1772년 어느 날 옥스퍼드의 향수에 젖어 다음과 같이 동생 찰스에게 편지를 보냈다.

"나는 가끔 '나에게 이전의 삶을 돌려다오!' (Vitae me redde priori!)라고 외친다.

다시 옥스퍼드 메도디스트가 된다면 얼마나 좋을까? 나는 다시 옥스퍼드 규칙으로 돌아가는 것이 내 인생에 최선이 아닌지를 생각하게 된다. 그때 나는 하나님과 가장 가깝게 걸었으며, 시간을 아껴 거룩하게 사용하였다. 그런데 지난 30년 동안 나는 여기서 무엇을 하고 있는가?"[56]

그는 언제나 옥스퍼드 신성회를 그리워했다. 옥스퍼드 신성회 시절의 존 웨슬리는 늘 하나님과 함께 걸으며 행복했다. 그는 1788년에 옥스퍼드를 방문한 날의 느낌을 이렇게 표현했다.

"나는 한 시간 동안 아직도 특별한 애정을 느끼고 있는 크라이스트처치 대학 교정을 걸었다. 얼마나 사랑스런 집들인가? 이곳의 가족을 행복하게 만들기 위해서 무엇이 필요할까? 하나님을 아는 지식과 하나님을 경험하는 경험이 없이는 어떤 인간도 행복할 수가 없다."[57]

이것은 마치 자신의 고향집을 방문할 때의 소감처럼 보인다. 존 웨슬리는 평생 동안 옥스퍼드에 대한 향수를 품고 살았던 것 같다. 누구에게나 그렇듯이 존 웨슬리의 생애에서도 고향 엡웟과 차터하우스 학교와 옥스퍼드 대학은 가슴속에 영원한 노스탤지어였나 보다. 그렇게 옥스퍼드에 머물러 연구하고 가르치는 학자로 살아가기로 결정했던 존 웨슬리가 방향을 바꿔서 조지아 선교사로 갔다. 그 동기는 무엇일까? 이제 그의 영적 순례를 따라서 찾아보게 될 것이다.

9) 세속 속의 성자들 – 신성회의 의미

처음에 신성회 회원들은 각기 신학사상과 신앙의 방식에 있어서 크고 작은 차이점이 있었으며, 교회에 대한 입장에서도 다양한 의견을 보였다. 그래서 그들의 모임에는 다소의 긴장과 갈등이 생겨났으며, 불안한 분위기가 보였다. 그러나 시간이 흐르면서 모임의 목적과 모든 대화의 중심이 신학적인 논쟁이 아니라 경건에 있다는 사실을 깨닫고 일체의 논쟁을 버렸다. 점차로 그들은 경건의 훈련과 성결의 실천에 집중하는 모임으로 발전시켜 나갔다. 즉 존 웨슬리의 영적 지도력이 정착되면서 처음에는 학문을 연구하는 모임으로 시작된 것이 곧 개인적 성결과 사회적 성결을 추구하는 경건의 모임으로 변한 것이다.

존 웨슬리는 자신의 마음속에 품고 인생 목표로 정한 완전한 성결의 이상을 신성회라는 작은 공동체 안에서 이루어보려는 희망을 갖고 거룩한 실험을 한 것이다. 그들은 기도와 경건의 독서와 경건의 대화를 위해서 매주 3~4회 저녁에 모였으며, 때로는 매일 저녁에 모였다. 위와 같은 활동은 신성회의 성격이 학문적인 연구 모임이며 개인적이고 공동체적인 경건 훈련의 모임인 동시에 사회적 자선을 실천하는 모임이라는 것을 알 수 있다. 말하자면 신성회의 모든 활동은 크게 세 가지로 구분되는데, 그것은 학문, 경건, 그리고 사랑의 실천이었다. 그러나 신성회의 유일한 목적은 '마음의 성결과 생활의 성결'(holiness of heart and life)을 추구하며 그리스도인의 완전한 성결을 얻기 위하여 함께 모여 서로의 영혼을 책임지고 감독하며 돌보고 권면하고 돕는 것이었다. 신성회의 교회사적 의미는 다음과 같이 정리할 수 있다.

첫째, 거룩한 실험이었다. 그들의 목적과 이상은 마음의 성결과 삶의 성결을 이루는 것, 즉 완전한 성결이었다. 신성회는 이러한 완전한 성결의 이상을 실현하려는 거룩한 실험이었다.

둘째, 교회사적으로 이상적인 소 공동체 영성 훈련의 모범이다. 이후에 일어난 메도디스트 신도회와 속회와 반회는 사실상 옥스퍼드 신성회의 발전이다.

셋째, 세속 속의 수도원이었다. 신성회는 수도원 밖에 있는, 즉 수도원 건물이 없는 최초의 수도원이었다. 즉 수도원 밖에서 수도원 생활을 하는 수도원 공동체였다. 최초의 메도디스트 수도원이라고 할 수 있다. 수도생활이란 반드시 수도원 안에서만 할 수 있는 것은 아니라, 수도원 밖에서도 수도원적 영성 생활의 규칙이 있고 그 규칙을 따라서 생활하는 동료가 있으며, 동료들이 함께 모여서 서로의 영적 생활을 돕는 공동체가 있으면 되는 것이다. 그들은 세속 속의 성자(Saint)들이었다.

넷째, 신성회의 규칙과 실천은 이후에 생겨난 모든 메도디스트 경건생활에 그대로 적용되었다.

다섯째, 경건과 학문과 사랑의 실천이 이상적으로 결합되고 개인적 경건과 사회적 경건이 조화를 이룬 이상적인 신앙 공동체이다.

여섯째, 현대 교회의 교회갱신의 이상적인 모델이다.

일곱째, 메도디즘 탄생의 제 1단계였다. 신성회 회원들은 최초의 메도디스트들이었다.

제2부

옥스퍼드에서 올더스게이트까지

(1735~1738)

1. 에덴동산의 뱀에 물린 존 웨슬리 – 조지아 선교(1735~1738)

1) 유토피아를 건설하려는 꿈

옥스퍼드 메도디스트들이 각각 자기의 소명을 따라서 흩어지는 때에 존 웨슬리 형제는 아버지의 평생의 역작인 「욥기 주석」의 출판을 위하여 런던을 방문하고 있었다. 거기서 존 웨슬리는 국회의원이며 아메리카 조지아의 식민지 개척자인 오글도프(James Edward Orglethorpe)와 옥스퍼드 대학 친구로서 조지아 식민 통치 이사 중의 한 사람인 버튼 박사를 만나게 되었다.

오글도프는 런던의 부유한 귀족의 아들로 태어나 아버지의 거대한 재산을 상속받았으며, 옥스퍼드 대학을 졸업하고 육군 장군을 지내기도 하였다. 그는 아버지를 계승하여 국회의원이 되어 30년 동안 영국 정부에 정치적 영향력을 행사한 사람이었다. 경건한 신앙과 온화하고 친절한 성품에 덕망 있는 인격을 소유한 휴머니스트요 박애주의자로서 자선 사업에도 참여하였다. 그 무렵 그는 새로 태어난 아메리카의 식민지 조지아에 깊은 관심을 갖고 있었다. 당시 영국의 형법은 대단히 가혹하여 가벼운 절도 범죄에도 사형이 집행되었으며, 가난한 사람들이 부자들에게 진 빚을 약속 기일에 못 갚을 경우에는 무조건 감옥에 넣어졌고 대부분의 경우에 무기징역이나 사형에 처해졌다. 1년에 채무 불이행으로 투옥되는 사람이 약 4,000명에 달해 감옥은 포화 상태였으며, 정부는 죄수 처리 문제로 곤욕을 치러야만 했다. 오글도프는 국회에서 죄수들의 상황을 조사하고 해결책을 찾는 위원회의 의장으로 선임되어 그 임무를 실행하게 되었다. 그는 죄수들에게 자유와 새로운 삶을 만들어주는 법안을 제정하였다. 그러나 대단히 난처한 과제가 생겼으니, 곧 수많은 죄수들을 어디서 무슨 일을 하며 살게 할 것인가 하는 것이었다.

오글도프는 석방된 죄수들을 아메리카 식민지인 사우스캐롤라이나, 플로리다, 그리고 조지아에 이민시켜 식민지 개척에 이용하기로 결정하였다. 1732년 조지 왕의 승인을 얻어 첫 시도로 조지아 식민지 개척을 감행하였던 것이다. 조지아는 비옥하고 풍요한 땅으로서 무한대의 경작지가 보이는 신세계여서 수많은 노동력이 필요했다. 당시의 조지아는 독일, 프랑스, 스코틀랜드 그리고 영국으로부터 온 이민자들과 모라비아교인들, 토착 인디언 부족들로 구성된 부유한 식민지로서 새롭게 부상하고 있었다. 그는 조지아 공화국을 건설하려는 꿈을 갖고 석방된 죄수들을 조지아에 이민시켰다. 그리고 인디언들에게 여러 가지 선물을 주고 친절히 대함으로 인디언 선교의 기반을 다져 놓았다. 물론 그는 식민지 개척을 위해서 수많은 흑인 노예를 노동에 끌어들였다. 그러나 적어도 그는 당시 기준으로는 기독교 휴머니스트였으며, 조지아에 하나의 기독교적인 유토피아를 건설하려는 이상을 품고 있었다. 조지아는 오글도프 장군에 의해서 1752년에 영국 식민령으로 승인되고 노예제도가 급속도로 확산되었다. 따라서 소농과 대농 경작자들이 늘어났고 오글도프는 신뢰할 만한 정치적인 협력자들과 종교적인 협력자들이 필요했다.

사실 그들은 이미 퀸시라는 초대 선교사를 조지아에 보냈지만 별로 좋은 효과를 보지 못하여 후임자를 찾고 있었다. 이 새로운 식민지에 기독교 공화국을 건설하기 위해서는 보다 더 훌륭한 선교사가 필요했다. 그들은 조지아에 정착한 다양한 유럽 이민자들의 종교적인 교화와 특별히 인디언 부족들을 개종시킬 소명감과 자질을 갖춘 선교사를 원하고 있었으며, 이미 영국의 '해외 복음선교회'(SPG; The Society for the Propagation of the Gospel in Foreign Parts)에 지원을 신청해 놓은 상태였다. 오글도프와 조지아 식민지 창설위원회의 주요 이사인 버튼 박사는 무엇보다도 성공적인 식민지 건설을 위해서 훌륭한 성직자들을 확보하려는 목적을 가지고 그 후보자들을 찾고 있었다. 그는 본래 존 웨슬리의 아버지 사무엘 웨슬리와 친구 사이였으며, 이미 존 웨슬리 형제와 옥스퍼드 메도디스트들을 잘 알고 있었다. 그는 존 웨슬리 형제를 만나자마자 조지아 선교사에 적임자라고 생각하고 새로운 식민지에 선교사로 가줄 것을 강력히 요청하였다.

존 웨슬리는 자신의 아버지가 채무불이행 죄수들을 전도한 일과 자신과 메도디스트 동료들이 옥스퍼드 바카도 감옥 죄수들을 도운 경험 때문에 죄수들을 석방하고 그들에게 새로운 삶을 마련해 주려는 오글도프 장군의 이민정책 계획에 깊은 동정심을 느꼈다. 존 웨슬리는 그의 제안에 감동을 받고 마음이 끌리었다. 또한 존 웨슬리는 오글도프와 버튼 박사에게 '이교도들에게 설교함으로써 진정한 그리스도의 복음을 배우고 싶은' 희망을 표현하였다.

그는 곧 형 사무엘과 의논하였으며, 옥스퍼드 스승 윌리엄 로우를 찾아가서 조언을 구했다. 존 웨슬리는 두 사람으로부터 긍정적인 대답을 얻었다. 그리고 곧장 맨체스터로 가서 신성회 동료인 클레이톤과 다른 메도디스트들을 만나 의논하였다. 이들은 신성회 회원들이 조지아 선교를 맡는 일에 대하여 적극적인 지지와 협력을 약속하였다. 존 웨슬리에게는 무엇보다도 이제 막 홀로 되신 어머니의 말씀을 듣는 일이 가장 중요하였다. 그는 엡윗으로 달려가 어머니의 조언을 구하였다. 어머니는 아들의 제안을 듣자마자 "만일 내게 스무 아들 있다면 나는 그들 모두가 간다 해도 기뻐할 것이다."라고 말했다. 존 웨슬리 형제는 동료들의 동의와 스승의 격려와 어머니의 축복 속에 'SPG'로부터 연 50파운드의 재정 지원을 약속받고 조지아 선교사로 임명되었다. 이때 버튼 박사는 다음과 같이 기록하였다.

"우리는 2명의 옥스퍼드 신사가 선교사로 임명된다는 통보를 받았다. 한 사람은 성직자로서 옥스퍼드 펠로우이다. 두 사람은 약간의 돈도 있는 사람들인데, 인디언 부족들을 개종시키려는 경건한 목적을 갖고 조지아에 가기로 결심한 사람들이다. 그들이 바로 존 웨슬리 형제다."

존 웨슬리 형제는 1735년 10월 14일 영국 여객선 시몬즈(Simmonds) 호를 타고 그레이브센드(Gravesend) 항구를 떠나 조지아를 향해 항해를 시작했다. 이 배에는 총 119명이 타고 있었는데, 존 웨슬리 형제와 조지아 식민지 총독 오글도프 장군과 다른 메도디스트인 벤자민 잉함과 찰스 델라모트, 그리고 모라비아교도의 감독인 데이비드 니치만이 26명의 모라비아교도와 함께 타고 있었으며, 나머지는 영국 이민자들이었다. 찰스 웨슬리는 오글도프 총독의 비서 겸 인디언 위원회 서기로 임명되었으며, 잉함과 델라모트는 존 웨슬리의 선교를 돕는 동역자 신분이었다. 찰스 웨슬리는 옥스퍼드에 머물러 있기로 마음을 정했다가 형 존의 권유를 받고 함께 가게 되었다.[1]

2) 매혹적인 여자가 없는 세계로 가다

존 웨슬리는 이미 옥스퍼드에 머물기로 결정하였으면서 다시 방향을 바꿔 조지아 선교사로 가게 된 동기가 무엇일까? 아버지의 교구를 맡으라고 강하게 권유한 형 사무엘의 편지를 보면 존 웨슬리가 마음을 바꾼 동기를 엿볼 수 있다. 형은 동생에게 다음과 같이 충고하였다. "나는 너의 결정에서 너 자신에 대한 사랑은 보았지만 네 이웃을 향한 사랑은 보지 못하겠구나!" 이와 같이 형은 아버지의 엡윗 교구 목회를 계승하라는 권면에 반대하고 옥스퍼드만을 고집하는 존의 태도에 불만을 표시하면서 즉각적으로 비판하고 나섰다. 즉 사무엘은 존이 옥스퍼드와 같은 편안하고 좋은 환경에서만 하나님을 잘 섬길 수 있다고 생각하는 것이 잘못되었다고 지적하는 것이다.

이후에 존은 옥스퍼드에 계속 머무르려는 자신의 의도를 심각하게 재고한 것이 분명하다. 그는 진정 하나님의 영광이 되는 인생의 진로가 무엇인가 다시 깊이 생각하였을 것이다. 더욱이 그는 자신의 인생 목표인 완전한 성결을 얻는 길, 즉 그리스도의 마음을 품고 그리스도가 걸으신 길을 따라가는 것이 진정 무엇인지에 관하여 깊이 고뇌하였을 것이다. 그가 미지의 땅 조지아를 향해 떠날 때 선상에서 쓰기 시작한 여행 일기와 편지에는 조지아 선교의 동기가 잘 나타나 있다.

첫째, 자신의 영혼을 구원하기 위한 것이었다. 존 웨슬리는 조지아로 가는 동기가 두 가지인데, 제일 큰 것은 자신의 영혼을 구원하려는 것이며, 그 외에는 다 부수적인 것이라고 말하였다. 조지아는 옥스퍼드보다 자신의 성결을 이루는 데 훨씬 더 적합하다는 생각을 하게 된 것이다.

둘째, 전적으로 하나님의 영광을 위하여 살려고 하는 것이었다. 존 웨슬리는 하나님의 영광을 위해 사는 데 가장 적합한 곳이 옥스퍼드가 아니라 조지아라고 생각했다. 하나님의 영광을 위하여 할 일이 옥스퍼드보다도 조지아에 훨씬 더 많다고 판단했기 때문이었다. 그리고 그곳에서는 오로지 하나님의 영광만을 생각하고 하나님의 영광만을 위하여 살게 될 것이라고 생각했다. 그는 조지아로 떠나는 날 배 안에서 다음과 같이 썼다.

> "우리가 순수한 땅으로 가는 목적은 무슨 물질적 부족을 채우기 위해서가 아니요, (하나님은 우리에게 풍족한 복을 주셨다) 배설물 같은 세상의 부와 명예를 얻기 위함도 아니요, 오로지 우리의 영혼을 구원하고 하나님의 영광만을 위하여 살기 위한 것뿐이다."[2]

셋째, 자신을 유혹하는 아름다운 여자가 없는 곳으로 가려는 것이었다. 존 웨슬리는 조지아야말로 세속에 오염되지 않은 순수한 환경이며 순수한 사람들이 사는 곳이라는 희망을 가졌다. 즉 조지아는 영국과 같은 문명세계와 달라서 자신이 죄를 짓도록 유혹할 만한 것이 없으리라고 생각했다. 특별히 거기에서는 자신이 유혹 당할 만한 아름다운 여자가 없을 것이라고 기대하였다. 문명세계에서는 고기와 달콤한 음료를 마시고 감각적 즐거움과 육체적 욕망을 피하지 못했으나 그곳에서는 채소와 나무열매와 물을 먹으며 성령 안에서 믿음과 사랑과 기쁨과 평안을 즐거워하고 성결과 참된 행복만을 얻게 될 것이라고 생각하였다.

존 웨슬리의 '자신의 영혼을 구원하려는 것을 첫 번째 목적으로 삼는다'는 생각을 이기적이라고 할 수도 있다. 그러나 존 웨슬리는 본질적으로 하나님 안에서 순수하고 완전한 삶을 얻으려는 것뿐이었다. 그리고 이런 행복을 죄의 유혹이 많은 세속적 환경을 떠나서 조지아와 같이 순수한 땅에서 얻으려는 수도원적 영성을 갖고 있었다. 이만큼 존 웨슬리는 죄악을 완전히 벗어버리고자 최선의 방법을 찾으려 했던 것이다. 마침내 그는 조지아로 가는 것이 자신의 영혼을 구원하는 가장 좋은 길이라는 결론을 내렸던 것이다.

넷째, 인디언 부족들을 구원하려는 것이었다. 그곳은 타락 이전의 에덴과 같은 곳이라고 상상했다. 그는 조지아에 대한 환상을 이렇게 표현하였다.

"그들(인디언들)은 공허한 철학이나 교만하고 더러운 욕망이나 세속적인 생각이나 어떤 파벌도 교파적인 신앙도 없으므로 복음을 순수하게 받아들이기에 합당합니다. 그들은 어린아이처럼 순진하고 겸손하여 무엇이든지 배우려고 하며 하나님의 뜻을 행하는 데 열심일 것입니다. 또 내가 설교하는 모든 교리를 잘 받아들일 것입니다. 그러므로 나는 이들을 통하여 옛 선지자들이 가졌던 순수한 신앙을 배우기를 바랍니다."[3]

존 웨슬리는 조지아와 거기 사는 인디언들에 대하여 대단히 감상적이고 낭만적인 생각을 갖고 있었다. 마치 그들은 아담의 타락 이전의 순수한 상태의 인간들이라고 상상했다. 그는 이와 같은 "이교도들에게 복음을 설교함으로써 그리스도 복음의 진정한 의미를 맛보고 싶다."고 말하였다. 물론 이러한 인간에 대한 낭만적인 추상은 조지아에서 산산이 부서지고 말았다. 아메리카의 문명 없는 원주민은 그의 생각과 달리 천사나 어린아이처럼 순수하지도 않았으며, 보통 사람들과 똑같은 죄인들이었다.

다섯째, 거기서 더 많은 선을 행하려는 것이었다. 존 웨슬리는 왜 하필 아메리카로 가느냐고 묻는 사람들에게, 영국에는 교회도 많고 목사도 많지만 아메리카의 이교도들에게는 교회도 전도자도 없기 때문이라고 했다. 그리고 영국에 있는 불신자들은 복음을 전해 주어도 그것을 짓밟아버리지만 아메리카의 이교도들은 복음을 환영할 것이라고 말했다. 덧붙여서 그는 황무지요 광야와 같은 그곳에 고생을 자초해서 가려고 선뜻 나서는 사람이 없기 때문에 자신은 다른 좋은 것들을 포기하고 자신을 희생하더라도 그곳에 가야 한다고 소명감을 고백하였다. 그리고 그곳에 가면 많은 것들을 잃어버릴 것이며 심한 고난과 심지어는 생명을 잃어버릴 위험이 있다고 말하는 자들에게 확신에 찬 답변을 하였다. 그곳에서도 전능하신 하나님이 필요한 모든 것들을 공급해 주실 것과 지켜주실 것을 믿으며, 만일 모든 것을 잃고 생명을 잃는다 해도 그것은 주님의 뜻이며 오히려 잃음으로써 얻는 것이 더 많을 것이라고 말했다. 그는 주님과 복음을 위하여 핍박을 받고 부모나 형제나 땅이나 재물을 잃는 자는 이 세상에서 백배나 더 받을 것이며, 오는 세계에서 영원한 생명과 상급을 받을 것이라고 확신하였다.[4]

이와 같이 존 웨슬리는 조지아에 선교사로 가는 동기와 그 목적을 설명하면서 자신의 신앙을 고백하였다. 그는 자신의 영혼을 구원하기 위하여, 즉 인생의 목표인 완전한 성결을 이루기 위해서, 오로지 하나님의 영광만을 위해서 살려고, 자기를 유혹할 만한 매혹적인 여자가 없는 세계를 찾아서, 많은 고난을 당하더라도 더 많은 선행을 실천하려는 거룩한 결심을 하였던 것이다.

3) 배 안에서도 메도디스트 규칙을 따라서

시몬즈 여객선은 영국을 떠나 57일 동안 대서양을 항해하여 조지아에 도착하였다. 그 당시 대서양 항해는 대단히 무섭고 험난한 항해였다. 그러나 존 웨슬리 형제 일행은 57일 동안 배 안에서도 옥스퍼드 메도디스트 규칙대로 생활하였다. 그들은 하루도 빼놓지 않고 자신들이 신성회에서 지켰던 거룩한 규칙을 따랐다. 그리고 그는 시몬즈 배 안에서 첫날부터 매일의 생활을 기록하기 시작하였는데, 이때 쓰기 시작한 일기는 일생 동안 계속되었다. 그들이 배 안에서 지킨 생활 규칙은 옥스퍼드 메도디스트들의 생활 규칙을 이해하는 데 좋은 정보가 되므로 눈여겨 볼 필요가 있다.[5]

- 오전 4~5시: 개인 기도에 전념하였다.
- 오전 5~7시: 함께 성경을 읽었다. 초대 교회의 문헌들과 비교 연구하면서 읽었다.
- 오전 7시: 아침식사를 하였다.
- 오전 8시: 공동 기도와 영적 대화의 시간을 가졌다.
- 오전 9~12시: 존 웨슬리는 독일어를, 델라모트는 그리스어와 항해술을 공부했으며, 찰스 웨슬리는 설교를 쓰고, 잉함은 배에 있는 어린이들을 가르쳤다.
- 정오 12시: 함께 모여 각자가 한 일에 대하여 서로 이야기하고 다음 일과 계획에 대하여 의논하였다.
- 오후 1시: 점심식사를 하였다.
- 오후 점심식사 후~4시: 배 안의 이민자들 중에 각자가 맡은 사람들에게 책을 읽어주거나 이야기를 들려주었다.
- 오후 4시: 오후 기도 시간을 가졌으며, 어른들에게는 그날의 공과를 가르쳤고, 어린이들에게는 교리문답을 가르쳤다.
- 오후 5~6시: 개인 기도 시간을 가졌다.

- 오후 6~7시: 각자 자기 선실에 들어가 거기 함께 탄 사람들에게 책을 읽어주었다(배 안에는 80명의 영국인들이 타고 있었다).
- 오후 7시: 독일 모라비아교인들과 함께 공중예배를 드렸다(이때 잉함은 갑판 위에서 원하는 사람들에게 책을 읽어주었다).
- 오후 8시: 다시 모여 서로 권면하고 가르쳤다.
- 오후 9~10시: 잠자리에 들었다(매트와 이불도 없이 잤지만 단잠을 잤다. 무서운 파도 소리도, 배가 흔들리는 소리도 하나님께서 이들에게 주신 단잠을 빼앗아가지 못했다).

위와 같이 그들은 항해 중에도 옥스퍼드 규칙을 정확하게 지켰다. 그들은 옥스퍼드 메도디즘의 세 가지 거룩한 일, 즉 기도와 연구와 사랑의 실천을 위하여 규칙을 세우고 시간표를 만들어 항해 시작부터 끝까지 정확하게 지키며 매일의 생활을 이어 나갔다. 매일같이 그들은 배 안에 있는 이민자들을 대상으로 목회 활동을 하며 할 수 있는 모든 봉사를 맡아 하였다. 주일에는 배 안의 사람들과 함께 공중예배를 드렸으며, 매주일 설교하고 성찬식을 실행하였다. 그들은 포도주와 고기를 끊은 대신 소박한 음식을 먹고 절제하며 육체의 정욕을 죽이고 믿음과 사랑과 성령의 기쁨 안에서 위로와 힘을 얻으려고 노력하였다. 옥스퍼드 신성회를 떠난 처음의 메도디스트들은 육지에서나 바다에서나 어디서든지 거룩한 생활을 위하여 만들어진 시간표를 정확하게 지키며 정해진 메도디스트 규칙에 따라 모든 일을 하며 살았다. 이렇게 거룩한 규칙을 따르는 생활은 조지아에서도 변함이 없었으며 일평생 지속되었다.

4) 죽음이 두렵지 않은 사람들을 만나다

멀고먼 미지의 신대륙을 향한 길고 험난한 57일간의 대서양 항해가 시작되었다. 니치만 감독을 포함하여 독일의 보헤미아 지방과 모라비아 지방에서 온 26명의 모라비아교인들이[6] 함께 타고 있었는데, 그들은 처음부터 메도디스트들의 눈길을 끌며 깊은 인상을 주고 있었다. 벤자민 잉함은 배 안에서 본 그들의 모습을 이렇게 기록하였다:

"그들은 선하고 거룩하고 평화로운 하늘나라의 성품을 지닌 사람들이다. 그들이 어떤 사람들인지는 배 안에서 하루에 두 번씩 화음에 맞추어 창조주 하나님을 찬양하는 노래를 부르는 모습을 볼 때 잘 알 수 있다. 그들은 진정한 그리스도인의 살아 있는 표본이다. 그들은 사도들이 가르친 믿음과 경건과 행함을 보여주는 살아 있는 초대 교회 신자들이다. … 그들은 모든 일에 자기들의 목사에게 순종한다. 완전한 사랑과 평화 속에 살고 모든 물건을 공동으로 소유한다. 그들은 언제나 자신들보다도 이웃을 섬긴다. 모든 일에 부지런하고 모든 일을 엄격하고 공정하게 처리한다. 모든 일에서 그들은 온유와 겸손과 사랑으로 행동한다."[7]

그 당시 대서양 항해는 항해 도중에 많은 여객선과 무역선이 폭풍과 태풍에 난파되고 수많은 사람이 생명을 잃을 정도로 생명을 내건 위험한 항해였다. 항해 기간은 바다의 상태에 따라서 달랐다. 바다가 편안할수록 기간이 짧고 그렇지 못할수록 길고 험난하였다. 존 웨슬리 형제가 탄 시몬즈 호는 비교적 위험한 항해를 하여 거의 두 달이 되는 긴 여정이었다. 시몬즈 호는 크게 세 번의 폭풍우와 한 번의 태풍을 만났다. 폭풍이 아니더라도 항해 초부터 많은 사람들이 심하게 뱃멀미를 하였다. 특히 여자들과 어린아이들은 더욱 더 뱃멀미에 시달리고 더러는 죽음 직전까지 갔었다. 그러니 폭풍에 배가 뒤집힐 정도로 흔들리며 빗물과 바닷물이 배를 강타하면서 배 안에 물이 차오르자 순례자들은 '이제 내 생명을 바다에 수장하는구나' 생각하고 죽음의 공포에 떨 수밖에 없었다. 맹렬한 비바람은 아침에 시작하면 한밤중에나 진정되고, 한밤중에 시작하면 아침에나 자는 듯하였다. 모든 물건이 비에 흠뻑 젖었고 침대와 담요도 다 젖었다. 사람들은 비에 젖고 바닷물에 절인 것 같은 몸으로 온밤을 떨며 새워야만 했다. 마실 물이 부족하여 아우성이었고, 잠자리가 젖어 누울 자리가 마땅치 않아서 괴로워했다. 무서운 폭풍이 칠 때마다 몇몇 사람이 몸을 다치거나 심한 두통과 고열로 앓고 생명의 위기를 겪었으니 모두가 죽음의 공포에 질릴 수밖에 없는 상황이었다.

10월 25일 정오부터 들이닥친 세 번째 폭풍이 가장 무서웠다. 미친 듯한 비바람은 무려 12시간 동안이나 119명의 영혼을 파멸하려는 사탄의 세력같이 시몬즈에 무차별 폭력을 가하더니 그날 자정에야 고요해졌다. 존 웨슬리는 그날 일기에서 폭풍의 위력을 이렇게 표현했다. "바다의 파도가 얼마나 세고 무서운지 마치 하늘에 닿았다가 다시 지옥으로 떨어지는 것 같았고 당장에 잡아먹으려고 포효하며 달려드는 사자와 같았다. 맹렬한 파도는 10분마다 대포를 쏘듯이 배를 사방에서 때렸다."[8]

4명의 존 웨슬리 일행은 이런 와중에도 파도가 밀려간 틈을 이용하여 어린 아이 하나에게 유아세례식을 행했다. 존 웨슬리는 기도하고 성경 구절을 암송했지만 마음속의 불안감과 죽음에 대한 두려움은 점점 더 커져만 갔다. 비바람이 배를 때리는 중에 배보다도 훨씬 높은 파도가 존 웨슬리의 머리를 뒤집어씌우고 온몸을 휘감고 쓰러뜨렸다. 시커먼 하늘은 번갯불에 갈라지고 천둥이 바다를 때리고 큰 돛이 찢어졌다. 존 웨슬리와 동료들은 바람에 넘어져 쓸려가 버렸다.

이때 바다에 넘어진 메도디스트들은 어디선가 들려오는 평화로운 찬송 소리를 들었다. 바로 곁에서 독일 모라비아교인들이 저녁예배를 드리고 있었던 것이다. 모라비아교인들은 비에 젖고 바람에 넘어지면서도 찬송을 부르고 있었다. 그들의 얼굴에는 두려운 기색이 전혀 없었고 오히려 평화와 기쁨이 가득한 모습이었다. 존 웨슬리는 그들을 계속 눈여겨보았다. 같은 시간에 영국인들은 죽음의 공포에 떨며 비명을 지르고 있었다. 이러한 영국 교인들의 모습은 계속해서 찬송을 부르는 독일 모라비아교인들의 모습에 비해서 너무나 달랐다.

존 웨슬리는 모라비아교인들을 보고 깊은 충격을 받았다. 그래서 존 웨슬리는 예배를 막 끝낸 그들에게 다가가 한 사람에게 물었다. "당신은 두렵지 않습니까?" 그 사람은 "네, 두렵지 않습니다. 오히려 우리는 하나님께 감사할 뿐입니다."라고 대답하였다. 존 웨슬리가 다시 "당신들 중에 있는 여자들과 어린아이들도 두려워하지 않습니까?"라고 물었더니 그 사람은 "네, 우리들 중에는 여자들이나 어린아이들도 죽는 것을 전혀 두려워하지 않습니다."라고 대답하였다. 존 웨슬리는 죽음의 공포에 질려 벌벌 떨며 울고 있는 영국 교인들에게로 가서 "저기 모라비아교인들을 좀 보시오."라고 말하면서 그들을 가리켰다. 그리고 영국 교인들과 모라비아교인들의 분명한 차이점을 말해 주었다.[9]

이때 모라비아교인들의 대답은 존 웨슬리에게 폭풍보다 더욱 강한 충격을 주었고, 이후 그의 마음속에 지울 수 없는 깊은 인상을 남겼다. 그들의 모습은 마치 천사의 얼굴과 같았고, 노랫소리는 이 세상의 어떤 환난풍파에도 흔들리지 않는 평화와 기쁨을 전하고 있었다. 그들은 남녀노소 누구나 죽음을 두려워하지 않고 오히려 구원의 하나님께 감사하고 자신들을 위해서 죽으시고 부활하신 주님을 찬송하고 있었다. 이때 존 웨슬리는 자신들과 모라비아교인들 사이의 중요한 차이점 두 가지를 느꼈다.

첫 번째 차이점은 자신을 포함하여 메도디스트들은 기독교의 외면적 신앙 (outward religion)은 소유했지만 내면적 신앙(inward religion)을 갖지 못했다는 것이다. 자신들은 경건의 규칙과 습관이 있고 예배와 성찬과 같은 의식을 가지고 있었지만 성령의 역사로 주어지는 마음의 신앙(religion of heart)이 없었던 것이다. 다시 말해서 자신들은 성령의 능력으로 감동과 감화를 받지 못하였으며, 그래서 하나님의 사랑과 주님의 속죄의 은총을 마음속에 체험해 보지 못한 것이었다. 그들은 체험적인 신앙이 없었다. 모라비아교인들은 성령의 능력으로 하나님의 사랑과 속죄의 은총을 체험한 사람들이어서 마음의 신앙, 즉 체험적 신앙을 소유하였기 때문에 세상의 어떤 환난풍파나, 심지어 죽음도 두려워하지 않는 사람들이었다. 존 웨슬리는 자신의 마음속에 그와 같은 체험 신앙이 없다는 사실을 깊이 느꼈다. 그리고 이때부터 마음의 신앙을 추구하였으며, 마침내 그와 같은 신앙을 올더스게이트에서 경험하게 된다.

두 번째 차이점은 모라비아교인들은 기쁨으로 마음껏 찬송을 부르는데, 자신들은 부를 찬송이 없다는 것이었다. 자신들은 기도문과 예배순서는 있지만 마음의 찬송이 없었다. 자발적으로 마음껏 소리 내어 외쳐 부르고 기쁨으로 하나님을 찬양할 수 있는 노래가 없다는 것이 커다란 차이라는 사실을 발견하였다. 존 웨슬리와 메도디스트들은 무엇보다도 그들의 찬송 부르는 평화롭고 기쁨에 찬 모습과 그 아름답고도 능력 있는 찬송 소리에 큰 감동과 지워지지 않는 인상을 받았기 때문이었다. 마침내 존 웨슬리는 배 안에서 독일어를 배우며 동시에 그들의 찬송을 배우기 시작하였다. 그때 배운 독일 찬송들이 후에 메도디스트 찬송에 들어왔다. 배 안에서 존 웨슬리는 신앙생활에서 찬송, 즉 언제나 마음대로 부를 수 있는 마음의 찬송이 얼마나 중요하고 필요한 것인지를 깊이 깨달았다. 이러한 경험은 존 웨슬리 형제가 메도디스트 부흥운동을 일으킬 때에 마음의 찬송을 많이 만들어 불러 부흥운동을 성공적으로 이끌어 가는 중요한 동기가 되었다.

존 웨슬리는 이러한 경험을 통하여 경건의 규칙과 의식을 중시하는 외면적 신앙만 가지고는 참다운 신자가 되기에 많이 부족하다는 사실과 하나님의 사랑을 체험하는 마음의 신앙이 꼭 필요하다는 사실을 절실하게 경험하였다.

5) 예수가 당신을 위해서 죽으심을 믿습니까?

세 번째 태풍이 지나간 후로도 몇 번의 비바람이 몰아쳐 시몬즈 호의 순례자들을 위협하였다. 마침내 험난한 57일간의 항해가 끝나고 1736년 1월 5일 오후에 신대륙의 새로운 식민지 조지아의 사반나(Savannah)에 닻을 내렸다. 사반나에 정착한 존 웨슬리는 이틀 후에 오글도프 장군의 소개로 모라비아교 목사인 어거스트 스팡겐버그(August Gottlieb Spangenberg)를 만나게 되었다.[10] 스팡겐버그는 모라비아교 감독인 진첸도르프의 수제자요 동역자로서 아메리카의 모라비아교 선교를 책임진, 신학과 경건에서 아주 탁월한 사람이었다. 존 웨슬리는 곧 스팡겐버그와 친해졌다. 존 웨슬리는 그가 어떤 사람인지를 알고는 자신의 선교 사업에 관하여 그의 도움을 얻고 싶었다. 그래서 존 웨슬리는 그에게 이 새로운 선교지에서 무엇을 어떻게 하는 것이 좋은지 조언을 해달라고 요청하였다. 특별히 존 웨슬리는 인디언 선교에 관하여 그의 경험을 듣고 싶어서 그렇게 물었다.

그랬더니 그는 이 요청에는 아무 대답도 하지 않고 전혀 엉뚱한 질문을 하는 것이었다. 그는 존 웨슬리에게 "나의 형제여, 그보다 먼저 내가 당신에게 몇 가지 질문을 하고 싶습니다. 당신은 당신의 마음속에 (구원의) 증거(witness)를 갖고 있습니까? 하나님의 영(성령)이 당신의 영에게 당신이 하나님의 자녀라고 증거하고 있습니까?"라고 묻는 것이었다. 그는 마치 이런 질문으로 존 웨슬리를 공격하려는 듯이 보였다. 존 웨슬리는 이러 직선적인 질문에 놀라고 무슨 대답을 해야 할지 몰라 당황하였다. 존 웨슬리는 이런 질문을 처음 접했다.

당황해 하는 존 웨슬리를 정면으로 바라보며 스팡겐버그는 계속 질문하였다. "당신은 예수 그리스도를 아십니까?" 이 질문은 좀 대답하기 쉬운 것 같았다. 존 웨슬리는 잠시 숨을 돌리고서 "나는 그가 온 세상의 구주라고 알고 있습니다."라고 대답하였다. 스팡겐버그의 질문 공세는 계속되었다. "맞습니다. 그러나 그가 당신 자신을 구원하신 것을 아십니까?"라고 물었다. 존 웨슬리는 다시 한 번 당황하여 어쩔 줄을 몰라 하면서 이렇게 대답하였다. "나는 그가 나를 구원하기 위하여 죽으셨기를 바랍니다."라고 어정쩡한 대답을 하였다. 그는 한 가지 질문을 더하였다. "당신은 당신 자신을 아십니까?" 존 웨슬리는 당황스런 모습을 감추려고 힘없이 "나는 압니다."라고 말하였다. 그러나 존 웨슬리는 그날 밤 일기에 자신의 대답은 확신이 없는 빈 말이었다고 고백하였다.[11]

배 안에서 경험한 것에 이어서 스팡겐버그와의 대화는 존 웨슬리에게 두 번째로 큰 충격을 준 사건이었다. 스팡겐버그의 질문은 기독교 신앙에서 가장 핵심적인 문제인데, 특별히 구원의 확신에 관하여 결정적으로 중요한 것이다. 그의 질문은 "예수 그리스도가 당신을 위해서 피 흘려 죽으셨음을 믿습니까?"라는 뜻이었다. 이때 존 웨슬리는 예수 그리스도가 나를 위해 죽으시고(Jesus Died For Me.), 예수가 나를 위해 피 흘리셨다(Jesus Shed For Me.)는 사실을 믿는 확실한 믿음이 없다는 것을 깨달았다. 그리고 자신의 마음속에 구원의 확신(assurance)이 없다는 것을 발견하였다. 즉 예수가 나를 위해 죽으시고 피 흘려서 내 모든 죄를 다 씻으시고 죄와 죽음과 저주에서 나를 구원하셨다는 증거(witness)가 자기 마음속에 없다는 것을 알고는 더욱 당황한 것이다. 그때까지 존 웨슬리는 규칙적인 경건생활과 선을 행하는 데 전력을 다 하였지만 나를 위해 죽으신 예수 그리스도의 속죄의 은총을 마음속에 경험해 본 적은 없었다. 그는 예수가 온 세상 인류를 구원하기 위해 죽으셨다는 사실에만 집중했지 진정 예수가 나를 위해 죽으셨다는 것은 깊이 생각해 본 적이 없다. 즉 온 인류의 구주는 알았지만 나의 구주(my saviour)는 확실히 몰랐던 것이다.

스팡겐버그의 질문은 이후 존 웨슬리의 신앙과 신학과 복음전도와 목회에 중대한 영향을 끼쳤으며, 후에 핵심적인 메도디스트 교리를 형성하는 데 결정적인 동기가 되었다. 이 질문들은 존 웨슬리에게 구원의 확신, 성령의 증거, 구원에 이르는 믿음(Saving faith), 구원에 이르는 은혜(Saving grace), 체험적 신앙,

그리고 마음의 신앙 등 메도디스트 특징적인 교리와 신앙을 추구하고 형성하고 발전시키는 소중한 동기가 되었다.

6) 인디언들은 천사인가?

조지아에는 사반나와 프레데리카를 포함하여 6개의 영국인 정착촌이 있었으며, 독일 모라비아교도 정착촌과 오스트리아에서 이민 온 잘츠부르크교도 정착촌, 그리고 소수의 프랑스 개척자들과 스페인 개척자들의 정착지가 형성되어 있었다. 당시 조지아에 있던 영국 이민자 수는 약 1,000명을 넘지 못했다. 넓은 조지아 땅은 대부분이 미개척지로 숲과 습지와 초원으로 덮여 있었으며, 이런 곳에는 야만적인 인디언 부족들과 짐승들이 살고 있었다. 인디언들은 문자도 종교도 정부도 없이 자연 속에서 원시적인 생활을 하는 사람들이었다. 그리고 조지아 개척의 행정 중심지인 사반나 주변에는 아메리카의 원주민 인디언 촌들이 흩어져 있었다.

도착한 지 며칠 후에 오글도프는 몇 명의 인디언 지도자들을 사반나에 데리고 와서 존 웨슬리와 만나게 하였다. 존 웨슬리는 이 인디언들이 오글도프와 함께 런던을 방문했을 때 만난 적이 있었다. 그래서 그들은 존 웨슬리를 꽤 호의적으로 대해 주었다. 그러나 인디언들은 인사 외에 더 이상의 깊은 대화는 원치 않는 눈치였다. 그 해 6월에는 부족들 중에 가장 신사적이라고 알려진 촉타우족과 관계를 가져보려고 애를 써보았으나 잘 되지 않았다.

존 웨슬리는 7월에 차카사우족의 추장과 지도자들을 만나 종교 문제에 관해 대화를 나눴다. 그들의 대화는 대단히 종교적이었는데, 예를 들면 '세상 만물 위에 계신 분', '맑은 하늘에 살고 계신 분', 그리고 '선한 사람들이 하늘 위로 올라가는 것' 등에 관한 것이었다. 인디언들은 이미 가톨릭 선교사들에 의하여 기독교를 어느 정도 알고 있었고, 그 적은 지식을 자기들의 토착 종교적 개념과 혼합하여 말하고 있었던 것이다. 그렇지만 그들과의 만남은 아무런 소득도 없었고 그들은 존 웨슬리와 더 이상 만나려고 하지 않았다.

존 웨슬리로서는 이교도들이 가지고 있는 자연 종교라는 것이 얼마나 허무하고 저속하고 미신적이고 악마적인지를 깨닫는 계기가 되었을 뿐이었다. 당시 인디언 부족들은 말 그대로 야만인이었다. 아주 성격이 사납고 행동이 난폭하였다. 자신에게 조금이라도 해롭다고 여겨지면 누구든지 무자비하게 공격하여 활이나 창으로 죽였고, 껍질을 벗긴다든지 귀나 코나 손이나 몸의 일부를 잘라내기도 하였다. 대부분의 부족들은 폭식가요 탐욕자요 술주정뱅이요 도적이요 사기꾼이었다. 그들은 심지어는 부모와 자식과 형제자매까지도 살인하는 무자비한 살인마들이었다. 남자들은 여자들을 자기 좋은 대로 취했다가 맘대로 버리고, 여자아이들은 부모에 의해서 강간당하고 남자아이들은 부모에게 폭력을 배우고 자랐다. 인디언 남자들은 모두 전사(戰士)들이어서 부족들은 언제라도 다른 부족과 전투할 준비를 갖추고 있었으며, 서로 죽이고 탈취하고 여자들과 아이들을 잡아가고 마을에 불을 질러 파괴하는 등 무시무시한 전쟁을 자주 치르곤 하였다. 존 웨슬리는 이렇게 사나운 인디언들을 보고 몹시 실망하였다.[12]

얼마 후에 존 웨슬리는 오글도프의 소개로 처음으로 인디언 마을에 방문하여 인디언 추장 토토모치와 그의 부하들을 대면하였다. 인디언들은 존 웨슬리에게 우유와 꿀을 주며 환영하였다. 그러나 인디언 추장 토토모치는 존 웨슬리에게 백인들이 자신들에게 무엇을 가르치든 듣지 않을 것이니 함부로 가르치려 들지 말라고 분명히 경고하였다. 그리고 당시의 상황은 프랑스와 스페인 이민자들이 인디언 부족들을 공격하여 인디언들이 몹시 화가 난 상태여서 사정이 평소보다도 훨씬 더 나빴다. 존 웨슬리는 사반나에서 영국인 회중의 담임 목사로서 목회를 시작하고 있었다. 전임자 퀸치가 캐롤라이나로 이동했기 때문에 당장 존 웨슬리가 그 회중을 맡을 수밖에 없었던 것이다. 그러나 그의 목적은 이교도인 인디언 선교에 있었으므로, 인디언 선교의 문을 열기 위해서 온갖 노력을 다 기울이고 있었다.

존 웨슬리는 오글도프 장군에게 자신의 목적을 거듭 말하였으나 그는 두 가지 이유를 들어 반대하였다. 그는 인디언 선교가 너무나 위험하고 인디언 선교를 하다가는 오히려 인디언과 백인들의 관계가 더 악화되어 아무것도 할 수 없는 상황이 될 것이며, 프랑스 개척자들에 의해서 살해될 위험이 있다고 하였다. 또 한 가지 이유는 사반나의 영국인 회중을 목사 없이 그냥 내버려 둘 수가 없다는 것이었다. 그렇게 되면 존 웨슬리는 영국 국교회 성직자로서 영국인들로부터 협력을 얻지 못하고 추방될 것이라고 하였다. 오글도프의 반대에 대하여 존 웨슬리는 사반나 회중의 목사로 임명된 것은 자신과 아무런 상의 없이 이뤄진 것이므로 따를 수 없으며, 자신은 사반나 목회를 사양하고 인디언 선교의 문을 열고 오로지 인디언 선교만을 위해서 일하겠다고 주장하였다.

이후 존 웨슬리는 델라모트를 데리고 걸어서 또 다른 인디언 지역 탐험에 나갔다가 그만 길을 잃어버리고 물이 가슴까지 차는 습지에서 하루 종일 방황하였다. 한번은 옷이 흠뻑 젖은 채 정글에서 누워 자다가 밤에는 물이 얼고 아침에는 눈이 쌓이는 날씨에 얼어 죽을 뻔하였다. 인디언 부족들이 너무나 무서워서 존 웨슬리는 감히 접근도 못하고 인디언 마을 주변을 멀리서 돌며 살피기만 할 뿐이었다. 두 사람은 양식이 떨어져서 나무열매와 야생동물 고기를 먹으며 구사일생으로 살아 돌아왔다. 존 웨슬리는 들은 대로 인디언 부족이 사납고 무자비한 야만족이라는 사실을 확인한 셈이 되었다.

인디언 부족에 대한 공포심이 더욱 커졌고 생명의 위협을 느낀 존 웨슬리는 프레데리카에 약 20일 동안 머물고 그곳을 떠난 후로는 인디언 부족을 다시 방문하지 않았다. 존 웨슬리는 잉함과 델라모트를 내세워 자기 대신 인디언 선교를 해보려는 생각도 해보았지만 그것도 어려운 일이었다. 존 웨슬리의 유토피아적 이상주의는 냉혹한 현실과 인디언 부족의 야만성에 부딪혀 좌절하고 만 것이다. 영국에 있을 때 존 웨슬리는 인디언들이 세속 문명을 알지 못하고 세속의 더러운 죄악에 전혀 물들지 아니한 천진난만한 어린아이와 같아서 복음을 듣는 대로 받아들일 것이라고 상상했지만 이제 그러한 상상은 산산이 깨지고 심한 충격과 함께 몹시 실망하고 말았다. 인디언들은 천사가 아니었다. 존 웨슬리의 상상은 완전히 틀렸다. 그가 가졌던 인간에 대한 낙관적인 견해는 잘못된 것이며, 세상의 모든 인류는 아담의 원죄를 유전 받고 전적으로 타락한 존재들이라는 사실을 몸소 체험하였다. 이러한 경험으로 존 웨슬리의 인간 본성에 대한 낙관주의는 근본적으로 수정될 수밖에 없었다.

7) 무엇 하나 마음대로 안 되는 인생

존 웨슬리는 어떻게 해서든지 인디언 선교사가 되기를 원했지만 그 꿈은 다 사라지고 오글도프 장군의 의도와 계획대로 사반나의 영국인 교회의 목사가 되고 말았다. 존 웨슬리는 인생이 마음먹고 계획한 대로 되지 않는다는 것을 깊이 깨달았다. 존 웨슬리는 전임자가 쓰던 목사관에 들어가 생활하였다. 그는 이제 자국민 목회에 충실할 수밖에 없었다.

그는 조지아에 있는 영국 이민 정착촌들을 모두 자신의 교구로 여겼다. 이제 조지아는 존 웨슬리의 교구였다. 그러나 거기에는 아직 예배당이 없었으므로 존 웨슬리는 주로 법정에서 예배를 인도하며 모라비아교인들과 친밀한 교제를 하였다. 그는 곧 교인 모두를 위하여 매일 아침 기도회와 저녁 기도회, 그리고 매주일 예배와 매주일 성찬을 시작하였다. 그리고 무엇보다도 중요한 일을 시작하였으니, 그것은 옥스퍼드 신성회의 경험을 되살리고 모라비아교인들에게서 배운 것을 활용하여 '작은 신도회'(a small society)를 만든 것이었다. 이 작은 신도회는 매주 수요일과 금요일, 그리고 주일 저녁에 기도와 말씀 읽기와 시편송을 부르기 위한 목적으로 모이기 시작하였다.

한편 존 웨슬리의 조력자인 델라모트는 몇 명의 고아 어린이들을 모아서 가르치는 일을 시작하였는데, 이것이 작은 학교로 발전하여 메도디스트 선교의 한 열매가 되었다.

한 달 후에 존 웨슬리는 사반나 부시장의 어린아이에게 세례 베풀기를 거부하였는데, 이유는 그 부모가 세례 시에 아이를 물 속에 담그는 것을 반대했기 때문이었다. 그는 하루에 3시간씩 가가호호 교인들을 방문하는 방문 목회를 시작하였다.

존 웨슬리는 잉함과 찰스가 있는 프레데리카로 가서 곤경에 빠져 있는 그들을 도우려고 하였다. 찰스는 평판이 좋지 않은 두 여인의 음모에 걸려 아무 일도 못하고 있는 상황이었다. 존 웨슬리는 프레데리카에 가자마자 장례식을 치르고 거짓 맹세한 교인 하나를 불러 책망하고 권면하였다. 그는 여기서도 사반나에서 한 것처럼 '작은 신도회'를 구성하였다. 찰스는 여인들의 음모에 휘말려 결국 오글도프와 관계가 나빠진데다 몸에 질병까지 겹쳐 5개월 만에 영국으로 돌아가고 말았다.[13]

존 웨슬리는 영국인 교구 목회에 충성하였다. 그는 철저하고 헌신적으로 일하였다. 그렇지만 사반나에서 존 웨슬리의 목회는 현지 교인들에게 그렇게 환영받지를 못했다. 존 웨슬리가 너무나 엄격한 영국 고교회(High Church) 규율을 적용하였기 때문이다. 현지인은 다수가 국교 반대파였으며, 그와 같은 고교회의 엄격한 규율을 따를 만한 교양도 없고 훈련이 안 된 사람들이었다. 존 웨슬리는 고교회의 예배 규정과 기도 규칙을 철저히 사용하였다. 하루에 두 번의 기도회를 지키고, 주일에는 설교예배와 성만찬을 구분하고, 저녁 기도를 3시에 행하고, 성만찬도 매주일뿐만 아니라 모든 축일에 행했다. 유아세례 시에는 반드시 아이를 물 속에 세 번 담그기를 주장하고 그것을 반대하면 세례를 주지 않았으며, 병자 외에는 개인 세례를 베풀지 않았다.

또한 다수의 교인들은 존 웨슬리의 순회 방문을 좋아하고 고마워하였지만,

몇몇 사람들은 그렇게 집집마다 방문하는 것이 개인의 사생활에 방해가 된다고 하면서 존 웨슬리를 헐뜯었다. 사실상 존 웨슬리의 순회 방문은 너무나 갑작스런 것이었으며 일부 현지인들에게는 당황스런 일이었다. 그리고 성만찬을 받을 사람은 한 주 전에 미리 목사에게 통보하도록 하였는데 이런 관습은 이미 영국에서도 폐지된 것이었다. 존 웨슬리는 평범한 교인들에게 지나치게 엄격한 경건과 금욕적 생활을 요구했는데, 이러한 목회는 그가 옥스퍼드 신성회에서 사용하던 것들을 아직 신앙 훈련을 제대로 받아본 적이 없는 사람들에게 무리하게 적용하는 것이었다. 존 웨슬리는 열정과 헌신과 사명감은 충만했지만 너무나 이상주의와 낭만주의에 사로잡혀 있었기 때문에 현실을 이해하고 현실에 맞추어 일하는 경험과 지혜가 부족했다.

8) 예상치 못한 복

존 웨슬리가 조지아 선교사 생활을 통해서 얻은 가장 큰 복은 모라비아교인들을 만난 것이다. 아마도 하나님이 존 웨슬리를 위해서 예비하신 섭리요 은혜라고 생각된다. 조지아 선교는 실패라지만 모라비아교인들과의 만남은 위대한 존 웨슬리를 만들고, 위대한 메도디스트 부흥운동이 일어나게 된 가장 중요한 동기가 되었다. 존 웨슬리는 배 안에서부터 줄곧 조지아를 떠날 때까지 모라비아교인들과 함께 살다시피 하였다. 도착 후 곧 잉함과 찰스는 오글도프와 함께 프레데리카로 갔고, 존과 델라모트는 처음 한 달 동안은 거처할 집이 준비가 안 돼서 스팡겐버그와 니치만과 다른 모라비아교인들과 함께 먹고 자고 생활하면서 그들의 신앙생활과 일상생활을 자세히 눈여겨 볼 수 있었다. 존 웨슬리는 이때의 경험을 이렇게 기록하였다.

"그들은 언제나 부지런하고 명랑하고 서로 따뜻한 유머를 주고받았다. 그들 가운데는 어떤 경우에도 부정적인 말이나 불평이나 분노와 다툼이 없었고, 우울한 분위기를 볼 수가 없었다. 그들은 어떤 처지에서도 항상 감사하고 기뻐하고 서로 사랑하고 주님을 찬양하였다."[14)

존 웨슬리는 모라비아교인들과 함께 지냈던 한달간의 경험을 통하여 더욱 더 그들에게 매력을 느꼈다. 조지아 선교에서 가장 중요한 발전은 앞에서 말한 대로 사반나에서 '작은 신도회'를 만들어 지도한 일이다. 그는 교인들 중에 가장 신실한 신자들을 모아서 '작은 신도회'를 만들고 매주 2회 규칙적으로 모여서 서로 자신의 잘못과 부족을 고백하고 견책하고 권고하고 가르치고 기도하는 일을 통해서 서로서로 영적 지원과 영적 교제를 나누게 하였다. 그리고 이 모임에서 몇 명을 선별하여 주일 오후에 다시 모여 더욱 진지한 대화와 기도를 하게 하였다. 존 웨슬리는 프레데리카에서도 똑같은 모임을 만들었다. 이 신도회가 모이는 날은 초대 교회의 금식일이었던 매주 수요일과 금요일로 정해졌다.

후에 존 웨슬리는 이러한 발전을 메도디즘 탄생의 두 번째 단계라고 말하였다. 사실상 이것은 조금 후에 나타날 메도디스트 속회(class meeting)와 반회(band meeting)의 기원이라고 해도 좋을 것이다. 또한 이러한 신도회의 모습은 옥스퍼드 메도디스트라는 줄기에다 모라비아교라는 가지를 접목시킨 것이라고 할 수도 있다. 이러는 동안 존 웨슬리와 잉함은 실제로 모라비아 형제단에 회원으로 가입하고 싶어 했지만 스팡겐버그는 두 사람이 교회로부터 축출당할 경우에만 가입할 수 있다고 하였다(진첸도르프는 모라비아 형제단이 하나의 독립된 연합체라기보다는 여러 교회들 가운데 있는 하나의 씨앗이라는 점을 강조하였다).

앞에서 말한 대로 존 웨슬리가 모라비아교인들에게서 배운 또 하나는 회중찬송, 즉 마음의 찬송을 모든 예배와 신자들의 생활 속에 도입한 것이다. 당시 영국 국교회의 예배에는 회중찬송이 받아들여지지 않았으며, 청교도들도 회중찬송은 인간의 창작물이라고 잘못 생각해서 사용하지 않았다. 존 웨슬리는 모라비아교인들의 마음의 찬송에 깊은 감동을 받고 적극적으로 받아들여 사반나와 프레데리카 신도회에서 마음껏 찬송을 부르게 하였다. 그는 모라비아교인들이 건네준 독일 찬송을 번역하여 신도회와 개인이 부르게 하였는데, 마음의 찬송은 신도회의 신앙 부흥의 결정적인 요소가 되었다. 개인이 마음속에 회심을 체험하는 것과 마음의 찬송을 부르는 것은 모라비아교인들이 메도디스트들에게 끼친 가장 강력한 영향이었다. 그는 1737년 최초의 메도디스트 찬송가 책 「시편송과 찬송집」(*A Collection of Psalms and Hymns*)을 출판하였다. 존 웨슬리는 조지아에서 공중예배 시간에 회중이 마음의 찬송을 부르게 함으로써 예배의 갱신을 시도했다.

위의 두 가지 외에도 존 웨슬리가 조지아 목회에서 모라비아교인들에게서 배운 것들이 있다. 존 웨슬리는 그들에게 순회 설교를 배워서 사반나와 프레데리카에 흩어져 있는 교인들을 차례로 방문하여 설교하고 신앙을 지도하였다. 그리고 신도회에 평신도 지도자를 세워서 사회와 기도와 설교를 시켰다. 그는 심지어 여자 평신도들을 지도자로 세우기도 하였는데, 이것은 전적으로 모라비아교인들이 하는 것을 보고 용기를 내어 해본 것이다. 그리고 기도 방식에서도 기도문 있는 기도만 고집하지 않고 기도문 없는 자발적인 즉흥기도를 시도하였다. 이러한 새로운 목회 방식은 나름대로 신도회를 평신도 중심으로 운영해 나가는 데 효과적이었으니 이것이 후에 메도디스트 부흥운동의 전조라고 할 수 있을 것이다.

또 한 가지 중요한 시도는 주일학교(sunday school)와 주간학교(day school)를 시작한 것이다. 이러한 사업은 사실상 그 지역에서 최초의 시도였으며, 존 웨슬리는 이러한 경험을 통하여 어린이 종교 교육의 필요성과 중요성을 배운 것인데, 이것은 후에 존 웨슬리가 메도디스트 부흥운동에서 확신을 가지고 주일학교와 주간학교 운동을 일으키는 동기가 되었다.

존 웨슬리의 조지아 목회는 두 가지 차원에서 이루어졌다. 즉 영국인 교구 교회를 돌보는 일과 그 안에서 신도회를 지도하는 일로서 존 웨슬리는 영국인 교구 목회에 조금도 게으름 없이 충성하였으며, 신도회 지도는 모라비아교의 영향을 받아 하나의 새로운 시도를 하면서 실험적인 목회를 하였다. 존 웨슬리의 조지아 선교는 여러 가지 면에서 유익하였다. 그러나 예기치 않은 시련이 닥치면서 존 웨슬리는 치욕스런 종국을 맞이하게 된다.

9) 애인을 빼앗긴 존 웨슬리 - 실망과 시련의 조지아

조지아에서 존 웨슬리는 선교사이자 영국인 교회의 교구 목사로 충실한 목회를 하면서 모라비아교인들의 신앙생활 방식을 열심히 탐구하고 있었다. 그러나 애정 문제 때문에 감정적으로 몹시 긴장하고 고통스런 혼란에 빠지곤 하였다. 영국인 교회의 교인인 소피 홉키(S. Hopkey) 때문에 발생한 문제였다. 처음 조지아에 올 때 웨슬리는 조지아에 매력적이고 교양 있는 아름다운 여자가 없을 거라고 생각했다. 그렇지만 조지아에도 그런 여자가 있었다.

존 웨슬리는 1736년 3월 처음 소피를 만났다. 그녀는 존 웨슬리보다 16세나 어린 17세의 처녀로서 아름답고 풋풋하였다. 신앙심이 깊고 영적인 생활에 관심이 많은 소피는 교회 일에 열심히 봉사하면서 존 웨슬리에게 많은 도움을 주고 있었다. 두 사람 사이의 관계는 존 웨슬리가 그녀에게 신앙서적들을 빌려주고 함께 영적인 독서에 관하여 대화하면서 차츰 깊어졌다. 때때로 두 사람은 저녁 시간에 함께 바닷가를 거닐며 데이트를 즐기기도 하였다. 존 웨슬리는 조지아에 도착한 후 곧 그녀와 사랑에 빠졌던 것 같다. 그때 그는 동생 찰스에게 이렇게 편지를 썼다.

"나는 매 시간 위험 속에 있다. 여기에 2~3명의 젊고 아름답고 경건한 여자들이 있다. 내가 그들을 육체를 따라 알게 되지 않도록 나를 위해서 기도해 달라. 우리 모두 강하고 담대하자. 주께서 우리와 함께 계신다."[15]

이때 스팡겐버그는 존 웨슬리에게 아무리 경건한 여성들이라고 해도 항상 거리를 두라고 충고하였다. 반면에 오글도프는 존 웨슬리 형제에게 결혼을 하는 것이 하나님의 일에도 훨씬 유리하고 시험에 드는 일도 없을 것이라고 조언하면서 강력하게 결혼을 촉구하였다. 존 웨슬리는 소피를 사랑하였으며 그녀와의 결혼을 원하고 있었다. 소피도 처음에는 존 웨슬리가 청혼해 주기를 바라고 있었다. 그러나 존 웨슬리는 감정적으로나 육체적으로 소피에게 끌리면서도 아직도 독신주의의 이상과 애정 사이의 갈림길에서 고민하고 있었다. 완전 성결의 인생을 살기 위해서는 독신이라야 한다는 생각을 품고 있으면서 동시에 인간의 애정과 육체적 욕망을 그리워하면서 갈등하고 있었던 것이다. 그는 불타는 애정에 마음이 흔들리는 것이 두려워서 찰스에게 기도를 요청하기도 하였다.

그러나 그의 독신주의의 결심은 사실상 크게 흔들리고 있었다. 그는 그녀와 규칙적으로 만나 영적 독서와 영적 대화를 계속하였으나, 그들의 대화는 신앙과 애정이 섞인 것이었다. 어떤 날은 존 웨슬리가 그녀를 포옹하거나 손을 잡고 입을 맞추기도 하였다. 그러다가도 다시는 그녀에게 손을 대지 않기로 했다고 말하기도 하였는데, 그녀는 이 말에 몹시 실망하였다. 존 웨슬리는 그 결심에도 불구하고 다시 그녀에게 입을 맞추었다.

한번은 존 웨슬리가 소피에게 다른 사람과 결혼하라고 말하였다. 그녀는 이 말을 듣고 몹시 당황하면서 다른 사람과는 결혼하지 않겠다며 울음을 터뜨렸다. 얼마 후에 존 웨슬리가 그녀에게 청혼을 암시하는 말을 하였더니 이번에는 그녀가 성직자는 결혼하지 않는 것이 좋으며 자기도 독신으로 살기로 결심했다고 말했다. 존 웨슬리는 그녀의 말을 믿었다. 그러면서도 그는 계속 갈등하였고 소피에게 갈피를 잡을 수 없는 말을 여러 번 하였다.

하루는 모라비아교인들의 관습대로 막대기를 가지고 하나님의 뜻을 알아보려고도 했다. 막대기를 땅에다 세워 놓고 결혼이 하나님의 뜻이면 자기 쪽으로 쓰러지고 아니면 반대편으로 쓰러지게 해달라고 기도했는데, 반대편으로 쓰러지는 막대기를 보고 결혼이 하나님의 뜻이 아니라는 생각으로 기울기도 했다. 이만큼 그의 마음은 답답하고 약했다. 존 웨슬리는 옥스퍼드에서처럼 또 다시 여자 앞에서 한없이 작아지는 것이었다. 이때 그녀는 존 웨슬리에게 가부간에 속히 결단을 내리라고 압력을 가하였는지도 모른다. 그러나 이제 소피는 존 웨슬리에게 실망하고 뒤로 물러나기 시작했다. 찰스와 잉함과 델라모트도 그녀의 신앙이나 성품을 믿을 수 없다고 말하면서 결혼을 반대했다. 존 웨슬리는 더 깊은 고뇌에 빠져들었다. 그는 자신과 먼저 상의하기 전에는 아무하고도 중대한 결정을 하지 말라고 그녀를 설득하면서 자신도 그녀 없이는 살 수 없다고 했다.

그러던 중에 그녀는 갑자기 존 웨슬리에게 윌리엄슨 씨와 결혼하겠다며 교회에 발표해 줄 것을 요청해 왔다(1737. 3. 9). 소피에 대한 신뢰감이 무너지고 지독한 배신감에 존 웨슬리의 감정은 뒤죽박죽이 되었다. 존 웨슬리가 그들의 결혼발표를 미루고 있는 동안 그들은 사우스캐롤라이나로 건너가서 결혼하고 돌아왔다. 이것은 조지아 주의 관할권을 무시하는 불법행위였기 때문에 존 웨슬리는 국교회 주교에게 이들의 행위를 고발하기도 했다. 존 웨슬리는 완전히 무너져 내리고 엄청난 고통 속에 괴로워했다. 그는 이렇게 기록했다.

"소피가 결혼하다니! 놀라움, 고통, 기도, 묵상 … 그녀와 꼭 할 말이 있는데, 너무나 괴롭다. 할 말이 많은데, 혼란스럽다. 그녀를 보내주자. … 집에서는 기도가 안 된다. 그래도 기도하자. 나는 졌다. 다 망가졌다. 전부 틀려버렸다. … 좀 더 잘 … 좀 더 평안히!"

그리고 마지막으로 이렇게 썼다.

"내가 태양을 본 이후로 이와 같은 날은 없었다. 오, 당신의 종에게 평안을 주소서! 다시는 이런 일을 보지 않게 하소서."[16]

10) 도망자 존 웨슬리

존 웨슬리는 자신의 상처를 아물게 하기 위해서 목회에 더욱 열심을 내고 있었다. 그러나 존 웨슬리의 감정은 쉽게 가라앉지 않았으며, 소피가 자신에게 거짓말을 했다는 배신감에 괴로워했다. 그는 결혼 후에도 소피를 자주 만나 신앙상담을 하였다. 그 해 7월에 존 웨슬리는 소피에게 그녀와 윌리엄슨과 자신과의 관계에서 그녀의 잘못을 지적하는 편지를 보내고서 소피를 주일 성만찬에서 축출하였다. 그 이유는 그녀가 잘못된 행동을 회개하지 않고 성만찬 받을 것을 미리 목사에게 통보하지 않았기 때문이다(당시 영국 국교회 기도서 규칙에는 성만찬을 받을 사람은 한 주간 전에 미리 통보하게 되어 있었다). 윌리엄슨 부부와 당시 사반나의 최고 행정관인 소피의 삼촌 코스턴은 심히 격분하였다.

그들은 즉시 존 웨슬리를 법정에 고소하였다. 존 웨슬리는 소피의 인격에 모욕을 주고 명예를 손상시킨 일과 정당치 못한 이유로 성만찬에서 그녀를 축출했다는 이유로 치안판사 앞으로 소환되었는데, 이것은 배상금 1,000파운드에 해당하는 범죄였다. 이러한 존 웨슬리의 행위는 교회법으로는 올바른 것이었다 하더라도 배신당한 사랑에 대한 복수라고 하지 않을 수 없다. 존 웨슬리의 죄목은 열두 가지나 되었으며, 재판이 진행되는 동안 출국 정지까지 당했다. 존 웨슬리의 주요한 죄목은 이상한 규율을 적용하여 식민지 사회를 어지럽히고, 영국 국교회를 이탈한 여러 가지 행동에 관한 것들이었다. 구체적으로는 국교회 예전을 마음대로 개정하고, 인정받지 못한 찬송가를 사용하고, 유아세례 시에 아이들을 물에 담그게 하고, 소년들에게 성만찬을 허락하고, 어떤 사람들에게는 통보 없이 성만찬을 거절한 행위들이었다. 그리고 남편들의 자존심을 거스를 정도로 아내들에게 금욕생활을 요구하고, 거리낌 없이 개인적인 가정 문제까지 간섭하고 조절하려고 하였다는 것이었다.[17)

소피의 삼촌 코스틴은 존 웨슬리를 몹시 괴롭혔다. 그는 존 웨슬리를 간사한 위선자, 바람둥이, 배신자, 사기꾼, 결혼한 여자들이 남편의 애정을 외면하게 만드는 자, 술주정뱅이, 매춘 장사, 성찬상에 살인자들과 흡혈귀들을 받아주는 자라고 소문을 퍼뜨리며 온갖 방법을 동원하여 괴롭혔다. 결국 존 웨슬리는 너무나 괴로운 나머지 재판이 끝나기도 전 1737년 12월 2일 밤중에 몰래 도망쳐 나와 찰스타운 항구에서 배를 타고 조지아를 떠나고 말았다. 조지아를 떠나면서 존 웨슬리는 "내가 해야 할 일을 다 못하였지만 할 수 있는 한 복음을 전하고 1년 9개월 만에 발에 먼지를 털어내고 조지아를 떠난다."고 일기에 썼다.[18)

존 웨슬리는 영국으로 돌아오는 배에서 또 다시 태풍을 만나 죽음의 공포에 떨어야 했다. 그리고 이와 같이 자신의 심경을 기록했다.

"나는 인디언들을 구원하기(to convert) 위해서 아메리카로 갔다. 그러나 오! 누가 나를 구원할 것인가? 이 불신앙의 악한 마음에서 나를 건져줄 자가 누구인가? 나는 맑은 여름종교를 갖고 있다. 나는 재변가요 위험이 없을 때에는 나 자신을 믿는다. 그러나 죽음의 위험이 가까이 올 때에는 나의 마음은 공포에 빠진다. … 오호라! 누가 나를 이 죽음의 공포에서 구원할 것인가?"[19)

그 해 2월 1일 영국에 도착해서는 다음과 같이 썼다.

"내가 조지아의 인디언들을 구원하러 조국을 떠난 지 2년 4개월이 지났다. 그러나 나는 그 동안 무엇을 발견했나? 정작 다른 사람들을 구원하러(to convert) 갔던 나 자신은 구원받지 못했다는 것을 알았을 뿐이다."[20]

11) 자신을 발견한 존 웨슬리 – 조지아 선교의 의미

존 웨슬리의 조지아 선교는 실패였는가? 세상 사람들이 보기에는 분명히 실패다. 이러한 실패는 인간 존 웨슬리의 연약함에서 비롯된 것이며, 많은 부분이 그의 성격 때문에 빚어진 문제라고도 할 수 있다. 그럼에도 불구하고 존 웨슬리가 조지아에서 실천한 일들은 조금도 헛되지 않았다. 조지아 선교는 존 웨슬리에게 실로 귀중한 경험을 제공하였다. 존 웨슬리의 조지아 선교에는 다음과 같은 의미가 있었다.

첫째, 존 웨슬리의 충성되고 창의적인 목회를 통해서 사반나의 영국인 교회가 부흥하였다. 존 웨슬리가 설립하여 지도한 옥스퍼드 신성회를 닮은 작은 신도회가 성장하여 교인들의 삶이 개선되고 영적 생활이 놀랍게 성장하였다. 이 작은 신도회는 훗날 메도디스트 부흥운동에서 존 웨슬리에게 아주 소중한 경험이 되었다. 조지 휫필드는 존 웨슬리의 조지아 선교에 대하여 다음과 같이 말하였다.

"존 웨슬리가 이루어 놓은 선한 일들은 말로 다 표현 못할 정도입니다. 그의 이름은 조지아 사람들 중에 매우 존귀하게 되었습니다. 그는 사람도 마귀도 흔들 수 없는 기초를 놓았습니다. 오, 나는 그가 그리스도를 따른 것처럼 그를 따르려고 합니다."[21]

둘째, 조지아 선교에서 존 웨슬리가 얻은 최대의 소득은 모라비아교인들을 만난 것이다. 그들을 만난 것이 조지아 선교의 가장 큰 의미였다. 만약에 그가 모라비아교인들을 만나지 않았더라면 그의 생애는 아주 달랐을 것이다. 그것은 순전히 하나님의 치밀한 계획이었다. 믿음으로 얻는 구원의 교리, 마음의 신앙, 순회 설교 방식(circuit)과 속회(class meeting)와 애찬회, 그리고 즉흥설교와 즉흥기도와 마음의 찬송 부르기 등 모라비아교인들과의 교제를 통해서 배우고 새롭게 도입한 것들은 존 웨슬리에게 교회의 갱신과 부흥을 위하여 신선하고 든든한 기초를 놓았으며, 그 후 메도디스트 부흥운동에서 지속적으로 영향을 미치고 결실을 거두었다.

셋째, 존 웨슬리는 조지아에서 바쁜 생활 중에도 독서에 열중하였다. 특별히 신약성경과 초대 교회를 깊이 연구하고 어거스트 프랑케, 그레고리 로페즈, 윌리엄 베버리지, 드 렝띠 등 경건주의자와 신비주의 영성가들의 책을 많이 읽어 그의 영성은 더욱 깊고 풍부해졌다.

넷째, 존 웨슬리는 조지아 선교 경험을 통하여 인간 본성에 대한 이해를 수정하게 되었다. 그가 이전에 가졌던 인간 본성에 대한 이해는 너무나 낙관적이었다. 그는 자연적 인간을 너무나 선하게 보았다. 처음 조지아를 향해서 떠날 때에는 아메리카 인디언들이 아담의 타락 이전의 순수하고 천진난만한 인간성을 지니고 있을 것이라고 생각했으나 그들의 죄악된 인간성을 경험하고는 자신의 생각이 잘못되었다는 것을 깨달았다. 그리고 그는 모든 인간은 아담의 원죄를 지니고 태어난 전적으로 타락한 존재들이라는 성경적인 인간 이해를 더욱 신뢰하게 되었으며, 이러한 수정은 그의 구원론에 결정적인 영향을 주었다.

다섯째, 존 웨슬리는 조지아 경험을 통하여 하나님 앞에서 또 세상 사람들 가운데서 자신의 참 모습을 발견하게 되었다. 그는 조지아에서 자기 자신이 얼마나 죄 많고 약한 존재인가를 깊이 경험하였다. 그는 자신의 힘만으로는 어떤 선한 것도 이룰 수 없다는 것을 명백하게 깨달았다. 그는 자기 자신에게 실망하고 좌절하였다. 그리고 자신은 하나님의 은혜가 아니면 아무것도 할 수 없는 무능한 존재라는 사실을 발견하였다. 즉 존 웨슬리는 조지아 경험을 통해서 인간의 참 모습과 자신의 참 모습을 발견하게 되었다. 그는 1738년 2월 3일 일기에서 "아메리카에서 나의 계획이 다 잘 되지는 않았지만, 그 경험은 내 자신을 겸손하게 만들었고, 내 자신을 시험해 보는 기회였고, 내 마음속에 무엇이 있는지를 발견하게 하였다."고 썼다.[22]

여섯째, 존 웨슬리는 조지아 선교 경험이 메도디즘 탄생의 두 번째 단계가 되었다고 평가했다. 그의 조지아 선교는 단순히 실패나 헛수고였다고 말해서는 안 된다. 하나님께서는 존 웨슬리를 조지아로 부르셔서 이 모든 소중한 진리를 깨닫게 하시고 모라비아교인들을 만나도록 인도하셨으며, 이로써 그가 올더스게이트로 나아가고 메도디스트 부흥운동이 일어나도록 역사하셨던 것이다.

무서운 시련을 당하고 크나큰 실망을 안고 돌아온 존 웨슬리는 "인간의 방법이 다하고 이성이 실패하는 곳에서 그의 방법으로 나의 길을 인도하실 것이다."라고 믿으면서 쓰라린 상처를 달랬다.[23] 조지아 선교가 처음의 뜻과 계획대로 되지 않았을지라도 하나님께서 다음에 그가 갈 길을 예비하고 계시다는 믿음을 갖고 그의 인도하심을 기다리고 있었던 것이다.

2. 예수 나를 위하여 – 올더스게이트 회심(1738)

1) 아홉 살 어린 영적 교사를 만남

존 웨슬리는 1738년 2월 1일 딜(Deal) 항구에 도착하자 감사의 기도를 하고 여관에 있는 사람들에게 설교를 하고 조반을 먹은 뒤에 곧 런던으로 향했다. 날이 어두워질 무렵 이브샴에 도달한 존 웨슬리는 저녁 기도를 드리고 동네 몇 사람에게 설교를 하였다. 다음날 그는 친구 찰스 델라모트의 가족이 사는 블렌돈에 들러 따뜻한 대접을 받고 다시 발걸음을 재촉하여 3일 저녁 런던에 도착한 뒤 오글도프와 조지아 이사들을 만나 조지아를 떠나게 된 사유서를 제출하고 선교사 임명장을 반환하였다.[24]

영국에 돌아온 존 웨슬리는 2년 4개월 전에 옥스퍼드를 떠난 이후 자신이 계획했던 모든 일이 실패로 끝났다는 좌절감에 빠졌고, 또 소피와의 연애 사건은 생각만 해도 배신감과 모욕감과 분노에 휩싸였다. 그는 이제 자신의 인생이 파멸에 이르렀다는 불안과 절망적인 생각에 짓눌리기 시작했다. 그는 이런 심정으로 힘없이 런던을 향했다. 존 웨슬리는 런던에 왔지만 집도 없고 돈도 없었다. 갈 곳이 없던 그는 웨스트민스터학교 근처에서 책방과 하숙집을 경영하고 있었던 제임스 허튼(James Hutton)의 집에서 신세를 지기도 하였다. 허튼은 동생 찰스의 웨스트민스터 학교 동창생이며 평생토록 웨슬리 형제와 절친한 친구였다. 그리고 그곳에서 막 독일에서 온 모라비아교 목사 피터 뵐러(P. Böhler)를 만나게 된다. 그가 바로 니치만과 스팡겐버그를 이어서 존 웨슬리에게 복음주의 신앙을 가르치고 마침내는 회심에까지 이끌어준 영적인 교사다.

당시 뵐러는 존 웨슬리보다 아홉 살이나 어린 26세의 총명하고 경건한 젊은 목사였다. 그는 독일 예나 대학을 나왔고 한때는 라이프치히 대학에서 가르치기도 한 지식인이었다. 그는 진첸도르프를 만나서 회심을 하여 목사가 되고 진첸도르프로부터 영국과 미국을 위한 모라비아 선교사로 임명되어 왔다. 조지아를 방문할 목적으로 런던에 잠시 머물다가 존 웨슬리를 만난 것이다. 그는 존 웨슬리가 회심을 체험하고 새로운 신앙을 발견하게 하는 데 가장 큰 영향을 끼친 인물이다. 두 사람은 쉽게 친해졌고 그들의 영적인 친구로서의 우정은 존 웨슬리가 다른 모라비아교인들과 사이가 멀어질 때에도 변하지 않을 정도였다.[25]

두 사람은 함께 주말에 옥스퍼드를 여행하면서 긴 대화를 나누었으나 존 웨슬리는 뵐러의 말을 이해하기 힘들었다. 특히 "형제여, 당신은 당신의 모든 철학을 버려야 합니다."라고 하는 뵐러의 말은 정말 이해할 수 없었다. 여기서 뵐러는 존 웨슬리에게 모든 종류의 자연신학과 인본주의를 버리고 오로지 성경에 있는 아브라함과 예수 그리스도의 하나님만을 붙들라고 충고한 것이었다. 이어서 뵐러는 존 웨슬리에게 마음속에 '구원에 이르는 믿음'(saving faith)을 소유해야 하며, 이것을 소유해야만 진정한 구원을 얻은 것이라고 가르쳤다. 이제 뵐러는 본격적으로 존 웨슬리 형제의 신앙 상담자가 된 것이다.

3월 5일 존 웨슬리는 병중에 있는 동생 찰스를 보기 위하여 옥스퍼드로 갔으며, 거기서 다시 뵐러를 만나 진지한 대화를 한 후에 "5일에 나는 나의 믿음 없음을 깨달았다. 즉 나는 위대하신 하나님 안에서 우리를 '구원하는 믿음'(saving faith)이 없음을 분명히 알게 되었다."[26]고 기록하였다. 존 웨슬리는 이제 자신이 무엇을 갖지 못했는지 발견하였다. 피터 뵐러는 대화 속에서 존 웨슬리에게 계속해서 성경으로 돌아갈 것과 '구원에 이르는 믿음'을 소유해야 할 것을 강조하였다. 이것은 오로지 '믿음으로 얻는 구원'의 교리를 말하는 것이었다. 존 웨슬리는 뵐러에게 이 믿음을 어떻게 얻을 수 있느냐고 물었다. 뵐러는 먼저 회개하고 그 믿음을 얻기를 구하라고 하였다. 그리고 그 믿음은 어느 한순간에 주어지는 것으로서 전적으로 하나님께서 값없이 주시는 선물이라고 설명하였다. 이것은 소위 순간적 회심이라는 말로 설명할 수 있으며, 자신이 모든 죄로부터 용서받았다고 하는 구원의 확신을 동반한다.

존 웨슬리는 이제 자신이 갖지도 못하고 경험하지도 못한 채 그러한 신앙에 대하여 설교하는 것을 중단해야 하는지에 관하여 뵐러에게 물었다. 이때 뵐러는 존 웨슬리에게 결코 설교를 중단하지 말라고 하면서 "믿음을 얻을 때까지 믿음에 대하여 설교하시오.(Preach faith till you have it.) 그리고 믿음을 얻게 되면 그 얻은 믿음을 가지고 설교하시오."라고 아주 실제적인 방법을 가르쳐주었다. 뵐러의 이 조언은 "현재 네가 가지고 있는 작은 믿음으로 설교하라. 그러면 너의 믿음이 더 큰 믿음으로 자라게 될 것이다. 그리고 네 큰 믿음으로 설교하게 될 것"이라는 뜻으로 해석해야 할 것이다. 그리고 존 웨슬리는 뷜러의 조언을 실천하기 위해서 감옥에 가서 설교하였다. 존 웨슬리는 처음으로 사형수에게 오직 믿음으로만 구원을 얻을 수 있다고 권면하고 위해서 기도하였는데, 그 사람은 당장에 자신의 죄를 고백하고 그리스도를 구주로 믿고 받아들였다. 이것은 존 웨슬리의 생애에서 처음 있는 일이며 놀라운 변화였다.

　　그러나 존 웨슬리는 아직도 믿음과 의심 사이에서 흔들리고 있었다. 그는 뷜러의 말이 진실한 것인지 아닌지 성경과 경험에 비추어서 증명해 볼 필요를 느꼈다. 그래서 그는 사도행전을 세심히 살펴본 결과 모든 구원의 사건들이 순간적이었음을 발견하였지만 그런 것이 현재에도 옛날처럼 일어나는 것인지는 믿기 어려웠다. 3월 22일 뷜러가 존 웨슬리에게 그리스도를 믿는 진실한 믿음은 죄에 대한 정복과 죄 용서의 확신으로부터 오는 지속적인 평화라고 말할 때에 존 웨슬리는 이것이 새로운 복음이라고 생각했다. 왜냐하면 자신은 이러한 믿음을 갖고 있지 못하였기 때문이다.

　　계속해서 뷜러는 존 웨슬리에게 자신은 기독교 신앙의 중심이 그리스도의 공로를 통하여 자신의 모든 죄가 용서되고 하나님과 화목되었다고 하는 하나님의 은총에 대한 '확고한 신뢰와 확신'(a sure trust and confidence)이라고 말하였을 때 존 웨슬리는 마음 깊이 감동하였다. 왜냐하면 이것은 구원에 이르는 믿음에 대하여 아주 분명하고도 간결하게 요약한 핵심으로 보였기 때문이다. 즉 뷜러는 3월 23일에 그러한 믿음을 소유한 살아 있는 증인이라고 할 수 있는 세 사람을 데리고 와서 존 웨슬리 앞에서 간증을 시켰다. 그들은 이구동성으로 자신의 신앙 체험을 간증하기를 "그리스도를 믿는 참되고 살아 있는 믿음은 모든 과거의 죄로부터 용서받았고 모든 현재의 죄로부터 자유를 얻었다고 하는 체험을 동반하며, 믿음은 하나님이 거저 주시는 선물이며 하나님(항상 그런 것은 아닐지라도)은 진지하고 계속적으로 구하는 자에게 순간적으로 구원에 이르는 믿음을 주신다."고 주장하였다. 이제 존 웨슬리는 뷜러와 다른 모라비아교인들을 통하여 구원에 이르는 믿음(saving faith)은 한순간에 주어지며 이로써 죄와 저주로부터 성령 안에서 의와 기쁨을 누리는 상태로 변화한다는 교리를 받아들이도록 강요당하는 것을 느꼈다. 아직도 존 웨슬리는 이러한 순간적 회심의 교리를 부인하고 수용하기를 거절하였다.

2) 슬피 울며 구원을 갈망하는 존 웨슬리

존 웨슬리의 의심과 거절에도 불구하고 뵐러는 포기하지 않고 존 웨슬리를 이해시키기 위해서 온갖 노력을 다하였다. 그는 우선 성경의 예를 들어가면서 존 웨슬리를 설득하였다. 존 웨슬리도 본격적으로 성경과 경험에 비추어 그러한 순간적 회심의 교리의 진실성을 찾기로 하고 사도행전을 살펴본 결과 사도 시대에도 모든 회심의 사건이 순간적으로 이루어졌다는 사실을 발견하였다. 그렇지만 아직도 존 웨슬리가 분명히 수긍하지 못하자 뵐러는 살아 있는 증인 몇을 더 데리고 왔다. 뵐러는 그들과 함께 하나님은 자신들에게 한순간에 구원에 이르는 믿음을 주었으며 그 순간 어둠에서 빛으로, 죄와 두려움에서 성결과 행복으로 옮겨졌다고 간증하였다.

존 웨슬리는 마침내 "이제 나의 논쟁은 끝났다. 주여, 믿음 없는 나를 도와주소서."라고 외쳤다. 이제 존 웨슬리는 이러한 신앙 체험이 진실한 것이라고 수긍하였으며, 이러한 믿음을 끝까지 구하기로 결심하기에 이르렀다. 첫째로 그는 어려서부터 자신이 구원의 희망을 두었던 자신의 모든 선행과 공로와 자신의 의에 의존하던 것을 버리고, 둘째로 지금까지 사용해 오던 은혜의 방편에다 '나를 위해서 흘리신 그리스도의 피를 전적으로 의지하는 구원에 이르는 믿음' 바로 그것을 얻기 위해서 계속 기도하기로, 즉 '그리스도만을 나의 유일한 칭의와 성화와 구속의 주님으로서 신뢰하는 그 믿음'을 얻을 때까지 기도하기로 결심하였다.[27] 이때 존 웨슬리는 이 교리가 진실하다는 확신을 갖게 되었다. 이 자리에서 존 웨슬리는 뵐러의 말을 인정하면서 자신이 이러한 믿음을 가르치는 것을 중단해야 하느냐고 물었고 뵐러는 하나님이 너에게 주신 재능을 땅 속에 감추지 말라고 충고하였다.

같은 날 뵐러는 살아 있는 신앙의 진정한 열매는 성결과 행복(holiness and happiness)이라고 설명하였는데, 이 말 때문에 뵐러에게 더욱 매료되고 말았다. 왜냐하면 성결과 행복의 추구야말로 존 웨슬리가 지금까지 추구하는 신앙의 진정한 열매였기 때문이다. 존 웨슬리는 뵐러가 가르치는 것이 새로운 복음이라고 생각했으나 사실 그것은 자신이 이전부터 기독교 신앙의 이상으로 여기던 것과 똑같다는 것을 알고 더욱 사모하게 되었다. 그러나 존 웨슬리는 이 둘 중에 자신은 아무것도 가지고 있지 않다고 생각했다. 존 웨슬리는 5월 24일 그날까지 구원에 이르는 믿음의 은사를 얻기를 사모하고 간절히 기도하였다.

4월 26일 존 웨슬리는 뵐러와 산책하면서 더 많은 대화를 나누었다. 뵐러는 그날 존 웨슬리가 슬피 울었으며, 그것은 성령의 감동에 의하여 흘리는 진정한 참회의 눈물이었다고 말했다. 그리고 뵐러는 그날 존 웨슬리는 지금까지 지녔던 것보다 더 나은 의, 곧 예수 그리스도의 의를 갈망하면서 상한 마음으로 슬피 우는 가련한 죄인의 모습이었다고 적어 놓았다. 존 웨슬리에게 이날은 매우 중요한 날이었다. 그는 처음으로 자신이 가련하고 연약한 죄인이라는 사실을 절감하고 눈물을 흘렸다. 그는 지금까지 자신이 당한 고난이 대부분 남들의 잘못 때문이라고만 생각했으나, 이제는 자신의 죄와 잘못이라는 것을 알고 진심으로 참회하는 모습이었다. 지금까지 그는 예수 그리스도의 십자가의 은혜를 의지하고 그분의 의를 붙들지 못하고서 자신의 선행을 더 의지하고 자신이 의롭다고 생각하였던 것이다. 자신의 도덕적 노력과 선행으로 하나님 앞에 의롭게 설 수 있다고 생각한 것이 너무나 어리석고 잘못된 것이라는 사실을 알게 되었다.[28]

5월 4일 뵐러는 아메리카의 캐롤라이나로 떠났다. 그는 런던을 떠나기 전 5월

1일에 존 웨슬리와 다른 국교회 성직자들과 함께 '우리의 작은 신도회'를 설립하여 존 웨슬리에게 지도하도록 하였다. 이 신도회는 나중에 페터레인에서 모이게 되었으며 메도디스트 부흥운동에 중요한 초석을 놓는 역사를 이루었다. 그가 떠나는 날 존 웨슬리의 일기에는 "오, 그가 영국에 온 이후 하나님은 어떠한 일을 시작하셨는가? 그러한 일은 하늘과 땅이 없어질 때까지 중단되어서는 안 된다."[29] 이와 같은 말은 뵐러가 웨슬리 형제에게 얼마나 큰 영향을 주었는가를 잘 알려준다. 뵐러는 떠나갔지만 존 웨슬리의 마음속에는 그의 말들이 계속 살아 움직이고 있었다. 사실상 그때부터 존 웨슬리는 믿음으로 얻는 구원, 즉 구원에 이르는 믿음에 대하여 열심히 설교하기 시작하였다. 그리고 그의 이러한 설교를 듣는 사람들은 그가 처음으로 이런 설교를 하는 것을 듣고서 크게 놀랐고 큰 은혜를 받았다.[30]

3) 무식한 막노동자를 통해서 회심한 찰스 웨슬리

뵐러가 떠난 후 존 웨슬리는 몹시 우울한 날들을 보냈다. 그는 일기에 며칠 동안 너무나 슬프고 마음이 무거워서 성경이나 책을 읽을 수도 없고 묵상도, 기도도, 찬송도 할 수 없다고 썼다. 그러나 존 웨슬리는 뵐러의 편지를 받고 용기를 얻었다. 뵐러는 존 웨슬리에게 죄와 불신앙을 조심하라고 하면서 비록 지금은 그것을 정복하지 못했더라도 곧 가까운 시일에 정복하게 될 테니 걱정 말라고 격려하였다. 그러나 5월 24일 전까지 존 웨슬리는 마음에 무거운 짐을 지고 계속 고통 가운데 있었다고 고백하였다. 즉 아직까지도 조지아의 어둡고 슬픈 그늘 속에서 벗어나지 못하고 마음이 방황하고 있었던 것이다. 존 웨슬리에게 조지아 충격은 이만큼 컸다. 그러던 중에 5월 21일, 동생 찰스가 회심을 체험하였다는 소식을 들었다.

두 형제가 회심을 체험하는 모습은 많이 다르다. 존은 이성적으로 이해하고

존 웨슬리의 생애

논리적으로 만족할 만한 설명을 얻기 위해서 성경과 경험에 비추어보는 지적인 노력에 집중하는 반면에 찰스는 예민한 감수성을 가지고 마음의 평화를 찾는 감성적인 요소가 더욱 짙었다. 찰스는 형과 달리 성격이 급하고 기복이 심해서 쉽게 흥분하고 우울한 감정에 빠지곤 하였다. 그는 처음에는 형이 믿음으로 구원 얻는 교리를 발견하였다는 것에 대하여 못마땅하게 여겼으나 오히려 자신이 먼저 회심을 체험하고 구원에 이르는 믿음을 얻고 죄 용서와 구원의 확신을 경험하였던 것이다. 찰스도 존처럼 피터 뵐러의 영향을 깊이 받았다. 처음에는 이신칭의(以信稱義) 교리, 즉 오직 믿음으로 의롭게 되는 구원의 교리를 쉽게 받아들일 수 없었으나 루터의 갈라디아서 서문을 읽은 후에 이 교리를 수용해야만 한다는 결론을 얻게 되었다.

회심하기 전 몇 주간 동안 찰스는 늑막염으로 병들어 누워 있으면서도 기도와 성경 읽기를 그치지 않았다. 그리고 그는 기도 중에 연속해서 흐르는 눈물을 닦아내었다. 찰스는 자신이 묵고 있던 집 주인 브레이 씨(Mr. Bray)의 도움으로 오랫동안 갈망하던 마음의 평화를 얻게 되었다. 찰스는 브레이 씨가 가난하고 무식한 막노동자이지만 오직 그리스도밖에는 아는 것이 없으며 그리스도를 아는 지식으로 모든 것을 분별하는 사람이라고 묘사하였다. 찰스는 브레이 씨 가족의 기도와 신앙적인 격려에 힘입으면서 비록 가난하지만 성령이 충만하여 감사와 평화와 기쁨이 넘치는 모습에 깊은 감동을 받고 자신도 그렇게 되기를 간절히 소원하게 되었다.

찰스는 브레이 씨와 자신을 비교하지 않을 수 없었다. 찰스는 옥스퍼드 석사요 영국 국교회의 성직자지만 죄와 불안과 두려움과 어두움 속에 있는 자신의 모습을 브레이 씨에게 비추어 보았다. 무식하고 가난한 날품팔이 막노동자지만 하나님의 은혜로 충만하여 항상 기뻐하고 범사에 감사하고 말씀과 기도로 살면서 입에서는 찬송이 끊이지 않는 브레이 씨와 그의 가족을 보고 찰스는 깊은 감동을 받았으며 그들이 받은 은혜를 자신도 받기를 기도하게 되었다.

찰스는 이와 같이 무식한 막노동자 브레이 씨를 통하여 중생의 은혜를 체험하고 영혼의 평화를 얻었다.

4) 나사렛 예수의 이름으로 일어나라

앞에서 본 대로 신성회를 시작하고 처음으로 메도디스트가 된 것도 찰스요 회심을 먼저 체험한 것도 찰스였다. 찰스는 조지아에서 돌아온 이후 역시 존처럼 뵐러와 깊은 영적인 대화를 하면서 구원에 이르는 믿음과 구원의 확신을 갈망하고 있었다. 그는 날로 병이 깊어져 이러다가 세상을 떠나게 될 것이라는 어두운 생각에 빠지기도 하였다. 그러던 중 5월 21일 밤에 중생의 은혜를 체험하고 영혼의 평화를 얻었을 뿐 아니라 바로 그날 병에서 고침을 받고 건강을 완전히 회복하였다.

찰스는 그날 하루 종일 성령의 은사를 갈망하는 중에 9시에 형과 친구들의 방문을 받고 함께 기도와 찬양을 하였다. 그리고 9시 30분쯤 되어서 홀로 남아 더욱 더 간절히 기도하다가 평화로이 잠들었다. 이때 찰스는 신비하게도 어떤 사람이 자기의 방으로 들어오면서 말하는 음성을 들었다. "나사렛 예수의 이름으로 일어나라. 그리고 믿어라. 너는 너의 모든 병과 연약함에서 치유될 것이다." 찰스는 이 음성이 브레이 씨의 누이 무스그레이브 부인의 음성이라고 생각했다. 그러나 곧 그녀가 지금 현재 집에 없다는 사실을 깨달으면서 자신이 들은 그 음성을 신비하게 생각하였다. 찰스는 심장이 두근거리는 것을 느꼈고 떨면서 "나는 믿습니다. 나는 믿습니다."라는 말을 반복할 뿐이었다. 찰스가 브레이 씨에게 이것이 누구의 음성인지를 물었더니 브레이 씨는 그것은 그리스도께서 찰스에게 직접 말씀하신 것이라고 하였다.

찰스는 주님의 음성을 들었다. 찰스는 이제 하나님과 평화를 누리게 되었고 그의 마음속에는 기쁨과 소망이 넘쳐났다.[31] 그는 주님의 신비한 음성을 들음으로써 그리스도의 십자가의 속죄의 은혜를 체험하고 새롭게 탄생하는 중생의 은혜를 체험하였다. 그는 다음날 일기에 "나는 이제 그리스도를 나의 왕으로 모셨다. 그의 능력 안에서 주님을 보았으며, 십자가에 못 박히신 그리스도의 사랑을 체험하였다."고 고백하였다.32) 찰스가 중생의 은혜를 체험한 5월 21일은 성령강림주일이었다. 찰스는 성령의 능력으로 그리스도가 나를 위해서 피 흘려 죽으시고 나를 죄에서 구원하셨다는 확신을 얻었고 영혼의 고통과 어둠에서 자유를 얻었으며, 곧 모든 질병에서도 깨끗이 고침을 받고 이후로 열정적인 전도자요 찬송작가로서의 생애를 살아갔던 것이다. 그리고 그는 자신의 회심을 감사하고 축하하는 여러 개의 찬송을 지었는데, 그 찬송들은 메도디스트 역사에 가장 애송되는 찬송이 되었다.33)

5) 마음이 이상하게 뜨거워지다

5월 22일에 존 웨슬리는 동생이 중생의 은혜를 체험하였다는 소식을 듣고서 위로하고 축하하기 위해 찰스를 방문하였다. 두 형제가 함께 서로를 위해서 열심히 기도를 하는 중에 찰스는 형님도 같은 은혜를 체험하도록 간절하게 중보의 기도를 하였다. 이와 같은 형제의 아름다운 사랑과 협동은 일평생 계속되었다. 찰스는 무릎을 꿇고 계속해서 기도하며 찬송을 불렀다. 더욱 더 주님의 능력이 온 몸과 영혼에 충만한 것을 느꼈으며, 즉시로 몸에서 질병이 완전히 떠나고 건강하게 되는 것을 느꼈다.

동생과 달리 존은 아직도 자기 죄를 슬퍼하는 영혼이었으며, 그의 마음은 한없이 무거웠다. 그는 자신의 선행과 의와 기도가 자신의 죄를 용서받을 만한 공로가 되기에는 너무나 부족하여, 자신이 받을 만한 것은 오직 저주와 형벌밖에는 없다고 생각할 뿐이었다. 그러나 그는 마음속에서 "믿어라. 그러면 구원받을 것이다. 믿는 자는 죽음에서 생명으로 옮겨질 것이다."라는 소리를 들으며 구원의 은혜(saving faith)를 갈망하고 있었다. 존 웨슬리는 찰스가 영혼의 평화를 얻은 후에도 3일을 더 영혼의 고뇌 속에 있었다.

5월 24일의 날이 밝았다. 그는 새벽 5시에 일어나서 성경을 읽고 기도를 하였다. 정오쯤에 또 다시 성경을 펴서 읽고, 오후에 성 바울 성당(St. Paul Cathedral)에 가서 성가를 듣고 많은 위로를 얻었다. 그리고 밤이 되자 별로 내키지는 않았지만(unwillingly) 올더스게이트 거리(Aldersgate Street)의 네틀톤 코트(Nettleton Court)에서 모이는 모라비아 신도회의 기도회에 갔다.[34] 존 웨슬리는 뒷자리에 앉아서 한 사람이 루터의 로마서 서문을 읽는 것을 들었다. 존 웨슬리 형제 모두가 루터의 성경주석을 읽고 영감을 얻어 신앙 문제의 해답을 얻었다는 사실은 메도디스트 교리가 마르틴 루터의 종교개혁 신앙을 계승하고 개신교 정통 신앙에 확고히 서 있다는 것을 의미한다.[35] 찰스가 읽고 영감을 얻은 갈라디아 주석의 서문은 "그리스도를 믿는 믿음을 통하여 하나님께서 우리의 마음에 변화를 일으키신다."는 설명이다.

존 웨슬리도 그날 저녁 8시 45분쯤에 아주 내키지 않는 마음으로 올더스게이트 신도회의 집회에 갔다가 이와 같은 설명을 듣는 중에 놀라운 변화를 경험하였다. 그는 성령의 감동에 의하여 중생의 은혜를 체험하고 회심(回心; conversion)하였다. 그는 그날 저녁에 일어난 일을 다음과 같이 일기에 기록하였다.

"나는 내 마음이 이상하게 뜨거워지는 것을 느꼈다. 나는 이제 나 자신이 그리스도를, 오직 그리스도만을 믿음으로 구원받았다는 것을 느꼈다. 그리고 주께서 나의 모든 죄를 영원히 제거하셨고, 나를 죄와 사망의 법에서 구원하셨다는 확신을 얻었다."

(I felt my heart strangely warmed. I felt I did trust in Christ, Christ alone, for salvation; and an assurance was given me that He had taken away my sins, even mine, and saved me from the law of sin and death.)[36]

존 웨슬리의 생애

존 웨슬리는 곧 자신이 마음에 경험한 것을 거기 있는 사람들에게 간증하였다. 그리고 밤 10시쯤 되어서 그곳 신도회 회원들은 존 웨슬리를 데리고 동생 찰스에게로 갔다. 그들은 만나서 기쁨으로 찬송을 부르다가 기도하고 헤어져 각기 집으로 돌아갔다.

존 웨슬리의 회심 이야기는 메도디스트 역사에서 가장 큰 의미를 지닌 사건으로 기억되고 있으며, 교회사에서도 가장 유명한 회심의 본보기로 이야기되고 있다. 이와 같이 그의 올더스게이트 회심 이야기는 세상에 너무나 잘 알려진 것이지만 그날 존 웨슬리가 무엇을 경험하였는지를 말하기 위해서는 다음의 두 가지에 관해서 자세히 이야기해야 한다. 첫째, 그날 저녁 존 웨슬리의 마음은 얼마나 뜨거워졌는가? 둘째, 그 뜨거움은 무엇을 의미하는가?

6) 내 가슴이 뭉클 – 얼마나 뜨거워졌나?

존 웨슬리의 가슴이 얼마나 뜨거워졌나? 이것은 정말 중요하고도 재미있는 질문이다. 실제로 나는 신학대학에서 강의 시간에 한 학생으로부터 존 웨슬리의 가슴이 도대체 몇 도까지 뜨거워졌느냐는 질문을 받은 적이 있다. 한국말로 '뜨거워졌다'는 표현 때문에 생긴 웃지 못할 일화다. '마음 뜨거움'(warm-heartedness)은 메도디즘의 창시자인 존 웨슬리의 회심 이후 메도디스트 신앙을 특징짓는 가장 중요한 요소로 여겨졌으며, 보수적이고 낭만주의적인 메도디스트일수록 '마음 뜨거운' 체험적인 신앙을 더욱 강조하여 왔다.

실제로 존 웨슬리가 느낀 뜨거움이 어느 정도인지를 바로 이해하는 것은 그의 체험의 본질과 성격을 바로 이해하는 데 도움이 될 뿐만 아니라 메도디스트 신앙의 성격을 이해하는 데도 중요하다. 많은 메도디스트들이 존 웨슬리의 마음이 뜨거워졌다는 것의 의미를 바르게 이해하지 못하고 있다. 실제로 우리가 존 웨슬리처럼 마음이 뜨거워지고 싶은 열망을 품고 기도할 때에는 오히려 혼돈에 빠지는 경우도 생긴다. 왜냐하면 마음이 존 웨슬리처럼 뜨거워지기를 아무리 열심히 구해도 실제로 우리의 마음이 '이상하게 뜨거워지는' 경험을 하는 사람은 많지 않기 때문이다.

존 웨슬리는 자신의 경험을 설명하기 위해서 'warmed'라는 단어를 사용하였다. 이 말은 '따뜻해졌다', '따스해졌다' 또는 마음이 '감동되었다'라는 뜻이다. 이 말은 날씨나 물체의 온도 또는 사람의 마음이 따뜻할 때나 깊이 감동될 때에 사용하는 말이다. 그는 뜨거워서 접촉하면 델 수도 있는 정도의 뜨거움을 의미하는 'hot'이라는 말이나 실제로 불이 붙은 상태를 의미하는 'fired'라는 말을 사용하지 않았다. 그러므로 존 웨슬리의 가슴에 느낀 온도는 번갯불이나 전기 에너지나 물체가 타는 불에 의한 것이 아니었으며, 만지면 상하게 하는 정도의 뜨거움이 아니었다. 즉 화학적인 불이 아니라 마음의 불이며 하나님의 사랑을 마음속에 느낀 경험으로서 어디까지나 사랑의 뜨거움이다.

물론 그것은 성령의 불이라고 할 수도 있지만 어디까지나 영적인 불이며 심정에 붙은 사랑의 불이다. 존 웨슬리는 '나를 위해서 십자가에 피 흘려 죽으신 예수님의 사랑'을 마음속 깊이 깨닫고 감동하였으며, 바로 이런 인격적인 사랑의 감동을 설명하기 위해서 'warmed'라는 말을 사용하였던 것이다. 그렇지만 이 'warmed'라는 말을 한국말로 번역할 때에는 '뜨거워졌다'라고 할 수밖에 없다. 왜냐하면 우리말로 "나는 내 마음이 이상하게 *따뜻해졌다*"라고 번역하면 존 웨슬리의 경험을 실감나게 전달해 주지 못하기 때문이다. 그래서 우리는 존 웨슬리의 회심을 설명할 때에 지금까지 사용하던 '*뜨거워졌다*'라는 말을 그대로 표현하는 것이 바람직하다. '마음이 이상하게 뜨거워졌다'는 표현을 "내 마음이 이상하게 *뭉클했다*"는 말로 이해해도 좋다.

7) 예수 나를 위하여! - 왜 뜨거워졌나?

존 웨슬리의 가슴은 왜 뜨거워졌을까? 이 질문에 대한 대답은 이미 앞에서 조금씩 드러났지만 더 자세히 설명해 보려고 한다. 존 웨슬리는 어려서부터 줄곧 신앙과 양심을 따라서 하나님 앞에 성결하고 도덕적으로 흠이 없는 삶을 살려고 모든 노력을 다 했다. 1725년에 완전한 성화의 삶을 살기로 거룩한 결심을 한 이후에는 '완전 성화'라는 한 가지 목표만을 바라보고 걸어왔다. 그러나 그는 조지아 선교에서 실패와 좌절을 경험한 뒤 자신의 도덕적인 노력만으로는 결코 완전한 성화에 이를 수 없다는 사실을 깨달았다. 여기서 완전한 성화라는 것은 구원을 얻는다는 것과 같은 의미다. 즉 존 웨슬리는 자신의 도덕적인 노력으로 충분한 선을 행하여 하나님을 만족시킴으로써 구원을 얻어야 한다고 믿었던 것이다. 그는 선행을 많이 쌓아서 하나님 앞에 의롭다 인정을 받고 완전히 거룩하게 되는 것이 가능하다고 믿고 그렇게 되기 위해서 온 힘을 다했다.

이와 같이 자신의 선행을 쌓아서 구원을 얻는다는 것이 당시 영국 국교회의 구원에 대한 신학적인 경향이었고 존 웨슬리도 그와 같은 신앙을 추구하고 있었다. 당시 영국 국교회의 신앙은 전통적으로 가톨릭교회의 공로주의적 구원론에 기울어져 있었으며, 동시에 인간의 자유의지의 결단과 도덕적인 노력(선한 행위)의 필요성과 중요성을 강조하는 아르미니우스주의에 깊은 영향을 받았기 때문이다.[37] 그러나 존 웨슬리는 지금까지의 경험을 통해서 자신의 도덕적인 노력으로는 결코 완전한 성화를 이룰 수도 없으며, 구원에 이를 수 없다는 사실을 뼈저리게 느꼈다. 조지아 선교의 실패는 자신의 연약함과 무능함을 깨닫는 계기가 되었으며, 더 나아가 자신에 대하여 절망하기에 이르렀다. 그는 자신에게는 아무것도 의롭고 선한 것이 없으며 하나님의 거룩한 산에 오를 만한 힘이 전혀 없음을 발견한 것이다.

사람이 은혜를 받으려면 시련과 환란을 겪어야만 하나 보다. 존 웨슬리도 모진 시련을 통해서 가련하고 의지할 데 없는 자신의 진실된 모습을 발견하였으며, 구원받기 위해서 주의 은혜를 사모하고 의지할 수밖에 없었다. 그는 지금까지 자신의 의를 너무나 믿고 예수님을 의지하지 않았던 불신앙과 교만함 등 자신 안에 도사리고 있었던 온갖 죄악을 회개하였다. 그는 자기를 구원할 수 있는 능력이 자신 안에는 없으므로 다른 데서 찾으려고 애썼다. 바로 이때에 모라비아교 목사인 피터 뵐러를 만났다. 뵐러와의 대화를 통해서 존 웨슬리는 예수님의 은혜를 믿음으로만 구원을 얻을 수 있음을 새롭게 깨달았다. 그는 이 신앙에 대하여 열심히 설교하고 남에게 권하기도 하였다. 그러나 자신의 마음속에 분명한 체험이나 확신이 없던 중에 올더스게이트에 이르게 되었다. 자신에 대한 절망이 하나님께 대하여는 희망이었다.

그는 마음이 이상하게 뜨거워지는 것을 체험하였다. 이것은 성령의 역사요 전적으로 하나님의 신비로운 은혜였다. 그러한 뜨거운 감동과 함께 구원 얻기 위해서는 그리스도, 오로지 그리스도만을 믿게 되었다. 그는 이제 구원에 이르는 믿음(saving faith)을 얻었다. 그리고 이 믿음은 전적으로 하나님의 선물이었다. 예수님의 구원하시는 은혜(saving grace)를 믿음으로써 하나님의 용서와 용납과 의롭다 하심(칭의)과 구원의 선물을 얻은 것이다. 그리고 예수님이 나 같은 죄인의 모든 죄까지도 온전히 도말해 주셨다는 확신(assurance), 즉 나를 죄와 죽음의 법에서 구원하셨다는 확신을 그의 마음속에 얻은 것이다. 존 웨슬리에게 그날은 구원의 확신을 얻은 날이다. 그는 예수님의 피로 죄 씻음 받고 새 생명으로 태어나는 신생(new birth), 즉 중생의 은혜를 체험하였다.

존 웨슬리는 그날 처음으로 "예수님이 나를 위하여 죽으셨으며, 나를 위하여 피흘리셨다."(Jesus Died For Me; Jesus Shed For Me.)는 사실을 마음으로 느꼈다. 그는 십자가에서 피 흘려 죽기까지 나를 사랑하신 예수님의 속죄의 은혜를 마음속에 뜨겁게 느낄 수 있었다. 예수님의 크고도 놀라운 사랑, 신비하고 고마운 사랑을 마음속에 처음 체험한 것이었다. 그는 예수님이 온 세상 모든 사람을 위하여 죽으셨다는 것으로만 말하였을 뿐 정작 예수님이 '나를 위하여'(for me) 죽으셨다는 사실을 알지 못하였고, '*나를 위하여*'(for me) 피 흘려 죽으신 그 사랑을 경험해 본 적이 없었다. 그러나 이제 올더스게이트에서 마음 뜨거운 감동과 함께 예수님을 나의 구주(my saviour)로서 믿으며 개인의 구주(personal saviour)로 마음속에 모시게 된 것이다.

존 웨슬리는 이전까지는 율법으로 구원을 얻으려고 노력하였으나 이제는 복음의 은혜로 구원 얻는 길을 찾았다. 그래서 존 웨슬리의 회심을 복음적 회심(evangelical conversion)이라고 부르는 것이다. 회심을 체험하기 이전에는 성화를 이룬 다음에 칭의를 얻는다고 생각하고 그러한 순서로 구원을 얻으려고 했으나 이제는 그 순서를 바꾸어서 먼저 믿음으로 칭의(이신칭의)를 얻은 다음에야 성화가 온다는 사실을 깨닫게 되었다. 말하자면 존 웨슬리의 회심은 칭의와 성화의 순서를 바꾼 사건이다.

존 웨슬리는 자신의 회심 체험에 대하여 이후 어디에서도 말하지 않았다. 그러나 이러한 침묵은 회심 체험이 중요하지 않아서가 아니라 그의 겸손함 때문이다. 그는 자신의 회심에 관하여 말하지 않았지만 이후 그의 신앙과 신학 사상은 회심의 체험에 기초하여 발전하고 성숙해 나갔다. 즉 이신칭의(以信稱義; 믿음으로 의롭다고 인정받는 구원의 교리), 신생(new birth), 성령의 증거와 구원의 확신, 성화와 완전 성화 등 메도디스트 주요 교리들은 그가 회심을 체험한 이후에 신앙의 변화에 따라서 형성된 것이다. 더욱이 그가 회심 이후에 잃어버린 뭇 영혼을 구원하는 은혜의 복음전파에 한평생을 바친 열정적인 전도자가 되었다는 사실은 그의 회심이 그의 신앙과 신학과 삶을 크게 바꾸어 놓은 중대한 동기가 되었음을 말해 준다.

존 웨슬리의 회심은 교회사에 나타난 대표적인 회심의 모델로 전해지면서 많은 사람들에게 감동을 준다. 이후 수많은 사람들이 존 웨슬리의 복음주의적 회심을 체험하였으며, 그가 경험하고 걸어간 신앙의 길을 따랐다. 그의 회심은 사도 바울과 아우구스티누스와 루터와 칼빈의 회심을 잇는 복음주의 정통 신앙으로 돌아온 사건이다. 그는 이제 오직 은혜(sola gratia)를 믿음으로만(sola fide) 구원을 얻는 성경적 복음의 신앙을 소유한 것이다. 이후로 그는 개신교 정통 신앙을 계승하는 교회사의 위대한 복음의 사도가 되었다.

8) 가슴으로 체험하고 머리가 풀리다

존 웨슬리는 피터 뵐러가 오직 믿음으로(은혜로) 구원받는 교리와 마음속에 일어나는 구원받은 증거에 대하여 설명할 때 그것을 머리로 이해해 보려고 여간 애를 먹은 것이 아니었다. 사람이 무언가 선한 일을 많이 해서 하나님의 호의를 얻어 죄의 용서도 받고 의로워져서 구원을 받는 것이지, 어떻게 아무것도 하지 않고 공짜로 용서를 받고 게다가 의롭다는 인정을 받고 천국에 갈 수 있단 말인가? 이성적으로 논리적으로 도저히 풀리지 않고 받아들일 수 없었다. 그래서 피터 뵐러와 논쟁도 많이 하고 연구도 하고, 심지어는 뵐러가 구원에 이르는 믿음(saving faith)과 성령의 증거를 소유한 몇 사람을 데리고 와서 존 웨슬리에게 대면시켜 주기까지 했다. 그리고 존 웨슬리는 그것이 진리인지를 알기 위해서 성경을 연구해 보고 그와 같은 실례를 사도행전에서 찾아보기도 하였다. 뿐만 아니라 실제로 감옥 죄수에게 가서 그와 같은 교리를 설교하여 전도해 보기도 했다. 그래도 그는 그것을 충분히 이해하거나 받아들이지 못했다.

그래서 그는 여전히 마음이 괴롭고 답답한 상태에서 올더스게이트 거리 기도회에 간 것이다. 그곳에서 그는 구원의 진리를 가슴으로 느꼈다. 예수가 나를 위해서 죽고 내 죄를 씻어 용서하고 죄와 죽음에서 구하셨다는 사실을 가슴으로 체험하고 '구원에 이르는 믿음'을 얻게 된 것이다. 즉 머리로 이해 안 되는 것을 가슴으로 느끼고 비로소 이해하였다. 마음속의 경험이 먼저 온 다음에 이성적 이해가 따라왔다. *가슴으로 체험하니 머리도 풀린 것이다.* 왜냐하면 신앙은 본질적으로 신비이기 때문이다. 인간이 하나님의 신비한 뜻을 이성으로 이해한다는 것은 불가능한 일이다. 신앙은 경험으로 얻는 것이다. 예수가 날 위해서 세상에 오시고 죽으시고 내 죄를 씻으시고 죽음에서 구하셨다는 것은 하나님의 은총의 신비이며, 이 은총의 신비는 본질적으로 인간의 이성으로 다 이해되지 않으며, 성령의 역사로 이루어지는 마음의 경험을 통하여 알게 되는 것이다.

존 웨슬리는 오랫동안 하나님의 구원의 은혜를 받아들이는 데 자신의 많은 지식 때문에 방해를 받아왔다. 머리가 가슴을 방해하였던 것이다. 우리가 하나님을 아는 데에는 머리보다 가슴이 중요하고 지식보다 경험이 중요한 것을 알아야 한다. 존 웨슬리도 그 많은 성경과 신학 지식을 가지고도 이해 못하던 구원의 진리를 가슴으로 먼저 체험하여 알게 된 것이다. 존 웨슬리의 회심 사건은 교회사적으로 사도 바울의 회심과 아우구스티누스의 회심과 함께 위대한 회심으로 기록된다. 그 외에도 마르틴 루터, 블레즈 파스칼, 존 뉴턴, 선다 싱과 스위든볼그, C. S. 루이스, 그리고 그 외에 수많은 사람들이 존 웨슬리와 같이 마음의 경험을 통하여 이 신비한 구원의 은총을 깨닫고 회심하였다.

어떤 극단적인 무신론자가 갑자기 사랑하는 아내를 잃어버리고 슬픔에 빠져서 늘 다니던 길을 걷고 있었다. 그는 날마다 지나치던 성당 앞 성모 마리아 상에 마음이 끌려서 성당 안으로 들어갔고 미사에 참여하여 신도들의 성가 부르는 소리를 듣는 중에 자신도 모르게 하나님께 기도를 드렸다. 그날 그는 하나님을 만났고 그 후로 깊은 신앙을 얻게 되었다. 그 무신론자는 지식이 아니라 경험으로 하나님을 만났고 하나님의 사랑을 알게 된 것이다. 이것이 성령의 역사로 인해서 일어나는 신앙의 경험이다.

물론 하나님의 구원의 진리를 아는 데는 마음만이 아니라 이성의 역할도 중요하다. 그러나 인간의 이성은 하나님의 은총의 신비를 깨달아 알기에 한없이 약하고 부족하다. 구원의 은혜(saving grace)는 머리로 이해되는 것이 아니라 마음으로 경험하여 얻는 하나님의 신비다. 그것은 성령의 역사(役事)에 의하여 마음에 일어나는 경험의 문제다. 하나님의 사랑은 머리가 아니라 가슴으로 경험하는 것이다. 물론 하나님의 진리를 아는 데는 마음의 경험과 이성의 각성을 모두 다 필요로 한다. 그렇지만 죄 많은 인간은 하나님의 사랑을 마음속에서 경험한 후에야 비로소 모든 무지와 의심과 어두움과 혼돈에서 벗어나 놀랍고도 신비한 빛 가운데서 하나님의 사랑을 밝히 알게 되는 것이다. *가슴으로 체험하고 머리가 풀리는 것, 이것이 존 웨슬리의 올더스게이트 사건이었다.*

9) 이전에는 크리스천이 아니었다.

당시 존 웨슬리 형제는 영국 국교회 성직자로서 재산도 없고 집도 없는 무일푼이었다. 그런데다가 조지아 선교사로 갔다가 실패하고 빈손으로 돌아와서 아직 아무 교회도 맡지 못했으니 그야말로 머리 둘 곳도 없는 가련한 신세였다. 목사는 교회에서 쫓겨나면 집도 없고 갈 곳도 없는데 존 웨슬리가 바로 그렇게 된 것이다. 다행히 존 웨슬리는 이전부터 알고 지내던 친구 제임스 허튼의 집에서 신세를 지고 있었다. 허튼 부인은 존 웨슬리를 따뜻하고 친절하게 맞아 숙식을 제공하였으며, 존 웨슬리는 허튼 가족에게 적잖은 위로를 받고 있었다.

그런데 존 웨슬리가 회심을 경험하자 허튼 부인은 존 웨슬리가 엉터리 같은 열광주의(wild enthusiast)로 변해버렸다고 하고, 허튼도 존 웨슬리를 이상한 사람으로 취급하였다. 왜냐하면 허튼의 집에 기도회로 모인 사람들 앞에서 존 웨슬리가 벌떡 일어나 바로 5일 전까지 자기는 그리스도인이 아니었다고 말했기 때문이었다. 이 말을 들은 허튼은 마치 벼락을 맞은 것처럼 어리둥절해 하면서 "존 웨슬리, 당신 제정신이오? 우리가 세례 받고 성만찬 받은 것은 다 뭐요? 어떻게 그런 것을 다 무효로 돌릴 수 있단 말이오?"라고 말했다. 그래도 존 웨슬리가 같은 말만 되풀이하자 허튼은 "그렇다면 당신은 위선자이며, 우리 모두를 바보로 만든 셈이오."[38]

　허튼 부인은 존 웨슬리의 형 사무엘 웨슬리에게 급히 이 사실을 알리는 편지를 보냈다. 그녀는 존 웨슬리가 경건과 학식이 뛰어나고 존경할 만한 사람이지만 현재는 광신자가 되어버렸으며, 자기의 두 아들도 존 웨슬리의 영향을 받아 위험한 유혹에 빠져들고 있으니 무섭게 번지는 광신의 불을 속히 꺼달라고 촉구하였다. 사무엘은 교구를 담임하지 않았지만 영국 국교회 성직자로서 당시 티버튼 학교의 교장이었다. 그는 찰스보다도 더욱 국교회의 법과 전통을 철저히 지키는 고교회주의자였다. 허튼 부인의 편지를 받은 사무엘은 동생들이 회심을 체험하였다는 소식을 들었을 때보다도 더욱 큰 충격을 받았다. 그리고 허튼 부인에게 동생들을 잘 돌보아주는 호의에 깊이 감사하면서 하나님께서 동생을 이 광신주의 위험에서 속히 구해 주시기를 바란다고 답장하였다. 곧 이어서 동생에게도 편지하여 도대체 지난달까지는 그리스도인이 아니었다는 말이 무엇이며 또한 모든 인간의 선행의 업적을 버리고 오로지 믿음만을 소유해야 한다는 게 무슨 괴상한 소리냐고 따지면서 즉각 그와 같은 어리석고 파멸적인 열광주의를 버리고 제 정신을 차리라고 촉구하였다.

　존 웨슬리는 형님의 편지를 받고서 답장하였다. 그는 편지에서 그리스도인 됨의 정의를 두 가지 조건으로 설명하였다. 즉 그리스도인이란 첫째로 죄를 용서받고 더 이상 죄에 의하여 통치를 받지 않고 죄를 이기는 생활을 하는 사람이며, 둘째로 마음속에 성령의 증거를 소유하고 성령의 열매로서 성령 안에서 하나님이 주시는 사랑과 평화와 기쁨을 누리는 사람이라고 하였다. 그런 의미에서 자기는 지난달까지는 그리스도인이 아니었다고 설명하였다. 그리고는 이것이 없이는 가난한 사람과 병든 사람과 불쌍한 사람에 대한 모든 선행도, 십자가를 지는 희생과 고난도 다 소용없는 것이라고 강조하면서 그런 은사가 없다면 힘을 다하여 구해야 한다고 형님에게 가르치듯 말하였다. 사무엘은 동생의 편지를 받고 마음이 더욱 답답하고 조급해졌다. 그래서 동생에게 한순간에 얻어지는 용서와 구원의 확신이라든지 성령의 증거가 꼭 필요한 것이 아니니 제발 그런 미치광이 같은 소리를 그만하고 교회의 가르침을 따르고 정상으로 돌아오라고 간곡하게 말하였다.[39]

동생에 대한 사무엘의 비판과 두 형제 사이의 논쟁은 더 이상 오래 가지 못하였다. 사무엘이 1739년 11월 49세의 나이로 갑자기 죽었기 때문이다. 후에 존 웨슬리는 성령의 증거가 유익하고 필요하기는 하지만 구원에 필수적인 것은 아니라고 생각하여 처음의 생각을 수정하였다. 그러나 위와 같은 존 웨슬리의 주장은 진정한 의미에서 믿음과 성령이 충만한 그리스도인의 상태에 대하여 강조하는 것이며 그와 같은 온전한 그리스도인이 되기를 추구해야 한다는 뜻으로 이해하여야 할 것이다.

10) 마음의 신앙, 마음의 신앙

"나는 내 마음이 이상하게 뜨거워지는 것을 느꼈다."(I felt my heart strangely warmed.) 이 말은 메도디스트 역사에서 가장 유명하고, 메도디스트 신앙의 특징과 전통을 알려주는 가장 대표적인 말이 되었다. 존 웨슬리의 회심이 그의 추종자들인 메도디스트들의 신앙에 중대한 영향을 끼친 것은 두말할 것도 없다. 모든 메도디스트들은 존 웨슬리를 존경하고 그의 신앙 체험을 소중하게 여기며 그의 신앙을 본받기를 바랐다. 메도디스트 신앙에서는 '마음'이 중요하고, '마음의 체험'이 중요하다. 존 웨슬리는 올더스게이트 이전에도 은혜를 믿음으로 구원 얻는 이신칭의 교리를 잘 알고 있었으며 또 그것을 가르치고 설교도 하였다. 그러나 그는 이 교리가 성경적으로나 경험적으로 진실한 것인지를 자신이 경험하고 싶어 했다. 그리고 그러한 믿음의 은사를 사모하고 구하였다. 존 웨슬리는 신앙에서 경험을 중시했다. 어떠한 신앙이라도 경험을 통해서 그 진실성과 정통성이 증명되어야 하기 때문이다.

존 웨슬리는 먼저 우리의 마음에 경험하는 것을 소중하게 여겼다. 그는 신자가 하나님의 사랑을 마음속에 깊이 느끼는 마음의 신앙(religion of heart)을 아주 중요하게 가르쳤다. 마음의 신앙은 '마음이 뜨거워짐'(warm-heartedness)으로 시작해서 자라난다. 신앙은 신비함이다. 머리와 이성만으로 다 이해되지 않는다. 이성으로 다 이해하고 증명하고 믿겠다면 믿을 수 있는 사람이 하나도 없을 것이다. 유명한 신학자 안셀름의 고백적인 가르침대로 이성적 이해보다 신앙이 먼저 와야 하는 것이며, 경험을 통해서 지식에 이르게 되는 것이다. 믿지 않고는 알 수 없는 것이 신앙의 세계다.

존 웨슬리도 나의 행위와 노력으로 구원 얻는 것이 아니라 다만 은혜를 믿음으로만 구원 얻는다는 것을 쉽게 이해하고 받아들일 수 없었다. 그러나 그의 마음속에 그 은혜를 체험함으로써 그러한 신앙과 지식을 함께 소유하게 되었던 것이다. 누구든지 하나님의 사랑을 소유한 자라면 마음속에 증거를 얻게 되는데, 그 형태는 사람에 따라서 각각 다르다. 그러나 한 가지 공통된 것은 누구든지 하나님의 사랑을 마음속에 느끼기까지는 하나님의 사랑을 바로 알지 못한다는 것이다. 구원의 은혜를 받은 자는 정상적인 경우라면 마음속에 감동이 있고 증거가 있는 것이 당연하다고 하겠다.[40] 존 웨슬리는 마음의 체험을 성령의 증거로 해석하고 모든 신자는 이 은사를 소유해야 하며 그렇지 못할 때에는 그것을 열심히 구해야 한다고 강조했다. 존 웨슬리는 성령이 신자의 마음속에 구원의 확신을 주기 위해 우리 영혼 위에 인상(印象)을 허락하는데, 이것을 성령의 증거라고 설명한다.

"그것은 영혼 위에 나타나는 내적 인상(an inward impression on the soul)으로서 하나님의 영이 우리 영에게 우리가 하나님의 자녀인 것을 직접 증거하는 것이며, 이로써 하나님의 영은 우리 영에게 예수 그리스도께서 나를 사랑하시고 나를 위해 죽으사 나의 모든 죄를 도말하시고 그로 인해 내가 하나님과 화목되었다는 사실을 성

령이 나에게 증거하는 것이다."⁴¹⁾

　"하나님께서 직접적인 감동으로 또는 말로 다 설명할 수는 없지만 강하고 신비한 힘으로 우리 영혼 위에 역사하시어 폭풍과 성난 물결은 지나가고 아주 잔잔해져서 마음은 예수의 품안에 있는 것처럼 안정되고 죄인은 하나님과 화목되며 모든 허물의 사함을 얻고 그 죄의 씻김 받음을 분명히 확신케 하는 것이다."⁴²⁾

　일찍이 존 웨슬리는 아버지 사무엘 목사로부터 이 마음의 신앙이 부흥하리라는 예언을 들었다. 사무엘 목사는 임종 시에 두 아들에게 이렇게 유언하였다.

　"내 아들아! 마음의 신앙, 마음의 신앙이야말로 참된 기독교의 가장 강력한 증거다. 내 아들아, 마음이 흔들려서는 안 된다. 기독교 신앙은 이 나라에서 반드시 부흥할 것이다. 나는 그것을 볼 수 없으나 너희는 그것을 볼 것이다."⁴³⁾

　사무엘 웨슬리는 당시 영국 국교회에 깊이 영향을 미치며 유행하던 이신론 (理神論)을 반대하고 성경적 복음주의 신앙과 성령의 신비한 역사와 마음의 체험을 중시하는 마음의 신앙을 소중한 유산으로 아들들에게 물려주었다. 또 존 웨슬리는 대서양을 항해하던 중에 만난 모라비아교인들을 통하여 마음의 신앙, 즉 진정한 기독교 신앙이 얼마나 생생하고 강력한 증거가 되는지를 뼈저리게 경험하였다. 존 웨슬리는 어머니 수산나와 확신의 교리에 관하여 편지로 다음과 같이 말하였다.

　"내가 바라는 신앙은 그리스도의 공로로 인하여 내 죄가 용서되었고 내가 하나님의 사랑 안에서 화해되었다는 확고한 신뢰와 확신입니다. … 신자는 신자에게 부여

된 성령을 통하여 의심에서 해방되며 자신의 마음에 주님의 사랑으로 가득 차게 됩니다. 성령은 나 자신이 하나님의 자녀라는 사실을 나의 마음속에 증거합니다."[44]

수산나는 아들에게 보낸 편지에서 마음의 신앙에 대하여 이렇게 말했다.

"성령이 그리스도 안에 있는 참된 믿음과 사랑과 양심의 증거와 마침내는 중생의 표적을 분별하도록 비추어주며, 이리하여 신자의 영혼은 하나님과 화평한 상태에서 오는 기쁨이 가득한 경험을 하게 된다."[45]

이제 사무엘의 예언과 수산나의 소망은 그대로 이루어졌다. 두 아들이 마음의 신앙을 체험하였으며, 마음의 신앙이 두 아들을 통하여 그 나라 안에 부흥하고 세계로 퍼져나갔다. 존 웨슬리의 마음에 붙은 신앙의 불은 마치 그가 6세때 엡윗 목사관에 붙었던 불과 같이 그 나라와 온 세계로 번져 나갔던 것이다. 그의 마음에 붙어 타오른 성령의 불은 마치 모세가 시내산에서 보았던 가시나무에 붙은 불과 같다고 할 수 있다. 즉 불은 붙었지만 타지 않는 하나님의 임재와 능력을 의미하는 거룩한 불이다. 모세가 하나님의 거룩한 불을 보고 불 속에서 하나님의 음성을 듣고 오랫동안 하나님을 피해 다니던 더러운 신발을 벗었던 것처럼 존 웨슬리도 이제까지 자신의 선하고 의롭고 지혜롭고 능력 있다고 믿고 의지하던 모든 죄악의 허물과 교만함을 훌훌 벗어던지고 오로지 그리스도 예수의 십자가를 붙들고 그의 은혜만을 믿고 의지하게 된 것이다.

'마음 뜨거움'(warm-heartedness)은 메도디스트 신앙의 특징이다. 그것은 메도디스트의 힘이요 매력이요 멋이다. 마음의 신앙(religion of heart)은 메도디스트 신앙의 영원한 은사이고 전통이다. 마음의 뜨거움을 강조하는 마음의 신앙은 처음부터 메도디스트 신앙에 생동감과 역동성을 끊임없이 불어넣어주었다. 만약에 존 웨슬리가 마음의 신앙을 경험하지 못하고 마음의 신앙을 전파하지 않았다면 아마도 18세기에 영국의 부흥운동은 일어나지 않았을 것이다. 당시 존 웨슬리는 영국 인구의 약 80%를 차지하는 가난한 노동자 계층의 일반 대중을 상대로 부흥운동을 일으켰다. 존 웨슬리의 마음에 붙은 신앙의 불은 영국 땅과 온 세계로 번져 나갔다. 메도디스트의 마음의 신앙은 메도디스트 예배와 기도와 찬송에서 잘 나타났으며, 메도디스트들의 설교와 전도와 교제와 사랑의 봉사로 불붙어 나갔다. 그리고 마음의 신앙은 어디서나 메도디스트 신앙의 능력과 매력으로 나타났다. 메도디스트들은 마음에 체험하는 신앙을 강조한다. 그리고 이것이 메도디스트들이 하나님께 받은 남다른 은사다.

11) 여전히 목표는 성화

그날 저녁에 존 웨슬리는 형제들의 축하를 받으며 함께 기쁨으로 찬송하고 집에 돌아왔다. 그리고 집에 도착해서도 그는 자신을 핍박했던 사람들을 위해서 힘써 기도하였다. 그러나 그는 곧 마음에 가득 찼던 평화와 기쁨이 사라져 버리는 것을 느꼈다. 그는 이것이 진정한 신앙인가 하는 의심이 들기 시작했다. 존 웨슬리는 한 가지 중요한 사실을 깨달았다. 즉 마음의 평화와 죄에 대한 승리는 참된 신앙에 따르는 것이다. 특별히 그러한 은사를 얻기 위해서 간절히 애통하고 구하는 사람에게는 하나님께서 꼭 주신다는 사실도 발견하였다. 그러나 그 기쁨이나 평화는 처음 경험할 때는 있지만 줄곧 끝없이 계속되는 것은 아니라는 사실도 알았다. 그 이유는 하나님께서 그것을 주시기도 하시고 또 거두어들이시기도 하기 때문이며, 무엇보다 인간의 마음이 자주 유혹을 받으며 연약하기 때문이라고 생각했다. 존 웨슬리는 집에 돌아오자 곧 여러 가지 유혹을 받았고 이것을 이기기 위해서 소리쳐 기도했더니 유혹을 물리칠 수 있었다. 유혹을 받는 것은 전에나 이제나 동일하지만 전에는 가끔 부분적으로만 승리했던 반면에 이제는 항상 전적으로 승리하게 되었다.[46] 존 웨슬리는 전적으로 승리하기 위해서는 유혹을 받을 때마다 눈을 들어 주님을 바라보고, 영적인 전투에서 이기기 위해서 힘을 다해 기도하는 방법밖에 없다는 사실도 깨달았다.

이와 같이 존 웨슬리는 올더스게이트에서 하나님 앞에 의롭다 여김을 받는 것은 오로지 은혜를 믿음으로만 된다는 것을 발견하는 동시에 한 가지 중요한 사실을 더 발견하였다. 즉 올더스게이트에서 마음이 뜨거워진 체험으로 그의 모든 신앙의 문제가 해결된 것은 아니라는 것이다. 그가 올더스게이트에서 체험한 것으로 은혜를 믿음으로 의롭다 여기심을 얻는 칭의(justification by faith)의 문제를 해결한 것이지, 성화(聖化)의 문제까지 모두 해결한 것은 아니기 때문이다. 즉 그는 올더스게이트에서 죄를 용서하시고 죄인을 무조건적으로 받아주시는 대속(代贖)의 은혜와 이러한 하나님의 사랑을 확신(assurance)하게 되는 칭의의 은혜를 경험한 것이지 그의 마음과 성품과 생활까지도 완전히 성화된 것이 아니라는 사실을 깨달았다. 그래서 그는 마음이 뜨거워진 체험 이후에도 처음부터 추구하던 완전 성화의 목표를 버릴 수 없었다. 그의 생애의 목표는 변하지 않았던 것이다.

당시에 영국에서 국교도가 복음주의적인 회심을 체험한다는 것은 곧 예정론을 믿는 칼빈주의자가 되는 것을 의미하였다. 영국 교회사에서 회심을 하였다는 사람치고 칼빈주의자가 되지 않은 자가 거의 없었다. 이상하게도 당시에 복음주의 신앙이란 예정론을 믿는 것으로 통하였던 것이다. 적어도 5~6명의 옥스퍼드 신성회 회원이었던 메도디스트들이 그랬으며, 조지 휫필드까지도 예정론자가 되었다. 그러나 유일하게 예외가 있었는데, 그것은 존 웨슬리 형제였다. 그들은 복음적인 회심을 체험하고도 여전히 성화를 추구하는 신앙을 버리지 않았다. 그들은 '오직 은혜'와 '오직 믿음'의 구원의 복음을 믿으면서도 여전히 성화를 신앙의 목표로 붙들었다. 1744년 첫 번째 총회에서 존 웨슬리는 메도디즘의 발생에 관하여 다음과 같이 기록하고 있다.

"1729년 영국에 두 청년 형제가 성경을 읽다가 성결치 아니하고는 구원을 얻을 수 없음을 깨닫고 자신들이 거룩하고 깨끗하게 되기를 힘쓰는 동시에 다른 사람들에게도 그와 같이 하도록 권면하였다. 1737년에 이르러서는 사람이 성결케 되기 전에 먼저 의롭다 함을 얻어야 될 것을 깨달았으나 여전히 성결이 그들의 목적이었다(but still holiness was their point). 그때에 하나님께서 그들을 격려하사 세상으로 나가서 성결한 백성을 일으키게 하시었다."47)

회심의 형태는 다양하다. 존 웨슬리의 회심은 집을 나간 둘째아들 탕자의 회심과는 너무나 다르다. 또 무신론자나 기독교를 핍박하던 사람의 회심도 아니고 이교도나 타종교인의 회심도 아니다. 그것은 성자의 회심이라고 해야 할 것이다. 존 웨슬리의 회심은 인간이 행위의 노력으로 구원을 추구하던 길에서 하나님의 전적인 은총으로 구원을 얻는 은혜의 복음으로 돌아온 복음주의적인 회심이다. 그는 한 번도 하나님을 멀리 떠난 적이 없으며, 세상의 유혹에 빠져서 방황한 적도 없다. 그는 오히려 완전 성결의 삶을 인생의 한 가지 목표로 정하고 그 목표에 도달하기 위해서 몸과 마음과 힘을 다하여 정진하여 살아온 것이다.

그러나 그는 이러한 목표를 이루는 것이 자신의 힘만으로는 불가능하다는 사실을 알게 되었다. 오로지 하나님의 전적인 은총과 도우심이 없이는 아무것도 이룰 수 없음을 깨달은 것이다. 이제 그는 하나님의 은총의 도우심에 자신을 맡기면서 믿음과 순종의 행위와 사랑의 실천을 통하여 완전한 성화를 이루어 나가게 되었다. 즉 순간순간 성령의 능력을 의지하면서 끊임없이 기도하는 동시에 구체적이고 적극적으로 하나님의 진리에 순종하고 사랑을 실천하여 하나님과 협력하는 방식으로 성화를 이루어 나가야 한다는 진리를 깨닫게 되었다.

그때부터 존 웨슬리는 메도디스트 신도회 회원들에게 칭의의 구원을 얻은 믿음과 기쁨과 감사를 잊지 말고, 칭의의 은혜에 굳게 서서 완전 성화의 은사를 구하라고 격려하였다. 당시의 칼빈주의자들은 칭의의 의미를 지나치게 확대하여 칭의가 성화까지 다 해결하는 것으로 오해하였다. 존 웨슬리는 이러한 칼빈주의자들의 오해와 오류를 시정하려고 노력하면서 칭의란 다만 죄의 용서와 하나님의 자녀로 새롭게 탄생하는(新生; new birth) 것을 의미할 뿐 신앙생활 전부를 의미하는 것이 아니라는 사실을 강조하였다. 그러므로 존 웨슬리는 정상적이고 진실된 믿음을 가진 신자는 믿음으로 구원받은 은혜에 굳게 서서 성화의 은사를 열심히 구하는 것이라고 가르쳤다.

12) 만입이 내게 있으면

존 웨슬리보다 네 살 아래인 동생 찰스 웨슬리는 일생 동안 약 9,000편의 찬송을 써서 교회사에 가장 위대한 찬송 작가가 되었다. 그는 존 웨슬리 형제와 메도디스트들의 모든 신앙 체험을 감동적으로 표현한 시에다 곡조를 붙여 찬송으로 불렀다. 특별히 형 존 웨슬리가 중생을 체험한 지 일년이 되었을 때 그날을 기념하여 찬송을 지었는데, 그 곡이 지금까지 온 세계의 그리스도인들이 가장 애송하는 찬송 중에 하나가 되었다. 바로 "만입이 내게 있으면"(O, For A Thousand Tongues To Sing)이란 찬송이다. 자신의 중생 체험을 기념하여 지은 곡은 "놀라운 사랑 주님의 보혈"(And Can't It Be That I Should Gain)이란 찬송이다. 첫 번째 곡은 우리나라에 잘 알려져 있지만 두 번째 곡은 그렇지 않다. 그러나 이 두 곡의 찬송은 존 웨슬리 형제가 체험한 '나를 위하여 피 흘려 죽으신' 그리스도의 속죄의 은혜와 구원받은 자유와 감격의 기쁨을 노래하는 메도디스트 복음주의 신앙을 명백하고도 감동적으로 전하고 있다. 누구든지 이 찬송의 가사를 읽어보면 존 웨슬리 형제가 체험한 회심이 무엇인지 쉽게 알 수 있다.

여기에 두 곡의 찬송 가사를 소개한다.

"만입이 내게 있으면"

주님의 은혜 내 마음에 믿음으로
성령의 능력 받아서 내 구주 부르네

속죄의 피를 느끼네 내 영혼에 느끼네
날 사랑하신 주 예수 날 위해 죽으셨네

내 죄를 지고 죽으신 하나님 어린 양
십자가 제물 되신 주 뭇 영혼 살리네

내 죄의 권세 깨뜨려 자유케 하시고
주님의 피로 날 정하게 하셨네

내 은혜로신 하나님 날 도와주시고
그 크신 구원 온 세상에 전하리라

만입이 내게 있으면 그 입 다 가지고
내 구주 주신 은총을 늘 찬송하겠네

"놀라운 사랑 주님의 보혈"

놀라운 사랑 주님의 보혈 나 받을 자격 없으나

주님은 나 위해 죽으셨도다 주님을 못박은 죄인 위하여
놀라운 사랑 나의 하나님 나의 하나님 나 위해 죽으셨도다

영원한 주님이 죽으셨도다 주님의 섭리 신비하도다
당신의 거룩한 사랑의 깊이는 하늘의 천사도 알 수 없으리
날 위해 죽으신 놀라운 사랑 온 세상에 노래하고 하늘에서 찬송하리

하늘의 영광 버리고 땅 위에 오신 영원한 은혜 값없이 주신
사랑 때문에 모든 것 버리고 가련한 인류 위해 피 흘리셨네
완전한 사랑 놀라운 은혜 오 나의 하나님 날 구하셨도다

오랫동안 죄에 매여 갇힌 내 영혼 세상의 밤길 헤매었네
주님의 눈에 생명의 빛 내 영혼에 비추고 깨우네
죄의 사슬 끊어져 내 마음은 자유 오 나의 하나님 날 구하셨도다

존 웨슬리는 자신의 올더스게이트 신앙 체험이 찰스가 지은 찬송가 "위로
부터 오신 주님"(O Thou camest from above)에 잘 나타나 있다고 말하였다.

"위로부터 오신 주님"

위로부터 오신 주님
순결한 하늘의 불이시여
비천한 나의 마음의 제단에
은밀한 사랑의 불을 붙이소서

당신의 영광 위하여

꺼지지 않는 불길로 타게 하시고

겸손한 기도 뜨거운 찬양으로

당신께 드려지게 하소서

예수여 나의 마음에 확신 주시어

당신 위해 말하고 생각하고 일하게 하소서

그 거룩한 불 늘 지키게 하시어

나의 마음에 영원히 타오르게 하소서[48]

13) 무엇이 먼저인가? – 올더스게이트 회심의 의미

첫째, 회심 전에는 종의 믿음을 가졌으나 회심 후에는 아들의 신앙을 갖게 되었다. 종은 주인이 시키는 일을 법에 따라서 의무로 행하지만 아들은 아버지 집에서 아버지를 사랑하는 마음과 기쁨으로 일한다. 그리고 종은 주인의 재산을 상속하지 못하나 아들은 아버지의 재산을 상속한다.

둘째, 율법주의 신앙에서 복음주의 신앙으로 돌아온 것이다. 이전에는 율법의 행함으로 의롭게 되려는 행위의 의, 즉 자기 의를 의지했지만 이제는 예수 그리스도의 십자가와 부활의 은혜를 믿고 의지하여 구원에 이르는 신앙을 소유하게 되었다.

셋째, 아르미니우스주의(arminian) 구원관에서 복음주의 구원관으로 전환하였다. 인간의 도덕적인 노력과 선행으로 구원받을 수 있다고 믿는 영국 국교회의 아르미니우스주의 구원관을 떠나서 오직 예수 그리스도에게 나타난 속죄의 은혜를 믿음으로만 구원을 받는다고 하는 복음주의 구원관을 붙들게 된 것이다.

넷째, 개신교 정통 구원 교리인 '오직 믿음'(sola fide)과 '오직 은혜'(sola gratia)의 교리를 확고히 붙들었다. 즉 은혜를 믿음으로 의롭다 함을 얻어 구원을 받는 '이신칭의'(以信稱義; justification by faith through grace)의 교리를 확고히 신뢰하였다.

다섯째, 칭의와 성화의 순서를 바꾸었다. 올더스게이트 체험 이전에는 인간이 먼저 성화를 완전히 이루어야만 하나님으로부터 의롭다 인정을 받아 구원에 이른다고 생각하였으므로 자기의 도덕적인 노력으로 완전 성화를 이루기 위하여 홀로 고뇌하였다. 그러나 이제는 그것이 불가능함을 깨닫고 무조건 하나님 앞에 자신이 죄인인 것과 모든 죄악을 회개하고 속죄의 은혜(saving grace)를 믿음으로 칭의(하나님이 의롭다 인정하심)를 얻고 구원 얻는다는 사실을 알게 되었다. 이전에는 성화가 먼저 온 다음에야 칭의가 올 수 있다고 믿었으나 이제는 칭의가 먼저 와야만 성화가 올 수 있다는 것을 알고 그 순서를 완전히 바꾸었다.

여섯째, 용서와 구원의 확신을 얻었다. 그날 저녁 일기에 쓴 대로 나 같은 죄인의 죄까지도 모두 도말하시고 나를 죄와 사망의 법에서 구원하셨다는 확신을 얻었다. 그리고 이 확신은 성령의 증거, 성령의 내적 증거다.

일곱째, 마음의 신앙(religion of heart)을 발견하였다. 그리스도의 십자가 은혜, 속죄의 은혜를 뜨겁게 체험하였다. 그러므로 '마음 뜨거움'(warm-heartedness)은 메도디스트 신앙의 은사요 능력이다. 동시에 이러한 '마음의 신앙'은 성서적 신비주의요 건전한 신비주의이다.

여덟째, 올더스게이트 체험은 메도디스트 부흥운동의 불씨요 원동력이다.

아홉째, 복음주의 신앙은 메도디스트 신앙의 뿌리요 핵심이요 본질이다.

열째, 여전히 신앙의 목표는 성화-완전 성화다. 칭의의 은혜를 받았다고 모든 것이 다 완성된 것이 아니다. 이제는 그리스도의 십자가의 속죄의 은혜와 부활의 승리를 믿고 성령의 도우시는 능력 안에서 완전 성화를 향하여 나가는 것이다. 그래서 이것을 이신칭의 중심의 개신교 신앙과 성화 중심의 가톨릭 신앙의 필연적인 종합이라고 할 수 있다.

열한째, 올더스게이트 체험은 사실상 메도디즘 탄생의 세 번째 단계다.

3. 원시 기독교를 찾아서 – 독일 여행(1738)

1) 모라비아 형제들의 고향 방문 – 아주 짧은 독일 유학

지금까지 살펴본 대로 존 웨슬리의 영적인 순례에서 모라비아교인들의 역할은 굉장히 중요했다. 존 웨슬리의 영적인 문제를 푸는 데 있어서 모라비아교인들의 영향이 언제나 결정적인 역할을 하였다. 존 웨슬리는 대서양 항해 중에 처음 만났을 때부터 그들을 존경해 왔다. 그리고 그들의 경건생활과 예배와 조직과 형제단 운영 방법 등에 관하여 더욱 철저하게 배우고 싶었다. 그는 이러한 마음을 모라비아교 친구들에게 말했고, 마침내 회심을 체험한 지 3주 후에 독일에 있는 모라비아교의 중심지 헤른후트(Herrnhuth)를 방문하게 되었다.

존 웨슬리는 때로는 아주 소심하고 겁이 많은 사람인 것 같으면서도 진리 탐구와 주님의 일을 위해서라면 대단히 모험심이 강한 사람이었다. 교통수단이 원시적이고 지리적인 정보가 빈약한 그 당시에 외국 여행을 한다는 것은 대단히 어려운 일이었다. 그는 일평생 용감한 여행가의 삶을 살았다. 불과 11세의 어린 나이에 영국의 북쪽 외진 마을에서 대도시 런던으로 유학하였으며, 방학이면 런던에서 엡윗 고향집을 오가며 9년 동안 여행하였고, 옥스퍼드 대학생이 된 뒤에는 옥스퍼드와 엡윗, 그리고 옥스퍼드와 런던을 자주 여행하였다. 대학을 졸업한 뒤에도 옥스퍼드와 엡윗을 자주 왕래하였다. 아메리카 개척지 조지아 여행은 목숨을 걸만큼 용감한 모험이었다. 조지아에서도 그는 인디언 부족들을 전도하기 위해서 위험한 여행을 감행하였으며, 때로는 정글을 누비다 늪지에 빠져 죽을 뻔하였다.

이후에 다룰 것이지만 그는 1739년부터 일평생 복음전도를 위해서 영국 본토와 스코틀랜드와 아일랜드, 그리고 영국의 모든 섬들을 여행하였다. 그 당시의 여행이 지금보다 훨씬 더 어려운 모험이었다는 것은 굳이 설명하지 않아도 잘 알 수 있다. 그가 이렇게 여행을 많이 한 것은 관광이나 오락 등 어떤 다른 목적이 있어서가 아니라 오로지 진리 탐구와 복음전도만이 목적이었다. 그렇지만 그는 여행을 하면서 고생만 한 것이 아니라 기쁨과 낭만도 많이 경험하였다. 실로 그는 일평생 용감한 탐험가요, 모험심 많은 여행가요, 지칠 줄 모르는 순례자였다.

존 웨슬리는 1738년 6월 13일 독일을 향해 출발하였다. 그의 일행은 모두 8명이었다. 일행 중에는 옥스퍼드 메도디스트로서 조지아에도 함께 갔던 벤자민 잉함과 피터 뵐러의 번역관 비니와 양복제조업자 홈즈와 브라운이 있었는데, 이 둘은 사업을 목적으로 동행하였다. 그리고 3명의 독일인 중에는 신실한 모라비아교 신자로서 조지아에서 친구가 된 톨치히가 있었다. 존 웨슬리 일행은 네덜란드의 로테르담에 도착하여 의사인 코커르 박사를 만나 환대를 받았다. 그러나 곤다르트에 와서는 여관 주인들이 낯선 외국인이고 개신교도라는 이유로 그들을 번번이 거절하였다. 밤늦게야 가까스로 한 여관에 들어가 여장을 풀고 변변치 않은 식사와 불편한 침대를 제공받아 고단한 몸을 쉴 수 있었다.[49]

그들은 계속해서 말수레를 타기도 하고 걷기도 하며 길고 고단한 대륙 여행에 들어갔다. 6월 16일 작은 모라비아 형제단이 있는 이셀스타인에 도착하였으며, 거기서 처음으로 모라비아 형제단을 만나 그들의 신앙생활을 경험하게 되었다. 그들은 곧 암스테르담으로 가서 4일간이나 머무르면서 메노나이트 목사와 그의 동료들을 만나 교제하며 신도회 모임에 두 번 참석하였다. 그들의 신도회 모임은 모라비아 형제들의 것과 대단히 비슷하였으며, 특별히 그들의 성경 강해는 전형적인 네덜란드의 고 칼빈주의(dutch high calvinism) 전통을 따르는 것이 인상적이었다.

26일에는 독일 중부지방으로 들어가 옛 도시 쾰른(Cologne; Köln)을 방문하였다. 존 웨슬리는 쾰른 도시에 관하여 자신이 지금까지 본 중에 '가장 추하고 더러운 도시'이며, 쾰른 대성당(cathedral)은 '균형도 없고 아름다움도 없이 돌덩어리들을 쌓아 놓은 거대한 흉물'이라고 혹평을 하였다. 존 웨슬리가 왜 이토록 혹평을 했는지는 정확히 알 수 없지만 아마도 쾰른 대성당 안에 보관되어 있는 11,000명 동정녀들의 유골과 3명의 동방제국 왕들의 유골에 얽힌 무시무시한 이야기를 상기하면서 한 말인 듯하다. 존 웨슬리의 평에도 불구하고 그 당시의 쾰른 대성당은 미완성이지만 웅장하고 높고 거대한 고딕식 건축으로서 그때나 지금이나 유럽에서도 손꼽히는 유명한 대성당이다.

존 웨슬리 일행이 대성당에서 나오다가 마침 교황주의자들(가톨릭교인들)의 행렬을 만났는데, 일행 중에 한 사람이 모자를 벗을까말까 망설였다. 그랬더니 그중에 한 열성적인 교황주의자(가톨릭교인)가 그들이 개신교도라는 것을 눈치 채고는 "저 루터교 개를 한 방 먹여버려라."라고 소리 질렀는데, 만약에 그들이 재빨리 피하지 않았더라면 붙잡혀 곤욕을 치를 뻔하였다. 존 웨슬리 일행은 이러한 일을 겪으면서 유럽 대륙에서 아직도 사라지지 않은 신·구교 간의 무시무시한 증오와 갈등을 목격하였으며, 신변의 위협을 느끼기도 하였다.

존 웨슬리 일행은 쾰른에서 배를 타고 라인 강을 거슬러 올라가며 멘츠를 거쳐 7월 3일 프랑크푸르트에 도착하였다. 프랑크푸르트에는 존 웨슬리에게 영적 조언자가 된 모라비아교 목사 피터 뵐러의 아버지 존 뵐러가 살고 있었다. 통행증이 없는 웨슬리 일행은 시내로 들어가지 못하고 안부만 전할 생각이었는데, 다행히 뷜러의 아버지를 만나서 융숭한 대접을 받고 그의 집에서 하룻밤을 지내고 다음날 마리엔보른을 향해 출발하였다. 존 웨슬리는 이곳에서 오랫동안 만나고 싶었던 진첸도르프 백작(Count Zinzendorf)을 만나게 되어 대단히 기뻤다. 그런데 긴 여행에 지쳤는지 그만 존 웨슬리가 병이 나서 눕게 되었다. 존 웨슬리는 다음날 몸이 좀 회복되어 그와 유익한 대화를 할 수 있었다.

진첸도르프 백작은 가톨릭교도의 습격을 피해 은밀한 장소를 찾아다니며 피난생활을 하고 있는 중이었다. 그러기에 존 웨슬리가 그를 만난 것은 정말로 행운이었다. 존 웨슬리는 거기서 계획보다도 열흘이나 길게 두 주간 동안 머무르면서 진첸도르프와 그의 형제들과 대화를 나누고 그들의 경건생활을 생생하게 관찰할 수 있었다. 존 웨슬리는 진첸도르프와 그 가족의 검소하고 단순한 생활방식을 보고 깊은 감동을 받았다. 백작은 존 웨슬리를 따뜻하게 맞아주었다. 그들은 아마포(linen)로 만든 평범한 옷을 입었으며, 식사도 간소하게 했다. 존 웨슬리는 진첸도르프와 구원의 확신에 관하여 진지한 대화를 나누는 중에, 구원의 확신은 반드시 필요한 것이 아니며 또 완전한 확신은 없다는 그의 의견에 동의하였다. 이러한 진첸도르프의 의견은 스팡겐버그나 뷜러의 의견과 많이 달랐다.

존 웨슬리 일행은 이제 마리엔보른을 떠나서 예나와 할레를 지나는 길을 택했다. 할레(Halle) 대학 공동체를 보기 위해서였다. 프랑케 교수도 만나고 싶었지만 마침 그가 출타중이라 만나지 못했다. 존 웨슬리는 고아원을 방문하였는데, 그 규모와 사업이 얼마나 큰지 존경하지 않을 수 없었다. 그 고아원은 650명의 아이들을 기르며 2,500여 명의 아이들을 가르치는 학교였다. 존 웨슬리는 프랑케 교수가 신학과 영성과 실천을 겸비한 위대한 지도자라는 사실에 깊이 존경하게 되었으며 그를 만나고 싶은 마음이 더욱 커졌다. 존 웨슬리는 그 고아원이 출판과 인쇄와 많은 사람들의 기부금으로 유지되며 재정을 넉넉하게 확보한다는 것과 수준 높은 의료 시설을 보고 또한 놀랐다. 고아원은 아이

들의 따뜻한 가정이요 학교요 엄격한 경건의 규칙에 따라서 생활하는 신앙공
동체였다. 할레에서 본 것들은 존 웨슬리의 마음속에 씨앗처럼 심겨졌으며,
후에 그가 뉴캐슬과 브리스톨과 런던에 고아원과 학교와 병원을 설립하는 결
과를 낳았다.

　존 웨슬리 일행은 이방인에 대한 독일인들의 불친절하고 거친 행동 때문에
조금은 두려운 여행을 할 수밖에 없었다. 그들은 8월 1일에서야 헤른후트에
도착하여 약 두 주간을 머물면서 모라비아 형제들의 경건생활을 경험하는 참
으로 귀중한 시간을 보냈다. 헤른후트는 모라비아교의 고향이요 사령부로서
모라비아교의 총감독인 진첸도르프 백작이 살고 있는 곳이다. 거기에는 형제
자매들이 공동생활하는 100여 채의 집과 진첸도르프 백작의 집이 있었으며,
600~700명의 어린이들이 사는 고아원이 가장 중요한 건물로 서 있었다. 그리
고 아름다운 정원이 집들을 둘러싸고 있는 아주 평화로운 곳이었다.

　존 웨슬리는 오랫동안 이곳을 동경해 왔고, 진첸도르프 백작을 만나고 싶어
했다. 그러기에 존 웨슬리는 이곳에서 가능한 한 많이 배우려고 노력하였으며,
그들은 존 웨슬리를 영국과 영국 국교회에 자기들의 영향력을 키워나가는 데
소중한 사람으로 알고 정성을 다해서 돕고 따뜻하게 대접하였다. 존 웨슬리는
그들의 예배, 설교, 애찬회, 성경공부, 아침저녁 경건회, 구역회 모임(Circuit
meeting)과 반회 모임(Band meeting), 그리고 각종 기도회와 강의와 회의와 장례
식에 참석하고, 그들의 조직과 공동체 운영 방법 등을 부지런히 경험하면서 보
냈다. 존 웨슬리는 참으로 배우는 데 열정적이었으며, 좋은 것을 자기의 일터
에서 실험하는 데 또한 열정적이었다. 그들과 함께 구원과 확신의 교리에 대
하여 대화를 나누면서 존 웨슬리는, 그들이 구원의 완전한 확신을 얻기도 전에
죄사함과 칭의를 얻는 것은 흔한 일이지만 역시 성령의 증거로서 구원의 확신
을 마음속에 소유하는 것이 중요하고 유익하다는 사실을 깨달을 수 있었다.

　존 웨슬리는 거기서 고아원 학교의 엄격한 교육과 규칙에 의한 훈련을 보고

깊은 인상을 받았다. 고아원 학교는 아침부터 저녁까지 학과 수업으로 꽉 찬 생활을 하였으며 월요일부터 토요일까지 휴일도 없고 놀이도 없는 교육을 하였다. 얼마 후에 존 웨슬리는 킹스우드 학교에서 엄격한 규칙에 따른 교육을 실시하였는데, 이것은 그가 헤른후트에서 배운 것을 그대로 옮겨놓은 것 같다.

존 웨슬리 일행은 8월 11일에 헤른후트를 떠나 다시 런던으로 향했다. 모라비아교 형제들의 신앙과 생활을 가까이서 지켜본 존 웨슬리는 모든 것에 대하여 깊은 감동과 애정과 경탄하는 마음을 갖게 되었다. 그러나 존 웨슬리는 돌아오는 길에 가톨릭교인뿐만 아니라 루터교인들까지도 모라비아교 형제들을 원수처럼 대하는 모습을 보고 매우 놀랐다. 되돌아오는 길에 존 웨슬리는 할레에서 프랑케 교수를 만나 매우 기뻤다. 프랑케 교수는 존 웨슬리에게 최상의 친절로 대해 주었다. 대화 가운데 존 웨슬리는 프랑케 교수가 진첸도르프와 그의 형제들과 구원의 교리에 대하여 서로 다른 의견을 가지고 있다는 사실을 알게 되었다. 프랑케 교수는 진첸도르프와 그의 형제들이 잘못된 신비주의로 기울고 있다는 비판을 하였다. 존 웨슬리는 아마도 프랑케 교수를 만난 후에 모라비아교인들에 대하여 조금씩 비판적인 눈으로 바라보게 된 것 같다.

존 웨슬리는 예나(Jena)를 통과하는 길에 다시 독일 개신교 경건주의 학교들을 방문하여 둘러보고 마리엔보른에서 이틀을 머문 뒤 여행을 계속하였고 9월 16일 런던에 도착함으로써 약 3개월간의 독일 여행을 마쳤다. 이 여행은 존 웨슬리의 첫 번째 유럽 대륙 여행이었으며, 존 웨슬리는 일생 세 번 유럽을 여행하였다. 그중에서도 이번 여행은 존 웨슬리가 독일 경건주의를 실제로 보고 배울 수 있었던 참으로 소득이 많은 독일 유학이었다.

2) 원시 기독교의 생생한 모습을 보다

독일 여행을 통해 존 웨슬리가 얻은 가장 큰 유익은 모라비아교 공동체에서 사도 시대 원시 기독교(primitive Christianity; 초대 교회)의 살아 있는 모습을 볼 수 있었다는 것이다. 그는 첫 번째 방문지인 이셀스타인의 모라비아 공동체에서 진첸도르프의 제자로서 할레 대학 출신인 와터빌이란 젊은 모라비아 공동체의 지도자를 만났다. 그는 '겨자씨 수도회'를 창설하여 유태인과 이교도를 개종시키는 일에 헌신하면서 몇 명의 독일 형제자매와 8명의 영국인 모라비아교도와 함께 작은 공동체를 이루어 생활하고 있었다.

존 웨슬리는 그들과 함께 하루를 지냈다. 토요일은 중보기도의 날이었는데, 이날은 마침 매월 한번 갖는 특별한 기도 집회로서 모든 회원들이 참석하여 온종일 기도로 연합하는 날이었다. 이들의 집회는 헤른후트의 규칙에 따른 것이며, 집회는 아침과 오후와 저녁 세 번 열렸다. 아침 집회는 찬양으로 진행되는데, 모든 형제들이 한 마음으로 성령 안에서 평화와 기쁨이 가득한 찬송을 부르며 손을 위로 올려 흔들기도 하고 가볍게 춤을 추기도 하였다. 오후 모임 역시 기도와 찬양으로 엮어지는데, 세계에 흩어진 형제들이 보내온 편지와 일기를 읽으며 세계 선교에 마음을 모아 기도하였다. 저녁 모임은 권고의 말씀을 받으며, 신입회원을 환영하고 서로를 위한 중보의 기도로 절정에 이르렀다. 중보기도 시에는 기도를 받는 형제와 자매들이 무릎을 꿇고 기도에 임하는 모습이 아주 진지하고 감동적이었다.[50]

존 웨슬리는 거기서 그들의 엄격한 기도 규칙과 봉사의 규칙을 따르는 생활과 서로를 뜨거운 사랑으로 대하는 교제와 세상 사람들, 특히 외롭게 고난당하는 유태인과 이교도를 향한 복음전도와 사랑의 봉사를 보고 들으며 깊이 감동하였다. 존 웨슬리는 그들에게서 진정한 그리스도교(true-genuine Christianity)를 발견하였다. 그들은 비록 작은 공동체지만 가톨릭 수도원과 비슷한 영성생활을 하고 있었는데, 전통적인 가톨릭 수도원보다 더 뜨거운 사랑의 친교와 성령 안에서 충만한 기쁨의 생활을 하고 있었다. 그들의 경건생활은 마치 사도 시대 원시 기독교회의 모습을 보는 것과 같았다. 존 웨슬리는 이셀스타인 공동체에서 처음으로 유럽대륙의 모라비아 경건생활을 체험하였다.

　존 웨슬리는 마리엔보른에서도 모라비아 형제들의 중보기도의 날 집회를 참관할 수 있었다. 여기서도 존 웨슬리는 형제자매들이 여러 나라에서 온 모라비아 공동체 회원들과 함께 약 90여 명이 모여 기도와 찬양으로 집회를 갖고 사랑과 기쁨이 충만한 '마음 뜨거운 성도의 교제'(warm-hearted fellowship)를 나누는 모습을 보고 역시 원시 기독교의 모습을 발견하였다. 그들이 중보기도 집회를 위해서 써 붙인 "형제가 연합하여 동거함이 어찌 그리 선하고 아름다운고!"(시 133:1)라는 성경 구절이 매우 인상적이었다.

　존 웨슬리의 원시 기독교 경험은 헤른후트에서도 계속되었다. 그는 도착 후 첫날 기혼 자매들의 애찬회(love feast)를 견학하였다. 모라비아교인들의 애찬회는 기혼과 미혼을 구분하여 매월 1회 열리는데, 기도와 친교를 위한 모임으로서 모라비아교 공동체 생활의 가장 특징적인 영성 훈련이었다. 존 웨슬리는 그들이 애찬회에서 호밀빵이나 물과 같은 아주 소박한 음식을 먹으며 찬양과 기도를 드리고 서로의 신앙 경험을 간증하고 사랑의 친교를 나누는 가운데 순전한 기쁨과 감사가 넘치는 그들의 얼굴을 보면서 역시 거기서도 원시 기독교의 살아 있는 모습을 보았다.

　존 웨슬리는 매일 아침 11시에 열리는 성경공부와 방문객들을 위한 성경공부에도 참석하였다. 그들은 성경을 원어로 매일 일정 분량 읽으며 강해하고 대화하면서 성경을 통해 자기들에게 명하시는 하나님의 말씀을 듣기 원하는 간절한 마음과 성경에 순종하여 살려는 거룩한 헌신의 모습을 발견하고 깊은 인상을 받았다. 주일에는 미혼 자매들을 위한 저녁예배에 참석하였으며, 예배 후에 형제자매들은 여러 가지 악기 연주에 맞추어 찬송을 부르면서 헤른후트 시를 한 바퀴 돌았다. 그리고 도시 맨 위쪽의 작은 언덕에 이르러서 무릎을 꿇고 앉아서 서로서로 손을 잡고 기도하는 모습이 너무나도 인상적이어서 존 웨슬리는 그들과 헤어진 후에도 한참 동안 그들의 모습이 눈에 선하였다.[51]

헤른후트에 머무는 두 주간 동안 존 웨슬리는 모라비아 형제단의 경건생활 전반에 대하여 세밀하게 관찰하고 마음에 새기고 또 일기에 기록하였다. 헤른후트의 모든 형제자매들은 90여 개의 반회(band)로 나누어져 있었으며, 모든 반회는 한 주간에 두 번 내지 세 번 모였다. 반회의 목적은 "서로의 잘못을 고백하고 서로의 용서와 구원을 위해서 기도하는 것"이었다. 그리고 반회의 지도자들은 매주 1회 모든 회원들의 영혼의 상태를 조사하기 위하여 모임을 가졌다. 그들은 매월 1회 방문객들을 위한 모임을 가졌다. 어린이들과 청년들은 월요일부터 토요일까지 읽기, 쓰기, 수학, 라틴어, 그리스어, 히브리어, 프랑스어, 영어, 역사, 지리 등 여러 과목을 배웠다.

헤른후트 공동체의 하루 생활은 매일 아침 8시에 공동예배로 시작하는데, 예배는 찬송과 기도와 짧은 성경 강해와 짧은 합심 기도로 이루어졌다. 그리고 매일 저녁 똑같은 예배와 예배 후에 서로 평화의 입맞춤으로 헤어졌다. 주일에는 아침 기도회가 6시에 시작되고 9시에는 주일 공동예배를 드렸다. 그리고 오후 1시에는 14개의 속회(Class)로 모였으며, 4시에는 오후예배를, 8시에는 저녁예배를 드리고 예배 후에는 청년들이 찬송을 부르면서 헤른후트 시를 한 바퀴 돌고 하루의 생활을 끝맺었다.

존 웨슬리는 헤른후트 모라비아 공동체 형제자매들의 기도, 찬송, 예배, 애찬회, 반회, 속회, 성도의 교제와 봉사 등 모든 신앙 활동에서 한 가지 특징을 발견하였는데, 그것은 그들의 분위기를 감싸고 있는 '마음 뜨거움'(warm-heartedness)이었다. 그것은 하나님을 향한 '마음 뜨거운'(warm-hearted) 사랑이며, 동시에 서로를 향한 '마음 뜨거운' 사랑과 기쁨의 교제였다. 존 웨슬리는 바로 이것이 모라비아교 영성의 특이한 장점이라고 생각했다. 그리고 이러한 '마음 뜨거움'은 후에 메도디스트 신앙의 특징으로 나타났다.[52]

그들은 토요일마다 특별한 집회를 가졌다. 매월 첫째 토요일에는 성만찬을 행하였는데, 처음에는 서로의 영적인 경험을 이야기한 다음에 서로의 발을 씻겨주는 세족식을 행하였고 세족식 후에는 밤 10시까지 기도하고 찬송한 다음에 성만찬을 받았으며, 잠자리에 들기까지 침묵을 지켰다. 두 번째 토요일에는 어린이들을 위한 기도회를 가졌으며, 세 번째 토요일에는 중보기도와 감사의 기도 모임을, 그리고 네 번째 토요일에는 지도자들을 위한 집회를 가졌다. 그들은 결혼을 대단히 중요하게 여겨서 결혼 신청자들은 결혼 전에 반드시 일정 기간 결혼의 의미와 실제를 배우는 결혼 예비학교에 들어가게 하였다. 그들은 밤 11시부터 아침 4시까지 하루 5시간 잠을 자고 하루 3시간 식사 시간을 갖고 16시간은 경건(예배와 기도)과 일과 공부를 위해서 사용하였다. 이것이 존 웨슬리가 헤른후트에서 견학한 모라비아 형제단의 공동체 생활 모습이었다.

존 웨슬리는 그들의 모든 활동을 통해서 사도 시대 원시 기독교의 생생한 모습을 보고 지울 수 없는 인상을 마음속에 품고서 "이러한 기독교 신앙이 물이 바다를 덮음같이 온 땅에 퍼지기를" 바라면서 모라비아 형제단의 근대적 요람인 헤른후트에서 마지막 밤을 보냈다. 존 웨슬리는 이 형제들과 더 오래 머물고 싶었으나 아쉬운 마음을 가지고 그곳을 떠나야 했다. 그리고 얼마 후 존 웨슬리는 이 형제단에서 배운 많은 것들을 메도디스트 신도회 가운데 적용하여 좋은 결실을 보았다. 특별히 메도디스트 애찬회와 속회와 반회의 규칙이나 운영방식은 모라비아 공동체의 것들을 그대로 본뜬 것이라고 할 수 있다.

3) 완전한 확신이 있는가? – 진첸도르프와의 대화

존 웨슬리는 마리엔보른에서 진첸도르프 백작을 만나 그와 나눈 대화를 통하여 구원의 확신에 관하여 중요한 통찰력을 얻게 되었다. 이것은 존 웨슬리가 진첸도르프를 만나서 얻은 중요한 소득이라고 할 수 있으며, 이후로 존 웨슬리가 메도디스트 교리를 형성해 가는 데 있어서 아주 유익한 요소로 작용하였다. 존 웨슬리는 그의 일기에서 어떤 사람이 제기한 "한 사람이 의롭다 함을 얻고도 그것을 알지 못할 수 있을까요?"라는 질문에 대하여 진첸도르프 백작이 대답한 것을 다음과 같이 요약해 놓았다.

"① 칭의는 죄의 용서다.

② 한 사람이 그리스도에게로 나아가는 순간 그는 의롭게 된다.

③ 동시에 그는 하나님과 평화를 얻게 된다. 그러나 항상 기쁨을 누리는 것은 아니다.

④ 또한 그는 자신이 의롭다 함을 얻은 것을 한참 후에도 알지 못할 수 있다.

⑤ 그러므로 칭의에 대한 확신은 칭의 그 자체와 구별되어야 한다.

⑥ 어떤 사람들은 자신에게서 일어나는 죄를 정복하는 능력과 형제 사랑과 하나님의 의에 대한 갈망에 의해서 알 수도 있는데, 바로 이러한 것이 영적인 생활이 시작되었음을 증거하는 것이다.

⑦ 의롭게 되는 것은 하나님 안에서 새롭게 탄생하는 것(신생; new birth)과 동일한 것이다.

⑧ 한 사람이 깨어날 때는 그가 하나님으로부터 난 것이며, 그때 그가 겪는 두려움과 슬픔과 하나님의 진노에 대한 감각은 새롭게 탄생(新生)하는 과정에서 오는 아픔이다."[53]

존 웨슬리는 위와 같이 백작의 대답을 정리하면서 두 가지 생각이 머리에 떠올랐다. 첫째는 백작이 사람이 의롭다 함(구원)을 얻은 후에도 그 사실을 알지 못할 수 있다는 것을 역설하고 있으며, 그리고 이것은 자신이 의롭다 함을 얻은 사실을 알지 못하고는 결코 의롭다 함의 은사를 얻을 수 없다는 뵐러와 스팡겐베르그의 의견과 상반된다는 것이었다. 둘째는 백작이 의롭게 되는 것(칭의)과 하나님 안에서 새로 탄생하는 것(신생)은 동일한 것이라고 강조하는데, 존 웨슬리는 이것에 대해서 다른 생각을 갖고 있었다. 존 웨슬리는 칭의와 신생은 구분되어야 한다고 생각하고 있었다. 헤른후트를 떠나기 전에 존 웨슬리는 목수이면서 헤른후트의 설교자인 크리스천 데이비드의 설교를 몇 번에 걸쳐서 듣고, 그가 사람이 알지 못하고도 구원 얻을 수 있음을 강조하며 동시에 칭의와 신생을 구분한다는 사실을 발견하였다. 존 웨슬리는 크리스천 데이비드의 설교에 감동하고 자신은 그의 의견에 동의한다고 생각했다.

존 웨슬리는 헤른후트에서 구원의 확신에 관한 중요한 발견을 하였는데, 그것은 곧 완전한 구원의 확신은 없다는 것이었다. 그리고 어느 정도의 의심은 남아 있을 수도 있으며, 이런 것 때문에 두려워하거나 낙심할 필요가 없다고 하였다. 또한 그는 구원의 확신은 사람에 따라서 그 경험의 단계와 수준이 다르며 모양도 다양하다는 것을 알게 되었다.[54] 그렇지만 그는 구원의 확신은 필요하고도 유익한 것이므로 완전한 확신을 얻기 위하여 구하고 힘쓸 것을 다짐하면서 헤른후트를 떠났다.

4) 성령이 너무나 강하게 역사해서 - 페터레인 신도회

존 웨슬리는 9월 16일에야 런던에 도착하였다. 그는 주로 런던과 옥스퍼드 지역을 다니며 하루 평균 세 번 설교하면서 이미 열정적인 복음전도자의 길을 출발한 모습이었다. 특별히 그는 도착하자마자 전에 피터 뵐러의 적극적인 노력으로 설립된 페터레인 신도회(Fetterlane Society)에 기쁨으로 재결합하였다.

뵐러는 존 웨슬리를 통하여 영국 땅에 모라비아교 신앙이 잘 뿌리내리고 부흥하기를 바라는 목적을 가지고 1738년 5월 1일에 하나의 신도회를 조직하여 존 웨슬리로 하여금 지도하게 하였다. 처음에는 뵐러와 존 웨슬리가 공동으로 지도자가 되는 것 같았으나 점차로 존 웨슬리가 주도적으로 이끌어 갔으며 독일에서 귀국한 후로는 더욱 그러했다. 존 웨슬리가 독일 여행에서 돌아와 보니 이 신도회는 회원이 32명으로 증가하였다. 이 신도회는 처음에는 모라비아교도 메도디스트도 아닌 두 가지 요소가 섞여 있는 것처럼 보였다. 왜냐하면 이 신도회는 존 웨슬리 형제, 홀, 잉함, 킨친, 허칭스, 휫필드 등 옥스퍼드 메도디스트를 비롯한 영국 국교회 교인들과 좀 더 많은 수의 독일인 모라비아교인들로 구성되었기 때문이다. 그러나 시간이 갈수록 점점 모라비아교 신도회 쪽으로 기울어가고 있었다. 물론 나중에는 여기에서 모라비아교 신자들과 메도디스트 신자들이 각각 떨어져 나와 각기 제 길로 갔다.

페터레인 신도회의 두 가지 규칙은 다음과 같다. 첫째는 매주 한 번 모여서 서로에게 자신의 잘못을 고백하고 상한 영혼을 치료받고 죄에서 구원받기 위해서 기도하는 것이며, 둘째는 누구든지 이와 같은 목적을 가진 신실한 사람이 이 모임에 연합하기를 원하면 받아들인다는 것이었다. 이와 같은 단순한 규칙이 페터레인 신도회의 골격을 이루고 있었다. 이 신도회는 매주 수요일 저녁 8시에 정기 모임을 갖고 찬양과 기도를 하고 말씀을 들으며 서로 영적인 도움과 권면을 주고받았다. 그들은 매월 1회 애찬회를 갖고 매월 넷째 토요일에 중보기도회를 열었다. 이 신도회는 영국 국교회의 잘 정돈된 조직과 효과적인 교육 방법에 모라비아교의 영적인 경험을 통한 역동성이 적절히 조화된 것이었다. 말하자면 이 신도회는 영국 국교회적인 요소와 메도디스트 요소와 모라비아교 요소가 종합되어 형성된 것이라고 볼 수 있다. 그리고 이러한 종합은 앞으로 나타날 메도디스트 신도회의 전형적인 모습을 보는 것과 같았다. 그렇지만 이 신도회의 생동력은 '구원에 이르는 믿음', '신생의 체험', '구원의 확신', 그리고 '성령의 증거'를 강조하는 데 있었으니, 이러한 요소는 역시 모라비아교의 영향이라고 하여야 할 것이다.

페터레인 신도회는 존 웨슬리가 독일에서 귀국하여 지도력을 발휘하면서 더욱 활기를 띠게 되었다. 그는 이 모임을 매우 사랑하였다. 왜냐하면 이 모임이야말로 조지아에서 돌아와 회심을 체험하고 처음으로 경험한 복음적인 신앙의 첫 번째 실험실이며, 독일에서 보고 배운 모라비아교의 좋은 점들을 실천하는 가장 중요한 목회 현장이었기 때문이다. 이 신도회는 날이 갈수록 더욱 활발해졌다. 회원들은 영적으로 건실하게 성장하고 회원 상호간의 교제가 깊어가면서 모일 때마다 신앙이 불붙는 것처럼 부흥하였다. 그는 자신 안에서 형성되고 있는 진정한 기독교의 이상적인 신앙을 이 신도회에서 실현해보고 싶은 생각을 키우고 있었을 것이다. 그래서 존 웨슬리는 이 모임을 매우 사랑하였으며, 자랑스럽게 여기면서 '우리의 작은 신도회'라고 불렀다. 이때 페터레인 신도회는 56명의 회원에 8개의 반회(band)로 구성되어 있었으나, 이중에 여성은 단 8명이고 여성 반회는 2개뿐이었다. 1739년 1월 1일 저녁에 약 60명이 모인 페터레인 신도회의 정기 애찬회는 너무나 은혜가 충만하여 다음날 새벽 3시까지 계속되었다. 존 웨슬리는 그날 애찬회에서 일어난 놀랍고도 신비한 경험을 일기에 다음과 같이 기록해 놓았다.

"기도를 계속할 때에 하나님의 능력이 너무나 강하게 역사하여 우리들 중에 많은 사람들이 기쁨에 넘쳐서 큰 소리를 질렀으며, 많은 사람들이 바닥에 쓰러졌다. 우리는 조금 정신을 차렸을 때에 주님의 권세 있는 임재에 놀라움과 두려움으로 가득 차 모두 한 목소리로 '우리가 당신을 찬양합니다. 오, 하나님! 우리가 당신을 우리의 주님으로 인정합니다.'라고 외쳤다."[55]

이날 애찬회에는 페터레인 신도회의 거의 모든 회원들이 참여하였다. 그들은 오로지 기도에 열중하고 손을 들고 찬송하면서 밤을 지새웠다. 이날의 광경은 마치 맨 처음 교회가 탄생하던 예루살렘의 다락방에 일어난 오순절의 성령 강림 사건을 방불케 하는 것이었다. 존 웨슬리는 이와 같이 페터레인 신도회의 부흥을 보면서 이것이 자신이 독일을 방문했을 때 모라비아 형제단의 공동체에서 보고 경탄했던 '원시 기독교'와 같은 것이라고 느꼈다. 이날 밤 성령의 강한 역사를 흡족하게 체험한 페터레인 신도회는 같은 달 7일에 비슷한 애찬회를 다시 가졌다. 그날 애찬회에서도 그들은 역시 성령의 강한 역사를 경험하였다.

옥스퍼드 대학에서 철학과 신학을 많이 공부하고 이성과 지성으로 굳게 무장한 존 웨슬리가 이렇게 신비한 성령의 역사를 생생하게 경험하게 된 것은 순전히 모라비아교 신앙의 영향이었다. 존 웨슬리는 이후 메도디스트 부흥운동에서도 이와 같이 놀랍고 신비한 성령의 역사를 너무나 많이 경험하였다. 그리고 이러한 성령의 신비로운 역사는 어디서나 메도디스트 부흥운동이 불붙어 나가는 동력이 되었다. 존 웨슬리의 설교 활동은 페터레인에만 묶일 수 없었으며 점점 확장되어 갔다. 더욱이 그가 1739년 4월부터 휫필드의 강력한 권유로 브리스톨에서 시작한 야외 설교가 미처 상상도 못할 큰 부흥운동으로 번지면서 그의 목회생활은 더욱 더 분주해졌다.

5) 조용한 형제들과 갈라지다

존 웨슬리의 생애에서, 특별히 그의 영적인 순례길에서 모라비아교 형제들의 영향은 매우 결정적이었다. 그리고 존 웨슬리는 모라비아교 신앙과 생활을 배우기 위해서 많은 노력을 하였다. 그런 의미에서 존 웨슬리는 모라비아교 형제들이 반 이상으로 구성된 페터레인 신도회를 너무나 사랑했다. 말하자면 그가 흠모하는 모라비아교 경건주의 신앙을 실천하는 첫 번째 실험실과도 같았다.

그런데 이처럼 순수한 애정을 쏟아 부었던 신도회에 위기가 다가왔다. 뒤늦게 합류한 몇몇 모라비아 형제들이 고집하는 정적주의(靜寂主義; quietism) 때문이었다. 정적주의는 프랑스에서 처음 생겨난 일종의 신비주의로서 쉽게 그 정체를 이해하기 어려운 이상한 신앙이다. 정적주의는 비성경적이고 반사도적이며, 정통 기독교 신앙을 파괴하는 잘못된 신비주의로서 분명히 이단이었다.

이러한 신비주의는 본래 정통 모라비아교 신앙이 아니며, 필립 몰터(Philip Henry Molther)라는 모라비아교 목사가 페터레인 신도회에 가지고 들어와 퍼뜨린 것이다.

페터레인 신도회에 정적주의를 퍼뜨린 필립 몰터는 정적주의의 영향을 받은 프랑스 알사스 지방 출신이다. 그는 아메리카로 가는 도중에 1739년 10월 런던에 와서 약 1년 동안 머무르면서 이 신도회에 들어와 지도력을 펼치게 되었다. 그는 일찍이 예나에서 신학을 공부하였고 스팡겐버그처럼 진첸도르프의 아들의 개인 교사도 한 적이 있는 아주 유능한 설교자였다. 뷜러가 아메리카로 떠난 후에는 존 웨슬리 형제가 전적으로 책임을 지고 신도회를 돌보았으며, 특히 찰스 웨슬리가 더 깊이 참여하였다. 그런데 몰터가 들어와 정적주의를 강조하면서 존 웨슬리 형제와 영적인 지도에서 갈등을 빚게 되었다.

몰터가 주장하는 정적주의 신앙은 주로 네 가지로 정리할 수 있다. 첫째로 그들은 진정한 믿음, 즉 칭의의 은혜를 얻어 완전한 믿음을 소유하기 전에는 어떤 은혜 받는 방편에도 참여하지 말아야 한다고 가르쳤다. 왜냐하면 은혜의 방편은 오직 예수 그리스도 하나뿐이므로 다른 모든 은혜의 방편, 즉 완전한 믿음을 얻으며 하나님 앞에 순수한 마음을 소유하기까지는 그리고 한 치의 의심과 두려움이라도 남아 있는 한 교회에서 전통적으로 해오는 예배와 성례전과 기도와 찬송과 성경공부와 그 밖의 모든 의식들(ordinances)은 결코 사용해서는 안 된다는 것이다. 둘째로 그러므로 누구든지 진정한 믿음을 얻어 구원의 확신을 얻을 때까지 오로지 예수만 바라보고 하나님 앞에 조용히 앉아 기다려야지 어떤 종류의 선행도 행하여서는 안 된다는 것이다. 셋째로 그들은 성만찬이 회심을 일으키는 의식, 즉 은혜의 방편이 될 수 없으므로 진정한 믿음을 소유하기 전에는 행하지 말아야 한다고 가르쳤다. 넷째로 그들은 믿음에는 정도(degrees of faith)가 없다고 하였다. 믿음이 전혀 없든지 아니면 완전한 믿음의 두 종류가 있을 뿐이라는 것이다. 필립 몰터와 그의 추종자들은 이러한 원칙을 고수하면서 심지어는 주일에 교회도 가지 말아야 한다고 가르쳤으니 분명한 이단이며 근본적으로 잘못된 신비주의였다.[56]

존 웨슬리 형제는 이 네 가지 문제에 관하여 조용한 형제들(still brethren; 모라비아교인들 중에 정적주의자들을 일컫는 별명)과는 정반대로 설교하였다. 오히려 진정한 믿음을 얻고 구원의 확신을 소유하기 위해서는 은혜의 방편을 적극적으로 사용하고 교회에서 제공하는 모든 은혜의 방편에 참여하여야 한다고 가르쳤다. 그리고 믿음에는 정도가 있으며, 믿음이란 완전한 믿음이나 충만한 확신이 아니더라도 진실한 믿음이 될 수 있으며, 완전한 믿음이나 충만한 확신은 늦게 올 수도 있다고 주장했다. 그러므로 믿음의 성장을 위해서 은혜의 방편이 반드시 필요하고 모든 종류의 은혜의 방편은 신앙을 확인하는 예식(confirming ordinance)만이 아니라 회심케 하는 예식(converting ordinance)이라고 설교하였다. 특별히 존 웨슬리는 성만찬을 거부하는 조용한 형제들에게 이 점을 강조하였다. 존 웨슬리는 실제로 자신이 성만찬을 집례할 때에 한 여인이 회심을 체험한 사실을 말하기도 하였다. 존 웨슬리의 이런 노력에도 불구하고 신도회는 점차로 몰터파와 존 웨슬리파로 분열되어 갔고, 논쟁이 가열되면서 갈등과 불화, 심지어는 증오심까지 표출되면서 분열이 더욱 깊어지고 있었다.

존 웨슬리가 그 해 6월에 브리스톨에서 런던으로 돌아왔을 때에 다수의 신도회 회원들은 정적주의자들의 가르침대로 아무것도 하지 않고 있었다. 즉 은혜의 방편도 사용하지 않고 어떤 선도 행하지 않고 가만히 앉아서 완전한 믿음을 얻기 위해서 그리스도를 기다리고 있었다. 조용한 형제들(still brethren)은 '방법이 없이 목적만 이루려는 사람들'이었다.[57] 존 웨슬리는 그들에게 두 번이나 강력한 설교를 통하여 잘못된 이단을 즉시 버리라고 촉구하고 잘못된 길에서 돌아설 것을 호소하였으나 그들의 반응은 너무나 냉담하였다. 다음 달에 이르러서 존 웨슬리는 신도회에 짧은 성명서를 발표하였다.

"나는 당신들이 잘못된 길로 가고 있는 것을 분명하게 보았습니다. 이제 당신들을 하나님께 맡기는 수밖에 없습니다. 당신들 중에 누구라도 나와 같은 생각을 하는 사람이 있다면 나를 따르시오."

존 웨슬리는 그들과 결별하였고 18명의 회원이 존 웨슬리를 따라 나섰다.

독일에서 이 소식을 들은 진첸도르프는 스팡겐버그를 특사로 파견하여 신도회의 분열을 막고자 했다. 두 사람은 진지한 대화를 해보았지만 이미 존 웨슬리는 더 이상 방법이 없다고 결론을 내린 터였다. 스팡겐버그의 노력이 수포로 돌아가자 이번엔 진첸도르프가 직접 런던을 방문하였다. 이만큼 페터레인 신도회는 모라비아교 형제들에게 중요한 존재였다. 왜냐하면 그들은 이 신도회를 통하여 모라비아교 신앙을 영국에 뿌리내리는 마음이 아주 컸기 때문이었다. 진첸도르프는 존 웨슬리 형제와 라틴어로 긴 대화를 나누었으나 역시 해결점을 발견하지 못하였고 분열을 막으려는 모든 시도는 실패하고 말았다. 동시에 독일 모라비아교 지도자들에게는 옥스퍼드 출신의 장래가 촉망되는 존 웨슬리를 영국의 모라비아교 지도자로 만들어 영국 땅에서 모라비아교를 확산시켜보려는 꿈도 사라진 것이다. 진첸도르프와 다른 모라비아교 지도자들은 몹시 실망하였으며, 존 웨슬리는 그들과의 결별을 애석해했으나 정통 신앙을 지키기 위해서는 이단에 깊이 물들어버린 그들과 헤어질 수밖에 없었다.

이렇게 하여 페터레인 신도회는 해산되어 존 웨슬리를 따르는 메도디스트들과 정적주의를 고집하는 모라비아교인들로 각기 제 길을 가게 되었다. 그렇지만 초기 메도디스트 역사에는 이러한 정적주의 신비주의가 일부 지역에서 사라지지 않고 남아서 간헐적으로 크고 작은 동요를 일으켰던 기록들이 나타난다. 그렇지만 존 웨슬리와 메도디스트들은 이러한 이단적 신비주의에 지혜롭게 대처하고 메도디스트 신앙을 건강한 방향으로 성공적으로 끌고 나갔다. 존 웨슬리를 따르는 회원들은 이미 그 해 1740년 4월에 페터레인 거리의 건너

편 파운더리(Foundry; 옛 대포를 만드는 무기공장 터)에 장소를 마련하여 독립된 신도회를 조직하기 시작하였으며, 7월부터는 본격적으로 신도회 활동을 하였다.[58]

이런 과정을 거쳐 존 웨슬리는 자신이 믿는 신학적 교리와 이상적인 신앙생활의 방식을 실현할 수 있는, 실질적으로 누구의 방해도 받지 않는 순수한 '메도디스트 신도회'를 처음으로 만들게 된 것이다. 파운더리 신도회는(이후에 다시 얘기할 것이지만) 영국 국교회에 매이거나 모라비아교에 매이지도 않는 명실공히 순수한 메도디스트 신도회로 세워졌다. 물론 이 신도회에는 아직 영국 국교회와 모라비아교 요소가 많이 종합되어 있기는 하다. 존 웨슬리는 페터레인 신도회의 해산을 매우 슬퍼하였다. 그렇지만 진정한 의미에서 메도디스트 신도회의 탄생에 많은 위로를 얻고 새로운 희망을 품었다. 그는 약 2년 동안 페터레인 신도회를 통해서 참으로 값진 경험을 하였으며, 이러한 경험은 이후 메도디스트 부흥운동을 이끌어 가는 데 많은 도움이 되었다.

제3부

올더스게이트에서 온 나라로

(1738~1791)

존 웨슬리 : 50대의 존 웨슬리

1. 불타는 가슴 - 부흥운동의 발발(1738~1791)

1) 빈민이 넘치고 감옥은 포화 상태 - 영국의 사회상[1]

존 웨슬리 형제의 부흥운동이 일어나던 무렵 영국 사회는 어떤 모습이었을까? 이것에 관하여는 그 동안 너무나 많이 들어왔을 것이다. 그렇지만 존 웨슬리 형제의 야외 설교가 시작되고 부흥운동이 본격적으로 일어난 일을 말하기 전에 당시 사회의 진상을 알아보는 것은 존 웨슬리 부흥운동을 이해하는 데 아주 유익하다.

당시 영국의 수도 런던의 인구는 약 60만 명이었는데, 이것은 산업사회의 태동과 함께 지방과 농촌 인구가 갑자기 대도시로 유입되어 나타난 결과였다. 도시의 범위도 1720년부터 1740년 사이에 세 배나 커졌으며 이에 따라 도로는 좁고 그 상태가 불량해졌으며 주택 공급이 턱없이 부족하였다. 형편없이 가난한 사람들이 점점 많아졌고 거리는 집 없는 사람들과 버려지거나 돌봄을 받지 못하는 아이들, 일을 찾는 노동자들로 붐볐다. 따라서 도시는 무질서하고 도덕은 무너져 강도와 절도, 도둑이 극성을 부렸다. 런던 주변에는 감옥이 다섯 개나 있었는데, 점점 포화 상태가 되어가고 있었다. 런던에는 크고 작은 연극장이 많았는데 이중에는 연극 이외에 아주 부도덕한 행위를 일삼는 불건전한 극장들도 많았다. 그리고 술집과 공장, 사창가 지역은 점점 넓어져 가고 있었다. 런던 동북부지방의 가난한 사람들은 술과 도박과 닭싸움과 개싸움 등의 천박하고 게으른 버릇에 빠져 살아가고 있었다. 런던은 위대하였지만 동시에 사악하였으며, 소돔과 고모라 또는 니느웨와 바벨론같이 타락한 도시를 닮아 가고 있었다.[2]

1739년경 조지 휫필드와 존 웨슬리 형제가 일으킨 부흥운동의 중심지인 브리스톨(Bristol)도 런던과 마찬가지로 급변하는 상황에 있었다. 브리스톨은 주변에 석탄과 주석 광산이 많았으며, 섬나라 영국의 서남부에 위치한 항구로서 배가 들어오고 나가기 좋은 천혜의 입지조건을 갖고 있어서 당시 영국에서는 가장 활발한 무역 항구였다. 일찍이 브리스톨은 아프리카와 중남미 자마이카에서 노예를 수입하는 노예 항구로서 유명했다. 그곳에는 수백 수천의 노예들을 풀어놓고 신체 등급 심사를 하던 광장이 지금도 그대로 있는데 아직도 'black boy hill'이라고 부른다. 그리고 이 광장을 경계로 'white ladies' road' 라고 불리는 거리가 있었는데, 만약에 흑인들이 이 도로를 넘어서 백인 지역을 밟기만 해도 당장에 백인들에게 붙잡혀 혹독한 벌을 받거나 감옥에 가야만 했다. 또한 브리스톨은 담배와 초콜릿과 설탕 원료를 수입하고 영국 제품을 수출하는 무역 항구로서 상인들과 노동자들로 붐볐다. 지금도 브리스톨에는 옛날 상업으로 부유하고 호화로웠던 흔적들이 그대로 남아 있다. 그렇기 때문에 브리스톨은 늘 광산 노동자들과 무역 상인들과 항구 노동자들과 흑인 노예들이 거리마다 넘쳐났으며, 런던과 똑같은 사회 문제로 신음하고 있었다.

18세기는 영국에서 산업혁명이 일어나던 급격한 변화의 시대였다. 당시 잉글랜드 북부에는 석탄, 납, 주석, 알루미늄, 철, 구리 등의 광산이 개발되고 이러한 자원은 산업지대의 공업 생산에 필수적인 것이어서 광산이 발달하고, 농촌에서 노동자들이 몰려들었다. 영국 정부는 주거와 생활환경, 식량, 의료, 어린이와 청소년 교육, 무지한 성인들의 교육, 고용과 임금, 그리고 노동 조건과 환경 등 한꺼번에 닥친 여러 가지 사회 문제를 해결할 준비가 되어 있지 않았으며, 손쓸 겨를도 없었다. 그래서 거리마다 일자리를 찾아 헤매는 노동자들과 집 없는 사람들과 알코올 중독자들과 버려진 아이들과 불량 청소년들로 붐볐다. 이렇게 무질서하고 혼란한 산업도시의 거리에는 폭도들이 자주 나타나 주민들을 괴롭히고 강도와 절도와 강간과 도둑이 극성을 부렸다.

당시 영국 사회는 네 가지 계층으로 구성되어 있었다. 인구의 극소수밖에 안 되면서 부와 권력을 맘껏 누리는 왕족 계급(royal class), 왕족에게 충성하면서 역시 부와 권력을 행사하고 호화로운 생활을 하는 상류 계급(upper class), 전문 직업인들과 고급 공무원들과 지방의 부유한 사람들인 중류 계급(middle class), 그리고 전 인구의 약 80%를 차지하는 하류층에 속하는 가난한 노동자 계급(working class)이 있었다. 인구의 대다수를 구성하는 노동자 계층은 가난하고 무식하고 교양이 없었으며, 귀족들에게 무시와 천대를 받으며 노동력을 착취당하였다. 가난한 계층의 어린아이들과 여자들이 광산과 공장에서 심한 노동으로 고통당하고 병들어 죽어가는 일이 허다하게 발생하였다. 이들 중에는 거칠고 무서운 행동을 하는 사람들이 많아서 부유층은 늘 이들을 경계하였다.

노동자 계층은 귀족 상류층에게 아주 혐오스러운 존재들이었다. 귀족들은 이들을 마구 다루어서 작은 실수에도 감옥에 보낸다든지 막대한 벌금을 물린다든지 하여 영국 감옥은 포화 상태에 있었다. 또 노동자 계층의 사람들은 상류층에게 부채를 지는 경우가 많았는데, 상류층 사람들은 기한 내에 빚을 갚지 못하는 사람들을 무조건 감옥에 보내고 빚을 갚을 때까지 감옥에서 나오지 못하게 하였다. 존 웨슬리의 아버지 사무엘 웨슬리 목사도 부자에게 진 빚을 갚지 못하여 감옥살이를 했는데 이는 메도디스트 역사에 유명한 이야기가 되었다. 물론 감옥에는 정말로 죄를 저지르고 들어온 죄수들도 많았지만 귀족들에 의해서 억울하게 들어와 종신형이나 사형을 당하는 경우도 많았다. 감옥에서는 매일 수십 명씩 사형이 집행되었다. 18세기 존 웨슬리 형제의 부흥운동이 일어날 때의 영국 사회상은 대개 이와 같다. 때로 역사가들이 18세기 영국 사회상을 지나치게 어둡고 타락한 모습으로 그리는 경향이 있기는 하지만 당시의 영국 사회가 어느 시대보다도 혼란하고 무질서하고 도덕적으로 타락하였다는 것은 분명한 역사적 사실이다.

상류층에 속하는 소수의 귀족과 부자들은 권력과 부를 맘껏 누리며 호화롭고 사치한 생활로 가난한 대중의 증오를 부채질하고 있었다. 그리고 노상강도와 도둑이 너무 많아 맘 놓고 먼 거리 여행을 하기도 위험한 상태였으며, 도시와 산업지대에는 폭도들(mobs)이 활보하고 잦은 폭동을 일으키고 강도와 각종 범죄를 저지르면서 사회를 위협하고 있었다. 인구의 대다수(약 80%)를 차지하는 가난한 계층의 사람들이 소수의 부유층에 대해 지닌 불만과 갈등과 증오는 날이 갈수록 무섭게 커 가고 있었다. 그렇지만 당시 영국 사회에는 이들을 따뜻한 마음으로 돌보는 사람들이 없었다. 심지어 교회들도 이들에게 별 관심이 없었고 귀찮게 여겼다. 오히려 많은 국교회들은 상류층만을 좋아하고 노동자 계층을 싫어하여 노동자 계층의 가난한 사람들은 교회에 나갈 수도 없었다. 한번은 영국 왕 조지 2세가 이러한 사실을 안타깝게 여겨서 캔터베리 대주교를 불러서 왜 노동자 계층의 사람들이 국교회에 들어오지 않느냐고 물었다. 그랬더니 대주교는 국교회가 한 번도 노동자 계층에게 관심을 가져본 적이 없다고 대답했다.

2) 선구자들의 부흥운동

메도디스트 역사가들은 서양의 18세기를 소위 '3R 시대'라고 일컬어 왔다. 그 첫째는 혁명(revolution)의 시대다. 18세기는 영국에서 산업혁명이 일어나면서 사회가 급변하는 시대였으며, 동시에 유럽에서 정치적 혁명이 발발하는 급변의 시대였다. 둘째는 이성(reason)의 시대다. 유럽에서는 무신론적 이신론(理神論)과 합리주의, 계몽주의, 자연주의, 낭만주의 같은 철학이 꽃을 피우며 신학과 기독교 신앙에 큰 영향을 미쳤다. 또 과학의 발달로 새로운 세계가 펼쳐지며 소위 인간의 이성이 신의 자리를 대신하는 것 같은 분위기를 이루고 있었다. 셋째는 부흥(revival)의 시대다. 부흥운동은 먼저 독일에서 나타났으며, 모라비아교인들의 복음주의 부흥운동이 그것이다.

모라비아교 부흥운동은 독일 동북부의 헤른후트 지방에서 진첸도르프에 의하여 시작되어 주변 지역으로 퍼져나갔다. 그들은 마르틴 루터의 교리를 근거로 해서 죄의 용서와 신생의 체험, 그리고 성령의 증거에 의한 구원의 확신을 강조하였다. 루터가 교리적인 신앙과 가톨릭교회의 개혁을 주장하는 반면에, 모라비아교는 신자의 깊은 내면에서 성령의 체험을 통한 철저한 신앙의 개혁을 강조하고 성령 안에서 누리는 사랑과 평화와 기쁨으로 나타나는 마음의 신앙(religion of heart)을 중시하였다. 더욱이 그들은 신도회(society)와 반회(band)를 조직하여 성도의 경건 훈련과 교제의 효과를 극대화할 수 있었는데, 이것은 그들이 교회사에 남긴 가장 위대한 공헌이다. 그리고 이들이 주장한 마음의 신앙과 작은 모임의 조직은 존 웨슬리 형제에게 직접적인 영향을 주어 그들의 회심과 메도디스트 부흥운동에 결정적인 역할을 하였다.

모라비아교 부흥운동은 영국을 거쳐 아메리카로 건너가서 정착하였다. 모라비아교 부흥운동은 그것이 세속사회와 결코 타협하지 않는 순결주의와 독특한 교리 때문에 소 종파(sect) 형태로 남아 다른 부흥운동에 비하여 큰 규모로 발전하지는 않았다. 그러나 그들은 원시 기독교 신앙생활의 모습을 보여주는 아주 소중한 신앙운동을 펼쳐가면서 유럽과 아메리카에서 영적으로 침체한 다른 교회들을 깨우는 역할을 하였다. 특별히 메도디스트 부흥운동의 직접적이고 결정적인 역할을 한 것은 교회사에 특기할 만한 공헌이었다.

존 웨슬리 형제가 옥스퍼드에서 신성회(holy club)를 시작하던 1729년, 미국에서는 조나단 에드워드를 중심으로 대각성운동이라 불리는 대부흥운동이 노스햄프턴에서 일어났다. 에드워드는 고아원 설립을 위해서 잠시 아메리카에 머물고 있는 조지 휫필드를 초청하여 설교를 하게 하였는데, 복음주의적 회심의 필요성을 절감하면서 점점 더 휫필드의 복음주의 신앙에 동화되었다. 에드워드가 이신칭의 교리(믿음으로 의롭다 함을 얻는다는 구원의 교리)와 참된 회심을 강력하게 설교하면서 부흥의 불길은 뉴잉글랜드(미국의 동부지방)의 노스햄프턴 시에서부터 전국으로 퍼져나갔다. 수많은 사람들이 눈물로 회개하며 죄에서 구원받기 위해 간절하게 기도했다.

부흥운동은 남녀노소 빈부귀천할 것 없이 모든 계층으로 급속히 확산되었는데, 특별히 많은 대학교로 침투되어 젊은 학생들이 회심을 체험하고 해외 선교사가 되어 헌신할 것을 결심하기도 하였다. 수많은 사람들이 죄를 회개하고 회심을 체험할 때 심리적·신체적으로 심하게 흥분하였다. 바닥에 쓰러지고 구원의 은혜를 호소하면서 울부짖고 몸을 떨면서 심한 경련을 일으키기도 하였다. 환상과 음성과 계시와 방언과 입신 등 신비한 황홀경을 경험하는 사람들도 나타났다. 아메리카의 부흥운동은 교회의 개혁은 물론 사회 전반에 걸쳐 미국 국민의 영적 대각성운동과 개혁운동으로 발전하였다. 그것은 미국의 정치, 경제, 문화, 교육, 가정생활 모든 면에서 기독교적 가치를 추구하는 갱신운동이 되어 역사적으로 위대한 자취를 남겼다.

아메리카에서 대부흥운동이 일어나던 같은 시기에 영국의 서부 웨일즈 지방에서도 하웰 해리스(Hawell Harris; 1714~1773)라는 평신도 설교자를 통해서 신앙 부흥운동이 시작되고 있었다. 그는 1735년 21세 되는 해에 구원의 확신을 얻고 회심하였다. 그러나 옥스퍼드 대학에 들어갔다가 대학 사회의 도덕적 타락을 보고 실망하여 대학을 떠나 고향에 돌아와 평신도로서 자신이 경험한 진정한 회심을 촉구하며 설교하기 시작하였다. 해리스는 웨일즈 전역을 다니며 부흥운동을 전개하였으며, 특별히 교구를 차례로 다니면서 가가호호 방문하여 전도하였다. 지방 관리들과 성직자들은 그가 설교하지 못하도록 막으려 했으나 실패하였으며, 마침내 그를 힘으로 위협하기도 하였다. 그러나 날이 갈수록 그의 설교에는 강력한 성령의 역사가 나타났고, 그의 설교를 들은 수많은 영혼들이 회심을 경험하였으며, 그리스도께 헌신하는 사람들로 성장해 갔다. 해리스는 이제 회심자들을 모아서 신도회를 결성하고 곳곳에 학교를 설립하였다.

하웰 해리스는 존 웨슬리와 휫필드가 부흥운동을 일으키기 1년 6개월 전에 이미 웨일즈에서 최초로 평신도 여행 순회 설교자로서 위대한 부흥운동의 선구자가 되어 있었다. 웨일즈의 부흥운동은 많은 정치 지도자들과 성직자들의 방해와 핍박을 받았지만 계속 발전하여 당시 영적으로 쇠퇴한 웨일즈의 교회와 도덕적으로 타락한 웨일즈 사회의 영적 각성과 개혁을 가져왔다. 휫필드는 1739년 카디프에서 해리스를 만나고 나서 그에 대하여 '불타오르며 번득이는 빛, 신성모독과 도덕적 타락을 막는 파수대, 지칠 줄 모르는 그리스도 복음의 사신'이라고 격찬하였다. 해리스의 부흥운동은 휫필드에게 큰 영향을 주어 잉글랜드에서 메도디스트 부흥운동이 불붙게 되는 데 크게 기여하였다.

1740년경 스코틀랜드에서도 부흥운동이 일어났다. 당시 스코틀랜드도 잉글랜드 못지않게 사회적으로 타락하여 영적·도덕적으로 쇠퇴하고 있었다. 로브(Robe) 목사는 칼빈주의 교리 중에 중생의 교리를 강조하며 개인의 실천적 중생과 사회적 중생을 촉구하는 설교를 하였고 북중부 스코틀랜드를 순회하면서 부흥운동을 전개해 나갔다. 이 부흥운동은 비교적 조용한 가운데 발전하면서 사회가 실질적으로 변화하는 결과를 가져왔다. 밤이면 거리마다 넘쳐나던 술주정꾼들이 없어졌고 가정에서는 자녀들과 함께하는 가족기도회가, 그리고 교회와 학교와 신도회에서는 기도회와 성서 연구가 활발하게 이루어졌다. 스코틀랜드의 부흥운동에서도 아메리카와 웨일즈에서와 같이 강력한 성령의 역사와 신비한 현상들이 나타났다.

잉글랜드에서 존 웨슬리 형제와 조지 휫필드를 중심으로 위대한 메도디스트 부흥운동이 발발하기 직전 또는 같은 시기에 이와 같은 선구자적인 부흥운동들이 일어났으며, 이러한 부흥운동들은 메도디스트 부흥운동을 예고하는 징조들이었는지도 모른다.

3) 교회에서 쫓겨난 존 웨슬리 - 신유의 은사를 받다

당시 대부분의 영국 국교회들은 복음주의자들에게 강단을 내어주지 않고 접근을 금지하였다. 존 웨슬리도 모라비아교인들과 깊이 교제하며 확신의 교리와 회심의 체험을 설교함으로써 복음주의자로 인식되어 1738년 말에는 영국 국교회의 강단에서 완전히 쫓겨나고 말았다. 영국 국교회는 복음주의자들을 무조건 열광주의자(enthusiast)로 몰아붙이면서 비난하고 핍박하였으며, 교구 교회들은 그들에게 설교할 기회를 전혀 주지 않았다. 당시의 복음주의자들이란 칼빈주의 복음주의자들과 침례교 복음주의자들과 퀘이커교인들, 그리고 휫필드와 존 웨슬리 형제를 비롯한 메도디스트 설교자들을 의미하였다.[3)]

독일에서 귀국한 후 야외 설교를 시작하기 전까지 존 웨슬리의 활동은 여러 곳의 경건회(religious society)를 방문하여 설교하거나 페터레인 신도회를 지도하는 일에 국한되었다. 그는 옥스퍼드를 세 번 방문하기도 하였다. 때론 신자들의 집에 초대받아 설교하기도 하였다. 그는 야외 설교를 시작하기 약 두 주전(1739. 3. 15) 일기에서 "나는 런던에 머무는 동안 성경을 해석하고 가르쳐달라는 끝이 없는 요청을 받고 페터레인에 있는 우리 신도회와 다른 경건회들을 오가며 정신없이 일하였다."고 썼다. 물론 존 웨슬리는 이 시기에도 메도디스트 규칙에 따라서 생활하였다. 그는 본래 부지런한 사람이요 한 시도 하는 일 없이 시간을 보내지 않는 사람이었다. 그러나 아직까지 존 웨슬리는 앞으로 무엇을 어떻게 하여야 할지 사역의 진로를 정하지 못하고 있었다. 영국 국교회의 강단은 닫혀 있고 야외 설교의 기회는 아직 열리지 않은 상태였다. 그는 점차로 모라비아교인들의 영토를 벗어나 경건회를 거쳐 야외 설교로 나갈 수밖에 없는 상황을 맞이하고 있었던 것이다.

아직 본격적인 부흥운동을 전개하기 전이었지만 런던과 옥스퍼드에서 존 웨슬리는 성경적이고도 복음적이며 신학적으로 정리된 수준 높은 설교를 통해 인기를 더해가고 있었다. 몇몇 교회들과 경건회에서는 존 웨슬리를 초청하여 자주 설교 듣기를 원했으나 그럴수록 주교들과 다른 교구 목사들이 노골적으로 방해하고 비난하기 시작하였다. 그러나 존 웨슬리를 만나본 사람들은 그의 경건과 기도의 능력을 신뢰하고 존경하여 그의 말씀과 기도를 원하였다.

어느 날 런던의 부유한 상인이 정신병에 걸려서 폐인이 되어버린 아들을 데리고 와서 기도를 요청하였다. 그의 아들은 5년 전부터 심한 정신질환에 걸려 자신의 몸을 때리고 물어뜯고 흉기나 핀으로 아무데나 찌르고 불 속에 들어가거나 잠을 자지 않고 비명을 질러댔다. 깊은 동정심을 느낀 존 웨슬리가 그 아들을 위해 치유의 기도를 하자 기적같이 그 아들이 무서운 정신병에서 고침을 받았다.

이런 일도 있었다. 존 웨슬리가 페터레인 신도회에서 중년의 아주 잘 차려 입고 교양이 있어 보이는 여인을 만났는데, 이 여인은 심한 우울증에 걸려 밤마다 악몽을 꾸면서 죽음의 공포에 시달리고 있었다. 존 웨슬리가 그녀를 위해서 기도했을 때 그녀는 그 즉시 우울증에서 깨끗이 치료되어 하나님의 구원을 경험하였으며 성령이 주는 평화와 기쁨으로 충만하였다.

옥스퍼드에서 일어난 일이다. 존 웨슬리는 옥스퍼드를 잠깐 방문하였다가 거기서 메도디스트들을 악랄하게 비난하고 핍박하는 어느 여인을 만나서 토론하게 되었다. 처음에 존 웨슬리는 부드럽게 그녀를 설득하려 했지만 그녀는 더욱 난폭하게 메도디스트들에게 욕설을 퍼부을 뿐이었다. 존 웨슬리는 논쟁을 그치고 그녀를 향해서 기도하기 시작하였다. 기도를 시작한 후 몇 분이 안되어 그녀는 몸과 영혼의 고통을 호소하며 바닥에 넘어져서 거친 숨을 고르면서 "나는 주님께 죄를 많이 지었습니다. 이제 주님께서 나를 용서해 주심을 알았습니다."라고 말했다. 그리고 그녀는 일어나 존 웨슬리 앞에서 예의 바르게 인사하고 메도디스트 신앙이 복된 신앙이라고 고백하였다.[4]

존 웨슬리는 야외 설교를 시작하기 전에 이미 성령의 능력을 받았으며 그가 설교하고 기도할 때마다 놀라운 능력이 나타났다. 이제 남은 것은 그가 적극적으로 받은 은사를 활용하여 주님의 영광을 나타내는 것이었다. "때가 찼고 하나님의 나라가 가까이 왔다."

4) 갈까 말까 망설이다 – 야외 설교와 부흥운동의 발발

이 무렵 역시 교회의 강단으로부터 쫓겨난 그의 친구요 제자인 조지 휫필드(1714~1770)는 브리스톨과 킹스우드에서 야외 설교(field preaching)로 수천 명의 군중을 모으며 기적적인 부흥운동을 일으키고 있었다. 그는 본래 글로스터 빈민가의 여관집 아들로 태어나 옥스퍼드 대학에 가기 전까지 막노동을 하였다. 그러나 그는 머리가 좋고 삼손처럼 힘이 센 건강 체질이었고 활달한 성격에 야심이 큰 청년이었다. 그는 하류층 출신으로서 기적적으로 옥스퍼드 대학에 들어갔으며, 신성회의 주요 회원이 되어 존 웨슬리와 친하게 지냈다. 휫필드는 사시였으며, 존 웨슬리보다 열한 살이나 아래였다. 그는 존 웨슬리보다 3년 빠른 20세에 회심을 체험하고 곧 야외 설교가가 되어 메도디스트 부흥운동의 선도자가 되었다.

조지 휫필드는 웨일즈에서 부흥운동을 일으킨 하웰 해리스를 만나 그의 야외 설교와 전도 방법을 배워 잉글랜드에서 부흥운동을 전개하였다. 국교회들에게 열광주의자로 낙인찍힌 해리스가 가난한 대중과 광부들을 찾아가 설교하자, 휫필드도 이와 같은 방법을 선택하여 브리스톨과 킹스우드의 가난한 노동자들과 광부들을 찾아가 설교하였다. 그는 런던과 글로스터, 그리고 주변 지역에서 부흥운동을 전개하여 수천 수만 명의 회중을 몰고 다녔다. 인기가 절정에 다다랐을 때 그는 선교사로 미국 조지아에 갔다.

휫필드는 1738년 말 다시 영국에 와서 부흥운동을 재개하였는데, 조지아 고아원 건립에 필요한 모금이 목적이었다. 그는 조나단 에드워드에게 큰 영향을 끼쳐 함께 미국의 대각성운동을 일으키는 위대한 공헌을 하였다. 언변이 화려하고 사람들을 감동시키는 배우의 기질을 타고난 휫필드는, 당시 영국에서 가장 능력 있는 대부흥사였다. 그는 미국에서 제일가는 부자들의 돈주머니를 열게 할 수 있는 설교가였으며, 유명한 부자 벤자민 프랭클린의 주머니에서 돈이 쏟아지게 한 유일한 사람으로 소문이 났다. 그는 영국과 미국을 20차례나 오가면서 두 나라에서 대부흥운동에 헌신하다가 미국 매사추세츠 주에서 1770년에 객사하였다.

횟필드의 야외 설교는 이전 역사에서 찾아볼 수 없었던 대부흥운동을 일으키고 있었다. 그의 설교가 얼마나 감동적이고 능력이 컸는지 수천 명에서 최고 30,000명에 이르는 사람들이 그의 설교를 듣기 위해 모여들었다. 이런 면에서 횟필드는 메도디스트 부흥운동의 선구자였다. 이때 횟필드는 아메리카 조지아 주 사반나에 선교 사업을 벌여 놓은 상태였다. 그는 아메리카 고아들을 사랑하여 고아원을 세우려는 계획을 세워 놓고 영국에 와서 부흥운동을 통해서 필요한 자금을 모으려는 목적을 갖고 있었다. 그런데 설교를 들으러 오는 사람은 많았지만 모금은 잘 되지 않아 횟필드는 조금 실망하였다. 그러나 횟필드는 자신의 설교가 기대 이상으로 인기가 높아가는 것에 매우 놀랐고 사기가 충천하여 야외 설교 집회를 다른 도시로 확대하고 싶었으며 그곳에서 고아원을 위한 모금을 다시 해보려고 했다. 그리고 아메리카로 돌아갈 생각이었으므로 그에게는 브리스톨과 킹스우드에서 자기의 뒤를 이어 부흥운동을 이끌어갈 수 있는 후계자가 필요했으며, 존 웨슬리가 적임자라고 판단하여 그를 급히 부르게 되었다.

존 웨슬리는 1739년 3월 이전에도 횟필드로부터 브리스톨(Bristol)로 와서 야외 설교 하기를 권면하는 편지를 여러 통 받았다. 그러나 이때까지만 해도 존 웨슬리는 런던을 떠날 생각이 전혀 없었던 것 같다. 존 웨슬리는 1739년 3월 초 옥스퍼드를 방문했다가 런던으로 돌아오는 길에 횟필드로부터 지체 없이 브리스톨로 와달라는 요청을 받았다. 3월 3일에 횟필드는 "광부들을 위해서 영광스런 문이 열려 있습니다. … 당신은 속히 와서 하나님께서 나를 통해서 심어 놓으신 것들에 물을 주어야 합니다."라고 존 웨슬리에게 촉구하였다. 또 3월 22일에 횟필드는 한층 더 강력한 어조로 존 웨슬리를 압박하였다. "만일 형제들이 어떤 방향으로 결정하기 위해 기도하고 나서 올바르게 판단을 내린다면 그것은 당신이 늦어도 다음 주말까지는 여기에 와야만 한다는 것입니다."

그 다음날 3월 23일에도 휫필드는 존 웨슬리에게 편지를 보냈다. "나는 당신이 다음 주에 브리스톨로 지체 없이 와주기를 간청합니다. 오늘 신문에 광고가 나갔습니다. … 모든 사람들이 당신이 와주기를 간절히 바라고 있습니다."5) 휫필드가 존 웨슬리의 허락도 받지 않은 상태에서 신문에 광고까지 낸 것은 분명히 성급한 행동이요 실수임에 틀림없다. 하지만 그만큼 휫필드와 그의 동역자들은 존 웨슬리를 필요로 했으며, 존 웨슬리가 부흥운동을 이어갈 것이라는 하나님의 섭리를 느낀 것 같다.

휫필드는 가능한 한 빨리 브리스톨을 떠나서 런던과 그 밖의 다른 지역으로 옮겨갈 계획을 세워 놓았기에 더욱 속이 탔다. 그렇지만 런던에 돌아온 존 웨슬리는 브리스톨로 가서 야외 설교를 하는 것이 하나님의 뜻인지 아닌지 알 수가 없었다. 그는 중대한 결정을 앞에 놓고 고민하게 되었다. 그 당시 영국 국교회 성직자로서 야외 설교를 한다는 것은 그렇게 쉽게 결정할 문제가 아니었다. 그것은 분명히 국교회의 규칙을 어기는 일이었다. 더구나 지금까지 고교회주의자(high churchman)로서 국교회의 전통과 규칙을 지키며 살아온 존 웨슬리가 그 모든 것들을 깨뜨리고 길거리로 나가서 설교를 하고 부흥회를 한다는 것은 아주 몰상식한 행동이며 많은 사람의 비난과 모욕을 받을 것이 뻔하고 자칫하면 국교회로부터 추방당할 만큼 중대한 문제였다.

존 웨슬리가 브리스톨에 가는 것을 주저한 또 다른 이유는 건강 문제였다. 처음부터 존 웨슬리와 가장 가까이 있던 헨리 무어(H. Moore)는 이때 존 웨슬리가 자신의 죽음에 대해서 많이 생각하고 있었으며 이제는 자신의 인생여정이 거의 끝난 것으로 생각하였다고 기록하고 있다. 그래서 존 웨슬리는 험하고 고달픈 야외 설교를 감당할 수 없을 것이며 만일 브리스톨에 가서 그렇게 한다면 죽게 될 것이라고 생각하였다.[6] 존 웨슬리는 이러한 두려움 때문에 갈까 말까 망설였는데 동생 찰스는 명백하게 반대하고 나섰으며, 페터레인 신도회 회원들은 이 문제를 놓고 서로 다른 의견을 내며 논쟁하기도 하였다.

신도회는 찬반이 엇갈리는 토론을 거듭하면서도 결론을 내지 못하자 신약성경의 전례를 따라서 제비를 뽑아 가부를 결정하기로 하였다. 제비 뽑기의 결과 가는 것이 하나님의 뜻으로 정해졌다. 존 웨슬리처럼 언제나 이성적이고 지성적인 사람이 제비를 뽑아서 이런 중대한 문제를 결정한다는 것은 너무나 이상한 일이었다. 페터레인 신도회는 이 문제를 결정하기 위해서 제비를 사용한 것 외에도 성경을 무작위로 펼쳐서 첫 번째로 나오는 구절의 의미를 끈질기게 해석하여 하나님의 뜻을 찾으려고 노력하였다. 이 문제에 대한 대답을 찾기가 그만큼 어려웠던 것으로 보인다. 그러나 존 웨슬리 자신은 무작위로 찾은 성경 구절을 기록할 뿐 그 구절을 하나님이 주신 메시지로 여기지는 않았던 것 같다.

드디어 존 웨슬리는 1739년 3월 29일 목요일 런던을 떠나서 브리스톨로 향하였다. 이날은 존 웨슬리의 생애를 전적으로 바꾸어 놓은 위대한 날이었다. 만약 그가 브리스톨로 가지 않았다면 메도디스트 부흥운동은 역사에서 일어나지 않았을지도 모른다. 그는 떠나기 전에 기도하고 찬송을 불렀다. 가는 도중에도 설교와 묵상을 하였다. 그날 저녁 중간 지점쯤인 바싱스토크에 들러서 사람들을 만나 차도 마시고 대화도 하였으며, 기도하고 성경공부도 하고 또 찬송을 부르다가 11시에 잠자리에 들었다. 그리고 금요일 새벽에 출발하여 다음 날 31일 토요일 저녁 7시에 브리스톨에 도착하였다.[7]

5) 거리의 전도자가 되다 - 첫 번째 야외 설교

존 웨슬리는 브리스톨에 도착하여 휫필드를 만났다. 그는 휫필드가 야외에

서 설교하는 것을 보고 도저히 이해할 수도 용납할 수도 없었다. 그리고 자신
은 그런 이상한 방식으로 설교할 수 없다고 생각했다. 지금까지 모든 일에서
법과 질서와 품위를 지키며 살아온 존 웨슬리였다. 그는 영혼을 구원하는 일
을 교회 안에서 하지 않고 교회 밖에서 하는 것은 죄를 짓는 것이라고 생각
했다.[8)]

　　존 웨슬리는 다음날 주일 아침에도 휫필드가 야외 설교하는 것을 들으러 나
갔다. 휫필드는 존 웨슬리에게 야외 설교의 실습을 시켜주려고 온갖 노력을
다하였다. 오전과 정오와 오후에 세 번이나 시범을 보여주면서 자기를 따라서
담대하게 설교할 것을 강권하였다. 그날 저녁 휫필드는 글로스터의 고향 사람
들과 웨일즈 사람들에게 전도도 하고 조지아 고아원 설립 기금도 모아보려는
계획을 가지고 존 웨슬리를 브리스톨에 남겨두고 킹스우드(Kingswood)를 거쳐
서 글로스터를 향하여 떠나갔다. 휫필드가 떠난 후 존 웨슬리는 아직도 마음
이 내키지 않았지만 여기서 야외 설교하는 것이 주님의 뜻이요 명령이라고 생
각하게 되었다. 그날 저녁 존 웨슬리는 두렵고 떨리지만 조금 용기를 내어서
니콜라스 가에 규칙적으로 모이는 신도회의 수십 명에게 산상수훈을 본문으
로 설교하였다. 설교를 하고 나니 좀 자신감이 생겼다.

　　존 웨슬리는 4월 2일 월요일 오후 4시쯤 브리스톨 시 변두리에 위치한 공터
에서 약 3,000명의 사람들에게 구원의 기쁜 소식을 선포하였다. 그의 마음은
아직도 주저하고 있었지만 이미 여기까지 왔고 영국 국교회의 전통에서 벗어
나기로 마음먹었으므로 담대하게 설교할 수 있었다. 이것이 존 웨슬리의 첫
번째 야외 설교라고 할 수 있다. 그날의 설교 본문은 다음과 같다.[9)]

　　"주의 영이 내게 임하셨도다. 주께서 내게 기름을 부으심은 가난한 자들에게 기쁜
　　소식을 전하게 하심이라. 주께서 나를 보내심은 포로 된 자들에게 자유를 눈먼 자들
　　에게 보게 함을 선포하고 눌린 자들을 놓아주고 주의 은혜의 해를 선포하게 하심이

라." (사 61:1~2, 눅 4:18~19)

그날 저녁 존 웨슬리는 볼드윈 가의 신도회를 만나 설교하였고, 다음날은 뉴게이트 예배당에서 설교했다. 이때부터 존 웨슬리에게 본격적으로 야외 설교의 장이 열리게 되었다. 18세기 부흥운동의 위대한 투사 세 사람은 같은 해 비슷한 시기에 야외 설교를 시작함으로써 부흥운동에 뛰어들었다. 조지 휫필드는 1739년 2월 17일에 야외 설교를 시작했으며, 존 웨슬리는 6주 후 4월 2일 용기를 내어 같은 길을 출발했고, 야외 설교를 강하게 반대하던 찰스 웨슬리도 마침내 10주 후 6월 24일에 두 선배의 길을 따랐다.

1739년 4월 4일에 존 웨슬리는 브리스톨에서 가까운 밥티스트밀 공터에서 1,500명에게 설교하였다. 그는 5일부터 7일까지 브리스톨의 여러 신도회를 돌면서 설교하여 마치 심어 놓은 나무에 물을 주듯이 회심자들의 신앙을 강화시키고 조직을 결속시켰다. 8일에는 아침에 브리스톨 시 한복판에서 1,000명에게 설교하고, 곧 킹스우드에 있는 하남산(Hanham mount) 광부와 그 가족 1,500명에게 설교하고, 저녁에는 킹스우드 건너 동네 로즈그린에 모인 약 5,000명에게 설교하였다.

킹스우드는 석탄과 중석 광산지대로서 주민의 대부분이 광부들이었고, 존 웨슬리는 킹스우드에서 제일 높은 언덕인 하남산 꼭대기에 올라서서 설교하였다.[10] 당시 광부들 중에는 폭도들도 있었고 성격과 행동이 거칠고 험악하여 다루기 힘든 사람들도 있었다. 그들에게는 한번 화가 나면 그 자리에서 달려들어 사람을 해치는 버릇이 있어 그들에게 설교한다는 것은 대단히 위험한 일이었다. 그렇지만 광부들은 존 웨슬리의 온화한 모습과 부드럽고 다정한 목소리에 매료되어 아무런 거부감 없이 설교를 경청하였으며, 설교를 듣는 중에도 놀라운 성령의 역사가 나타났다. 많은 사람들이 죄를 회개하고 큰 소리를 지르며 영혼의 고통을 호소하고 성령의 강한 역사를 감당하지 못하여 뒤로 넘어져 경련 현상을 일으키고, 더러는 입신(入神)의 경지에 들어가기도 하였다.

10일에는 브리스톨에서 조금 떨어진 바스(Bath)에서 1,000여 명에게 설교하였고, 오후에는 약 2,000명도 더 되는 무리에게 설교하였다. 14일에는 가난하고 병든 사람들이 모여 사는 구빈원(poor house)에 가서 300~400명에게 설교하였고 그들과 대화하고 먹을 것을 주며 위로하였다. 15일에는 하남산 언덕에 모인 5,000~6,000명에게 그리고 정오에는 3,000명에게 설교하였다. 같은 날 늦은 오후에는 로즈그린에 모인 5,000명에게 설교하였는데, 바로 인접한 브리스톨에는 폭우가 계속 내렸는데도 로즈그린에는 설교가 끝날 때까지 먹구름만 끼고 비가 한 방울도 내리지 않았다.

존 웨슬리는 자신의 설교를 듣는 사람들이 죄를 회개하고 멸망으로 가던 영혼이 구원의 길을 찾으며 신생(新生; New birth)을 체험하고 경건치 않은 사람들이 경건한 사람으로 변화되어 새로운 삶을 살게 되는 것을 보면서 복음의 말씀이 지닌 능력을 목격하였다. 그리고 하나님이 자신을 이와 같은 복음전도자로 부르셨다는 전도자의 소명을 깨달았다. 야외 설교가 확산되어 감에 따라 존 웨슬리의 마음은 잃어버린 영혼을 구원하는 복음전도의 열정으로 불붙어 갔다(burning heart).

만약에 존 웨슬리가 야외 설교를 하지 않았다면 메도디스트 부흥운동도 일어나지 않았을 것이며, 존 웨슬리도 역사에 위대하게 나타나지 않았을 것이다. 야외 설교는 존 웨슬리가 미리 연구해낸 것이 아니라 갑작스럽게 주어진 방법이었으며, 처음에는 존 웨슬리도 억지로 하게 되었으나 곧 이것이 하나님이 계획하신 일이라는 것을 알게 되었다. 야외 설교가 구약시대 예언자들의 설교 방법이었으며, 신약시대에는 예수 그리스도의 설교 방법이었고 초대 교회에는 사도들의 설교 방법이었다는 사실을 깨닫고, 웨슬리는 더욱 용기와 확신을 갖고 설교하게 되었다.

존 웨슬리는 교회사에도 찬란한 야외 설교의 전례가 있다는 사실을 발견하고 하나님께 더욱 감사했다. 이미 5세기 이전 아일랜드에 복음을 전한 켈틱 교회의 창설자인 성 패트릭(St. Patrick)과 그를 잇는 여행 전도자 니니안과 콜룸바도 야외 설교로 스코틀랜드와 잉글랜드를 복음화하였다. 그리고 6세기 로마 가톨릭교회의 선교사로 파송되어 영국의 복음화에 기여한 성 아우구스티누스(St. Augustine)와 그의 수도사들도 영국 전역을 여행한 야외 설교자들이었다. 13세기 이탈리아 아시시의 수도 성자 프란시스(St. Francis)와 그의 제자들도 여행하며 야외 설교를 통하여 복음을 전파하였다.

야외 설교의 전통은 종교개혁 시대 스코틀랜드의 복음주의자들과 조지 팍스와 초기 퀘이커교도들에게서도 찾아볼 수 있다. 18세기에도 잉글랜드에 야외 설교의 선구자들이 있었으니, 바로 하웰 해리스와 조지 횟필드, 그리고 침례교 부흥사들과 영국 국교회 복음주의자들이었다. 존 웨슬리는 이들의 전통을 이어갔다고 할 수 있다.

그러나 존 웨슬리의 야외 설교는 당시 사회와 민족, 그리고 세계 인류에 끼친 영향력에서 그들과 비교할 수 없이 크고 강한 것이었다. 그러므로 존 웨슬리가 야외 설교를 시작한 날은 올더스게이트 회심 체험만큼이나 중요하고, 그보다 더 중요한 날이라고 할 수도 있다. 이날부터 존 웨슬리는 잃어버린 영혼을 구원하려는 열정으로 불타는 가슴(burning heart)으로 일생을 살았던 것이다. 아마 이날이 없었다면 이 세상에 메도디스트 교회가 생겨나지 않았을지도 모른다. 메도디스트 교회는 야외 설교, 즉 노방전도로 탄생하고 부흥한 교회다. 그러므로 복음주의 신앙과 복음전도는 메도디스트 교회의 뿌리요 은사요 능력이요 영광이다.

6) 설교의 중심은 칭의, 신생, 성화

존 웨슬리의 메시지의 중심은 언제 어디서나 아주 분명하게 칭의(믿음으로 의롭다 여김을 얻는 것)와 신생(하나님의 자녀가 되어 새로운 생명으로 탄생하는 것)과 성화(마음과 생활의 성결)에 있었다. 그는 성서적 구원의 메시지를 단순하고 분명하게 설교하였다. 그는 예수 그리스도의 복음을 듣는 사람들이 머리로 쉽게 이해하고 동시에 가슴으로 받아들일 수 있도록 평이하게 전달하였다. 그가 영국 전역을 휩쓸고 다니며 행한 야외설교는 기본적으로 복음전도에 초점을 맞춘 것이었다. 존 웨슬리는 예수 그리스도의 '구원하는 은혜'(saving grace)를 먼저 분명하고도 강력하게 제시하고, 이 은혜를 믿고 받아들일 것을 촉구하였다. 그는 누구든지 구원받으려면 이 '구원에 이르는 믿음'(saving faith)이 꼭 필요하다는 사실을 강조하였다. 존 웨슬리는 모든 설교에서 이 은혜의 복음에 모든 사람을 따뜻하고 부드러운 그리스도의 사랑으로 초청하였다. 그는 누구든지 복음의 은혜를 믿고 살면 구원을 받으며 하나님의 자녀가 되어 세상에서 가장 복된 삶을 살게 된다는 단순한 진리를 가장 단순하고도 분명하게 전하는 사랑의 전도자였다. 그의 메시지는 세상이 창조되기도 전에 하나님이 선택하신 제한된 수의 사람들만이 구원받고, 선택받지 못한 사람들은 모두 다 영원한 저주에 떨어진다고 주장하는 칼빈주의를 따르는 예정론과는 확연히 달랐다. 존 웨슬리는 칼빈주의 예정론은 예수 그리스도의 복음에 근본적으로 맞지 않는 잘못되고 해악스런 교리이며, 진정으로 성서적 구원의 길은 하나님이 예수 그리스도를 통하여 '모든 사람에게 값없이 주시는 은혜'(free grace for all)라고 모든 힘을 다하여 설교하였다. 이와 같은 존 웨슬리의 '만인구원'(salvation for all)의 메시지는 당시 영국 인구의 80% 이상을 차지하는 가난한 보통 사람들에게 누구에게나 아무런 차별 없이 주어지는 하나님의 보편적인 사랑과 그 사랑 때문에 누리게 되는 인간의 평등과 존엄성과 행복을 가장 효과적으로 전달하는 도구였다.

존 웨슬리는 복음을 믿을 때에는 칭의와 함께 하나님의 자녀로서 새로운 탄생을 한다는 '신생'(new birth)의 메시지와 신생으로부터 시작하는 '성화'

(sanctification 또는 holiness)를 강조하여 설교하였다. 존 웨슬리는 믿음만이 아니라 믿을 때에 일어나는 새롭고 실제적인 삶의 변화를 강조하여 설교하였다. 신생과 성화는 분명하고 실제적이고 전적인 변화를 의미하는 것이었다. 그는 설교에서 그리스도인의 신생과 성화는 그리스도인의 삶의 높은 비전이며 세상에서 누리는 축복이라는 사실을 강조하였다. 실제로 그의 부흥운동에서는 셀 수 없이 많은 사람들이 '마음의 성결과 삶의 성결'(holiness of heart and life)을 경험하였다. 부흥운동이 일어나는 곳마다 개인적이고 사회적인 차원에서 이러한 위대하고 거룩한 변화가 일어났던 것이다. 존 웨슬리의 설교의 열매는 개인과 사회의 실제적인 변화로 나타났다. 그는 설교에서 구원받은 현실적 증거로서 실생활의 변화를 촉구하였다. 그는 영혼구원과 삶의 실제적 변화를 동시에 이루어내는 설교자였다. 그런 의미에서 존 웨슬리는 사랑의 전도자이며 개혁자이다. 그의 부흥운동의 중심 메시지는 바로 이와 같은 칭의와 신생과 성화였다. 그리고 이렇게 성서적인 복음주의 설교에 성령의 능력이 강하게 나타나서 거룩하고 위대한 변화가 일어났다. 그의 설교가 가는 곳마다 인간의 변화, 가정의 변화, 사회의 변화, 그리고 민족의 변화가 일어났다.

7) 병자들이 낫고 성령의 능력을 체험하다

4월 17일에는 백크레인 신도회에서 설교하는데 사람들이 너무 많이 모여 마루바닥이 무게를 이기지 못하고 꺼져 내리는 사고가 일어났다. 사람들이 모두 소리를 지르며 뒤로 넘어지고 뒹굴었으나, 아무도 불평 한마디 하지 않고 끝까지 조용히 설교를 경청하고 큰 은혜를 체험하였다. 그날 저녁에는 브리스톨 볼드윈 가에서 설교하였는데, 한 여인이 갑자기 일어나 큰 소리를 지르며 마치 몸에 불이 붙은 것처럼 떨면서 괴로워하며 쓰러졌다. 신자들이 그녀를 둘러서서 찬송을 부르며 기도하고 있는데, 다른 두 사람이 역시 가슴을 조이며 괴로워하면서 쓰러졌다. 신자들이 찬송과 기도를 계속하자 쓰러졌던 사람들은 차례로 일어나 조용히 찬송을 불렀고 얼굴에 평안과 기쁨이 넘쳐났다. 그 중에 한 사람은 지옥을 보고 두려워하였으나 곧 은혜로 지옥에서 구원을 받았다고 말하였다.

다음날 레베카 몰간이라는 여인은 세례를 받을 때에 너무나 병약해서 말도 못하고 움직이지도 못하였는데, 존 웨슬리와 신자들이 기도하자 죄를 회개하고 성령의 능력을 체험하고 곧 용서의 은혜와 구원의 확신을 얻고 찬송을 부르며 기뻐하였다.

21일에는 한 남자가 온 몸을 떨면서 슬피 울며 괴로워하다가 바닥에 쓰러지고 말았다. 그러나 존 웨슬리와 신도들이 기도하자 곧 일어나 성령 안에서 평화와 기쁨을 얻었다.

23일에 존 웨슬리는 펜스포드에 초청받아 가서 약 3,000명에게 설교하였다. 오후에는 바스로 가서 약 1,000명에게 설교하였고, 다음날에는 다시 가난하고 불쌍한 킹스우드 광부들에게 가서 위로하고 설교하고 함께 지냈다. 돌아오는 길에 볼드윈 가에서 몸과 마음이 다 병들어 죽게 된 신사를 만났는데 존 웨슬리의 기도를 통해서 그는 곧 온전하게 치유되어 일어나 하나님을 찬양하였다.

25일에는 밥티스트밀에서 2,000명에게 설교하였고, 다음날에는 그 동안 여러 차례 방문하였던 뉴게이트 감옥에 가서 죄수들에게 설교하는데, 설교를 듣던 중에 여러 사람이 마치 벼락을 맞은 듯 갑자기 고통스런 소리를 지르며 뒤로 넘어졌다. 존 웨슬리와 신도들이 기도할 때에 그들은 하나둘씩 일어나 눈물을 흘리며 그 동안 지은 죄를 회개하고 평안을 찾았고 성령의 증거로 구원의 은혜를 경험한 것을 간증하였다.

29일에 존 웨슬리는 뉴게이트 감옥 마당에 모인 4,000명에게 설교하였고, 클리프튼 공원에서 그리고 또 다시 하남산에서 수천 명에게 설교하였다. 여기서도 각각 수많은 사람들이 성령의 능력으로 구원의 은혜를 체험하며 감격하여 간증과 찬양으로 하나님께 영광을 돌렸다.

반면에 어떤 사람들은 존 웨슬리와 그 추종자들을 종교적 열광주의자들(enthusiasts)이라고 비난하고 핍박하면서 야외 설교 집회를 악평하고 방해하였다. 때로 존 웨슬리의 반대자들은 폭도들을 동원하여 집회를 방해하기도 하였고 돌멩이와 나뭇가지와 짐승의 배설물을 던지기도 하였다.[11] 그리고 그들은 존 웨슬리의 설교를 통해서 많은 사람이 회심하고 생활이 변화되며 놀라운 기적의 치유를 입은 사실을 의심하고 악평하며 핍박하였다.

8) 의심하던 의사가 신유를 인정하다

존 웨슬리의 부흥회에서 병고침을 받는 사람들이 늘어가자 의사들은 존 웨슬리 때문에 돈을 못 벌게 되었다고 한탄하기도 하였다. 그리고 병을 고친다고 거짓말을 하고 사람들을 유혹한다고 존 웨슬리를 비난하였다.

뉴게이트에서는 이런 일도 있었다. 존 웨슬리의 집회에서 많은 병자들이 고침을 받는 것을 의심하고 악평하던 한 의사가 자리에서 일어나 존 웨슬리를 사기꾼이요 속임수를 가지고 군중을 미혹하는 선동자라고 비난하였다. 이 의사는 존 웨슬리의 기도로 병이 낫는 것이 사실인지를 확인해 보기 위해서 온 것이었다. 바로 그때 한 여인이 성령의 능력으로 치유함을 받아 큰 소리로 울며 하나님을 찬양하였다. 그 의사는 자기 눈을 의심하지 않을 수 없었다. 그 여인은 의사에게 오랫동안 치료를 받으러 다녔던 환자였으며, 그 의사는 여인이 불치병에 걸려 곧 죽게 될 것을 너무나 잘 알고 있었기 때문이다. 그러나 그녀는 완전히 치료되어 이제는 병을 앓았던 흔적조차 발견할 수 없었다. 의사는 더 이상 아무 말도 하지 못하다가, 곧 하나님의 능력을 시인하고 존 웨슬리를 떠나갔다.[12]

9) 훼방꾼이 미쳐버리다

이 일이 있은 지 얼마 후 존 헤이든이라는 직공은 더욱 놀라운 경험을 하였다. 그는 열렬한 국교회 신자로서 경건하고 정상적인 생활을 하고 있었다. 또한 야외 설교에서 일어나는 모든 사실을 거짓이라 의심하고 존 웨슬리와 추종자들을 미치광이라고 매도하면서 집회에서 일어나는 모든 신비한 현상을 악마의 짓이라고 비난하였다. 한번은 그가 직접 집회에 와서 이 모든 현상이 다 사단의 장난이라고 떠들어대고 집으로 돌아갔다. 집에 돌아간 헤이든은 존 웨슬리의 설교 "믿음으로 얻는 구원"(salvation by faith)을 읽어보았다. 그 설교를 읽은 후로 그는 제 정신을 잃어버리고 완전히 미친 사람이 되었다.

존 헤이든이 존 웨슬리의 설교 장소를 다녀간 지 몇 시간 후 존 웨슬리 일행이 길을 가는데 한 사람이 달려와서 존 헤이든이 미쳐버렸다고 말하였다. 저녁식사를 하기 위해 식탁에 앉으려던 헤이든은 갑자기 얼굴이 파랗게 질려 의자에서 굴러 떨어지면서 고래고래 소리를 지르고 온 몸을 떨면서 벽과 바닥에 부딪치며 괴로워하였다. 존 웨슬리 일행이 그의 집에 도착했을 때 그는 땀을 비 오듯 흘리며 죽음의 문턱에 이른 것 같았다. 존 웨슬리가 그를 위해 기도하자 그는 즉시 회복되어 자유와 평안을 되찾았다.[13)]

10) 부친의 묘지 위에서 설교하다

지금까지 존 웨슬리가 4월 2일 야외 설교를 시작하고 약 한 달 동안 일어난 설교와 부흥운동의 사역들을 열거해 보았다. 그는 1739년 4월부터 같은 해 말까지 거의 모든 시간을 브리스톨에서 설교하는 데 보냈다. 그 해 9개월 동안 존 웨슬리는 야외 설교만 700회 이상 했으며, 집회마다 평균 3,000명, 연 인원 약 50,000명 이상이 그의 설교를 듣기 위해 모였다. 그는 주일에도 두 번씩 설교했고, 주간에는 거의 매일 하루에 두 번에서 다섯 번까지 야외에서 설교했으며, 이 기간에 교회 안에서 설교한 것은 여덟 번 뿐이었다.

5월 21일 존 웨슬리는 하남산과 밥티스트밀에서 각각 6,000명과 3,000명에게 설교하는 것을 시작으로 더 많은 군중을 모으며 더 열성적으로 설교하였다. 날이 갈수록 부흥운동의 불길은 더 강렬하게 번져나갔다. 존 웨슬리의 설교 장소는 주로 야외나 공공건물을 빌린 곳이었다. 그는 언제나 대중이 쉽게 모일 수 있는 편리한 장소를 선택하였다. 시장터, 공원, 도시 변두리와 마을의 공터, 광산지대의 언덕과 광산 웅덩이, 큰 거리, 예배당 앞마당, 마을 로터리, 성곽 안뜰, 공장의 빈터, 학교 운동장, 부둣가, 감옥 담장 주변, 공연장 마당, 빌린 공공건물 등 사람들이 모이는 곳이면 어디든지 설교 장소가 되었다. 존 웨슬리가 설교 장소로 가장 좋아했던 곳은 대로에 연결된 광장, 시장터, 높은 산이나 언덕, 공장의 마당이나 빈터, 그리고 광산지대의 공터와 광산 웅덩이였다. 광산 웅덩이를 야외 설교하기에 가장 좋은 곳으로 여긴 존 웨슬리는 이곳이 하나님이 예비하신 '지붕 없는 대성당'(open cathedral)이라고 말하면서 하나님께 감사했다.

콘월의 궤납 광산 웅덩이(Gwenap pit)에는 10,000명에서 32,000명까지 모였으며, 그 많은 군중이 설교를 듣고 은혜에 감격하여 큰 소리로 찬송할 때에는 마치 천국에 온 것 같았다고 존 웨슬리는 감탄하였다. 그는 야산이나 광산지대에 있는 분지에서 설교하기를 좋아하였는데, 분지의 한쪽 높은 곳에 서면 많은 사람을 한 눈에 볼 수 있기 때문이었다. 또 어디든지 풀밭이 있는 장소를 좋아하였는데, 그것은 군중이 편하게 앉아서 설교를 들을 수 있게 하기 위해서였다. 그는 도살장이나 육류 시장에서도 설교하였다. 날씨가 좋지 않을 때에는 시장 건물이나 시민회관 같은 공공건물 혹은 학교를 빌려서 설교하였다. 아일랜드에서는 법정이나 의사당을 사용하기도 하였다. 그는 각종 공장 건물과 철공소, 엿기름 공장, 옥수수 시장, 버터 시장에서 설교하였다. 또한 개인의 주택

거실이나 정원에서도 설교하였다. 여관에서 묵은 다음날에는 창문을 열고 정원이나 마당에 모인 사람들에게 직접 설교하기도 하였다. 그는 군인들에게 큰인기가 있어서 군대 막사나 군대 훈련장에서도 설교하였다. 공동묘지에서도 설교하였는데, 고향 엡윗에 방문하였을 때 엡윗 교회의 사제가 교회 문을 열어주지 않자 교회 정문 앞에 있는 부친의 묘지 위에서 설교한 것은 유명한 일화가 되었다. 콘월에서는 어느 농장의 거름더미 위에서 설교하기도 하였다. 그는 야외 설교용으로 작은 포켓 성경을 가지고 다녔다.

처음에 존 웨슬리는 사람들이 모이는 곳을 찾아가서 설교했지만 곧 각 지역의 가장 좋은 장소를 찾아 설교 장소와 시간을 미리 정하고 사람들에게 공고하여 계획적이고 조직적으로 야외 설교 운동을 펼쳐나갔다. 그래서 존 웨슬리는 약속된 장소에 약속된 시간 안에 도착하기 위해서 많은 고생 속에 위험한여행을 해야만 했다. 수많은 전도 여행을 계획대로 수행하려고 최선을 다했지만 예기치 않은 눈비 등 날씨 때문에 늦는 경우도 있었다.

11) 전국으로 불붙다

존 웨슬리는 대단히 치밀하고 조직적인 전도운동을 펼쳐 나갔다. 그는 한지역을 선택하면 그 지역을 집중적으로 공략하여 선교의 교두보를 확보하고그곳을 중심으로 신도회 조직을 확대해 나갔다. 그리고 인구 밀도와 복음전도를 수용하는 태도에 따라 전도 전략을 만들어 최대의 효과를 얻을 수 있는 방식을 사용하였다. 처음에 존 웨슬리는 브리스톨과 런던과 콘월을 비롯한 잉글랜드 남서부를 집중적으로 파고들어 확고하게 점령한 다음 잉글랜드 중부와북부로 이동하면서 부흥운동을 펼쳐나갔다.

남부에서는 영국에서 가장 소외된 콘월 지방에서 메도디스트 부흥운동이가장 크게 일어났으며, 북부 산업지대에서는 버밍엄, 맨체스터, 요크, 리즈, 셰필드, 돈카스터, 덜함, 그리고 뉴캐슬을 중심으로 존 웨슬리의 부흥운동이 더욱 불붙어 나갔다. 그는 복음전도를 비교적 잘 수용하는 지역에 보다 더 큰 노력을 기울였다. 존 웨슬리는 브리스톨과 런던과 뉴캐슬을 복음전도의 전략적 삼각지로 삼고 이 세 도시를 중심 기지로 해서 영국 전역에 부흥운동을 펼쳐 나갔다.

브리스톨은 잉글랜드 남서부의 기지이며, 런던은 수도권과 남동부의 기지이며, 뉴캐슬은 북부의 기지였다. 1743년 뉴캐슬에 세워진 고아원(Orphan House)은 북부 선교의 중심 기지가 되었으며, 이곳을 중심으로 존 웨슬리의 북부 선교가 더욱 활발하게 진행되었다. 북부지방은 영국 최대의 광산이 많고 일찍이 산업혁명이 일어난 지역으로서 존 웨슬리의 가장 중요한 선교 지역이었다. 부흥운동은 초기에 브리스톨과 런던을 중심으로 활발하게 일어났지만 중기와 후기로 갈수록 북부 산업지대가 중심이 되었다. 메도디스트 부흥운동이 가장 성공적으로 일어난 또 다른 지역은 서남부의 끝에 위치한 콘월 지방이었다. 이곳은 영국 국교회보다도 오히려 메도디스트 교회가 훨씬 더 많은 곳이 되었다. 오직 메도디스트 교회 이외에 다른 교회는 전혀 없는 지역도 생겨났다.

존 웨슬리는 브리스톨, 런던, 그리고 뉴캐슬을 선교적 삼각지(missionary triangle)로 삼고, 이 세 도시에 선교적 전략 기지를 건설하고 강력하고도 효과적인 전도 전략과 계획에 따라서 여행 순회 설교를 하면서 전국 복음화와 민족 구원의 대 역사를 이루어 갔다. 그는 무작정 닥치는 대로 이곳저곳을 다니지 않았다. 아주 치밀한 전략을 짜서 지혜롭게 전도운동을 펴나갔다. 그는 한 곳에 가면 그곳에 충분히 머물면서 전도의 진지를 든든히 짓고 신도회를 조직하고 그곳의 마귀를 다 섬멸하고서 다른 지역으로 옮겼다. 그리고 멀리 가기보다는 인근 지역으로 가서 지역적 연결을 확고하게 하였다. 그는 지역적 간격과 지역의 성격, 인구 분포, 그리고 복음을 수용하는 반응에 따라서 가장 효과적인 전도 전략을 만들어 실천하였다.

　존 웨슬리는 1751년 처음으로 잉글랜드 국경을 넘어서 스코틀랜드 설교 여행을 시작하여 일생 동안 모두 22회 설교 여행을 하였다. 그는 87세의 노년에도 불구하고 스코틀랜드 설교 여행을 하였다. 놀랍게도 그는 스코틀랜드에서 최고의 환대를 받았다. 그는 그곳에서 소수의 메도디스트 신도회를 설립하였으며, 어떤 지역에서는 장로교회의 신앙부흥에도 크게 기여하였다. 그는 스코틀랜드와 노르웨이 사이에 길게 뻗어 있는 셰틀란드 섬에도 전도를 많이 하여 신도회를 여러 개 설립하였는데, 지금까지도 그 섬에는 메도디스트 교회가 제일 많다.

　존 웨슬리는 1747년 처음으로 아일랜드 설교 여행을 시작하여 일생 동안 모두 42회 설교 여행을 하였다. 그 당시 아일랜드 사람들은 대부분 가난하고 멸시받는 불쌍한 사람들이어서 존 웨슬리는 더욱 아일랜드 전도에 열심을 냈다. 아일랜드에서도 존 웨슬리는 대대적인 환영을 받았다. 사람들은 성 패트릭 이후에 나타난 가장 열정적인 부흥운동을 목격하며, 존 웨슬리를 성 패트릭과 같은 위대한 사도라고 존경하였다. 특별히 존 웨슬리는 아일랜드의 군인들에게 인기가 높았고 갈 때마다 설교 초청을 받았다. 웨일즈에는 단 한 번 방문하였는데, 존 웨슬리가 웨일즈 말을 못하였기 때문에 더 이상 방문하지 않고 하웰 해리스에게 맡겼다. 그리고 횟필드가 웨일즈어를 잘 하였기 때문에 웨일즈는 횟필드의 활동 무대가 되었다. 그래서 지금도 웨일즈에는 횟필드의 후예들인 칼빈주의 메도디스트 교회들이 상당수 남아 있다.

　존 웨슬리는 영국 본토뿐만 아니라 영국의 모든 섬들에 설교 여행을 하였다. 존 웨슬리는 언제나 소외되고 낙후된 지역에 전도하기를 좋아했기 때문에 많은 섬들이 존 웨슬리의 특별한 전도 지역이 되었다. 그래서 영국에는 지금도 섬 지방에 메도디스트 교회들이 많이 남아 있다. 그의 설교를 들은 많은 사람들이 죄를 회개하고 구원의 은혜를 체험하였고 성령의 각양 은사를 경험하였다. 그는 또한 이미 결성된 신도회들을 방문하여 격려하고 신앙을 강화시키고 경건생활을 지도하였으며 회심자들을 모아서 새로운 신도회를 조직해 나갔다.

12) 꽉 붙잡힌 옥스퍼드 교수님

횟필드는 존 웨슬리를 야외 설교로 이끈 사람으로서 메도디스트 부흥운동의 선구자일 뿐 아니라 존 웨슬리가 위대한 전도자가 될 수 있도록 직접적인 동기를 부여한 정말로 귀한 일을 하였다. 이런 면에서 존 웨슬리는 횟필드에게 큰 빚을 졌다. 메도디스트 역사에 기여한 횟필드의 위대한 공로는 결코 잊혀져서는 안 될 것이다.

또한 존 웨슬리가 야외 설교를 하게 된 데에는 하나님의 섭리가 깊이 작용하였다. 존 웨슬리의 생애를 볼 때 그에게 일어난 큰 사건마다 자신이 적극적으로 원해서 된 일은 별로 없었다. 옥스퍼드 신성회도 동생 찰스 웨슬리가 시작했고 그는 나중에 동생의 권유로 참여하였으며, 올더스게이트 회심 체험도 내키지 않는 마음으로 모라비아교 기도회에 참여했다가 일어났고, 위대한 부흥운동의 출발이 된 야외 설교도 몹시 주저하는 마음으로 시작하게 되었다. 본래 소심하고 내성적이며 여성적인 성격을 지닌 존 웨슬리가 야외에서 군중에게 설교한다는 것은 참으로 어려운 일이었다. 그것은 전적으로 하나님이 하신 일이었다. 존 웨슬리는 성령에 붙들려 야외 설교를 하였다. 하나님께서 존 웨슬리를 강권으로 붙잡아 사용하신 것이다. 그러나 존 웨슬리의 위대한 점은 하나님의 부르심과 강권하시는 계획을 거부하지 않고 순종하며 헌신하였다는 것이었다.

존 웨슬리는 결코 적극적이거나 활달한 성격의 소유자가 아니었으며 몹시 소심하고 때로는 지나치게 사려 깊고 지나치게 조심성이 많은 성격이었다. 그렇기 때문에 베드로처럼 무슨 일에나 단번에 달려드는 사람이 아니어서 결정은 느렸지만 한번 결정하고 시작한 일은 빈틈없이 정확하고 철저하게 해내는 사람이다. 횟필드는 어려서부터 글로스터 슬럼가의 여관집 아들로 거칠게 자라 모든 계층의 사람들과 잘 어울렸고 적극적이고 활달하고 대담한 성격이었으므로 야외 설교 부흥운동에 가장 잘 어울리는 인물이었다. 반면에 존 웨슬리는 옥스퍼드의 학자요 교수 스타일의 조용한 성품을 지닌 영국 고교회 신사였기 때문에 길거리나 시장터나 광산 구덩이에서 설교하는 것이 어울리지 않는 사람이다. 그는 돈이 많은 부자는 아니었지만 당대 영국 사회에서 가장 높은 교육을 받은, 사회적으로 상류층에 속한 사람이었다.

그럼에도 불구하고 존 웨슬리가 야외 설교를 하고 부흥운동을 일으킨 것은 전적으로 하나님의 크신 섭리였다. 그것은 마치 부활하신 예수께서 교회를 핍박하는 사울을 다마스커스 도상에서 전격적으로 부르신 것과 비슷하다고 할 수 있다. 주님께서는 하나님께 대한 충성심과 헌신과 열정과 정직하고 순결한 성품, 그리고 학문과 성경에 해박한 지식을 가진 사울을 필요로 하셨던 것처럼 어려서부터 완전한 성결을 향하여 정진하는 경건과 옥스퍼드의 학문과 잘 정돈된 이성적 사고와 순수하고 정직하고 충성된 성품을 지닌 존 웨슬리를 필요로 하셨던 것이다.

그날부터 존 웨슬리는 하루에 두 번, 세 번, 네 번, 다섯 번씩 사람들이 모이는 장소를 찾아다니며 수백 수천 명의 사람들에게 설교하였고, 때로는 10,000명, 20,000명에 이르는 많은 사람들에게 설교하는 거리의 전도자요 방랑하는 복음전도자의 생애를 살게 되었다. 그는 남부 콘월의 궤납 피트(Gwenap Pit)라는 광산 웅덩이에서 최고 32,000명에게 설교하였다. 횟필드만큼 우렁차지는 않았지만 그의 목소리는 맑고 깨끗하고 낭랑하여 멀리서도 잘 들을 수 있었으며, 그의 설교는 언제나 논리정연하고 설득력이 뛰어나 누구든지 한번 듣기 시작하면 끝까지 듣지 않을 수 없었다.

그는 1739년부터 생애를 마치는 1791년까지 약 52년간 말을 타고 다니는 노방전도자로 매년 평균 800번을 설교하였고 총 40,000번 이상을 설교하였다. 그는 매년 약 5,000마일을 순회 설교로 여행하며, 2년에 한 번씩 영국 본토와 아일랜드 섬 전체를 돌았다. 그는 평생 약 200,000마일의 거리, 즉 지구를 일곱 바퀴 반이나 돌 수 있을 만한 길이의 길을 여행하며, 길 잃은 영혼들을 구원하기 위해서 불타는 가슴으로 복음을 전파하는 노방전도자로 살았다.[14]

야외 설교는 본격적인 메도디스트 부흥운동의 출발이었으며, 메도디스트 교회는 노방전도로 탄생하고 부흥하였다. 만약 존 웨슬리가 영국 국교회의 법과 질서와 전통을 고집하고 야외 설교를 하지 않았다면 그는 교회 역사에 그리 유명하게 되지 않았을 것이며 메도디스트 부흥운동과 메도디스트 교회도 역사에 탄생하지 않았을 것이다. 실로 복음주의 신앙은 메도디스트 교회의 뿌리이며 동력이요 영원한 전통이었다. 강력한 복음전도는 메도디스트 교회의 은사요 능력이요 영광이었다. 야외 설교 사건이 없었다면 아마도 존 웨슬리는 단순한 영국 고교회 성직자로 머물러 살았을지도 모른다. 다시 옥스퍼드 신성회와 비슷한 새로운 종류의 신도회를 만들었든지 아니면 모라비아교 목사가 되었을지도 모른다. 회심 체험 후 독일 여행에서 돌아와 사역의 방향을 정하지 못하고 하나님의 뜻을 기다리던 존 웨슬리는 성령에 붙들려 야외 설교로 잃어버린 영혼을 구원하며 불행한 인간과 사회를 갱신하는 부흥운동에 헌신하였다. 존 웨슬리는 야외 설교를 통해서 하나님의 위대한 소명을 경험하고 확신하였다.

존 웨슬리가 야외 설교에 일생을 헌신한 데에는 또 한 가지 중요한 이유가 있었다. 그것은 존 웨슬리가 가난한 사람들을 사랑했다는 점이었다. 당시 영국 사회는 가난한 노동자 계층의 사람들이 전체 인구의 약 80%를 차지하였다. 그들은 정부와 귀족 상류층으로부터 버림당한 사람들로서 영국 사회에서 정치적·경제적·문화적으로 차별을 받았고, 심지어 종교적으로도 영국 국교회로부터 차별받아 교구 교회에 나가기를 싫어했다. 국교회 성직자들은 이들을 환영하지 않았으며 부담스럽게 여겼다. 그들 중에 많은 사람들이 악하고 게으르고 거칠고 난폭하고 술 잘 마시고 도둑질도 잘하고 아내와 아이들도 버리고 인생을 포기한 채로 아무렇게나 살아가고 있었다. 그래서 그들은 어디서나 인간 대우를 받지 못하였고 비참한 삶을 이어가고 있었다. 그들은 아주 힘겨운 노동을 해서 벌어먹고 살든지 아니면 거리를 방황하며 지냈다.

존 웨슬리는 국교회 성직자로서, 그것도 옥스퍼드 출신의 고교회 성직자요, 옥스퍼드 대학교의 교수요, 정치적으로는 보수당인 토리당(tories)의 신사임에도 불구하고 가난한 사람들에게 다가가 길거리에서 설교하였다. 존 웨슬리의 그런 모습은 가난한 대중의 마음을 감동시켰다. 그들은 존 웨슬리를 존경하고 좋아하였다. 그래서 그들은 다시는 존 웨슬리가 고교회 목회자로 돌아가거나 옥스퍼드 대학으로 가지 못하도록 존경과 애정으로 꽉 붙들었다. 존 웨슬리는 이전에 생각하지도 않고 계획하지도 않았던 거리의 전도자가 되었다.

존 웨슬리도 가난한 사람들을 버리고 떠날 수가 없었다. 그는 가난한 사람들을 가르치고 돌보는 자비의 행위(works of mercy), 즉 사랑의 실천이 자신이 추구하는 완전한 성화를 이루는 데 꼭 필요한 길이라고 생각하였다. 그래서 그들에게 가까이 다가갔다. 존 웨슬리에게 진정한 기독교란 예배와 성례전과 기도와 성경 연구와 금식 등을 규칙적으로 행하는 경건의 행위(works of piety)만이 아니었다. 복음을 전하여 잃어버린 영혼을 구원하고 경건치 않은 사람들을 가르쳐 변화시키고 고통당하는 사람들을 고통으로부터 구해 주는 사랑의 실천(자비의 행위; works of mercy)도 그에게는 기독교의 일부분이었다. 존 웨슬리는 브리스톨, 킹스우드, 바스, 콘월을 걸치는 남서부의 광산 지역과 소외 지역, 런던 북부와 동부의 빈민 지역, 맨체스터와 리즈와 셰필드와 덜함과 뉴캐슬을 중심으로 하는 중북부 산업지대의 가난한 광산 노동자들과 공장 노동자들과 농민들의 목자가 되어 평생 동안 살기로 결심하였다. 그는 실로 가난한 사람들을 위한 복음전도자요 사랑의 사도였다. 그야말로 존 웨슬리는 성령에게 꽉 붙잡혔고 동시에 가난한 사람들에게 꽉 붙잡혔다.

13) 교회 밖으로 죄인들을 찾아 나가야

존 웨슬리의 야외 설교 활동에 대한 비판과 반대가 날이 갈수록 거세졌다. 특별히 영국 국교회 주교들과 교구 성직자들은 존 웨슬리의 야외 설교 활동이 영국 국교회의 전통을 파괴하고 교회와 성직의 품위를 추락시키는 행동이라고 비판하였다. 그들은 근본적으로 부흥운동이 확산되는 것을 두려워하였다. 자기 교인들이 메도디스트가 되어 교회를 떠나게 될까봐 걱정하였고 자기 교구에 어떤 혼란스런 문제가 생기지나 않을까 염려하였다.

다른 한편 그들은 존 웨슬리의 성공적인 야외 설교 운동을 시기 질투하였다. 그래서 존 웨슬리와 그의 설교 방법을 비난하고 악평하고 여러 가지 수단을 동원하여 훼방하였다. 그들은 존 웨슬리가 교구 교회 가까이에서 설교하는 것을 금지하였고, 야외 설교 장소에 장애물을 설치하기도 하고 짐승의 배설물을 뿌리기도 하고 심지어 폭도들을 시켜서 방해하기도 하였다. 돌을 던지고 막대기를 던지며 설교자와 모인 회중을 공격하기도 하였다. 그들은 존 웨슬리의 부흥운동을 어떻게 해서든지 막아보려고 온갖 노력을 다하였으나 성령의 역사를 막을 수는 없었다. 국교회 성직자들은 존 웨슬리가 국교회에 속한 어느 교회에서도 설교하지 못하도록 금지하였고 국교회 강단에서 그를 완전히 쫓아냈다.

존 웨슬리는 기회가 있을 때마다 자신이 야외 설교를 할 수밖에 없는 정당한 이유를 말하였다. 그는 모든 교회들이 자신이 설교하지 못하도록 문을 닫았기 때문에 교회 밖으로 나갈 수밖에 없다고 주장하였다. 그리고 영혼을 구원하는 일은 교회당 안에서 이루어지든지 밖에서 이루어지든지 상관이 없다고 강조하였다. 오히려 잃어버린 영혼들은 교회당 안이 아니라 교회당 밖에 많기 때문에 야외 설교를 하는 것이 하나님을 기쁘시게 하는 일이라고 역설하였다. 존 웨슬리가 야외 설교의 이유로 가장 많이 강조한 말은 "내 직업은 오로지 잃어버린 영혼을 구원하는 것이다. 교회당 안에서든지 교회당 밖에서든지 내 의무는 영혼을 구원하는 일이다."(My only business is to save souls. Church or no church, my duty is to save the lost souls.)라는 것이었다. 존 웨슬리는 구원받지 못한 가련한 영혼들을 볼 때마다 그들에 대한 동정심과 불쌍히 여기는 마음을 이렇게 표현하였다.

"내 직업은 잃어버린 영혼을 구원하는 일이다. 나는 어디 가나 공포와 절망에 몰려 죽음과 멸망으로 가는 무리를 본다. 나는 그들에게 하나님의 구원의 은혜를 전하지 않을 수 없다. 내가 사람에게 복종하랴 하나님께 복종하랴?"

그는 1747년 메도디스트 설교자 총회에서 야외 설교에 대한 세상의 반대를 걱정하는 말을 듣고는 "야외 설교를 포기하는 것은 복음전도를 포기하는 것이요, 우리의 제일 큰 의무를 버리는 것이다."라고 역설하였다. 또한 그는 "우리가 야외 설교를 계속해야만 하느냐?"는 한 설교자의 질문에 대하여 다음과 같이 대답하였다.

"그렇다. 우리는 계속해야만 한다. 잃어버린 죄인들을 구원하는 것이 우리의 사명이기 때문이다. 우리가 세상의 죄인들이 우리를 찾아오기를 기대해야 하는가? 아니다. 그들이 우리의 설교를 들으려고 찾아오지 않는 한 그들을 찾아가는 것이 우리의 할 일이다. … 우리는 특별한 사명을 받았다. 길거리나 울타리 밖으로 나가서라도 사람들을 끌어와야 한다. 우리가 하지 않으면 아무도 이 일을 하지 않을 것이다."[15]

존 웨슬리가 야외 설교를 하는 이유는 간단하였다. 죄인들이 교회 안보다 교회 밖에 더 많기 때문이었다. 존 웨슬리가 말한 대로 메도디스트는 죄인들이 교회당으로 찾아오기를 앉아서 기다리지 않고 죄인들이 있는 곳을 찾아가는 전도자다. 그는 야외 설교를 변호하는 중에 대단히 의미심장한 말을 하였다. "복음을 들으려고 오는 사람이 너무 많아서 교회당까지 찾아오는 사람들은 수용할 수 있지만 야외에 모이는 사람들은 어찌할 수 없다."고 말했다. 존 웨슬리의 이 말은 아주 중요한 의미를 담고 있다. 어느 나라 어느 시대에도 모든 사람들을 다 담을 수 있는 예배당이나 건물은 없다는 것이다. 그렇기 때문에 존 웨슬리는 "나는 어떤 방식의 설교에서보다 야외 설교에서 언제나 더욱 큰 축복을 발견한다."고 말했다.[16]

1759년(6월 26일) 존 웨슬리는 일기에서 자신이 야외 설교를 하는 이유에 대하여 다음과 같이 말했다.

> "악마는 야외 설교를 좋아하지 않는다. 나도 역시 야외 설교를 좋아하지 않는다. 나도 넓고 아름다운 예배당의 멋진 강단에서 설교하고 편안한 의자에 앉는 것을 좋아한다. 그러나 한 영혼이라도 더 구원하기 위하여 이 모든 것들을 포기할 수밖에 없다. 그리고 나의 영혼 구원에 대한 열정은 이런 것들을 초월한다."[17]

존 웨슬리는 야외 설교가 이상하거나 상스러운 방법이 아니라 바로 예수 그리스도의 설교 방법이었고, 사도들의 설교 방법이었고, 초대 교회와 중세의 많은 성자들의 전도 방법이었다는 것을 생각하며 더욱 확신을 갖게 되었다. 그는 복음을 전하기 위해서 "스스로 낮아지는 것은 주님의 뜻이며, 주님은 내가 더욱 낮아지기를 원하신다."고 말하였다. 실로 그는 '그리스도를 위한 바보'가 되었다.

존 웨슬리는 "이성적이고 종교적인 사람들에 대한 호소"라는 논문에서 교회도 많고 목사도 많은데 왜 야외 설교를 하느냐고 반대하는 사람들에게 다음과 같이 역설하였다.

"물론 교회도 많고 목사도 많지만 교회 밖 대부분의 사람들은 일 년에 한 번도 교회에 나오지 않기 때문에 나는 그들을 잃어버린 양으로 생각하고 주님처럼 그들을 불쌍히 여겨서 들로 산으로 거리로 찾아다니는 것이다. 킹스우드의 광부와 뉴캐슬의 노동자들이 교회에 나오지 않아 죄를 짓고 지옥에 떨어지는데도 그냥 내버려 두고 평안하게 앉아만 있다면 그것은 우리의 잘못이다. 우리가 그들에게 복음을 들려주지 않았기 때문이다. 그러므로 우리는 복음을 들려주기 위해서 그들을 찾아가야 하며, 이 일은 주님이 원하시고 우리가 반드시 해야 할 일이다."[18]

14) 영혼을 구원하기 위해서라면 어디든지 간다 − 세계는 나의 교구

존 웨슬리의 야외 설교를 통해 부흥운동의 불길이 전국적으로 확산되자 영국 국교회와 사회는 여러 가지 반응을 보였다. 이미 말한 대로 메도디스트 부흥운동은 처음부터 가난한 사람들을 위한 가난한 사람들에 의한 가난한 사람들의 운동이었기 때문에 가난한 일반 대중은 대부분 적극적으로 지지하고 참여하고 협조하였다. 그러나 국교회의 성직자들이나 열성적인 국교회주의자들과 일부 상류층은 이를 반대하고 계획적으로 방해하였다. 그들은 존 웨슬리가 야외 설교를 함으로써 국교회의 규칙을 위반하였다고 비판하였다. 야외 설교는 국교회에 전례가 없는 것으로 영국 국교회와 성직자의 품위와 명예를 상하게 하고 국교회의 전통을 깨뜨렸다는 것이다. 또한 국교회 성직자들은 수많은 사람들이 존 웨슬리를 따르는 것을 보고 시기하고 질투하였다.

1739년 3월 옥스퍼드 링컨 대학의 제자요 옥스퍼드 신성회의 회원이었던 제임스 허비(J. Hervey)가 존 웨슬리에게 편지를 보내어 교회 밖에서 이루어지는 목회 활동에 대하여 심하게 비판하면서 속히 그러한 행동을 중단하고 옥스퍼드 대학으로 돌아가 교수생활을 계속하든지 아니면 어느 교구의 사제가 되어 일정하게 목회할 것을 강하게 권면하였다. 존 웨슬리는 같은 해 3월 20일 허비에게 답장을 보냈는데, 그 편지 내용을 같은 해 6월 11일 자신의 일기에 인용하였으며, 6월 23일 동생 찰스에게 보낸 편지에서도 명료하게 강조하였다.[19] 편지에서 존 웨슬리는 자신은 옥스퍼드로 돌아갈 생각이 없으며, 교구 목회에 관해서는 기회가 주어지면 충분히 고려할 것이라고 하면서 다음과 같이 주장하였다.

"나는 신앙이나 그 실천에서 영국 국교회의 규칙보다 더 높은 성경의 원칙을 따른다. 성경에서 하나님은 무지한 자들을 가르치고 사악한 자들을 개혁하고 선한 자들을 더욱 선하게 만들라고 명하신다. 내가 하나님의 말씀을 들으랴 사람의 말을 들으랴? 하나님께 복종하는 것이 옳으냐 사람에게 복종하는 것이 옳으냐? … 그리고 만약에 내가 하나님께서 맡기신 복음을 설교하지 않으면 나에게 화가 미칠 것이므로 나는 복음을 전하기 위해서 유럽, 아시아, 아프리카, 아메리카 등 세계 어디든지 갈 수 있다."

존 웨슬리는 이 편지에서 자신의 목적은 예배당 안에서 하든지 밖에서 하든지 오로지 잃어버린 영혼을 구원하는 일(Church or no church, my duty is to save the lost souls.)이라는 점을 강조하면서 이어서 "나는 온 세계를 나의 교구로 바라본다."(I look upon all the world as my parish.)라고 선언하였다.[20] 즉 복음의 기쁜 소식을 들을 필요가 있고 듣기 원하는 사람들이 있는 곳이면 세계 어디든지 가서 설교하는 것이 옳으며, 하나님께서 바로 이것을 위해서 자신을 부르셨다는 것이다. "나는 온 세계를 나의 교구로 바라본다."라는 선언은 이후 메도디스트 역사에서 가장 유명한 말이 되었다.

존 웨슬리는 1739년 8월 브리스톨의 주교 조셉 버틀러(J. Butler)를 두 번이나 만나 면담하였다. 버틀러 주교는 「종교의 유비」라는 책의 저자이며 당시 영국에서 아주 유명한 신학자요 정치적으로도 큰 영향력을 지닌 지도자였다. 그는 존 웨슬리에게 자기의 관할 구역(diocese) 내에서 설교할 허가를 받지 않았으니 브리스톨을 떠나라고 명령하였다. 이에 존 웨슬리는 자신이 지상에서 할 일은 어디서나 선을 행하는 것이며 선을 행할 수 있는 곳에서는 언제까지나 머무르고 싶기 때문에 절대로 떠날 수 없다고 말하였다. 또 자신은 '우주적인 교회'(church universal)의 사제이며, 옥스퍼드 링컨 대학의 펠로우로 성직 안수를 받았기 때문에 특수한 교구에 임명되지 않았으므로 영국 국교회 어느 교구에서도 설교할 수 있다고 주장하였다. 이때 존 웨슬리는 버틀러 주교에게 "나는 온 세계를 나의 교구로 바라본다."고 다시 한 번 주장하였다.[21]

15) 신비한 현상들 – 너무나도 강한 성령의 역사

존 웨슬리의 부흥운동에는 신비하고 기적 같은 현상이 많이 나타났다. 이미 앞에서 소개했지만 더 자세히 신비현상에 대하여 이야기할 필요가 있다. 존 웨슬리의 설교 집회에는 진동, 경련, 넘어짐, 방언, 환상, 꿈, 예언, 입신(入神), 신유(神癒), 귀신 추방 등 신비한 현상과 기적들이 많이 일어났다. 수많은 사람들이 자기 죄를 회개할 때 영혼의 비통함과 고뇌를 느껴 큰 소리를 지르고 몸은 심하게 진동하며 경련을 일으켰다. 그런 사람들은 경련을 일으키는 동시에 바닥에 넘어져 오랫동안 누워서 고통스러워하고 신음 소리를 내기도 했다. 어떤 사람들은 넘어져 곧 입신에 들어갔다. 입신에 들어간 사람은 오랜 후에 깨어나 자신이 지옥과 천국을 보고 왔다고 증언하였다.

존 웨슬리는 이러한 사람들의 간증을 부인하지 않았으며, 그들의 말을 그대로 일기에 기록하였다. 가는 곳마다 병 고침의 기적도 많이 일어났다. 심리적이고 정신적인 질병과 신체적인 질병을 깨끗이 고침 받는 신유의 역사는 어디서나 흔히 일어났는데, 존 웨슬리는 일기에 다 기록하지 않은 것 같다. 또한 존 웨슬리가 미처 다 인지하지 못한 경우들도 많았다. 존 웨슬리만이 아니라 동생 찰스 웨슬리의 집회에서도 이와 같은 일들이 자주 일어났다.[22)]

존 웨슬리는 일기에 자신이 인지한 신비한 일들을 기록해 놓았다. 존 웨슬리의 집회에서는 경련 현상이 두드러지게 나타났다. 브리스톨에서 설교할 때에 세 사람이 동시에 갑자기 뒤로 넘어지더니 떨면서 자기들의 지은 죄를 고백하며 회개하였다. 얼마 후에 그들은 일어나서 주님께서 자기들의 죄를 위하여 죽으시고 그의 피로 모두 씻어주신 은혜에 감사하면서 평안과 기쁨으로 충만한 모습이 되었다. 밥티스트밀에서 존 웨슬리가 설교할 때에 "주님은 우리의 죄악 때문에 찔리셨고…"라고 말하는 순간에 한 중년 신사가 갑자기 자기의 가슴을 세게 때리면서 넘어졌다. 신자들이 그를 위해서 찬송을 부르니 조금 후에 일어나서 그도 신자들의 찬송을 따라서 불렀다. 위버 홀에서 설교할 때에 한 여자와 청년이 죄와 슬픔과 공포에 떨면서 기도의 도움을 요청하였다. 존 웨슬리는 그들을 위해서 큰 소리로 기도하였고 두 사람 모두 영혼의 평안을 얻고 구원을 얻었다. 런던에서 설교할 때에는 세 사람이 마치 태풍에 쓰러져 죽은 것처럼 되어 넘어져 신음하고 있었다. 그들은 신비한 입신의 경험을 하였던 것이다. 한참 동안 기도와 찬양을 계속하자, 그들은 일어나 성령 안에서 평안을 얻었으며, 구원의 은혜를 체험하고 하나님께 감사했다.[23)]

니콜라스 거리에서 설교할 때에는 많은 사람들이 신비한 표적과 기적을 눈으로 직접 보고도 믿으려고 하지 않고 어떻게 해서든지 사실을 부인하려 하였다. 어떤 사람들은 모든 것을 다 이성과 자연의 이치에 따라서 설명하려고 애를 썼다. 그들은 사람들이 햇볕이 너무 뜨거워서 잠시 정신을 잃었거나 아니면 존 웨슬리에게 포섭되어 미리 계획하고 군중을 속이는 것이라고 비난하였다. 또 어떤 사람들은 존 웨슬리가 종교적 마술을 사용하는 것이라고 말하기도 하였다. 존 웨슬리는 이러한 비난에도 굴하지 않고 2,000명이 모인 데서 비난하는 자들에게 보란 듯이 설교하였다. 이때 그들 중에 세 사람이 갑자기 큰 소리로 고통을 호소하면서 차례로 땅바닥에 넘어졌다. 그들은 성령의 능력에 사로잡혀 두려워하며 심하게 경련을 일으키고 있었다. 그러면서 "우리가 어떻게 해야 합니까?"라고 부르짖었다. 또 다른 사람들은 마치 죽은 것처럼 땅바닥에 넘어져 있었다. 토마스 막스필드는 비명을 지르며 땅바닥에 몸을 뒹굴고 있었다. 그들은 한결같이 용서와 구원을 외치며 큰 소리로 호소하였다. 수많은 사람들이 구원의 은혜와 성령의 은사를 구하며 외쳐댔고 그 소리는 온 거리를 휩쓸고 퍼져나갔다. 계속해서 기도할 때에 많은 사람들이 성령의 은사를 체험하고 영혼의 기쁨을 얻었다.

1759년 에버튼에서 설교할 때는 수많은 사람들이 죄를 회개하며 땅바닥에 넘어져 탄식하며 통곡하였다. 얼마 후 그들은 한 사람씩 일어나서 예수께서 자신의 죄를 위해 죽으심을 믿으며 그의 피의 능력으로 새롭게 탄생하였으니 이제부터 영원히 예수를 위해 살겠다고 증언하였다. 고향 엡웟에서 설교할 때에도 여러 명이 넘어져 죽은 것처럼 누워 있다가 찬송이 울려 퍼지는 중에 일어나 각자 경험한 은혜를 간증하였다. 그들은 예수의 피로 죄 씻음을 받고 성령의 증거를 마음속에 체험하였다고 말하였다. 그들의 얼굴은 평화와 기쁨으로 빛나고 있었다. 런던의 와핑에서 설교할 때도 많은 사람들이 큰 소리로 울며 눈물을 흘렸다. 어떤 사람들은 경련을 일으키며 땅바닥에 넘어졌으며, 그중에 더러는 입신 상태로 들어갔다. 존 웨슬리는 그들 중에 27명이 성령의 평화와 기쁨을 경험하는 것을 보았다. 브리스톨 신도회에서 설교할 때에 8명이 차례로 괴로운 소리를 내며 넘어졌다. 신자들이 기도와 찬양을 계속하자 차례로 회복되어 찬송에 합류하였다.[24]

16) 계속적인 신비 체험 – 입신

　이미 언급했지만 휫필드나 찰스 웨슬리의 집회와 달리 존 웨슬리의 집회에는 위와 같은 초자연적인 신비한 현상이 자주 발생하였다. 이런 이야기는 너무나 많아서 다 기술할 수 없지만 한두 가지만 더 기술하려고 한다. 존 웨슬리는 1759년 게인스버러에서 설교할 때 몇 사람이 여러 번 입신(入神; trances)을 체험하는 것을 보았다. 입신에 들어갔던 사람들은 자신들의 경험을 다음과 같이 이야기하였다. 첫째로 하나님의 신비한 사랑으로 충만한 때에 자신의 영혼이 자신의 몸으로부터 분리되어 떠나 있었다. 둘째로 그러한 경험은 한순간에 이루어지며 그때에는 모든 몸의 감각과 기력을 잃어버렸다. 셋째로 입신 상태에서는 이 세상과 전혀 다른 차원의 세상에 있게 되며 자신의 주변 세계에 대하여 아무것도 관계할 수 없고 알 수도 없었다.

　그들이 말하는 중에 또 한 사람 앨리스 밀러라는 사람이 입신에 들어갔다. 신자들이 그녀를 위해서 찬송을 불러주었다. 그녀는 눈을 떴지만 눈동자는 움직이지 않았다. 그녀의 호흡은 정상적이었고 입술을 움직여 무언가 말하는 것 같았는데, 무슨 말인지 알아들을 수 없었다. 그녀의 얼굴에는 조용한 미소와 함께 한없는 평화와 기쁨과 사랑이 가득 차 있었으며, 두 뺨에 눈물이 흘러내렸다. 존 웨슬리는 세상에서 그처럼 아름다운 얼굴을 본 적이 없었다. 그런데 약 30분쯤 지난 후에 그녀의 표정이 갑자기 공포와 실망과 탄식으로 바뀌더니 눈물을 쏟으며 외치기 시작하였다. "오, 주님 저들은 모두 벌을 받을 것입니다." 그리고 약 5분쯤 지난 후에 다시 얼굴에 미소를 띠며 사랑과 기쁨이 가득했다. 약 30분 후에는 다시 절망의 빛이 감돌더니 "오, 주님 그들은 모두 지옥으로 가겠지요. 지옥으로."라고 말하였다. 조금 후에 다시 "큰 소리로 통곡하라. 용서하지 않으리라!"고 외쳤다. 그리고 나서 그녀의 얼굴에 감사와 기쁨과 사랑이 피어나더니 큰 소리로 "하나님께 영광을 돌리자!"라고 외쳤다. 그녀는 입신에 들어간 지 두 시간이 지나서야 의식을 회복하여 정상적인 상태가 되었다. 그녀는 자신의 경험을 말하였다. "내가 어디 갔다 왔는지 알 수가 없어요. 그러나 나는 분명히 주님과 함께 있었지요."[25]

같은 해 11월 존 웨슬리는 런던 집회에서 몇 사람이 입신에 들어가는 것을 보았다. 그들은 가볍게 몸을 떨더니 작은 소리로 무언가 말하고 있었다. 그들의 얼굴은 너무나 평화로웠으며 성령 안에서 위로와 기쁨이 넘치는 모습이었다. 얼마 후에 그들은 정상적인 의식으로 돌아왔으며 일어나 하나님을 찬양하였는데, 모두들 새 힘을 얻었으며, 확신과 감사가 가득한 얼굴이었다.

이날 존 웨슬리는 경련, 환상, 입신 등 신비한 경험에 관하여 자신의 의견을 정리하였다. 그는 초자연적 신비 체험을 너무나 과신하고 이런 것들에만 의존하여 신비 체험이 성령의 내적인 역사의 전부라고 생각하고 다른 것은 모두 헛되다고 주장하는 것은 아주 위험한 일이라고 말하였다. 반대로 이러한 현상들을 전적으로 무시하여 그런 현상이나 체험에는 하나님이 계시지 않으며 오히려 하나님의 역사를 방해하고 있다고 생각하는 것도 잘못되고 위험한 일이라고 말하였다.

그는 신비 체험의 의미에 관하여 다음과 같이 설명하였다. 첫째로 하나님께서 타락한 죄인들에게 때로는 그와 같이 급하고 강하게 역사하시며, 그러한 하나님의 역사는 아주 신비하게 보일 수 있다. 둘째로 신자들에게 확신과 용기와 위로와 소망을 주시기 위하여 하나님께서 때때로 신비한 꿈이나 환상이나 입신의 상태를 경험하게 하신다. 그러므로 그런 것들은 성령의 내적 역사의 외적 표적이다. 셋째로 시간이 지나면서 그러한 초자연적인 경험은 자연적인 은혜와 같은 의미로 해석된다. 넷째로 사탄은 하나님의 역사를 방해하려고 이런 현상들을 모방하고 유혹하기도 한다. 그러므로 이런 마귀의 시험을 피하기 위하여 신비 경험 전체를 무시하고 포기하는 것은 어리석은 일이다. 다섯째로 하나님은 진실된 신자들에게 성령의 역사와 마귀의 역사를 분별할 수 있는 능

력을 주신다.[26]

이와 같이 존 웨슬리는 신자들의 신비 체험에 관하여 성경적·신학적으로 바른 생각을 가지고 바르게 해석하였다. 그리고 이러한 신비 체험을 지나치게 강조하거나 조장하지도 않았으며, 반대로 무시하거나 반대하지도 않았다. 만약 존 웨슬리가 이것에 지나치게 의존하거나 이것을 악용하여 부흥운동을 신비 체험 중심으로 끌고 갔다면 메도디스트 부흥운동은 바람직하지 못한 방향으로 전개되었을 것이며, 잘못된 열광주의와 비역사적인 신비주의 운동에 그치고 말았을 것이다. 존 웨슬리는 언제나 신비 체험에 대하여 신학적으로 바르게 분별하고 진실된 마음으로 대하였다.

17) 존 웨슬리를 두려워하는 귀신들 – 악령 추방

찰스 웨슬리와 조지 휫필드의 전도 일기를 통해 우리는 그들의 설교도 존의 설교와 같이 진실되고 은혜로웠다는 것을 알 수 있다. 그러나 그들의 설교에 존 웨슬리의 설교에서 나타나는 신비 현상과 기적이 별로 없었다는 점은 이상하다. 존 웨슬리의 집회에서는 귀신들린 사람들의 이야기가 자주 나타났는데 찰스와 휫필드의 집회에서는 그런 것이 거의 나타나지 않는다. 왜 존 웨슬리의 집회에서만 그런 신비와 기적이 일어났을까?

존 웨슬리는 킹스우드에서 악령에 붙잡힌 여인을 만났다. 그 여인은 얼마나 힘이 센지 세 사람이 가까스로 붙잡아 침대에 눕혀 놓았다. 말로 표현 못할 지옥의 공포와 분노와 절망이 그녀의 창백한 얼굴에 가득했다. 그녀의 몸은 마치 지옥의 개들이 물어뜯어서 만신창이가 된 꼴이었다. 그녀는 이를 북북 갈면서 귀신의 흉내를 내고 얼굴을 잔뜩 찡그린 채로 곧 무시무시한 마귀의 얼굴을 하였다. 그녀는 으스스한 목소리로 "나는 저주받았다. 영원히 저주받았다. 나는 마귀의 것이다. 나는 나를 마귀에게 주었다. 나는 마귀를 섬기다 지옥에 떨어질 것이다. 나는 마귀와 함께 지옥에 갈 것이다."라고 소리를 지르면서 마귀에게 기도하였다. 신자들이 기도하고 찬송을 부르니 얼마 후 그녀는 의식을 잃고 바닥에 넘어져 잠자는 것 같다가 조금 후에 또 일어나서 "마귀가 온다. 나는 너의 것이다."라고 괴성을 지르다가 다시 넘어져 잠들어 버렸다. 그러는 중에 또 한 사람이 그녀와 똑같이 발악하는 소리를 내더니 넘어졌다. 신자들은 계속해서 기도하였고 얼마 후에 그들은 차례로 일어나 제 정신이 되어 함께 찬송을 불렀는데, 그들의 얼굴은 평화와 기쁨으로 빛났으며, 곧 완전히 치유되었다.[27]

존 웨슬리는 브리스톨에서도 귀신들린 여인을 만났다. 그녀는 맹렬하게 이를 갈고 괴성을 지르면서 바닥에 누워 있었다. 네 사람이 그녀를 가까스로 붙들고 있었다. 존 웨슬리가 그녀를 위해 기도하니 그녀는 곧 악령에게서 자유를 얻었다. 같은 날 저녁에 또 한 사람이 귀신들린 채 무서운 소리를 지르고 하나님의 이름을 모독하고 무시무시한 표정으로 웃곤 하였다. 이때 찰스 웨슬리가 가까이 오자 그녀는 "야외 설교자가 온다. 나는 싫어. 나는 야외 설교를 증오한다."라는 말을 무려 두 시간이나 반복했다. 존 웨슬리 일행은 다음날 다시 그녀를 위해 기도했다. 그녀는 곧 악령에게서 자유케 되어 일어나 하나님께 감사하고 찬송을 불렀다.[28]

존 웨슬리는 폭우가 쏟아지는 어느 날 몸과 영혼이 모두 병들어 폐인이 되다시피 한 사람을 위해서 기도해 달라는 부탁을 받고 급히 킹스우드를 향해 출발하게 되었다. 그 사람은 오랫동안 병으로 많은 고통을 당하고 있었다. 아무도 그 사람에게 존 웨슬리가 온다는 사실을 말하지 않았는데 존 웨슬리가 3마일 길을 출발하려고 하는 바로 그 시점에서 그 사람은 "멍에다. 존 웨슬리가 온다. 말을 타고 전 속력으로 달려온다."고 소리쳤다. 존 웨슬리가 도착했을 때 그 사람은 무시무시하게 웃으면서 "능력도 소용없어. 믿음도 소용없어. 그녀는 내 것이야. 내 것이야. 나는 결코 그녀를 놓아주지 않을 것이야."라고 말했다. 존 웨슬리 일행이 기도했으나 그녀는 더욱 발악을 하였다. 온 몸이 찢어지는 것처럼 고통스러워했다.

이때 일행 중에는 이런 현상이 일종의 심리적인 불안이나 정신적 혼돈에서 생기는 것이라고 주장하는 사람이 섞여 있었다. 그들도 그녀의 모습을 보고는 "사탄이 이 여자를 이렇게 만들었군요. 낫지 않으면 어떻게 되나요? 주님께 부탁하는 수밖에 없군요. 하나님만이 이 영혼을 구할 수 있습니다."라고 말했다. 존 웨슬리가 계속해서 기도를 할 때 그녀의 고통은 멈추었으며, 평안한 얼굴에 분명한 목소리로 하나님을 찬양하였다. 그녀는 모든 병에서 깨끗이 고침을 받았다.[29]

이와 같은 악령 추방과 신유의 역사는 브리스톨과 킹스우드뿐만 아니라 런던, 바스, 케닝톤 코몬, 무어필드, 블랙히스, 글로스터, 옥스퍼드, 브랫포드, 웰즈, 웨일즈, 리즈, 맨체스터, 뉴캐슬, 콘월에서도 일어났다.

2. 고난과 영광(1738~1791)

1) 존 웨슬리가 미쳤다 – 가족과 친구들의 반대

조지 휫필드조차도 존 웨슬리의 집회에서 일어나는 신비 현상을 잘 이해하지 못한 것 같다. 그는 존 웨슬리에게 보낸 편지에서 이렇게 말하였다.

"나는 당신이 당신의 집회에서 경련을 일으키는 사람들을 너무 많이 지지하는 것은 옳지 않다고 생각합니다. … 나도 그런 현상 가운데 하나님이 역사하시는 요소가 있다고 생각하지만, 그러나 그 가운데 마귀도 크게 역사하고 있다고 믿습니다. 그러한 현상을 자꾸 부추기는 것은 하나님을 시험하는 것입니다. 한때 프랑스의 예언자들처럼 쓰여진 하나님의 말씀과 그리스도의 복음을 제쳐놓고 환상이나 경련 같은 신비에만 의존하는 것은 잘못되고 위험한 일입니다."[30]

이로부터 12일 후 존 웨슬리는 일기에 다음과 같이 썼다.

"나는 오늘 휫필드와 함께 하나님의 역사를 동반하는 외면적인 신비한 표적들에 대하여 대화하였다. 나는 휫필드의 반대가 주로 사실에 대한 총체적인 오해에 근거한다는 것을 알게 되었다. 다음날 그는 오해를 풀게 되었다. 내가 설교하는 동안 네 사람이 넘어져 경련을 일으켰다. 그중에 하나는 아주 의식을 잃고 움직이지도 않는 상태에 들어갔다. 또 한 사람은 심하게 몸을 떨었다. 다른 한 사람은 온 몸에 심한 경련을 일으키면서 가느다란 신음소리만 낼 뿐이었다. 마지막 사람은 경련을 일으키고 눈물을 흘리고 울부짖으면서 하나님의 구원을 호소하였다. 이제 우리는 하나님이 기뻐하시는 방법으로 하나님 자신의 일을 수행하시는 것을 계속해서 보게 될 것이다."[31]

얼마 후 휫필드의 생각은 존 웨슬리의 생각과 같아졌다. 존 웨슬리의 집회에 직접 참석해서 그런 신비한 현상이 참으로 진지한 신자들이 회개와 구원의 은혜를 경험하는 성령의 역사라는 사실을 목격했기 때문이었다. 그는 큰 소리로 아멘을 외치며 몸을 떨면서 기도하고 하늘을 향하여 두 손을 들고 찬송을 부르는 사람들의 얼굴에서 성령의 평화와 기쁨을 보았으며, 신비한 경련 현상은 참된 신앙의 외적 표현 중 하나임을 믿게 되었다.[32] 그럼에도 불구하고 휫필드는 존 웨슬리의 집회에서 나타나는 통성 기도와 경련 현상을 그렇게 긍정적으로 보거나 지지하지는 않았으며, 항상 경계하는 태도를 갖고 있었다. 휫필드뿐만 아니라 옥스퍼드 메도디스트들도 존 웨슬리의 야외 설교와 부흥운동이 국교회의 전통과 규칙을 파괴하는 분리주의요 종교적 열광주의라고 단정짓고 존 웨슬리를 비판하였다.

찰스 웨슬리 역시 휫필드와 비슷한 태도를 보였다. 찰스는 본래부터 존 웨슬리보다 훨씬 더 고교회(high church)적 신앙관과 교회관을 갖고 있었는데, 부흥운동에 대해서도 그와 같은 태도는 변하지 않았다.

존 웨슬리의 맏형 사무엘 존 웨슬리는 존 웨슬리 형제자매 중에 가장 엄격한 고교회 사람(high churchman)이었다. 그래서 그는 처음부터 동생들이 악명 높은 분리주의자들의 천박한 열광주의에 빠졌다고 비판하고 속히 그런 것에서 나오라고 촉구하였으며, 동생들의 야외 설교나 부흥운동을 강력하게 반대하고, 신비나 경련 현상을 혐오스런 마귀의 장난이라고 단정하며 동생들을 미치광이라고 비판하였다. 그는 즉각적으로 그러한 불법적이고 불규칙한 행동을 버리라고 모든 힘을 다하여 동생들과 어머니 수산나를 설득하다가 1739년 11월 49세의 이른 나이에 죽고 말았다. 사무엘의 이른 죽음으로 존 웨슬리 가족들 사이에 부흥운동을 반대하는 세력이 약해지게 되었는데, 어떤 역사가들은 이것이 하나님의 섭리였다고 말하기도 한다.[33]

존 웨슬리의 어머니 수산나도 처음에는 두 아들의 회심과 부흥운동에 대하여 많은 걱정을 하면서 반대하였다. 그녀는 부흥운동 초기에 아들들에 대하여 과장되고 왜곡된 이야기를 많이 들었으며, 장남 사무엘의 영향을 받아 부흥운동에 대해 비판적인 태도를 갖고 있었다. 그러나 수산나는 두 아들과 만나서 진지하게 대화한 다음 부흥운동이 참된 신앙운동이라는 사실을 깨닫고 사위인 홀 목사에게 성만찬을 받을 때 구원의 확신을 경험하기도 하였다. 수산나는 1742년 죽기까지 런던의 파운더리 예배당에서 메도디스트 부흥운동을 위해 기도하고 지원하였다.

2) 메도디스트들은 미치광이들이다 – 세상의 비난과 핍박

존 웨슬리의 부흥운동은 처음부터 심한 반대에 부딪쳤다. 존 웨슬리와 메도디스트들은 지극히 성경적이며 참된 기독교의 정통교리를 설교했음에도 불구하고 비난과 모욕과 폭력에 의한 핍박을 당했다. 존 웨슬리에 대한 세상의 반대는 주로 존 웨슬리의 야외 집회가 열광주의, '구원의 질서'(order of salvation)와 연관된 교리적 이탈, 교회 질서 파괴, 그리고 사회적 혼란을 일으킨다는 것이었다. 부흥운동 초기에는 메도디스트들에 대한 편견과 오해가 많이 퍼져 있어서 그만큼 개인적이고 사회적인 증오와 핍박이 따랐다. 세상 사람들은 메도디스트들의 철저하게 규칙에 따르는 경건생활을 조롱하고 비난하였는데, 이런 감정이 격렬한 핍박으로 발전하였다. 또 존 웨슬리와 메도디스트 설교자들이 여러 가지 사회적 죄악을 반대하는 설교를 하고 사회 개혁운동을 벌이자 그런 사회적 죄악에 관련된 사람들이 핍박을 가해왔다.

당시 가장 흔한 비난은 메도디스트들이 열광주의(enthusiam)에 빠졌다는 것이었다. 메도디스트들이 열광주의자라는 비난을 받은 이유는 야외 집회, 경련 현상, 소리를 지르는 것, 꿈이나 환상을 보는 것, 병 고치는 것, 악령 추방, 입신 등 초자연적이고 신비한 경험과 특수한 계시를 주장하였기 때문이었다. 이러한 열광주의는 모든 평범하고 품위있는 국교도들의 일반적인 걱정거리였으며, 다른 모든 반대를 포괄하는 것이었다. 당시 영국 사람들에게 종교적 열광주의는 종교적 무절제로 인한 혼돈뿐만 아니라 사회 전복과 같은 위협적인 현상으로 보였기 때문이다.

부흥운동 초기에 존 웨슬리를 반대하고 핍박한 주요 세력은 영국 교회의 주교(bishop)들이었다. 가장 심하게 반대한 사람은 런던의 에드먼드 깁슨 주교였다. 메도디스트들에 대한 국교회의 반대는 사실상 깁슨 주교의 악선전과 선동에서 시작된 것이라고 할 수 있다. 처음에 깁슨 주교는 존 웨슬리 형제에게 우호적이었으나, 부흥운동이 활발히 진행되자 그의 태도는 급속도로 변해 갔다. 그는 1744년에 "메도디스트들의 품행과 행동에 관한 조사"라는 메도디스트 비판서를 출판하여 영국 전역에 배포하였다. 이 문서에서 깁슨은 메도디스트 신도회 조직이 불법 비밀 조직이며 영국 국교회를 파괴하려는 분리주의 집단이며, 메도디스트들은 광신주의자들이라고 매도하였다.

사태가 악화 일로로 치닫게 되자 존 웨슬리는 "이성적이며 종교적인 인사들에 대한 진지한 호소"(Earnest Appeal Men of Reason and Religion)라는 제목으로 논문 형식의 호소문을 출판하였으며, 곧 이어 "추가 호소문…"(A Farther Appeal…)을 발표하여 메도디스트들은 국교회의 법과 교리와 규칙을 지키며 어디서나 참된 경건과 성결한 생활을 하는 충성된 국교도라고 변호하였다. 그러나 깁슨 주교는 모든 영국 교회들에게 메도디스트들을 경계하고 그들을 몰아내기 위하여 굳게 무장하고 싸울 것을 촉구하였다.[34] 존 웨슬리는 깁슨 주교에게 편지하여 메도디스트들에 대한 많은 오해를 지적하면서 메도디스트들의 참된 신앙과 거룩한 생활을 소개하였다. 그리고 인생의 날들이 얼마나 짧은지, 그리고 곧 모든 인생들이 하나님의 심판대 앞에 설 것을 상기시키는 말로 편지를 끝맺었다.

> "주교님, 시간이 덧없이 지나가고 인생의 날들은 순간에 사라지고 있습니다. 제 인생도 이제 정오를 지나고 남은 날들도 그림자처럼 지나갑니다. 주교님도 연로하시고 만년의 생애를 보내고 계시지 않습니까? 우리 모두가 이 세상을 떠나 하나님 앞에 아무것도 숨김없이 서게 될 날이 멀지 않습니다. 또한 우리가 빛나는 보좌와 거기 앉으신 주님이 하늘로부터 임하시는 것을 볼 날도 가깝습니다."[35]

이 편지를 받은 후 메도디스트들에 대한 깁슨 주교의 직접적인 공격은 그쳤다. 그리고 그는 다음 해 존 웨슬리의 말대로 갑자기 세상을 떠나고 말았다. 그러나 그의 메도디즘에 대한 악평과 악선전은 영국 교회 안에서 영향력을 발휘하면서 아주 오래 지속되었다. 깁슨 주교 외에 다른 주교들의 비난과 핍박도 1760년대 말까지 계속되었으며, 교구 성직자들의 핍박 또한 아주 교활하고 사나웠다.

한번은 존 웨슬리가 펜스포드 교구 교회에 설교 초청을 받고 막 출발하려 할 때 인편으로 급한 편지를 받았다. 내용을 읽어 보니 그 교회의 목사가 누군가에게 존 웨슬리가 미쳤다는 말을 듣고 설교 초청을 취소했다는 것이었다. 존 웨슬리는 그 교회당으로 달려갔으나 교회 안에 들어가지 못하고 동네 공원에서 야외 설교를 할 수밖에 없었다. 그러자 그 교구 목사는 2명의 폭도를 돈 주고 사서 설교를 방해하기 시작하였다. 설교 중에 두 사람이 회중 가운데로 들어와서 큰 소리로 노래를 부르며 떠들어 집회가 엉망이 되었다. 존 웨슬리와 일행은 찬송을 부르며 상황이 진정되기를 기다렸으나 결국 더 이상 설교를 하지 못하였다.

어떤 성직자들은 의도적으로 설교를 통해 메도디스트들을 비난하며 교인들을 선동하였다. 옥스퍼드의 어느 성직자는 설교 중에 메도디스트들에 대해 미치광이, 분리주의자, 이단, 사회 질서 파괴자, 폭군, 사기꾼, 세상의 찌꺼기, 무뢰한, 수다쟁이 등 이루 말할 수 없는 비난을 하고 이러한 내용이 담긴 설교문을 출판하여 배포하였다. 런던의 퍼넥스 교구 목사는 "영국의 새로운 광신주의자들"이란 제목의 설교문을 소책자로 출판 보급하면서 메도디스트들을 악평하였다. 그는 메도디스트들을 난잡한 광신주의자들이요 이단자들이라고 단정하고 핍박하였다. 왕실 성직자요 옥스퍼드 신학박사인 헨리 스테빙은 "종교적인 기만"이라는 제목의 소책자를 만들어서 메도디스트들을 종교적 신비주의와 열광주의에 빠진 사회적 병폐로 비난하였다. 그리고 메도디스트 교리와 행동과 조직을 볼 때 지금까지 교회사에 나타났던 옛 광신주의자들임에 틀림없다고 주장하면서 모든 영국 교회가 경계할 것을 촉구하였다.[36]

당시 브리스톨의 주교 조셉 버틀러는 존 웨슬리와 메도디스트들을 반대한 사람으로 유명하다. 버틀러 주교는 존 웨슬리를 두 번이나 불러서 직접 조사하고 논쟁하였다. 버틀러 주교 역시 존 웨슬리를 위험한 광신주의자로서 영국

교회에 혼란을 주고 파괴하려는 인물로 보고 브리스톨을 떠나라고 명령하였다. 존 웨슬리는 자신의 집회에서 사람들이 큰 소리로 외치고 울고 하는 것은 그들의 영혼이 죄 때문에 고뇌하고 뉘우치는 모습 외에는 아무것도 아니라고 말하고, 자신의 설교를 듣는 사람들은 진정한 회심과 새로운 탄생을 경험하며 성결한 생활을 시작한다고 변호하였다.

한번은 어떤 교구 목사가 메도디스트들은 무식하고 교양 없고 무례한 사회적 혐오의 대상이라고 모욕적인 비난을 하며 존 웨슬리의 설교 집회에 모인 사람들을 선동하였다. 특별히 야외에서 예배를 드리고 설교하는 상스럽고 무례한 자들이 바로 메도디스트들이라고 비난하였다. 이에 대해 존 웨슬리는 런던의 성 바울 성당같이 아름답고 장엄한 성당에서 설교 시간에 졸고 잡담하고 한눈파는 사람들이 가장 상스럽고 무례한 사람들이며, 자신의 야외 설교에 모인 사람들은 모두가 하나님의 말씀을 진지하게 듣고 회개하며 경건한 사람으로 변화하고 있으니 참으로 진지하고 예의 바른 사람들이라고 주장하였다.[37]

앞에서 말한 대로 영국 교회는 메도디스트들을 열광주의자, 분리주의자, 규칙 위반자, 사회 질서의 파괴자라고 비난하고 핍박하였다. 여기에 대하여 존 웨슬리는 메도디스트들이야말로 영국 교회의 교리와 법과 제도와 규칙을 철저히 지키는 가장 충성된 신자들이라고 주장하면서, 메도디스트가 다른 국교회 신자들과 다른 특징은 야외 설교 하는 것과 기도문 없이 자발적인 즉흥 기도를 하는 것과 평신도 설교자를 세우는 것과 속회나 애찬회나 철야기도회와 같은 더 많은 은혜의 방편을 사용하는 것이라고 설명하였다. 그럼에도 불구하고 교회와 세상은 메도디스트들을 마치 세상의 찌꺼기와 쓰레기인 것처럼 취급하였다. 그래서 존 웨슬리는 이와 같은 교회와 세상 사람들에게 메도디즘을 변증하고 자신의 설교자들을 보호하기 위하여 힘써 노력하면서 쉴 틈 없는 전도 여행에 생애를 불태웠다.

국교회 성직자들만이 아니라 지방 행정관들이나 상류층 사람들도 메도디스트들을 미치광이로 대하고 메도디스트 집회를 방해하였다. 그들은 메도디스트들이 공공건물이나 공공장소에서 설교하지 못하도록 방해하였으며, 자신들의 지역에 들어오는 것도 허락하지 않았다. 메도디즘에 대한 비난과 탄압은 설교와 잡지와 신문과 소책자 등의 언론과 매스컴을 통하여 대단히 계획적이고 전략적으로 이루어졌다. 1739년 말에는 28쪽 전체가 메도디스트들을 비난하고 조롱하는 풍자시로 가득 찬 소책자가 세상에 나와 런던 전역에 퍼졌다. 그 시집은 다음과 같은 말로 시작하였다.

> "그들은 규칙에 따라 먹고 규칙에 따라 마신다.
> 모든 것을 규칙에 따라서 행하며 산다.
> 그리고 약점 있는 성직자를 헐뜯고
> 평신도의 인기를 얻으려는 생각만 한다.
> 규칙만이 그들의 안내자요 구세주다.
> 그들은 제 이름대로 사는 존재들이다."[38]

3) 존 웨슬리를 죽여라 - 폭도들의 만행

존 웨슬리와 메도디스트들에 대한 반대와 핍박은 언론의 비평만이 아니라 많은 경우 물리적인 폭력으로도 나타났다. 지금까지 존 웨슬리가 받은 핍박에 대해서 언급했지만 여기서는 더 구체적으로 얘기하려고 한다.

18세기 영국 사회에는 폭도들(Mobs)이 도시와 지방 곳곳에서 활개치고 있었다. 본래 야만족인 앵글로색슨족이요, 해적 바이킹족의 피가 섞여 있어서인지 영국 민족은 아주 난폭한 성질을 지니고 있다. 일찍이 기독교 신앙으로 잘 훈련되어 신사 나라가 되었지만 천성이 거칠고 사나운 민족이며 도덕도 문명도 없는 족속이었다. 그래서인지 영국 역사에는 언제나 폭도 이야기가 많고 노상강도와 절도와 도둑이 유난히 많이 등장한다. 요즘도 영국은 유럽에서 가장 도둑이 성한 나라이며, 인구에 비해서 감옥이 많다.

18세기 존 웨슬리 시대에는 감옥이 포화 상태여서 아메리카나 호주와 뉴질랜드에 귀양을 보냈고, 죄수들은 신대륙의 개척자가 되었다. 폭도들은 가난한 노동자 계층 출신이며 교양과 신앙과 도덕과 상식이 없는 자들이었다. 그들은 귀족과 상류층으로부터 차별과 천대 당하는 사회의 혐오대상이요 오물처럼 여겨지는 존재들이었다. 이들은 주로 직업 없이 폭력을 사용하여 남의 소유물을 탈취하여 생활을 이어가거나, 때로는 정치적으로 이용되어 폭력을 팔아 생계를 꾸려갔다. 이들은 귀족과 상류층에 대한 반감과 증오심으로 가득 찼고 기회만 있으면 폭력을 사용하여 남을 공격하고 재산과 생명을 빼앗으려고 하였다. 그들은 언제나 총과 칼과 쇠붙이와 말뚝과 농기구 같은 무기를 지니고 다녔으며, 필요하면 돌멩이와 나무 몽둥이, 벽돌 같은 것들도 무기로 사용하였기 때문에 귀족과 상류층 사람들은 이들을 대단히 두려워하였다.

폭도들은 정치권력과 귀족 상류층에 대한 불만이 생길 때마다 크고 작은 폭동을 일으켰으며, 18세기 동안에는 반 유대인 폭동, 반 가톨릭 폭동, 반 메도디스트 폭동, 음주 조정법에 대한 런던 폭동, 통행세와 맥주세에 대한 폭동, 산업지대 임금 조정에 대한 폭동, 주택법에 대한 폭동, 노동 파업 등 다양한 폭동을 일으켰다. 존 웨슬리는 폭도를 '다두(多頭)의 짐승' 또는 '야수 같은 무리'라고 불렀다.

폭도들은 존 웨슬리의 설교와 집회를 방해하기 위해서 온갖 수단을 다 동원하였다. 그들은 아무런 이유 없이 난동을 부리며 집회를 방해하고 존 웨슬리가 설교하지 못하도록 괴롭혔다. 그들은 존 웨슬리가 사람들의 죄를 말하면서 회개하라고 촉구하는 것을 싫어했으며, 거짓말, 도둑, 강도, 음주, 흡연, 마약, 가정파탄, 자녀학대, 게으름, 방종과 방탕한 생활 등에 대하여 설교하는 것도 싫어하였다. 어떤 폭도들은 메도디스트들이 술도 마음대로 먹지 못하게 하고 죄도 마음대로 짓지 못하게 간섭한다고 소리를 지르며 설교자들을 공격하였다. 그들은 메도디스트 회심자들의 경건하고 거룩한 생활을 비웃고 조롱하면서 폭력을 가해 왔다. 어떤 지역에서는 메도디스트 회심자들을 불쾌한 존재로 취급해 버리기도 하였다. 또한 메도디스트들을 분리주의자들이나 교황주의자들로 몰아버렸다. 메도디스트들이 속회(class meeting)와 반회(band meeting)에서 서로의 죄를 고백하는 것을 보고 가톨릭교도로 오해한 것이다.

4) 존 웨슬리 때문에 술도 마음대로 못 마신다 – 폭도들의 반항

도시나 지방의 행정관들은 폭도를 끌어들여서 존 웨슬리와 메도디스트 설교자들을 공격하게 하였다. 영국 국교회의 주교들과 교구 성직자들도 폭도들에게 돈을 주고 존 웨슬리의 설교를 방해하고 자기들의 교구에서 쫓아내도록 하였다. 때로는 존 웨슬리의 금주 설교와 메도디스트의 금주운동에 불만을 품은 양조장 주인들과 존 웨슬리의 노예해방운동에 불만을 가진 노예상들이 폭도들을 돈 주고 사서 존 웨슬리의 설교를 방해하고 심지어 존 웨슬리를 죽이려고까지 시도하였다. 폭도들은 양조장 주인들과 존 웨슬리를 싫어하는 사람들의 사주를 받아서 존 웨슬리의 집회 장소에 들어와서 "메도디스트 때문에 술도 마음대로 못 먹겠다."고 소리를 지르며 난동을 부렸다. 어떤 도시에서는 메도디스트들을 사회 질서를 파괴하고 국가를 전복시키려는 혁명 세력으로 취급하여 폭도들을 시켜서 돌멩이와 막대기와 동물의 분뇨를 던지며 무차별 공격을 가하기도 하였다.

당시 영국 사회는 마치 술독에 빠진 사회와 같았다. 그러나 존 웨슬리는 대담하고도 실제적인 금주운동을 펼쳐나갔다. 이로 인해서 영국 사회는 놀랍게 변화되었다. 처음에는 양조업자들과 주류판매업자들과 폭주가들이 메도디스트들에게 분노하고 공격을 가해 왔으나 시간이 지날수록 존 웨슬리의 금주운동의 필요성과 실효성이 사회적으로 널리 인정되면서 그들의 공격은 줄어들었다.

존 웨슬리가 런던 롱레인의 어떤 집을 빌려서 설교할 때에 갑자기 어디선가 벼락같이 굵은 돌멩이들이 날아왔다. 사람들은 돌에 맞고 생명의 위협까지 느끼게 되었다. 몇 명의 폭도가 존 웨슬리 앞에 나타났다. 존 웨슬리는 그들에게 담대하고도 침착하게 폭력을 중지하고 방해하지 말라고 말하였다. 폭도들은 더욱 거세게 공격하였으나 치안 판사가 와서 그들을 잡아갔다.

존 웨슬리가 펜스포드의 공원에서 설교할 때 폭도들이 여러 마리의 황소를 끌고 와서 모인 사람들 한가운데로 들이밀었다. 그런데 이상하게도 황소들은 아주 얌전하게 서 있었다. 화가 난 폭도들이 황소를 때리며 소동을 일으키도록 온갖 수단을 동원해도 황소들은 꼼짝도 하지 않았고 가만히 서 있었다. 할 수 없이 폭도들은 강대상을 부수고 욕지거리를 하면서 존 웨슬리를 위협하였다. 존 웨슬리의 설교를 듣고 있던 사람들은 조금도 동요하지 않고 은은하게 찬송을 부르고 있었다. 그러자 폭도들은 슬그머니 사라져버렸다.

존 웨슬리가 웬즈베리에서 설교할 때도 폭도들이 존 웨슬리가 있는 집을 포위하고 밖으로 나오라고 소리쳤다. 그들은 "존 웨슬리를 죽여 버려라. 목을 비틀어라. 십자가에 못 박으라."고 떠들었다. 어떤 여자 폭도는 "그를 발가벗기라. 그러면 내 옷을 입혀주겠다."고 소리쳤다. 드디어 폭도가 들어와 존 웨슬리를 붙들고 이리저리 휘두르기 시작하였다. 생명의 위협을 느낀 존 웨슬리가 하나님께 기도를 드리자 주동자가 나타나서 "목사님, 나는 목숨을 바쳐서라도 당신을 보호하겠습니다. 어느 누구도 당신의 머리칼 하나 다치게 하지 못할 것입니다."라고 말하고는 존 웨슬리를 등에 업고 나가 강을 건너게 해주어 가까스로 위기를 모면하였다. 강을 건너고 나서야 존 웨슬리는 옷이 찢어지고 얼굴과 손에 상처를 입은 자신의 모습을 발견하였다.[39]

존 웨슬리가 생명의 위협을 느낀 경우는 이외에도 수없이 많았다. 볼톤과

록데일에서는 돌멩이가 비 오듯 존 웨슬리에게로 날아왔다. 그런데 존 웨슬리는 조금도 다치지 않았고 오히려 폭도들이 돌에 맞아 부상을 입었다. 헐(Hull)에서는 사방에서 진흙덩이와 돌멩이가 존 웨슬리의 얼굴로 날아왔는데, 어떤 체구가 큰 여자가 존 웨슬리를 막아주어 조금도 다치지 않았다. 콘월의 팔머스에서는 존 웨슬리가 묵고 있던 집을 폭도가 둘러싸고 "존 웨슬리를 죽여 버리겠다. 나오라."고 소리쳤다. 마침내 그들은 집을 부수고 농기구와 몽둥이를 든 채 방으로 들어왔다. 이때 존 웨슬리는 아주 평안하고도 부드러운 목소리로 그들에게 말하였다. 그들은 사도 요한과 같이 사랑과 평화로 빛나는 존 웨슬리의 모습을 보고 감히 대들지 못하고 무기를 놓고 자리를 떠났다.

존 웨슬리는 한 번도 폭도를 대할 때 화를 내거나 당황하거나 두려워 떨지 않았다. 그는 폭도에게 매를 맞고 욕을 먹어도 당황하거나 겁내지 않았으며, 언제나 침착하고 담대하고 겸손하였으며, 부드럽고 따뜻한 사랑으로 그들을 대하였다. 그는 그들을 마음속으로부터 동정하는 태도로 대하였다. 때로는 유머와 웅변으로 그들을 감동시켰다. 한번은 돌멩이에 맞고 곤봉으로 얻어맞고도 조금도 얼굴을 찡그리지 않고 설교를 계속하면서 그들을 향하여 "나는 당신들의 마음과 사정을 잘 이해하며, 당신들을 진심으로 사랑하며 돕고 싶습니다. 하나님이 당신들의 어려움을 다 아시고 복 주시기를 바랍니다."라고 말하여 폭도들을 감동시켰다. 그는 원수를 사랑하고 선으로써 악을 이기라는 주님의 말씀을 그대로 실천한 사랑의 사도였다.[40]

5) 메도디스트들 때문에 죄도 못 짓겠다 – 세상의 탄식

랭카셔에서 폭도들이 던진 돌멩이들이 창문을 뚫고 우박같이 존 웨슬리에게 쏟아졌다. 그들은 마침내 존 웨슬리가 있는 방으로 들어와 존 웨슬리의 멱살을 잡고 죽이겠다고 위협하였으나 존 웨슬리는 당황하지 않고 그들에게 담대하고도 친절한 태도로 말하였다. 폭도들이 방 안을 가득 메우자 존 웨슬리는 좋은 기회라고 생각하고 그들에게 설교를 시작하였다. 폭도들은 아주 조용하고 진지하게 설교를 듣다가 심각한 모습으로 하나둘씩 자리를 떠나갔으며, 그중에 몇몇은 존 웨슬리에게 기도를 요청하였다. 그들은 자기들의 죄를 회개하고 참된 신자가 되기로 결심하는 간증을 하였다.

할리팍스에서 어떤 사람이 존 웨슬리의 설교 장소에 폭도들을 모이게 하고는 돈을 뿌려 설교를 못하게 하자 존 웨슬리는 이웃 목장으로 가서 설교하였다. 궤납 광산에서는 한 귀족이 폭도를 시켜서 모인 사람들 속으로 말을 끌고 들어와 방해하였으며, 집회 장소에 소똥을 던져 냄새를 풍기고 사람들을 해산시키려고 하였다. 또 다른 귀족은 하인들을 시켜서 진흙과 썩은 계란을 존 웨슬리에게 던져 설교를 방해하였다. 뉴악크에서는 술에 만취한 거인이 나타나 사람들을 위협하고 구타하면서 소란을 피우고 난동을 부렸다. 뉴캐슬에서는 존 웨슬리가 설교하는 중에 폭도들이 회중을 뚫고 들어와서 "당신이 술을 먹지 말라고 설교하기 때문에 우리가 술도 못 먹고 우리 마음대로 죄도 못 지으며 자유롭게 살지 못하게 되었다."고 말하면서 존 웨슬리의 멱살을 잡고 주먹으로 머리를 내리치기도 하였다. 리즈에서는 존 웨슬리와 존 넬슨이 설교할 때 폭도들이 공격하며 이렇게 외쳤다. "메도디스트들의 모가지를 모조리 비틀어 죽여라. 그들은 사람들을 못살게 하고 미치게 만든다. 우리는 메도디스트들 때문에 술도 못 먹고 맘대로 욕도 못하고 맘대로 죄도 못 짓는다. 그것들이 뭔데 우리를 가르치려고 하느냐?"[41] 런던에서는 어떤 노예상인이 존 웨슬리의 노예해방운동에 앙심을 품고 폭도를 보내어 존 웨슬리의 설교 집회를 방해하고 메도디스트들을 모조리 죽여버리겠다고 위협하였다.[42]

존 웨슬리에 대한 박해는 부흥운동 초기에 가장 심했다. 1744년 존 웨슬리가 웬즈베리에서 설교할 때 폭도들은 존 웨슬리의 설교를 방해하려는 목적으로 메도디스트들의 집을 공격하여 집과 가재도구와 재산을 무차별 파괴하고 탈취하였다. 그리고 메도디스트들의 가족을 구타하고 생명을 위협하였다. 월살과 달라스통과 웬즈베리에서 폭도들은 메도디스트들의 아내를 갖가지 방법으로 폭행하고 여기저기 끌고 다녔다. 폭도들은 한결같이 "영국에서 메도디스트들을 모조리 없애버리겠다."고 선언하고 악마처럼 덤벼들었다. 한번은 폭도들이 존 웨슬리 일행의 마차를 공격하여 마차가 언덕에서 굴러 완전히 부서졌으나 기적적으로 사람은 다치지 않았다.

존 웨슬리 자신과 메도디스트들의 생명과 재산을 위협하는 무서운 핍박이 점점 심해지자 마침내 1744년 3월 5일 존 웨슬리는 영국 왕에게 편지를 보냈다. 존 웨슬리는 편지에서 메도디스트들은 매일 왕을 위해 기도하며 참된 기독교와 영국 국교회의 교리와 법과 규칙을 철저히 지키는 충성된 국교도라고 소개하면서 영국의 법과 왕의 선한 권위와 자비로 메도디스트들을 폭도들의 공격으로부터 보호해 주기를 간청하는 편지를 보냈다. 왕은 존 웨슬리의 편지에 친절한 답장을 보내왔다.[43] 왕은 최선을 다해 그렇게 하겠다고 약속하였지만 왕의 명령이 지방 행정관이나 치안관들에게 잘 전달되지 않았으며 그들은 왕의 명령을 지키지 않았다. 갈수록 박해가 심해지는 상황에서도 부흥운동은 더욱 불붙어 전국으로 퍼져나갔다.

당시 메도디스트들의 생활은 사회도덕의 표준이었다. 그들은 사회에서 가장 정직한 사람들이었으며, 가장 선한 사람들로 인정되었다. 사람들은 메도디스트를 보면 죄짓기를 부끄러워하였으며, 양심의 가책을 느꼈으며, 자신도 정직하게 살아야겠다는 감동을 받았다. 이처럼 존 웨슬리의 부흥운동은 풍성한 성결의 열매를 맺었던 것이다.

6) 폭도들이 무릎 꿇고 회개하다 - 사랑의 승리

존 웨슬리가 가장 견디기 어려웠던 것은 교구 성직자들의 박해였다. 요크셔에서 설교할 때 한 교구 성직자는 계획적으로 존 웨슬리를 해치기 위하여 폭도를 조직하여 존 웨슬리를 공격하도록 하였다. 폭도들은 설교하는 존 웨슬리에게 달려들어 얼굴을 내리쳤으며 지팡이로 마구 때렸다. 그들은 존 웨슬리를 어디론지 끌고 가서 매를 때리고 머리채를 잡아 돌리고 강물에 던지기도 하였다. 덜함에서는 존 웨슬리에게 총격을 가하고 물을 뿌리고 소방차를 동원하여 설교를 방해하였다. 로울리에서 설교할 때에는 폭도들이 굵은 몽둥이로 무장하고 덤벼들어 존 웨슬리는 간신히 피신하였다. 한번은 폭도가 큰 말뚝을 존 웨슬리의 얼굴에 던졌는데 말뚝이 살짝 빗나가기도 하였다. 만약 존 웨슬리가 거세게 날아드는 그 말뚝에 맞았다면 분명히 치명적인 상처를 입었을 것이다.[44]

찰스는 세인트이브에서 폭도들이 던진 돌멩이에 맞아서 죽을 뻔하였으며, 아일랜드에서는 폭도들에게 체포되어 끌려가 매를 많이 맞아 죽을 뻔하였으나 모두 구사일생으로 위기를 모면하였다. 많은 메도디스트 설교자들이 폭도들의 무차별 공격을 당해서 부상을 입었다.

찰스가 전도하여 메도디스트 설교자가 된 휫필드의 친구인 윌리엄 슈워드는 처음부터 메도디스트 신도회의 발전에 많이 봉사한 설교자였다. 그는 메도디스트 최초의 예배당인 브리스톨의 뉴룸(New Room)을 건축할 때에 가장 많은 헌금을 하였다. 그는 웨일즈 지방 전도에도 큰 공헌을 하였다. 그런데 뉴포트에서 설교 중에 폭도가 던진 돌에 맞아 그만 실명하고 말았다. 이후 헤이 온 와이에서 설교 도중 폭도들이 던진 큰 돌에 맞아서 치명적인 부상을 입은 그는 결국 며칠 만에 죽고 말았다. 슈워드는 역사상 최초의 메도디스트 순교자가 되었다.

메도디스트 설교자들은 가는 곳마다 생명의 위협을 당하면서 전도자의 삶을 살아갔다. 메도디스트 설교자들은 폭도들에게 구타당하고, 돌멩이에 맞아 깨지고 피 흘리고, 강물이나 시궁창에 던져지고, 질질 끌려 다니고, 몰매를 맞고, 산속이나 외딴 곳에 버려졌다. 때로는 모든 소유를 다 빼앗기고 말도 빼앗기고 수 십리 또는 백리 길을 걸어서 구사일생으로 간신히 집을 찾아오거나 메도디스트 신도회에 오기도 하였다. 폭도들은 메도디스트들의 집을 파괴하고 가축을 죽이고 농장을 파괴하였다. 위도프에서는 메도디스트 설교자들이 폭도가 던진 돌에 맞아 머리가 깨어져 많은 피를 흘리고 죽을 뻔하였다. 그들은 짐승의 오물과 진흙 구덩이에 설교자들의 머리를 쳐 박고 몽둥이로 마구 때려 거의 죽게 하였다. 볼톤에서는 존 웨슬리의 집회에 모인 설교자들에게 폭도들이 돌을 던져 많은 사람들이 피를 흘리고 부상을 당하였다.

충성된 메도디스트 존 넬슨의 부인은 폭도들에게 매를 맞고 불구자가 되어 평생 동안 누워 살았으며 아이들은 폭도의 공격으로 죽었다. 남편 존 넬슨은 광부로서 새벽부터 일하고 저녁에 야외 설교하러 갔다가 폭도들에게 잡혀 움직일 수도 없는 작은 방에 갇혔다. 그러나 그는 갇힌 중에도 "내 영혼은 하나님의 사랑으로 충만하다. 나에게는 이곳도 천국이다."라고 외치며 설교하였다. 그는 헌팅돈 부인의 도움으로 석방되었다.

알렉산더 마터는 1757년 말이 병들어 눈길에 빠지자 12마일을 걸어갔다. 존 웨슬리와 존 넬슨은 산속에서 길을 잃고 한데서 잠을 자며 산딸기로 배를 채우기도 하였다. 그들은 산속 마을 사람들에게 구걸하여 얻어먹으며 수십 마일을 걸어야 했다. 피터 제이코는 매를 맞아 피를 많이 흘려 죽고 말았다. 존 퍼드는 폭도가 쏜 총에 맞아 죽은 줄 알았으나 깨어나 보니 총알이 머리를 스치고 지나가 살았다. 크리스토퍼 호퍼는 소똥세례를 받고 발로 마구 짓밟혀 시궁창에 던져졌다. 토마스 리는 머리가 깨어져 불구자가 되었으나 야외 설교를 중단하지 않았다.

그러나 존 웨슬리는 설교자들에게 절대로 폭도들과 반대자들에게 나쁜 말을 하거나 어떤 경우에도 폭력으로 대응하지 말 것을 당부하였고, 선으로 악을 이겨야 할 것을 가르쳤다. 존 웨슬리와 메도디스트 설교자들은 매사에 반대자들과 폭도들에게 사랑과 온유와 친절로 선하게 대하였다. 존 웨슬리는 여러 번 폭도와 마주쳐서 그들을 감동시켰다. 버밍엄에서는 존 웨슬리의 말과 인격에 감동한 폭도들이 다른 폭도들의 공격으로부터 존 웨슬리를 보호하여 안전하게 메도디스트 신도회에 데려다 주었다. 맨체스터에서는 존 웨슬리를 죽이러 왔던 폭도들이 존 웨슬리의 설교를 듣고 오히려 회개하고 충실한 메도디스트가 되어 메도디스트 설교자들이 설교할 때마다 보호자가 되어 주었다.[45]

메도디스트 전도자들은 강하고 담대하였다. 그들은 믿음과 용기와 사랑으로 폭도들을 감동시켰다. 많은 폭도들이 전도자들의 설교를 듣고 회개하고 메도디스트가 되었으며, 폭도가 변하여 속장이 되고 설교자가 되기도 하였다. 초기 역사에는 이런 종류의 간증들이 많이 있었으며, 폭도와 노상강도가 메도디스트 전도자 앞에 무릎을 꿇고 회개하며 기도하는 장면의 그림들도 있었다.

7) 비에 젖고 눈에 빠진 존 웨슬리

존 웨슬리는 5피트 6인치(166cm)의 키에 122파운드(55kg)의 체중을 가진 작은 체구였지만 굉장한 체력과 정력을 지닌, 보기 드물게 건강한 사람이었다. 그는 매년 약 5,000마일을 여행하였으며, 평생 날마다 새벽 4시에 기상하여 5시에 설교하고 매일 두세 지역에 가서 설교하며 약 60마일을 여행하였다. 그는 말고삐를 느슨하게 놓고 말 위에서 책을 읽거나 편지를 쓰기도 하였다. 1765년에는 노르위치에서 야마우스로 가는 도중에 아이작 왓츠의 "생각의 개선"이라는 글을 읽고 서평을 완성한 적도 있었다. 또 여행하는 시간을 이용하여 마차 안에서 그리고 여관에서 「기독교 문고」(*Christian Library*) 전 50권을 만들었다.

존 웨슬리는 1703년 6월 17일에 태어나서 36세부터 88세로 일생을 마친 1791년 3월 2일까지 약 52년간 잉글랜드와 주변의 모든 섬들, 그리고 웨일즈와 스코틀랜드와 아일랜드 전역을 말을 타고 여행하는 전도자로 살았다. 그는 얼마든지 한 교구를 맡아서 안정되고 평안한 가운데 목회를 할 수 있었으며, 옥스퍼드 대학교의 교수로서 살 수도 있었다. 그러나 그는 일정한 교구도 없이 교회도 맡지 않고 잃어버린 영혼을 구원하기 위해서 죄인들을 찾아다니며 야외 설교(field preaching)하는 여행 전도자(travelling evangelist) 또는 순회 설교자(itinerant preacher)로서 가장 어렵고 힘든 길을 걸어갔다. 그는 일생 동안 말을 타거나 마차를 타고 다니며 야외 설교에 전 생애를 불태웠다. 1750년에는 새벽 5시부터 밤 11시까지 쉴 새 없이 말을 타기도 했다. 말이 병들거나 죽으면 무조건 걸을 수밖에 없었다. 그는 말을 많이 탔지만 걷기도 많이 걸었다. 그는 런던에서 엡웟까지 며칠 동안 걸은 적도 있었으며, 84세의 고령에도 수 마일을 걸었다. 그는 윈저에서 페트워스까지 진흙길을 14시간 동안 말을 타고 가기도 하였다.

이미 그가 겪은 고난에 대하여 이야기했지만 그것만이 전부는 아니다. 그는 세상의 비난과 박해와 폭도의 공격 외에도 갖가지 어려움과 맞부딪치며 자신의 길을 달려가야 했다. 존 웨슬리는 사시사철 영국의 변화무쌍한 날씨 때문에 고생한 것에 대하여 이렇게 말하였다. "나는 바람, 우박, 비, 눈, 얼음, 세차게 부는 진눈깨비, 안개, 살을 파고드는 추위를 뚫고 다녔다." 영국은 본래 비가 많이 오는 나라지만 18세기에는 요즘보다 훨씬 더 많은 비가 내렸다. 존 웨슬리는 설교 계획에 따라 약속된 시간에 약속된 장소에 가야만 하였다. 그는 시간 약속을 지키기 위해서 피나는 노력을 기울였다. 그러나 비가 많이 내리고 바람이 세차게 부는 날이면 말이 제 속력을 내지 못하여 차질이 생기곤 하였다. 영국 날씨는 너무나 변덕이 심해 예측할 수가 없어 존 웨슬리는 언제나 긴장할 수밖에 없었다. 강물이 불어서 말이 강물을 건너다가 강물에 떠내려가 구사일생으로 살아나기도 하였다. 말도 비를 많이 맞아 감기 몸살과 고열로 죽을 고비를 맞기도 하였다. 당시의 도로사정은 아주 나빠서 말이 넘어져 발을 삐기도 하였고 구렁텅이에 빠져 나오지 못하기도 하였다. 어떤 때는 존 웨슬리가 길을 잃고 방황하다가 지쳐 쓰러지기도 하였다. 길고 험한 여행에 지쳐 병들어 죽을 뻔한 적도 여러 번 있었다.

그는 어디 가든지 만족할 만한 수준의 숙박시설에서 쉬거나 자지 못하였다. 런던에 있을 때에는 파운더리 목사관에서 지내고, 브리스톨에서는 뉴룸(New Room)에서, 그리고 뉴캐슬에서는 고아원에서 지냈지만, 그밖에 다른 곳에서는 주로 여관이나 신자들의 집에서 신세를 지곤 하였다. 안락하고 따뜻한 잠자리를 얻기란 쉬운 일이 아니었으며, 식사를 거르거나 아주 조잡한 음식을 먹을 때가 많았으나 그는 모든 어려움을 잘 참아내면서 해야 할 일을 반드시 해냈다.

언제나 먼 길을 약속된 시간 안에 달려가야 하는 존 웨슬리에게 한여름의 더위와 한겨울의 추위는 여간 고통스러운 것이 아니었다. 특별히 소외 지역인 콘월과 북부 광산 지역을 여행할 때에는 더욱 고생이 심하였다. 겨울이면 북부 산악 지역에는 눈이 많이 쌓였고 안개로 인해 길이 막혔다. 말에게는 비보다 눈이 더욱 고통스러웠다. 눈이 오면 말은 잘 달리지 못했고 미끄러지거나 한번 넘어지면 일어나기 힘들었기 때문이다. 존 웨슬리는 말이 눈 속에서 빠져 나오지 못하여 걸어서 먼 길을 간 적도 많았다. 가다가 눈 속에 빠져 얼어죽을 위험에 처하기도 하였다. 비나 눈으로 인해 수십 리를 걸어가고 먹지도 못하고 심한 고생을 한 적도 많았다.

존 웨슬리가 하이위콤에서 설교하고 엔샴 강을 건널 때에는 강물이 불어나 둑을 넘고 소용돌이치는 바람에 말이 겁을 먹고 몇 번씩이나 둑 위로 뛰어 올라왔다. 존 웨슬리는 강물에 빠져 휩쓸려 내려가다가 가까스로 강둑에 닿아 살아나올 수 있었다. 그날 밤 존 웨슬리와 말은 모두 물에 흠뻑 젖은 채로 휘트니까지 걸어가 자정이 되어서야 여관에 도착할 수 있었다. 말은 병이 나서 먹지 못하였고 존 웨슬리도 몸살에 고열이 나서 죽을 뻔하였다. 영국은 비가 많고 강이 많은 나라이기 때문에 강수량이 많을 때면 여행객들은 언제나 고생과 위험을 겪었다. 여행 전도자 존 웨슬리는 이와 같은 일을 수없이 당하였다.

1764년 존 웨슬리가 웨일즈의 수루스베리에서 설교하고 여관에 가서 묵으려 하였는데, 여관 주인이 너무나 불친절하여 도저히 잠을 잘 수가 없었다. 그는 다시 아버리스티스로 가려고 길을 떠났지만 밤중이라 길을 잘못 들어 밤새도록 숲과 골짜기와 절벽과 늪지를 헤맸다. 가까스로 오두막집을 발견하고 그곳에서 침대 하나를 얻어 자려고 하였으나 광부들의 술주정이 심해서 그곳에서도 머물 수가 없었다. 술 취한 어느 광부의 안내로 다시 길을 떠나 새벽이 되어서야 산골 여관에 도착하였다. 그런데 말이 신음 소리를 내기에 살펴보니 술 취한 광부와 마부가 밤새 말을 타고 험하게 돌아다녀 말은 온 몸에 상처투성이였고, 먹이도 거의 먹지 못한 상태였다. 존 웨슬리는 말이 애처로워 잠도 자지 못하고 동네를 다니면서 건초를 구해다가 말을 먹이고 상처를 돌보아 주어야만 했다.[46]

8) 우리가 아직도 살아 있군요

존 웨슬리는 영국의 거의 모든 섬들을 전도 여행하였다. 그는 배를 타고 항해할 때에도 여러 번 죽음의 위기를 넘겼다. 당시 영국에는 노상강도들이 어디서든지 여행자들을 공격하였다. 특별히 먼 길을 여행할 때에는 누구든지 노상강도를 두려워하였다. 존 웨슬리는 여러 번 노상강도의 위험에 직면한 적이 있었지만 그때마다 그들의 습격을 피할 수 있었다. 존 웨슬리가 80세의 고령이 되던 해 어느 날 런던에서 마차를 타고 브리스톨을 향하여 출발하였는데, 도중에 노상강도들이 바로 앞에 간 마차들을 습격하여 약탈하고 사람들을 해쳤다는 무서운 소식을 들었다. 이때 존 웨슬리는 "하나님이 지켜주신다는 믿음을 가졌기 때문에 두렵지 않았다."고 기록하였다.[47]

존 웨슬리와 메도디스트 설교자들은 이와 같이 생명의 위협을 무릅쓰고 전도 여행에 헌신하였다. 그들은 언제나 지금도 살아 있다는 것만으로 감사했다. 그래서 그들은 매년 열리는 메도디스트 설교자 총회에서 만나면 서로서로 이와 같은 인사를 하였던 것이다. "우리가 아직도 살아 있습니까?"(And are we yet alive?), "우리가 아직도 살아 있군요!", "당신도 아직 살아 있군요!", "나도 아직 살아 있습니다!" 그래서 1746년 찰스 웨슬리는 메도디스트 설교자들의 이와 같은 인사말을 가지고 찬송을 지어 총회에서 부르게 하였는데, 이것이 "우리가 아직도 살아 있는가?"라는 말로 시작하는 찬송가다. 이 찬송가는 한국 교회 통일 찬송가 280장에 "생전에 우리가 또 다시 모였네"라는 제목으로 실려 있다. 이 찬송의 가사는 당시 메도디스트 설교자들이 처했던 상황을 잘 보여준다.

1. 우리가 아직도 살아서 서로의 얼굴을 보다니 주님의 은혜라
   (And are we yet alive, And see each other's face?)
2. 지난 모임 이후 온갖 환란 핍박 당해도 은혜로 이겼네
   (What troubles have we seen, What conflicts have we passed, Fighting without, and fears within, since we assembled last!)
3. 주 예수 변찮는 큰 사랑 베푸사 이때껏 인도하셨고 늘 인도하시네
   (But out of all the Lord hath brought us by His love; And still His help afford, And hides our life above.)
4. 구주의 권능을 힘입어 살았네 그 은혜 찬송하려고 이곳에 모였네
   (Then let us make our boast of His redeeming power, Which saves us to the uttermost, till we can sin no more.)[48]

이 찬송의 가사는 당시 존 웨슬리와 그의 설교자들이 얼마나 심한 핍박과

고난과 위험 가운데서 살았는지를 생생하게 전해 준다. 이 찬송은 존 웨슬리 당시부터 지금까지도 해마다 메도디스트 설교자들의 총회 때 개회 찬송으로 불리고 있다. 존 웨슬리와 메도디스트 전도자들은 매년 총회 때마다 형제 동역자들을 죽지 않고 살아서 다시 볼 수 있다는 것을 기적 같은 은혜로 여겼던 것이다.

9) 말 위에서 책 읽는 존 웨슬리

존 웨슬리는 52년간 18마리의 말을 부렸다. 말들은 늙어서 죽기도 하고 병들어 죽기도 하고 부상으로 죽기도 하였다. 그는 젊어서는 말을 타고 다녔지만 늙어서는 마차를 타고 다녔다. 그는 말을 천천히 걸어가게 하면서 말 잔등 위에서 책을 읽기도 하였다. 라텐베리는 존 웨슬리를 '주님의 말 타는 사람' (the Lord's horseman)으로 불렀다. 존 웨슬리는 처음부터 말안장을 서재의 의자처럼 사용하는 방법을 배워서 말고삐를 말의 목에 올려놓고 책읽기에 열중할수가 있었다. 그는 1770년 말 타고 독서하는 것에 대하여 이렇게 기술하였다.

> "나는 지난 30년간 말 잔등에서 독서하는 동안 말이 흔들리지 않게 할 수 있는 방법을 연구해 왔다. 그 결과 나는 말고삐를 말목에 걸어 놓고 가는 것이 최선이라는 것을 발견하였다. 그렇게 하면 독서에 열중하면서 10마일을 가도 책 읽는 동안에 말이 비틀거리지 않는다. 말고삐를 꽉 잡아야 한다는 것은 큰 착오다. 그러나 어떤 말은 그렇게 할 수가 없다."[49]

그의 말 타는 실력은 아주 뛰어났다고 전해진다. 존 화이트헤드는 존 웨슬리가 영국에서도 손꼽히는 승마 실력을 가진 사람이었으며, 특별히 그는 말을 사랑하여 언제나 말에게 자비와 친절을 베푸는 데 부족함이 없었다고 전한다.

그는 총회에서 설교자들에게 "당신이 타고 다니는 말에게 자비를 베풀어라. 부려먹지만 말고 잘 쓰다듬어주고 잘 먹이고 잘 재우라."고 충고하였다. 언제나 말이 유일한 교통수단이었기 때문에 말의 상태와 건강은 매우 중요하였다. 말이 약하고 병들어 길을 가다가 주저앉아버린 적도 있었고 병들어 죽은 적도 있었으며, 길을 달리다가 나뭇가지에 눈이 찔려 장님이 되어버린 적도 있었다. 때로는 폭도들이 존 웨슬리의 말을 공격하여 다리를 부러뜨리거나 눈을 다치게 하거나 말을 아예 훔쳐가기도 하여 존 웨슬리는 먼 길을 걸어가는 고통을 겪었다.

영국 동부의 외딴 도시 헐(Hull)에서는 폭도들이 마차를 공격하고 말을 때려 심한 상처를 입히고 물건들을 모두 훔쳐갔다. 말년에 이르러서 존 웨슬리는 주로 마차를 이용하였는데, 너무 고령이라 말안장에서 오랜 시간을 지탱할 수 없었기 때문이었다. 그는 때로 마차를 빌리거나 전세를 내 쓰기도 했다. 마차를 이용하는 것이 편하였지만 길이 나쁜 경우에는 타고 다니기가 힘들었다. 마차는 존 웨슬리에게 교통수단만이 아니라 다목적으로 사용되었다. 그는 1772년 새로운 마차를 구입하여 마차 속에 책장을 짜놓고 독서실과 사무실로 사용하고 기도실과 휴식처와 침실과 식당으로도 사용하였다. 그러나 때로는 마차가 고장이 나서 수십 리 길을 걷기도 하였다. 스코틀랜드에서는 말이 너무나 지쳐서 타고 갈 수 없게 되자 82세의 몸으로 폭우 속에서 12마일 이상을 걸어야 했다. 80세 되던 해에는 아일오브만 섬을 방문했다가 마차가 전복되는 사고가 나서 죽을 뻔하기도 하였다. 1774년에는 존 웨슬리의 말들이 갑자기 미친 듯이 언덕을 내리달려 옥수수 밭에 곤두박질치고 말았는데, 다행히 많이 다치지는 않았다.

10) 설교는 1마일 찬송은 2마일

부흥운동에서 존과 찰스의 형제애는 실로 세계 역사에 보기 드문 위대한 것이었다. 존 웨슬리에게 네 살 어린 동생 찰스 웨슬리(1707~1788)의 도움이 없었다면 부흥운동은 결코 성공하지 못했을 것이다. 사실 옥스퍼드 신성회(Holy Club; 1729~1735)를 처음 시작한 사람도 찰스였다. 이런 의미에서 보면 존보다는 찰스가 최초의 메도디스트였다. 부흥운동에서 찰스의 가장 큰 공헌은 그의 찬송에 있었다. 찰스는 일생 동안 약 9,000편의 찬송을 썼다. 18세기 존 웨슬리의 부흥운동에는 두 가지 영광스런 소리가 있었다. 하나는 존의 설교였고 또 하나는 찰스의 찬송이었다. 존 웨슬리는 부흥운동에서 찰스의 찬송을 적극적으로 활용하였다. 존의 머리와 찰스의 가슴은 완벽한 결합을 이루었다. 존의 설교와 찰스의 찬송은 너무나도 아름다운 조화를 이루어냈다. 존과 찰스 형제의 사랑과 협력은 인류 역사상 유례를 찾기 어려운 아름다운 것이었다.

메도디즘은 노래 속에서 탄생하였다.(Methodism was born into songs.) 부흥운동이 전개되면서 실제로 설교를 통해서 회심한 사람보다 찬송을 통해서 회심한 사람들이 더 많았다. 역사가들은 존 웨슬리의 부흥운동에서 한 사람이 설교를 듣고 회심하였다면 두 사람은 찬송을 듣고 회심하였다고 증언하였다. 또 메도디스트 설교가 1마일을 갔다면 메도디스트 찬송은 2마일까지 갔다고 증언하였다. 당시 메도디스트 부흥운동을 존경했던 어떤 영국 교회 성직자는 "한 사람이 교리에 끌려 왔다면 열 사람은 음악에 끌려 왔다."고 말하였다. 사람들은 존의 설교보다는 찰스의 찬송을 통해서 성서적인 참된 교리와 메도디스트 교리를 배웠다. 찰스의 찬송은 시와 노래로 쓴 메도디스트 교리요 교의학(methodist dogmatics)이었다.

존 웨슬리 형제는 일생 동안 60여 권의 찬송집을 출판하였다. 메도디스트들은 찰스의 찬송시를 통해서 기독교 교리와 신앙과 생활을 배웠다. 찰스의 찬송은 실천신학 전집과 같았다. 당시의 영국 국교회에는 일반 회중이 쉽게 부를 수 있는 마음의 찬송이 없었고, 주일예배에서 성가대가 부르는 라틴 성가밖에 없었다. 찰스는 성경의 말씀과 복음적인 신앙을 시와 노래로 쉽고 친근하게 표현하였으며, 평범한 사람들이 즐겨 부르는 대중적인 민요나 서정적인 가락을 사용하여 찬송을 만들었기 때문에 일반 대중의 가슴속에 친근하게 다가갔다.

존 웨슬리는 원래 옥스퍼드의 학자여서 그의 설교 내용은 성서적으로나 신학적으로 충실하고 논리적이었다. 물론 그는 쉽게 설교하려고 노력하였지만 감성보다는 이성에 호소하는 경향이 많았다. 그래서 존의 설교만 가지고는 결코 사람들의 메마르고 강팍한 마음을 감동시킬 수 없었다. 찰스의 감미로운 시와 노래가 꼭 필요했던 것이다. 누구든지 찰스의 찬송을 들으면 곧 쉽게 따라 부를 수 있었다. 찰스의 찬송은 보통 사람들에게 마음의 신앙을 불러 일으켰다. 그의 찬송은 보통 사람들이 누구든지 쉽고 재미있게 마음으로 부를 수 있는 '마음의 찬송'이었다.

찰스의 찬송은 가는 곳마다 마음의 신앙의 부흥을 일으켰다. 실로 찰스의 찬송이 없었다면 존 웨슬리의 부흥운동은 성공하지 못하였을 것이다. 메도디스트 부흥운동이 교회사에 미친 위대한 공헌 중에 하나는 찰스의 마음의 찬송이었다. 당시에 사람들은 메도디스트들을 보고 거룩한 가수들(holy singers) 또는 달콤한 가수들(sweet singers)이라고 불렀다. 그들은 처음부터 노래하는 메도디스트들(singing methodists)이었으며, 노래하는 신앙으로 노래하는 교회(singing church)를 탄생시켰다.

11) 존경받는 존 웨슬리

존 웨슬리와 메도디스트들에 대한 비난과 박해는 주로 부흥운동 초기에 가장 심했으며, 1770년대 후반에 이르러서야 점차 사라졌다. 존 웨슬리가 어떤 사람이라는 것이 세상에 잘 알려지고 메도디스트들의 선한 생활이 영국 사회에 인식되면서 비로소 존 웨슬리와 메도디스트들은 환영과 존경을 받게 되었다. 영국 국교회 대부분의 주교들과 교구 성직자들은 존 웨슬리에 대한 반대 감정과 시기심을 여전히 갖고 있었지만 그런 감정을 함부로 표현할 수 없었다. 또한 아주 드물게 폭도들의 방해가 발생하였지만 이전과 같이 심하지는 않았다.

존 웨슬리의 부흥운동이 전국적으로 아름다운 열매를 맺어가면서 존 웨슬리가 가는 곳마다 개인적인 변화와 사회적 변화가 분명하게 일어나고 있었기 때문이었다. 어디서나 메도디스트들이 경건하고 선한 생활을 하는 사람들이라는 사실이 영국 사회에 잘 알려졌다. 이제는 영국과 스코틀랜드와 아일랜드 어디서든지 일반 대중이 존 웨슬리를 사랑하고 존경하였기 때문에 그들은 자신들의 감정을 감추고 침묵할 수밖에 없었다. 국교회의 일부 주교들과 성직자들은 공개적으로 존 웨슬리를 지지하였으며 메도디스트 부흥운동에 협조하였다. 어떤 성직자들은 드러내놓고 또는 몰래 군중 속에 숨어서 존 웨슬리의 설교를 듣다 가곤 하였다.

특별히 대도시의 가난한 지역과 북부 산업지대에서 메도디스트들은 일반대중의 생활 방식과 도덕을 개혁하여 사회적 성결을 이루었다. 그들은 사랑의 실천을 통하여 가난하고 병든 사람들, 소외된 사람들, 고아, 과부, 불쌍한 노동자들, 죄수들과 불쌍한 아이들을 구제하는 박애운동을 통하여 일반 대중의 사랑과 존경을 받았다. 해가 갈수록 존 웨슬리가 여러 번 방문한 지역의 사람들은 존 웨슬리를 오래된 다정한 친구나 아버지처럼 따뜻하게 대하게 되었다. 부흥운동이 무르익어 감에 따라 존 웨슬리와 메도디스트들은 어디서나 영국 사회에서 가장 정직한 사람, 가장 선한 사람, 성결한 사람, 사랑의 실천가로 환영받고 존경받게 되었다.[50]

존 웨슬리는 1777년 1월 할로우스톤 교구 교회의 설교 초청을 받았으며, 교구 목사와 회중의 반응이 전과는 판이하게 달라진 것을 발견하고 자신이 환영받고 존경받는 것을 몸으로 느낄 수 있었다. 이것은 아주 놀라운 변화였다. 존 웨슬리는 이곳에서 "나는 오전과 오후에 할로우스톤 교구 교회에서 설교하였다. 나는 영적 자유를 느꼈고 회중은 크게 은혜를 받았다. 어떻게 이렇게 변했을까? 나는 근 50년 만에 존경받는 인물이 되었나 보다."라고 고백하였다.[51]

이 무렵 이와 같은 변화가 영국 전역에서 보편적으로 일어나고 있었다. 존 웨슬리에 대한 영국 국교회와 세상의 편견과 오해가 확실히 사라지고 박해 또한 사실상 끝나고 있었던 것이다. 폭도들은 더 이상 메도디스트들에게 폭력을 사용하지 않았다. 이제는 교회들과 정부의 행정관들도 메도디스트들은 광신주의자가 아닐 뿐만 아니라 영국 교회의 영적 개혁과 사회의 변혁을 일으키는 데 꼭 필요하고 고마운 사람들이라고 인식하게 되었던 것이다. 비록 존 웨슬리를 비판하고 반대하는 글은 계속 나오고 있었지만 그는 심한 방해 없이 비교적 자유롭게 활동할 수 있었다. 20세기 초 영국의 존 웨슬리 전기 작가인 리처드 그린(R. Green)은 이와 같은 변화에 대하여 다음과 같이 평가하였다.

"영국에서 그의 영향력은 상당히 컸기 때문에 어디서나 그의 주기적인 방문은 지역민의 큰 관심사가 되었고 흥분을 불러 일으켰다. 교회들도 그의 위대한 업적을 인정하였다. 적대감이 감소되었고 그를 존경하였으며 그에게 명예시민증이 주어졌다. 무엇보다 더 큰 상은 교회들이 그에게 자신을 개방한 것이었다. 이것은 그에 대한 존경의 표시였으며 국교회 성직자들의 근본적인 태도 변화였다. 그리고 이것은 지난 반세기 동안 영국 교회 전체에 신앙 부흥이 성공적으로 일어났다는 사실을 인정하는 증거들이었다."[52]

1777년 런던 메도디스트 본부 파운더리 예배당의 기도실 정초식에서 존 웨슬리는 메도디스트 부흥운동이 아름다운 열매를 맺어가고 있다는 것을 느끼면서 다음과 같이 말하였다.

"52년 전 심었던 겨자씨 한 알이 자라났다. 우리의 부흥운동은 우리뿐만 아니라 우리의 선조들이 상상도 못할 정도로 확장되어 왔다. 그것은 이 나라의 지방과 도시 어디에도 미치지 않은 곳이 없을 정도였다. 실로 모든 남녀노소를 초월하여 모든 사회 계층에 미쳤고 심지어 우리를 반대하는 악한 무리들까지도 변화시켰다. 우리 모두가 이러한 움직임을 보고 있다. 대중은 철저하게 죄를 회개하고 기쁨과 사랑으로 충만하여 그들이 육체 안에 있었는지 육체 밖에 있었는지 알 수 없었으며 그리스도의 사랑의 힘으로 세상이 주는 공포와 시련을 이기고 인류에게 겸손과 사랑과 선의로 성결의 열매를 보여주었다. 그토록 깊은 참회, 강한 신앙, 불붙는 사랑, 순전한 성결이 이처럼 짧은 기간에 많은 사람들에게 이루어진 것을 인류는 지난 수세기 동안 본 적이 없다."[53]

몇 년 후 존 웨슬리는 콘월과 런던과 옥스퍼드에서도 따뜻한 환영을 받으며 여러 교회로부터 설교 초청을 받았다. 그는 성직자들과 교인들의 친절에 감탄하였다. "나는 가는 곳마다 신자들과 지역 사람들의 친절에 놀라지 않을 수 없다. 손가락질도, 비난도, 조롱도 없다. 이제 십자가의 고난이 그쳤는가?" 특별히 대도시 런던에서는 수많은 교회들이 존 웨슬리에게 강단을 개방하고 설교를 부탁하였다. 브리스톨의 상황도 런던과 같이 변하였다. 브리스톨에서 가장 아름다운 교회인 성 메리 레드클리프 교회는 존 웨슬리에게 강단을 활짝 열어주었고 존 웨슬리는 그 교회에서 설교할 때마다 매우 행복해 하였다. 브리스톨 시장은 존 웨슬리를 식사에 초대하여 존경과 감사를 표시하고 전체 시 의원을 참석시켜 존 웨슬리의 설교를 듣게 하였다. 뉴악크 시장은 존 웨슬리에게 최대의 경의를 표하며 식사를 대접하였고 기도를 받기도 하였다. 북북 산업지대 도시들도 존 웨슬리를 뜨겁게 환영하였으며, 특별히 광부들과 산업 노동자들은 존 웨슬리를 가장 존경하는 아버지로 맞아주었다. 이제 존 웨슬리는 고향 엡웟교회에도 마음 놓고 가서 설교할 수 있게 되었으며, 교구 성직자와 지역 주민들의 친절한 대접을 받게 되었다.

존 웨슬리는 영국 서부의 고도인 엑세터의 주교로부터 식사 초대를 받아 융숭한 대접을 받았고 글로스터의 주교에게 정중한 초대를 받으며 교구 성직자들의 존경을 받았다. 존 웨슬리는 때로 상류층 인사들의 호화주택에 초대받기도 하고 그들로부터 빈번한 방문을 요청받기도 하였다. 존 웨슬리는 이와 같은 변화를 메도디스트들이 어떠한 고난에도 굴하지 않고 그리스도의 복음에 충성하면서 그리스도의 인내와 평화와 사랑으로써 악을 선으로 대하고 원수까지 사랑하고 국교회에 충성한 결과라고 믿으면서 하나님께 감사하였다.

런던의 주교 로버트 로우스는 존 웨슬리를 저녁식사에 초대하여 대화하는 중에 존 웨슬리의 겸손하고도 고매한 인격에 깊이 감화를 받아 이렇게 말하였다. "존 웨슬리 목사님, 내가 천국에서 당신의 발 밑에라도 앉을 수 있을까요?"54) 존 웨슬리는 이제 교회 지도자들과 사회 인사들의 존경을 받으며 인생의 말년을 맞아 자유롭고 평화롭게 일할 수 있었다. 말년에 존 웨슬리는 영국 국가와 국민으로부터 존경받는 아버지가 되어 가고 있었다. 수많은 영국 교회들이 그에게 강단을 개방하였지만 존 웨슬리는 야외 설교를 계속하였다. 주교들과 시장들과 사회 지도자들과 상류층의 존경을 받았지만 존 웨슬리는 변함없이 생애 끝 날까지 일반 대중의 목자요 평범하고 가난한 사람들을 위한 사랑의 사도로 살았다.

12) 로맨틱 존 웨슬리

존 웨슬리는 일평생 여행 전도자로 살면서 많은 고난을 겪었지만 고난보다 더 큰 기쁨을 누리면서 행복한 전도자의 삶을 살았다. 물론 그의 가장 큰 기쁨은 이미 밝힌 대로 영혼의 구원과 사회와 민족의 거룩한 변화를 보는 것이었다. 그렇지만 그 외에도 존 웨슬리에게는 로맨티시즘(romanticism; 낭만주의)이 있었다. 그의 낭만은 여행의 즐거움과 다양한 사람들을 만나 교제하는 우정의 기쁨이었다. 존 웨슬리의 일기를 읽어보면 그가 영국 방방곡곡을 다니면서 아름다운 자연 경치를 얼마나 좋아하고 즐겼는지를 알 수 있다. 그는 가는 곳마다 아름다운 자연에 감탄하고 찬사를 아끼지 아니하였으며 그 감상을 기록하였다. 그는 영국의 서남부 끝 지방의 산과 들과 목장, 그리고 바닷가의 경치를 좋아하였으며, 특별히 콘월을 여행하면서 시골 경치의 매력에 마음 깊이 빠져들곤 하였다. 서부지방 콘월과 데븐과 서머세트와 도싯, 그리고 남동부의 서섹스를 말을 타고 여행할 때마다 시골 풍경과 바다의 평온한 아름다움에 취하였다.

존 웨슬리가 서부에서 제일 좋아한 것은 콘월의 경치였다. 콘월에는 넓은 황무지가 있었다. 영국인들은 그곳의 황무지를 '무어'(Moor)라고 불렀는데, 이곳은 흙층이 얇고 비가 많은 땅이어서 풀이 잘 자라 수많은 종류의 풀꽃들이 사철 피어났다. 높은 산은 없고, 부드럽게 오르고 내리는 언덕들이 지평선을 가르는 인적이 드문 지방이었다. 이곳은 전통적으로 황무지를 개간하여 농토를 만들어 농사를 짓고 목장을 만들어 양과 소를 키우며 사는 조용한 땅이다. 콘월은 한눈에 보면 황량하고 쓸쓸한 땅으로만 보였다. 그러나 조용히 묵상하듯 바라보면 마음과 영혼 깊은 데까지 와 닿는 평온함과 고요한 기쁨을 경험하게 되는 곳이었다. 갖가지 종류의 야생화가 가득히 피어나고 푸르고 누런 평야와 끝없이 펼쳐진 초록색 목장이 흰 구름 뜬 하늘가로 올라가고 핑크빛 섞인 푸른 바닷가까지 맞닿은 콘월의 매혹적인 경치는 존 웨슬리의 피로와 시련을 아무것도 아닌 것처럼 바람에 날려 보냈다.[55]

존 웨슬리는 영국의 알프스라고 일컬어졌던 웨일즈를 여행할 때마다 산과 들과 목장과 밀밭의 아름다운 풍경을 가슴 깊이 느꼈다. 또한 웨일즈의 깊은 산골 마을인 방고르와 콘웨이, 그리고 바닷가에 절벽이 많은 펜마이어를 방문했을 때 쌍무지개가 떠 있는 것을 보고는 감탄하여 그곳을 떠나기 싫어하였다. 그는 남부 웨일즈의 목장 마을과 바닷가를 말을 타고 천천히 다녔으며, 일부러 걸어 다니기도 하였다. 그는 그곳 깊은 산 속의 옛 성(castle)으로 들어가 정원을 거닐었다. 그리고 산골마을과 전원마을 초가집들의 소박한 모습에 마음이 한없이 끌렸다. "우리는 아름다운 골짜기를 지나고 이름 모를 수많은 꽃들이 피고 열매가 가득한 언덕을 노래하면서 달려 그림처럼 다정하고 조그마한 산골 마을에 도착하였다."56)

존 웨슬리는 존 밀턴과 윌리엄 워즈워드를 비롯한 여러 시인들의 고향인 북부 호수 지역(Lake District)의 경치에 마음이 뛰곤 하였다. 그는 북부 광산과 공장지대를 여행할 때 이곳을 지나면서 쉬어갔다. 그는 이곳의 산과 호수, 그리고 오랜 세월 잘 보존되어 온 옛날 집들과 정원의 꽃들과 산과 들에서 자라는 야생화를 좋아하였다. 존 웨슬리는 북부 산악지대 하스톤에 있는 푸른 목장의 언덕에 서서 보름달이 비치는 달빛 아래서 설교하였다. 처음 달빛 아래서 설교하던 날 밤, 그는 사람들의 얼굴을 환하게 볼 수 없었지만, 수많은 영혼들이 통곡하는 것을 보며 말로 표현할 수 없는 기쁨을 느꼈다고 기록하였다.

존 웨슬리는 14번이나 스코틀랜드 전도 여행을 하였다. 그는 그 땅의 아름다운 풍경을 즐겁게 감상하면서 말을 타고 달렸다. 특별히 높은 성곽에 둘러싸인 고도 에딘버러와 성 앤드류(St. Andrews)의 아름다움에 경탄하였고 북부 하일랜드(highland)의 산과 비탈진 목장을 비끼며 비구름 사이로 뜬 찬란한 무지개를 바라보면서 찬송을 부르며 말을 달렸다. 그는 아일랜드를 매우 좋아하여 일생 40번씩이나 전도 여행을 하였다. 그는 아일랜드 사람들에게서 영국인들보다 더 큰 친근감과 애정을 느꼈다. 동시에 그는 아일랜드의 자연 경치에 매료되었다. 존 웨슬리의 전도 활동으로 메도디스트 신도회는 아일랜드에서 가장 큰 개신교회가 되었다. 당시 존 웨슬리의 추종 세력은 런던 다음으로 아일랜드의 수도 더블린에 많았다.

존 웨슬리가 87세 되던 해, 죽기 1년 6개월 전 아일랜드에서 마지막으로 설교하고 떠날 때 아일랜드 사람들과 작별하던 모습은 대단히 감동적이었다. 사람들은 존 웨슬리가 타고 떠날 배가 있는 곳까지 따라왔다. 배에 오르려는 존 웨슬리에게 그들은 엎드려 절을 하였다. 존 웨슬리가 찬송을 부르자 그들도 따라서 불렀다. 존 웨슬리는 무릎을 꿇고 뜨거운 기도를 드렸고, 사람들은 눈물을 흘리며 존 웨슬리를 껴안고 키스를 하였다. 존 웨슬리는 배에 올라 두 손을 들어 그들을 축복하였고 그들은 서로의 모습이 보이지 않을 때까지 손을 흔들었다.[57]

존 웨슬리는 브리스톨, 런던, 뉴캐슬에서 가장 많은 날을 지냈지만, 설교 여행을 할 때에는 친구들의 집이나 그 지역 메도디스트들의 집 또는 여관에서 지냈다. 그는 자신이 머무는 집 사람들의 따뜻한 대접을 받았으며 그들과의 교제를 즐겼다. 가는 곳마다 수백 수천 명의 사람들이 존 웨슬리를 자기 집에 초대하여 식사를 대접하며 말씀을 듣고 교제하기를 원했다. 존 웨슬리가 가는 곳마다 엘리사를 환대했던 수넴 여인과 같은 사람들이 예비되어 있었으며, 메도디스트들은 앞을 다투어 자기 집을 기쁨으로 내어 주었다. 때때로 존 웨슬리는 지방의 주교들과 성직자들의 초대를 받았으며, 지방 행정관들과 부유한 상류층 사람들과 저명인사들의 환대를 받았다. 롬스베리파크의 부유한 농장 주인은 존 웨슬리에게 다음과 같이 친절한 초대장을 보냈다. "존 웨슬리 목사님께서 올 겨울에 쉬실 계획이 있으시면 롬스베리파크에 정중히 초대합니다. 오신다면 저희에게 큰 영광이 될 것입니다. 수넴 여인이 엘리사를 위해서 주무실 자리와 책상과 촛대를 준비하여 모신 것처럼 저도 목사님을 편히 모실 수 있다면 크나큰 기쁨이 되겠습니다."[58]

존 웨슬리는 자기가 만나는 모든 사람들을 사랑하였고 그들에게 기쁨을 주었으며, 말씀과 기도로 축복하였다. 존 웨슬리는 가는 곳마다 각계각층의 다양한 사람들을 만나 대화를 즐기고 우정을 쌓아갔다. 그것은 평생의 전도자 존 웨슬리의 기쁨이고 행복이었다. 존 웨슬리의 전도일기는 이러한 기쁨으로 화려하게 기록되어 있다. 이것이 말 타는 여행 전도자 존 웨슬리의 로맨티시즘이었다. 실로 존 웨슬리는 복음적 로맨티시즘(evagelical romanticism)을 즐겼다. 아마도 이런 멋과 즐거움이 없었다면 그는 그 거친 고난을 다 견디지 못했을 것이고, 그렇게 위대한 일을 감당하지도, 행복하지도 못했을 것이다.

3. 사자가 어린 양이 되다 – 성서적 성결을 온 땅에(1739~1791)

1) 신비 체험의 열매는 삶의 변화다 – 개인적 성결

여기서는 존 웨슬리 설교의 열매, 즉 부흥운동의 결과에 대하여 이야기해 보고자 한다. 그 열매는 개인적 성결과 사회적 성결이었다. 존 웨슬리는 "회개가 종교의 현관(porch)에 다가서는 것이라면, 믿음은 종교의 문을 여는 것이며, 성결(holiness)은 종교 그 자체다."[59]라고 하였으며, 참된 종교는 "그리스도 안에 있었던 마음을 품고 그리스도가 걸어가신 대로 걸어가는 것"[60]이라고 말했다. 그리고 참된 구원에 대하여 이렇게 가르쳤다. "참된 구원은 이 세상에 사는 동안 죄로부터 건짐을 받고 우리 영혼의 본래 건강과 원초적 순결을 회복하는 것이며, 본래 주어졌던 거룩한 성품을 회복하는 것이며, 하나님의 형상을 따라서 우리의 영혼을 갱신하는 것이다. 이것은 모든 거룩한 기질과 하늘나라 성품, 즉 모든 대화와 행동에서 성결을 의미하는 것이다."[61] 또한 구원의 과정과 순서에 대하여 '회개 → 이신칭의 → 신생 → 성화 → 완전 성화'라고 말함으로써 구원의 목표는 성결(성화)의 삶을 살며 성화의 복을 누리는 것이라고 가르쳤다. 존 웨슬리에게 설교의 목표는 진정한 회심과 이에 따르는 성결의 열매였다.

존 웨슬리의 부흥운동은 언제 어디서나 성결의 열매를 맺었다. 그러나 존 웨슬리를 끝까지 반대하고 그의 설교 듣기를 거부하는 곳에서는 달랐다. 존 웨슬리가 한번은 브리스톨의 상류층 동네인 클리프튼(Clifton)교회에 설교하러 갔다. 거기 모인 대부분의 사람들은 아주 교만하고 냉담해 보였다. 존 웨슬리는 그중에 다만 몇 사람이라도 구원받기를 바라는 마음으로 설교하였다. 다음날 그는 그들을 하나님의 손에 맡기고 로즈그린으로 가서 1,500명에게 설교하였다. 폭풍우가 몰아쳤으나 사람들은 조금도 동요하지 않았다. 얼마 후 여러 사람들이 폭풍 같은 성령의 역사에 넘어지고 말았다. 그들은 마치 잠자는 것처럼 고요하게 누워 있다가 곧 깨어나서 평안함과 기쁨으로 가득하였고 신생을 체험하였다. 그런데 많은 사람들이 존 웨슬리에게 다가와서 어떻게 이런 일이 일어날 수 있느냐고 물었다. 그리고 그들은 환상, 꿈, 입신 등의 신비 체험이나 눈물을 흘리면서 죄를 고백하는 것이 곧 죄의 용서나 구원을 받는 것이 아니라고 설명하려 하였다. 존 웨슬리는 이러한 질문과 도전에 대하여 다음과 같이 대답하였다.

"적어도 내가 본 것으로 판단할 때 이런 것들은 진실로 하나님의 역사입니다. 나는 순식간에 공포와 절망의 영에서 벗어나 사랑과 평화와 기쁨의 영으로 변화되는 사람들을 수없이 보았습니다. 그리고 그들이 그들을 지배하던 죄된 욕망으로부터 벗어나 하나님의 뜻을 행하려는 순전한 욕망으로 변화하는 것을 수없이 보아 왔습니다. 나는 이런 모든 일의 증인입니다. 신비한 경험을 한 사람들은 실제로 이렇게 삶의 변화를 보이고 있습니다. 그들은 꿈이나 환상을 통해서 십자가에 달린 그리스도나 영광의 주님을 만났습니다. 물론 뒤로 넘어지는 것, 경련, 눈물 흘리며 우는 것, 큰 소리를 지르는 것, 환상, 계시 등의 신비 체험 자체가 중요한 것은 아닙니다. 신비 체험의 참된 열매는 삶의 변화입니다. 그들의 생활 전체에 놀라운 변화가 일어나고 있습니다. 그들은 경건치 않은 데서 돌이켜 경건해지고 악한 생활에서 돌이켜 선한 생활을 하고 있습니다."[62]

존 웨슬리는 이러한 현상을 분명히 성령의 역사로 인정하고 변호하고 지지했지만 지나치게 내세우거나 자랑하지는 않았다. 더욱이 이런 신비한 현상이나 기적적인 사건들을 군중 동원과 헌금 등 그 밖의 어떤 불순한 목적에 이용하지도 않았다. 그는 이런 신비와 기적이 성령의 역사의 외적 표적일 뿐 이런 것이 목적이거나 전부라고 생각지는 않았던 것이다. 존 웨슬리는 설교와 부흥운동의 목적과 중심을 한 번도 이런 신비나 기적에 두지 않았으며, 언제나 그의 메시지의 중심을 회개, 이신칭의, 성령의 증거와 구원의 확신, 성화에 두었다. 다시 말하자면 그의 설교의 메시지는 이신칭의와 신생(新生)과 성화와 완전 성화에 집중되었으며, 따라서 그의 부흥운동의 목적은 진정한 회심과 하나님의 자녀로서 새롭게 탄생하는 신생의 체험, 그리고 성령 안에서 새로운 삶을 사는 마음의 성결과 생활의 성결이었다.

2) 술주정뱅이들이 성자가 되다

존 웨슬리는 자신의 설교를 들은 수많은 사람들이 참된 회심을 통하여 새로운 사람으로 변화되고 성결한 마음과 성결한 생활을 하게 된 것을 보고 이런 증인들이 바로 설교의 열매라고 생각하고 일기에 이렇게 썼다. "하나님께서 수많은 산 증인들을 세상에 보여주신다. 그의 손을 펴서 고치시고 또한 그의 거룩하신 아들 예수를 통하여 지금도 표징과 기적들을 나타내신다."[63] 그는 1747년 자신을 핍박하는 런던의 주교 에드먼드 깁슨에게 보낸 편지에서 야외 설교가 주님의 뜻이며 정당한 것이라는 사실을 그 결과를 통해 판단할 것을 다음과 같이 촉구하였다.

"지난 9년간 나의 야외 설교의 결과가 어떤 것인지 아십니까? 당신은 내가 소개하는 사람들이 어떻게 변하였는지 그 열매를 보아 알게 될 것입니다. 구름같이 많은 증인들이 내가 설교하는 복음이 구원에 이르는 하나님의 능력임을 이 시간에도 경험하고 있습니다. 습관성 음주가들이 현재 술을 완전히 끊고 모든 생활에 절제하고, 정욕으로 방탕하던 자들이 경건한 생활을 하고, 도둑과 강도질을 일삼던 자들이 이제는 제 손으로 일하여 살고, 아내를 구타하고 자식을 버린 자들이 좋은 남편 좋은 아버지가 되고, 욕설과 불평과 저주를 일삼던 자들이 두려움으로 주님을 섬기고, 게으르고 미련하여 무질서하던 자들이 근면하고 성실하게 생활하고 있습니다. 심지어 폭도들이 회개하여 새로운 인생을 살며 주님을 섬기고 이웃을 사랑하는 선한 사람들이 되었습니다. 이전에 죄의 노예처럼 살던 자들이 이제는 경건한 생활을 하는 자들로 변화되었습니다.

나는 여기 그들의 이름을 다 열거할 수 없습니다. 그들 중에는 오랫동안 무신론자였던 자들도 있고 오랫동안 교회를 비웃고 훼방하던 자들도 있습니다. 그들 중에는 오랫동안 기독교를 증오하던 유대인들도 있고, 이름만 그리스도인이었던 가톨릭교인도 있습니다. 그러나 대다수는 참된 신앙이나 경건과는 아주 거리가 먼 사람들이었습니다.

존경하는 주교님, 이처럼 구름같이 많은 증인들의 진실을 부인할 수 있습니까? 만약에 당신이 증거를 대라면 대겠습니다. 나와 메도디스트들이 전파하고 실천하는 교리들이 진정한 그리스도의 복음이라는 것은 누구라도 부인할 수 없을 것입니다."[64]

당시 엑스터의 주교 조지 라빙톤은 존 웨슬리를 광신주의자라고 비난하고 메도디스트 운동을 새로운 열광주의와 미신의 혼합물이라고 혹독하게 핍박하였다. 많은 국교회 주교들이 존 웨슬리를 괴롭혔지만 그중에서도 깁슨과 라빙톤이 가장 심하게 핍박하였다. 존 웨슬리는 라빙톤 주교에게 보낸 편지에서도 같은 어조로 메도디스트 설교의 아름다운 열매에 대하여 증언하였다.

"주교님, 당신이 메도디스트 운동을 새로운 열광주의라고 하는 것은 전혀 근거 없는 비판입니다. 메도디즘은 성서적 구원의 복음을 설교하고 성서적 성결을 온 땅에 전파하는 참되고 실천적인 신앙(practical religion)운동입니다. 수년 전까지만 해도 영국과 아일랜드는 온통 죄악으로 가득 찼었습니다. 신앙의 형식도 경건의 능력도 사라진 상태였습니다. 이러한 암흑에서 하나님은 이 땅에 빛이 있으라고 명하셨습니다. 아주 짧은 기간에 수많은 죄인들을 회개시키시고 구원하셨습니다. 그들은 마음과 성품이 변할 뿐 아니라 외적으로 사회생활도 변화하였습니다. 그들은 하나님과 이웃을 사랑하며 모든 경건과 자비로 선행의 삶을 살고 있습니다. 그들은 어디서나 마음의 성결과 생활의 성결(holiness of heart and life)을 이루어가고 있습니다."[65]

18세기 영국 사회는 술독에 빠졌다는 말처럼 양조장이 많고 술집이 많고 알코올 중독자가 많았다. 영국 사회의 타락이 술 때문이라는 말은 일리가 있었다. 그래서 존 웨슬리는 금주운동을 적극적으로 펼쳐나갔다. 그는 술을 만들고 파는 자들은 지옥불을 지피는 사람들이며, 술을 마시는 것은 지옥불을 마시는 것이라고 비난하고, 지상에서 술을 완전히 없애버리겠다고 공언하였다. 메도디스트는 술을 만들지도 팔지도 마시지도 않는 사람들로 영국 사회에 알려졌다. 이러한 존 웨슬리의 금주운동 때문에 양조장 주인들은 존 웨슬리를 대단히 증오하였다. 그런데 존 웨슬리의 설교를 방해하려고 왔던 양조장 주인이 회개하고 양조장을 없애버리는 일이 생겼다. 존 웨슬리는 바로 이 양조장 마당에서 설교하였다. 존 웨슬리는 수많은 술주정뱅이들이 성자로 변했다고 보고하였다.

1751년 어느 날 존 웨슬리는 볼톤에서 집회를 마치고 이발소에 갔다. 그 주인은 존 웨슬리에게 자신의 회심을 이야기하였다. 그는 볼턴에서 가장 악명 높은 술주정뱅이 깡패였다. 그런데 어느 날 술집 창문가에 걸터앉아서 존 웨슬리의 설교를 듣다가 성령의 감동을 받았다. 그는 즉각적으로 술을 끊을 수 있는 힘을 달라고 기도했다. 그는 기도 중에 환상을 통하여 예수님을 만났고 그분의 음성을 들었고 성령의 능력에 감동되어 신생을 체험하였다. 하나님은 그에게 그 이상의 은혜를 주셔서 술을 끊었을 뿐만 아니라 많은 복을 주셨다. 그는 자신이 경험한 놀라운 은혜를 간증하면서 존 웨슬리에게 감사하였다.[66]

1763년 존 웨슬리는 맨체스터에서 놀라운 얘기를 들었다. 그는 어느 날 그 도시에서 슬럼가로 유명한 콩글리턴에 설교하러 갔다가 지독한 알코올중독자가 되어 아내를 버리고 자녀들까지 거리에 버린 사람을 만났다. 그는 존 웨슬리의 설교를 방해하려고 고함을 지르고 욕설을 퍼붓고 난동을 부렸다. 그러나 그는 그날 밤 마음이 괴로워서 한잠도 못자고 왠지 심령이 불안해서 견딜 수가 없었다. 그래서 메도디스트가 된 옛날 술친구를 찾아가서 자신의 모든 인생의 문제를 얘기하였다. 그런데 술을 마시고 있는 그들에게 그 집 하녀가 "술 마시는 메도디스트를 처음 보았네!"라고 말하자 그들은 의자를 던지고 식탁을 뒤엎어 버리고 하녀를 구타하고 시궁창에 던져버렸으며 모든 사람을 쫓아냈다. 그 술주정뱅이는 집으로 돌아와 너무 괴로워서 집을 부수고 문짝을 떼어내 길바닥에 내동댕이쳤다.

이틀 후에 그들은 메도디스트 애찬식에 참석하였다. 모인 신자들이 그를 위해서 간절히 기도할 때 그에게 성령이 강하게 역사하여 뒤로 넘어지고 말았다. 한참 후에 깨어나서는 두 손을 높이 쳐들고 "주께서 내 모든 죄를 사하셨다."고 외치며 기뻐하였고, 그의 친구는 그를 껴안고 함께 마리아의 찬가를 부르며 찬양하였다. 그날 두 사람은 모두 진정한 회심을 체험하고 맨체스터의 속장이 되어 맨체스터의 부흥운동에 중요한 일꾼들이 되었다.[67]

3) 수많은 어린이들이 회심하다

존 웨슬리의 설교를 듣고 회심한 사람들은 나이와 직업과 사회적 계층의 측면에서 볼 때 매우 다양하였다. 다른 설교자들의 회심자들에 비하여 존 웨슬리의 회심자들 중에는 어린 청소년들이 많았다. 그는 1785년 더블린에서 일기에 이렇게 기록하였다. "하나님께로 회심한 어린아이들의 수가 참으로 많은 것이 놀랍다. 13세나 14세밖에 안 된 어린이들이 마치 30~40세 된 어른처럼 진지하게 회개하고 하나님의 은혜에 감동하였다. 수많은 어린이 회심자들이 계속 참된 경건으로 성장하고 있다." 사드웰 레메 메이슨이라는 16세 된 여자아이는 런던 파운더리 예배당에서 존 웨슬리의 설교를 듣기 위해서 대중 속에 끼어 하루 종일 기다렸다. 날씨 때문에 존 웨슬리의 여행이 늦어졌기 때문이었다. 많은 사람들이 실망하여 그냥 돌아갔지만 그녀는 끝까지 기다렸다가 존 웨슬리의 설교를 들었다. 그녀는 80세로 일생을 마칠 때까지 파운더리 예배당의 충성된 메도디스트로 살면서 수많은 어린이들을 전도하여 파운더리 예배당을 1,000명이 넘는 주일학교 어린이로 가득 차게 하였다.

뉴캐슬과 북부 산업지대에서는 어린이 회심자들이 너무 많아서 어린이 속회가 크게 부흥하였다. 어린이가 속장이 되어 속회를 지도하고 스스로 속회를 운영해 나갔다. 브리스톨과 런던의 파운더리와 런던의 동북부 슬럼 지역에서는 어린이 회심자들이 특별히 많아 주일학교 방이 모자라서 교사들이 자기 집으로 어린아이들을 데리고 가서 가르쳤다. 이렇게 존 웨슬리 부흥운동에 어린아이들이 많이 모였기 때문에 메도디스트 신도회들은 주일학교를 설립하고 어린이 전도와 교육을 위해 헌신적으로 일하였다. 부흥운동이 무르익어 갔던 1750년대 후반부터는 메도디스트 주일학교(sunday school)들이 주간학교(day school)로 발전하여 초등학교(primary school) 형태를 이루게 되었다. 이것이 사실상 영국에서 초등학교가 탄생하고 발전하는 주요 동기가 되었다. 그리하여

1800년대 초에 성인 메도디스트의 수가 약 10만 명이었는데, 메도디스트 주일학교에도 약 10만 명의 어린이들이 있었다. 그리고 1900년도에는 약 100만 명의 어린이들이 메도디스트 주일학교에 있었다.[68]

4) 노동자, 죄수, 군인, 장애자들이 회심하다

18세기는 영국에서 산업혁명이 활발하게 일어나던 시대였다. 산업화의 원동력이 된 것은 석탄, 주석, 알루미늄, 납, 아연, 구리, 금, 은 등을 캐고 제련하는 광산업이었다. 따라서 광산지대에는 수많은 광산 노동자들이 가난하고 비참한 삶을 살고 있었다. 그들은 하루 12시간 이상의 고된 광산 노동을 하면서도 적은 임금에 노동력을 착취당하였으며, 더러는 도덕적으로 무질서한 사람들이었고 종종 광부들이 폭도로 변하여 사회적으로 위험한 세력이 되기도 하였다.

부흥운동 초기부터 존 웨슬리는 광산지대를 가장 많이 방문하여 야외 설교를 하였다. 킹스우드, 하남산, 바스, 콘월, 덜함, 셰필드, 뉴캐슬, 리즈, 프레스톤, 요크, 돈카스터, 그리고 노팅햄 지역은 모두 다 존 웨슬리가 야외 설교를 하기 위해 즐겨 찾던 광산 지역이었다. 이들 광산 지역의 광부들과 노동자들 중에서 수많은 회심자들이 생겼다. 또한 버밍엄, 맨체스터, 리버풀 등 북부 산업지대도 존 웨슬리가 자주 찾은 지역이었다. 광산 지역과 산업지대의 메도디스트 회심자들은 가정생활과 사회생활에서 경건하고 성실한 사람들로 변화되었다. 광산 지역과 산업지대에는 처음부터 메도디스트 신도회가 많았으며, 오늘날까지 메도디스트 교회들이 가장 많이 남아 있다. 또한 이들 지역의 광산과 공장에서 메도디스트 속회가 크게 부흥하였다. 19세기 들어 이들 지역에서 노동조합운동이 활발하게 일어날 때 대부분의 노동조합운동의 지도자들이 메도디스트 설교자들과 속장들이었던 것은 이미 잘 알려진 역사적 사실이다.

존 웨슬리의 회심자들 중에는 감옥의 죄수들도 많았다. 존 웨슬리가 평생토록 가장 많이 찾은 감옥은 브리스톨의 뉴게이트 감옥, 옥스퍼드의 바카도 감옥과 뉴게이트 감옥, 런던 근처의 타이번 감옥과 뉴게이트 감옥, 그리고 아일랜드의 뉴게이트 감옥 등이었다. 당시 영국의 형법은 너무나 가혹하여 남의 집 나뭇가지 하나만 꺾어도, 남의 집 개를 때리기만 해도 감옥에 가야 했다. 사형에 해당하는 죄목은 무려 160가지나 되었으며, 귀족들은 가난한 사람들이 1실링을 훔치거나 말이나 양 또는 토끼를 한 마리만 훔쳐도 사형수로 고발하였다.

존 웨슬리는 세상의 오물처럼 버려지고 죽어가는 죄수들, 특히 사형수들이 처형되기 전에 꼭 만나 전도하고 구원하려고 모든 노력을 다하였다. 감옥의 소장과 직원들은 존 웨슬리가 죄수들을 만날 수 있도록 친절하게 도와주었으며, 타이번 사형장의 직원들은 죄수들이 사형을 당하기 전에 존 웨슬리를 만나서 설교를 듣고 기도를 받도록 도왔다. 수많은 사형수들이 사형을 받기 전에 신앙을 고백하고 죄 용서의 확신과 구원의 확증을 체험하고 영혼의 평안과 천국의 소망 가운데 사형대로 나아갔다. 존 웨슬리는 죄수들을 무척 사랑하였으며, 사형수들을 애처롭게 여겨서 한 사람 한 사람 상담하고 기도하며 그들에게 위로와 소망을 주었다. 죄수들은 언제나 존 웨슬리를 기다리고 그의 말을 잘 들었다. 존 웨슬리의 일기를 보면 존 웨슬리의 설교를 들었던 죄수들은 거의 다 회개하고 구원의 은혜를 경험하였으며, 특별히 사형수들은 구원의 확신을 얻고 성령 안에서 평화와 기쁨으로 찬송을 부르며 천국의 새로운 문(new gate; 당시 영국의 감옥 이름은 대부분 이렇게 불렸다)을 열고 들어갔다고 기록되어 있다.

존 웨슬리만이 아니라 모든 메도디스트 설교자들이 그렇게 했다. 이후 감옥 전도는 메도디스트 선교의 강력한 전통이 되어 영국에서 메도디스트 교회가 처음으로 그리고 가장 많은 교도소 목사를 파송하였다. 1784년 존 웨슬리는 런던의 뉴게이트 감옥에서 47명의 사형수들을 만나 설교하였다. 처음에 그들의 얼굴은 공포에 질린 절망스런 모습이었으나 존 웨슬리가 설교하는 도중에 모두 눈물을 흘리며 회개하였고, 구원의 은혜를 누리며 평화로운 얼굴이 되었다. 그리고 며칠 후 그들은 처형되었다.

존 웨슬리는 군인들에게도 상당한 인기가 있었다. 그는 군부대를 자주 찾아가 설교하였다. 군인들은 존 웨슬리를 대단히 좋아하였고 진정으로 존경하였다. 존 웨슬리를 얼마나 존경하였는지 마치 예수님처럼 대하였다. 웨슬리의 일기와 편지에는 군인 지휘관들과 일반 장교들의 이름이 가끔 등장하였다. 당시 영국에서 군인은 가장 불쌍한 사람들이었다. 특별히 일반 사병들은 왕의 이름으로 충성하다가 희생되면 그 희생 자체가 명예일 뿐 그 외에는 아무런 보상도 없었으며, 부상을 당하거나 병들어 쓸모없게 되면 결국에는 버림을 받아 죽고 말았다. 군인들은 국가의 노예나 다름없었다. 많은 수의 군인들은 죄수들이었다. 그들 중에는 사형을 면제 받기 위해서 들어온 사형수들도 많았다.

그래서 군대의 지휘관들은 이러한 군인들에게 기독교인적 교양과 신앙심을 심어주기 위하여 존 웨슬리와 같이 박애주의 정신을 가진 성직자를 초청하였다. 그들은 존 웨슬리의 설교를 듣고 위로와 용기와 소망을 얻었으며, 그리스도인으로 변화되었다. 존 웨슬리가 다녀가자 군대 안에서는 수많은 회심자들이 생겨났다. 그래서 부흥운동 초기부터 영국 군대에는 메도디스트들이 많이 있었으며, 상당수의 속회가 운영되고 있었다. 그리고 메도디스트 군인들은 해외에 나가서도 그곳에서 속회를 계속하였고 신도회를 만들어 원주민 선교까지 적극적으로 감당하였다. 아일랜드 최초의 메도디스트들도 잉글랜드에서 건너간 메도디스트 군인들이었으며, 그들에 의하여 웨슬리 형제가 초청되어 메도디스트 선교가 시작되었다. 뿐만 아니라 북아메리카의 미국이나 캐나다, 호주와 뉴질랜드, 아프리카, 아시아, 태평양의 섬나라들도 메도디스트 군인들에 의해 원주민 선교가 이루어졌다는 역사적인 기록들이 있다. 군인들은 존 웨슬리를 가장 존경하고 환영하였던 회중이었으며, 부흥운동 초기부터 가장 충성된 메도디스트들이었다. 존 웨슬리는 영국의 불쌍한 군인들에게 사랑의

아버지가 되어 주었다.[69]

　존 웨슬리의 회심자들 중에는 '구빈원'(poor house)에 사는 사람들도 많았다. 구빈원은 본래 불치병에 걸린 병자들과 팔다리를 못 쓰는 장애인들과 눈먼 장님과 벙어리와 오갈 데 없는 노인들과 폐인이 되어 사회생활을 못하는 사람들 등 극빈자들이 함께 모여 사는 곳이었다. 심지어 영국 정부는 감옥의 방이 모자라자 죄수들을 이곳에 가두어 놓기도 하였다. 존 웨슬리는 이런 구빈원을 자주 방문하였다. 그리고 메도디스트들에게 구빈원을 정기적으로 방문하여 전도하고 돌보도록 하였다. 존 웨슬리는 아무도 돌보는 사람이 없어서 구빈원에 버려진 영혼들을 불쌍히 여겨 그들을 메도디스트들과 함께 도왔다. 그들 중에 많은 회심자가 나왔으며 나중에는 메도디스트 구빈원을 세워 그들을 돌보는 일을 효과적으로 하게 하였다.[70] 실로 존 웨슬리는 광부, 공장 노동자, 장애인, 죄수, 군인들처럼 가난하고 소외되고 고난당하는 사람들의 아버지요 사랑의 사도로 살았던 것이다.

5) 사자가 어린 양이 되다

　존 웨슬리 당시 영국에서 군인은 고급 장교를 빼고는 거의 대부분이 불쌍한 사람들이었다. 즉 그들은 전쟁이 나서 아무데나 나가 싸우다 죽으면 그냥 버려도 상관없는 존재로 취급되었다. 세계에 많은 식민지와 개척지를 가진 영국 정부는 가난한 사람들과 죄수들을 군대에 끌고 가서 전쟁터에서 처참하게 소모되다가 죽어가도록 하였다. 존 웨슬리는 이러한 군인들을 매우 애처롭게 여겨 자주 방문하여 설교하고 위로하였다. 군대의 고급장교들은 존 웨슬리를 매우 존경하고 환영하였다. 그들은 자기들의 힘으로는 부하들을 다스릴 수 없음을 알고 존 웨슬리의 도움을 이용하였던 것이다. 사실상 존 웨슬리는 영국 군대의 군목으로 활동한 셈이었다. 벌써 1744년부터 영국 육군 안에는 메도디스트 속회가 있었으며, 군대 안의 메도디스트 신도회는 점차 영국 군대 전체로 확대되었으며, 놀랍게도 해외에 파견된 군대에도 메도디스트 군인들이 있어서 그들이 해외 주둔 군대에서 속회를 운영하고 토착민에게 전도하여 해외 선교의 개척자들이 되었다. 실제로 영국 감리교회 해외 선교역사에는 메도디스트 군인들이 시작한 선교지가 상당수 나타나고 있다.[71]

존 웨슬리의 회심자들이 가난한 노동자들뿐이라는 말은 잘못된 것이다. 회심자들 중에는 귀족이나 상류층 사람들도 꽤 있었다. 특히 부흥운동 후반에 가서는 상류층 사람들이 존 웨슬리의 설교를 들으러 많이 왔으며 그들이 메도디스트 신도회에 들어오는 경우도 많아졌다. 엡웟에서 설교할 때는 30세가 되도록 한 번도 교회에 가본 적이 없었다는 젊은 귀족이 존 웨슬리의 설교를 듣게 되었다. 설교를 듣던 그는 땅바닥에서 발이 떨어지지 않아 동상처럼 움직일 수가 없었다. 그는 한참 동안 그렇게 있다가 가족이 와서 데리고 갔다. 그는 집으로 가서 구원의 은혜를 체험하고 경건한 신자가 되었다. 존 웨슬리는 그를 10년 후에 다시 만났다. 레스터에서 설교할 때에는 어떤 부자 귀족이 존 웨슬리를 찾아와서 영혼의 평안을 위해 기도를 요청하였다. 그는 존 웨슬리의 기도와 전도의 말을 듣고 신생을 체험하고 신실한 믿음을 얻었다.

헌팅돈 부인(Lady Huntingdon)은 부유한 귀족이었으나 존 웨슬리의 설교를 듣고 회심하여 메도디스트가 되어 존 웨슬리의 부흥운동에 가장 큰 재정후원자가 되었다. 그러나 나중에는 칼빈주의자가 되어 존 웨슬리와 결별하고 휫필드의 충실한 추종자로서 칼빈주의 메도디스트(calivinistic methodist) 교회를 창립하고 신학교까지 세웠다. 존 웨슬리는 헌팅돈 부인을 통하여 상류층 사람들을 만나 그들에게 설교할 수 있는 기회를 가졌으며, 많은 상류층 사람들이 회심하고 메도디스트 신도회에 들어왔다. 이것은 특별히 런던의 상류층 사회에서 메도디스트 신도회가 부흥하는 좋은 계기가 되었다.

부흥운동 초기부터 콘월 지방은 존 웨슬리 설교의 효과가 가장 크게 나타난 지역이었다. 한번은 그 지방 치안판사가 어느 공적 집회에서 이렇게 말하였다.

"메도디스트 설교자들이 문제아들을 모조리 새사람으로 바꾸어 놓았기 때문에 나는 할 일이 없습니다. 아직도 술주정뱅이와 깡패와 아내를 괴롭히는 남자와 남편에게 바가지를 긁는 아내가 있거든 어서 존 웨슬리에게 데려다 주십시오. 그가 즉시 새로운 사람으로 변화시켜 줄 것입니다."[72]

존 웨슬리의 설교와 부흥운동은 이와 같이 수많은 사람들의 삶에 실제적인 변화를 가져왔다. 존 웨슬리의 회심자들은 수천 수만 수십만으로 증가하였다. 그리고 그들의 진정한 회심과 새로운 생활은 존 웨슬리 부흥운동의 거룩한 열매요, 생생한 증거요, 하나님의 은혜였다. 존 웨슬리는 콘월에서 메도디스트 회심자들의 참된 회심의 증거에 대하여 이렇게 말하였다.

"많은 사람들이 이전에는 죄악된 생활을 하였으나 이제는 경건하고 복된 생활을 하고 있습니다. 전에는 사자와 같던 사람들이 이제 어린 양처럼 변하였습니다."[73]

6) 성서적 성결을 온 땅에 – 사회적 성결

존 웨슬리는 1744년 첫 번째 메도디스트 설교자 총회에서 하나님께서 메도디스트들을 불러일으키신 목적은 새로운 교단을 이루고자 함이 아니요, "민족을 개혁하고, 특별히 교회를 개혁하여 성서적 성결을 온 땅에 전파하는 것"(to reform the nation, particularly the Church; and to spread the scriptural holiness over the land)이라고 선언하였다.[74] 존 웨슬리는 하나님께서 이 교리를 세상에 실현하기 위하여 메도디스트들을 불러 세우셨다고 총회 때마다 힘주어 가르쳤다. 존 웨슬리와 메도디스트 부흥운동의 목적은 '교회를 개혁하고 사회를 성화하고 민족을 구원하는 것'이었다. 따라서 존 웨슬리 설교의 결과는 '마음의 성결과 생활의 성결'(holiness of heart and holiness of life)이었다. 존 웨슬리의 야외 설교로 부흥운동이 일어나고 메도디스트 신도회가 생겨나는 곳이면 곧 그 지역사회에는 '도덕과 생활습관의 개혁'(reformation of manners and morality)이 일어났다.

킹스우드는 부흥운동의 발생지인 브리스톨에서 약 3마일쯤 떨어진 광산 지역이다. 이곳에는 벌써 17세기 말엽부터 개발된 광산촌으로 유명하였다. 킹스우드는 영국에서 가장 가난하고 더럽고 무질서한 지역으로 술집도 가장 많고 날마다 술주정뱅이와 깡패와 도둑이 극성을 부리고, 광부들의 자녀들이 교양 없이 막 자라 거리를 배회하며 패싸움과 강도짓과 도둑질, 그리고 술과 담배로 타락한 지역이었다. 결혼과 이혼과 재혼을 마음대로 하고 정상적인 가정보다 비정상적인 가정이 훨씬 더 많았다. 부모에게 버림받은 아이들은 갈 곳이 없어 움막 같은 곳에 모여 도둑질로 연명하였고 이들은 커서 킹스우드의 무서운 폭도가 되었다. 존 웨슬리는 용감하게 이곳에 들어가 야외 설교를 하여 수많은 회심자들을 얻었으며, 그들의 마음과 생활을 개혁하여 새로운 삶을 살게 하였다.

당시 하남산 주변의 마을들은 주로 킹스우드 광부들의 주거 지역이었는데, 존 웨슬리의 부흥운동이 가장 활발하게 일어난 곳이다. 본래는 술집이 많기로 유명했으나 존 웨슬리의 설교를 듣고 많은 광부들이 회심하고 새로운 생활에 들어감으로써 모든 술집이 장사가 안 되어 문을 닫아버림으로 1850년대까지 술집이 없었다. 존 웨슬리는 킹스우드의 변화에 대하여 다음과 같이 말하였다.

"영국 서부에 사는 사람치고 킹스우드 광부들의 끔찍한 이야기를 듣지 않은 사람들은 없을 것입니다. 그 사람들은 하나님을 두려워하거나 사람을 존중하는 것은 고사하고 하나님을 무시하고 사람을 경멸하는, 마치 멸망할 동물과 같은 사람들이었습니다. 그들은 결코 가르쳐서 고쳐질 것 같지 않고 아무 소망도 없어 보였습니다. …
그러나 하나님의 은혜로 우리의 노력은 헛되지 않았습니다. 킹스우드의 모습은 이제
완전히 바뀌었습니다. 이곳은 이제 저주와 불경건한 소리가 들리지 않습니다. 술 취
함과 더러움과 빈둥거리는 사람과 못된 오락이나 즐기는 사람이 없어졌습니다. 싸움
과 다툼과 욕지거리와 고함소리와 혈기 부림 같은 것이 없어졌습니다. 이제 이곳에
는 사랑과 평화가 흐릅니다. 대다수의 사람들이 따뜻하고 신사답고 친절하며 서로를
잘 돕고 사랑하는 사회가 되었습니다. 심지어 그들의 일터에서도 큰 소리를 들을 수
없게 되었습니다. 다만 크게 들리는 것은 저녁 해질 때 들리는 광부들의 찬양 소리뿐
입니다."75)

킹스우드는 메도디스트 역사상 아주 기념할 만한 곳이었다. 최초의 메도디
스트 신도회와 속회가 이곳에서 활발하게 부흥하였고 애찬회와 철야기도회도
이곳에서 광부들의 의해 처음으로 시작되었다. 존 웨슬리는 불쌍한 광부들의
자녀들을 위해 '킹스우드 학교'를 설립하였다. 이것이 메도디스트 역사상 최
초의 미션학교가 되었으며, 광부들의 자녀들과 가난한 집 아이들이 이곳에서
경건과 학문으로 자라났다. 존 웨슬리는 킹스우드 학교가 옥스퍼드보다 더 좋
은 학교로 발전하고 민족을 개혁하고 성서적 성결을 전파하는 거룩한 도구가
되기를 바랐다. 킹스우드는 1739년 말 이미 하나의 작은 기독교 공화국
(Christian commonwealth)이 되었던 것이다. 존 웨슬리 부흥운동으로 인하여 생
겨난 첫 번째 '메도디스트 공화국'(methodist common wealth)이라고 할 수도
있다.

존 웨슬리는 1742년 요크셔의 석공 존 넬슨의 초청을 받아 북부 잉글랜드에
서 처음으로 설교를 시작하였다. 존 넬슨은 존 웨슬리의 설교를 듣고 회심을
체험하였고 고향인 버스탈(Birstal)을 복음화하려는 목적을 가지고 귀향하여 존
웨슬리를 초청한 것이었다. 버스탈은 북부 탄광지대에 속하는 곳으로서 도덕

적으로 심하게 부패한 지역이었으나 존 웨슬리와 넬슨의 전도 활동을 통하여 북부에서 처음으로 '거룩한 도성'(holy city)처럼 성화(聖化)되었다. 존 웨슬리는 버스탈의 변화에 대하여 다음과 같이 기록하였다.

"버스탈의 탕자들이 완전히 새롭게 변하였다. 그들의 저주와 욕설은 기도와 찬양으로 바뀌었다. 절망적이던 술주정뱅이들이 경건하고 성실한 신사들이 되었다. 주일을 더럽히던 사람들이 주일을 거룩하게 지키고 있다. 도성 전체가 새롭게 창조된 모습이다. 하나님께서 한 사람의 증거를 통하여 이렇게 위대한 변화를 이루셨다."76)

존 웨슬리는 같은 해 7월에 북부의 최대 광산 지역인 뉴캐슬에 동역자 존 테일러와 함께 가서 야외 설교를 시작하였다. 뉴캐슬에는 귀족 출신의 메도디스트 평신도 지도자 헌팅돈 부인이 기다리고 있었다. 그녀는 존 웨슬리를 광부들과 부두 노동자들에게로 데리고 갔다. 존 웨슬리는 요크셔로 들어가는 작은 동네에서 주정뱅이들이 욕설을 퍼붓고 심지어는 어린아이들까지도 더러운 욕설을 지껄이는 소리를 들었다. 주일에 존 웨슬리와 테일러는 가장 가난하고 더러운 지역인 산드게일로 가서 설교하였는데, 처음에는 300~400명이 모였다. 다음날 설교에는 1,500명이 모였다. 모인 사람들 중에는 성격이 거칠고 사나운 사람들이 많은 것 같았다. 여기저기에서 더러운 욕을 하면서 설교를 방해하고 존 웨슬리를 위협하였다. 존 웨슬리는 전략상 짧게 설교하고 저녁 5시에 다시 오겠다고 약속하고 급히 떠났다. 존 웨슬리는 이곳이야말로 지옥의 언어가 울려 퍼지는 저주받은 땅이라고 생각하였다. 저녁에 그 자리에 다시 가보았더니 회중은 급증하여 약 20,000명이 모였다. 존 웨슬리의 설교가 끝날 무렵 그곳은 성령이 강하게 역사하여 죄를 회개하고 구원의 은혜를 구하며 울부짖는 기도소리와 찬양소리로 하늘이 진동하였다. 그때부터 존 웨슬리는 요크셔, 뉴캐슬, 리즈, 맨체스터, 셰필드 등 광산지대와 산업지대를 휩쓸며 부흥운동을 펼쳐나갔다.

북부는 런던이나 남부와 중부보다 존 웨슬리의 설교를 훨씬 더 잘 받아들여서 마치 솜뭉치가 물을 빨아들이는 것처럼 보였다. 브리스톨이나 킹스우드에서 일어났던 성령의 불이 북부에서는 끊임없이 타올랐다. 셀 수 없이 많은 광부들과 공장노동자들이 눈물을 흘리며 회개하고 바닥에 쓰러져 뒹굴며 소리쳤다. 설교가 끝나고 찬송을 부를 때에는 성령의 각양 은사가 폭포수같이 풍성히 임하고 기쁨이 넘쳐나 마치 천국이 임한 것처럼 느껴졌다. 존 웨슬리가 설교자들에게 "너희를 필요로 하는 자들에게 먼저 가라."고 한 것은 바로 북부의 사람들을 두고 한 말이었다. 존 웨슬리는 런던이나 부유한 남부 사람들에게 설교하는 것보다 북부의 순박한 사람들에게 설교하기를 더욱 좋아하였다. 그는 북부의 가난한 광부들과 노동자들을 사랑하였으며, 노동자들 또한 존 웨슬리를 사랑하고 존경하였다. 북부는 이제 명실 공히 메도디스트 왕국(methodist Christendom)이 되어 갔다. 존 웨슬리는 날이 갈수록 그들의 순박하고 호의적인 반응에 고무되어 남부보다도 북부에 더 오래 머물게 되었다. 1743년 한 해 동안 존 웨슬리는 런던에서 14주간, 브리스톨 지역에서 10주간, 뉴캐슬 지역에서 13주간, 중북부에서 12주간, 콘월 지역에서 3주간을 머물렀다.

북부 사람들은 존 웨슬리를 북부의 사도라고 부르기도 했다. 북부는 가는 곳마다 메도디스트 예배당이요, 메도디스트 학교요, 메도디스트 노동조합, 나그네 공동체, 신용조합, 고아원, 병원, 센트럴 홀 등 메도디스트 선교와 교육과 자선기관으로 가득 찼다. 뉴캐슬은 순식간에 메도디스트 도성으로 변해 갔다. 그리고 이러한 변화는 북부 산업지대 전역으로 확산되어 갔다. 부흥운동 초기부터 북부는 메도디스트 공화국으로 사회적 성화를 이루어 갔다. 존 웨슬리가 가는 곳마다 수많은 광부들과 공장 노동자들이 참된 회심을 체험하고 타락한 생활에서 성결의 생활로 변화되었다. 중북부 광산과 산업지대는 초기부터 동네마다 공장마다 메도디스트 신도회와 속회가 부흥하였으며, 존 웨슬리 사후

메도디스트 교회가 가장 많았고 신앙의 열심이 가장 뜨거운 지역이 되었다.[77]

존 웨슬리는 북부 산업지대에 버려진 아이들을 보고 눈물을 흘렸다. 그는 뉴캐슬에 고아원을 세웠는데, 고아원은 곧 학교를 겸하게 되었다. 존 웨슬리가 북부 전도에 중점을 두면서부터 그곳은 자연히 북부 부흥운동의 본부가 되었으며, 존 웨슬리도 북부에 갈 때마다 그곳에서 쉬며 설교자 모임을 가졌다. 이렇게 해서 존 웨슬리의 순회 설교 여행을 위한 전략적 삼각형(missionary triangle)이 형성되었다. 즉 서부에는 브리스톨의 뉴룸(New Room), 동부에는 런던의 파운더리(Foundery), 북부에는 뉴캐슬의 고아원(orphanage)이 영국 복음화를 위한 본부가 된 것이다. 또 특기할 만한 것은 초기부터 북부에서는 존 넬슨, 알렉산더 마터, 윌리엄 헌터, 조셉 카운리, 토머스 테난프, 토머스 르터포드, 제스퍼 로빈슨, 리차드 모스 등 역사적으로 유명한 설교자들이 많이 나왔다는 점이다.

사회적 성결에 대하여는 너무나 많은 증언이 있지만 몇 가지만 더 들어보기로 하자. 런던의 슬럼 지역 동부는 영국의 추한 모습을 다 갖고 있다고 할 정도로 악하고 더러운 곳이었다. 그러나 메도디스트 부흥운동이 활발하게 이루어지면서 그곳은 철저하게 변하였다. 한 치안판사는 이렇게 증언하였다.

"이곳은 저주받은 지옥과 같은 곳이요, 세상의 쓰레기와 그 냄새로 뒤덮힌 땅이었습니다. 그러나 이제는 메도디스트들의 전도와 사랑으로 타락 이전의 에덴동산과 같이 변하였습니다. 가정을 파괴하고 자식을 버리던 잔인한 아버지들이 가정으로 돌아오고, 알코올중독자들이 기적적으로 술을 끊고, 어려서부터 타락한 아이들은 메도디스트 주일학교에서 아브라함의 자녀들로 거듭났습니다."[78]

남서부의 소외 지역인 콘월의 변화에 대하여 존 웨슬리는 이렇게 보고하였다. "세인트 저스트 사람들은 난동, 싸움, 음주와 방탕 등 기타 모든 악행에서 전국적으로 일등을 차지하였으나 이제는 그 사자 같은 사람들이 순한 양처럼 변했다. 그들은 늘 하나님을 찬양하며 자기 동료들을 회심으로 인도하고 날마다 하나님께 영광을 돌린다."[79] 고향 엡윗의 변화에 대하여도 그는 "하나님께서 온 지역을 거룩하게 하셨다. 안식일을 어기는 일과 술 취함은 거리에서 자취를 감추었고 저주와 욕설을 들을 수가 없다. 부정과 부패도 꼬리를 감추었다."[80]라고 기록하였다.

1772년 아브로스에서 존 웨슬리는 이렇게 보고하였다. "이 도시에는 실로 위대한 변화가 일어났다. 지난날 가득 찼던 안식일 어김, 저주, 욕설, 술 취함, 하나님 모독, 부정부패, 각종 악행은 이제 찾아볼 수 없다. 대신 사람들은 선행을 배우고 하나님 나라를 이루어간다."[81] 아일랜드의 에이어코트에서는 이렇게 보고하였다. "최근 이 지역에서는 큰 부흥이 일어났다. 악명 높고 방탕한 죄인들이 완전히 변하여 구원의 복음을 전하고 의를 행하는 복된 증인들이 되었다."[82]

존 웨슬리의 부흥운동은 영국인의 마음과 삶의 방식을 개혁하였다. 개인의 삶을 변화시켰을 뿐 아니라 사회도덕을 변화시켰고 민족의 성품을 개혁하였다. 교회사가 어거스틴 비넬(A. Binnell)은 존 웨슬리에 대하여 다음과 같이 말하였다. "아무도 존 웨슬리처럼 살 수 없을 것이다. 영국인의 삶에서 존 웨슬리를 말하지 않으면 안 된다. 역사상 아무도 존 웨슬리만큼 많은 사람들에게 위대한 영향을 끼칠 수 없다. 아무도 존 웨슬리만큼 사람의 마음을 움직일 수 없다. 아무도 영국인을 위해서 존 웨슬리 같은 삶을 살 수 없다." 존 웨슬리의 전도운동의 결과는 교회 역사상 가장 위대한 것이었다. 유명한 퀘이커 신학자 러프스 존스(R. Jones)는 존 웨슬리의 부흥운동을 이렇게 평가하였다.

"물이 포도주로 변하고 탕자들이 집으로 돌아오고 많은 사람들이 죽음에서 생명으로, 지옥에서 천국으로 옮겨졌다. 그의 부흥운동은 거룩한 변화의 기적을 일으켰고 특별히 사회를 변혁시켰다. 사람들의 마음과 생활이 성결해지고 감옥이 개혁되고 노예무역이 중지되고 노예해방이 이뤄지고 사회생활은 개선되고 무지가 정복되고 곳곳에서 생명의 샘물이 터져 나왔다."[83]

이러한 사회적 성결의 증거들은 수없이 많아 다 열거할 수가 없다. 실로 존 웨슬리의 메도디즘은 실천적인 기독교(practical religion)요, 실천적인 성결(practical holiness)운동이었다. 그리고 이것이 바로 존 웨슬리의 가장 위대한 유산이라고 할 수 있다.

4. 연결된 사람은 안전하고 복되다 – 존 웨슬리의 연결주의(1739~1791)

1) 연결이 안 된 신자들은 모래밧줄과 같다

존 웨슬리는 부흥운동 초기부터 자신의 회심자들을 효과적으로 보호하고 양육할 수 있는 확실한 연결제도(connexion)가 마련되지 않는다면 자신의 모든 노력이 물거품이 되리라는 사실을 잘 알고 있었다. 그는 노스썸버랜드에서 여러 번 설교하고 많은 회심자들을 얻었지만 아무런 연결 조직을 만들지 않은 결과 '거의 모든 씨가 길가에 떨어졌음'을 알게 되었다. 1743년 뉴캐슬을 방문했을 때 그는 이 사실을 더욱 절감하였다. 악마는 인간이 절반 정도만 각성되어 있다가 곧 다시 잠자는 상태로 떨어지기를 바라고 있다는 것을 발견하고 존 웨슬리는 다음과 같이 말하였다. "그러므로 나는 하나님의 은혜를 힘입어 내가 후속조치를 할 수 없는 곳에서는 한 사람도 회심시키지 않기로 결심하였다."[84]

이러한 결심이 바로 그의 평생의 원칙이 되었으며, 바로 이러한 원칙의 실천 때문에 메도디스트 부흥운동을 성공적으로 이끌어 갈 수 있었다. 또한 그는 펨브로크에서 설교를 많이 하고도 연결 조직을 만들지 않고 훈련도 시키지 않아 10명의 회심자 중에 9명이 이전보다 더 깊은 잠에 빠지고 말았다고 말하였다. 하트포드 웨스트에서 같은 사실을 발견하고 존 웨슬리는 "내가 비록 사도처럼 설교한다 해도 각성된 자들을 함께 모아 훈련하지 않는다면 마치 아이를 낳아서 살인자와 마귀에게 맡기는 것과 똑같다."고 말했다. [85]

존 웨슬리가 메도디스트 신도회를 조직하는 것을 보고 교구 성직자들은 이미 교구에도 신자들이 있으므로 신도회를 조직하는 것은 교회의 분열을 조장하고 친교를 파괴하는 행위라고 비난하였다. 비난에 대해 존 웨슬리는 이렇게 대답하였다.

"누가 그들을 사랑으로 돌보았는가? 누가 그들을 은혜 안에 성장하도록 도왔는가? 누가 그들을 때때로 말씀으로 가르치고 권면하였는가? 그들이 어려움에 처했을 때 누가 위하여 기도하고 위로하였는가? 아무것도 하지 않으면서 그것을 친교라고 하는가? 우리의 교구들에서 진정한 친교를 찾을 수 있는가? 어디에 그런 친교가 있는가? 오히려 우리의 교구 신자들은 모래밧줄과 같지 않은가? 그들 사이에 어떤 연결과 영적 교제가 있는가? 그들은 다른 사람의 영혼을 돌보고 서로의 짐을 져주고 있는가? 나는 기독교 친교가 완전히 파괴된 우리들의 교구에 진정한 친교를 위해서 신도회를 조직한다. 연결 조직의 열매는 평화, 기쁨, 사랑, 그리고 온갖 선행이다." [86]

이와 같이 존 웨슬리가 연결 조직을 중시한 이유는 단 한 가지 신자들을 안전하게 보호하고 효과적으로 양육하는 데 있었다. 어떤 새로운 교단이나 종파를 만들려는 것이 아니라 그의 유일한 목적은 하나님이 주신 회심자들을 진리와 사랑 안에서 최선의 방법을 사용하여 효과적으로 돌보는 것이었다. 그는 연결되지 않은 사람들은 모래밧줄과 같이 약해서 쉽게 부스러지고 만다는 사실을 한시도 잊지 않았다. 연결 조직(connexional system)이야말로 신자들을 믿게 할 뿐만 아니라 건강한 신앙으로 성장하게 하는 가장 위대한 방법이라고 확신했으며, "이런 것을 무시하거나 거부하는 사람들은 마치 어린아이가 태어나자마자 더 이상 보호가 필요 없다고 생각하는 사람과 같이 어리석은 사람들이다. 가장 필요하고 중요한 보호는 어린아이나 신자나 태어나면서부터 시작되어야 한다."고 주장하였다.[87] 연합한 사람은 건강하고 안전하고 복되게 자라나는 반면에 연합하지 않은 사람은 곧 이전의 상태로 돌아가거나 더 나빠지는 것을 그의 눈으로 직접 보았기 때문이다.

2) 서로를 돌보고 지켜주는 신도회

존 웨슬리는 회심자가 생기면 곧 신도회 조직에 넣어 철저히 돌보는 일을 강화하였다. 회심자는 점점 더 많아지고 신도회는 계속 늘어갔다. 처음으로 부흥한 신도회는 역시 런던의 파운더리 신도회와 브리스톨 신도회였다. 파운더리 신도회는 본래 페터레인 신도회에서 존 웨슬리를 따라 나온 신자들이 모여 시작된 것이다. 웨슬리는 런던 북부 가난한 노동자들의 주거 지역인 무어필드(Moorfields)에 있는 문 닫은 무기공장(Foundry)에서 설교하였는데, 처음에는 그 무기공장을 임대했다가 곧 사서 개조하여 최초의 메도디스트 건물을 마련하면서 크게 부흥하였다. 이것이 파운더리 신도회의 파운더리 예배당(Foundery Chapel)이 된 것이다. 요즘으로 말하자면 개척 교회를 시작한 것이나 다름없었다. 이 건물에는 66개 속회가 모이는 방들과 1,500명이 모이는 집회실, 주일학교, 주간학교, 존 웨슬리의 거실과 수산나의 거실, 설교자들의 숙소, 약방, 진료소, 신자들의 친교실, 상담실, 신용조합 등이 있었다. 파운더리 신도회는 가난한 노동자들이 많이 들어오면서 1741년에 약 1,000여 명이 되었고 매일 새벽 성경강해 기도회에는 약 300명씩 모였다. 이곳은 빠른 속도로 메도디스트 런던 본부로서의 규모를 갖추어 갔다.

브리스톨 신도회는 1739년 4월에 시작되었다. 브리스톨 회심자들은 서로의 잘못을 고백하고 서로를 위해 기도하고 함께 구원을 이루어가기 위해 매주 1회 정기적으로 모이기 시작하였다. 신도 수가 급증하면서 독자적인 공간이 필요하여 '뉴룸'(New Room)이 건축되었다. 뉴룸도 파운더리처럼 그 용도가 다목적이었고 이곳은 곧 서남부의 메도디스트 센터가 되었다. 사실 런던보다 브리스톨의 교인들이 더 가난해서인지 존 웨슬리는 뉴룸 건축비 때문에 빚을 많이 졌다. 파운더리나 뉴룸은 영국의 거대한 대성당이나 아름다운 예배당에 비하면 초라하기 짝이 없었지만 가난한 메도디스트들에게는 더할 나위 없이 좋은 믿음과 사랑의 보금자리였다.

존 웨슬리는 더욱 치밀한 조직이 필요함을 깨닫고 1739년 브리스톨에서 그 다음 해에는 런던에서 연합신도회(The United Society)를 결성하였으며, 1743년 5월 10일에는 전국적으로 연합신도회를 결성하였다. 신도회의 입회 자격은 단 한 가지로 누구든지 "다가올 진노를 피하고 죄에서 구원받고자 하는 소원"을 가지기만 하면 되었다. 메도디스트 신도회 회원들은 소속한 교구 교회의 주일 예배에 참여하였고 주일 저녁과 매일 새벽 5시 성경강해 예배로 모였다. 이제 존 웨슬리의 연결주의(connexionalism)가 본격적으로 가동되기 시작한 것이었다. 존 웨슬리는 연합신도회의 목적과 규칙을 발표하였다. 그 목적은 다음과 같았다.

"이 모임은 규칙적으로 모여 경건의 능력을 추구하는 사람들이 함께 기도하며, 함께 권고의 말씀을 받고, 사랑 안에서 서로를 돌보고 지켜주어(to watch over), 서로의 구원을 함께 이루어가며, 서로를 돕기 위하여 모이는 것이다."[88]

연합신도회의 일반 규칙은 메도디스트라면 누구나 지켜야 하는 것으로 크게 세 부분으로 이루어져 있었다. 첫째, 모든 악을 피하라. 둘째, 모든 선을 행하라. 셋째, 모든 하나님의 예법을 지키라. 그리고 이 세 가지 큰 규칙 아래 세부 규칙이 들어 있었다.[89] 이 규칙은 초기 메도디스트들의 실제 생활이 되었으며, 18세기 타락한 영국 사회를 개혁하고 민족을 구원하는 실천적 성결(practical holiness)의 대헌장이었다. 이 규칙에 나타난 대로 메도디스트들은 당시 사회에서 가장 경건하고 정직하고 근면하고 검소하고 이웃사랑을 실천하고 선을 많이 행하는 사람들이었다. 사람들은 "메도디스트는 거짓말하지 않는다."고 믿게 되었으며, 실제로 메도디스트들은 영국 사회에서 가장 정직하고 (honest methodist) 도덕적인 사람들이 되었다.[90]

3) 가장 가난한 11명을 달라 – 속회 탄생

속회(屬會; class meeting)는 1742년에 브리스톨 신도회에서 처음 생겨났다. 존 웨슬리는 브리스톨에서 야외 설교를 시작한 지 한 달 만에 니콜라스 신도회와 볼드윈 신도회가 부흥하는 것을 보고 이들이 모일 수 있는 집을 건축하고 '뉴룸'(New Room)이라 이름을 지었다. 이 집은 역사상 최초의 메도디스트 예배당이 되었다. 그러나 신도들이 너무나 가난해서 거의 빚으로 건축하였는데, 빚을 갚지 못하여 빚쟁이에게 멱살을 잡히기도 하는 등 존 웨슬리가 곤경에 처하였다.

1742년 2월 15일 부채를 갚기 위한 회의가 열렸다. 이때 은퇴한 선장 포이(Captain Foy)라는 신도가 "모든 회원은 빚을 갚을 때까지 1주일에 1페니씩(a penny a week) 내기로 합시다."라고 제안하였다. 그러자 다른 회원들이 말하기를 대부분의 회원들이 가난해서 그 돈을 낼 수가 없다고 하였다. 포이는 "그렇다면 회원 중에서 가장 가난한 사람 11명을 내게 맡겨 주시오. 나는 그들을 매주 1회 방문하겠습니다. 만일 그들 중에 누가 내지 못하면 내가 대신 그들의 몫을 내겠습니다."라고 다시 제안하였다. 이때 또 다른 회원들이 각각 11명씩 맡겠다고 나섰고 전체 회원이 이 의견에 동의하기에 이르렀다. 그래서 신뢰할 만한 사람들이 11명씩 맡아서 매주 1회 회원들을 방문하여 1주일에 1페니씩 모으는 일을 시작하였다.[91]

그러나 11명씩 맡은 지도자들은 모금하는 일보다 더욱 중요한 일을 하게 되었다. 그들은 회원들을 방문하면서 그들의 영적인 상태와 생활 형편을 알게 되었으며, 힘이 닿는 대로 그들을 돌보게 되었다. 그들은 존 웨슬리에게 회원들의 사정을 보고하였다. 존 웨슬리는 이들의 보고를 신중하게 듣고 신도회를 더욱 세심하게 지도할 수 있게 되었다. 존 웨슬리는 그들의 보고를 목회적 보고(pastoral report)로 받아들였고, 지도자들의 일을 목회적 감독으로 여겨 신도회를 돌보고 지도하는 목회적 제도로 채택하기에 이르렀다. 이 제도를 속회(class meeting)라고 부르고, 지도자는 속장(class leader)이라고 불렀다.

1742년 말에 이르러 속회는 메도디스트 신앙과 생활 훈련을 위한 핵심적인 기구로 정착하였다. 속회는 생겨난 지 두 달 만에 런던으로, 뉴캐슬로, 전국적으로 확산되었다. 존 웨슬리는 날로 늘어만 가는 신도회를 어떻게 효과적으로 지도할 수 있을까 고심하면서 다음과 같이 말하였다. "내가 믿을 수 있는 사람들을 속장으로 세워 돌보게 하는 수밖에 없다. 이 제도가 말할 수 없이 유익하다는 것은 시간이 갈수록 명백해졌다."[92] 캡틴 포이는 메도디스트 역사에서 결코 잊을 수 없는 이름이었다. 그는 처음으로 이러한 방법을 제안하였을 뿐만 아니라 가장 가난한 사람 11명을 자기에게 맡겨 달라고 하고 1페니를 못내는 사람의 몫을 자기가 대신 내겠다고 하였다. 그의 이러한 사랑과 헌신을 소중하게 기억해야 할 것이다. 속회는 날이 갈수록 메도디스트 신앙생활을 위해서 유익하고 효과적인 연결 조직으로 발전하였다. 존 웨슬리의 부흥운동은 속회 때문에 더욱 안전하고 단단하고 활력 있게 불붙어 나갔던 것이다.

속회는 1주일에 1회 모여서 속장을 비롯하여 모든 회원이 서로에게 일주간 동안의 영적 생활을 고백하고 용서와 위로와 권면의 말씀을 주고받았다. 또 기도와 사랑으로 서로를 지켜주었으며, 언제나 '마음 뜨거운 친교'(warm-hearted fellowship)로 모든 신도를 끊을 수 없는 연결고리로 이어주었다. 속회는 모든 신도들의 보편적이고 기본적인 신앙 훈련 기구였다. 존 웨슬리는 속회 출석자들에게 3개월마다 출석표를 주었고 이 표는 충성된 메도디스트의 표시로 인식되어 3개월마다 열리는 애찬회(love feast)에 들어갈 수 있는 자격증이 되었다. 속회보다 더 심도 있는 영성 훈련을 위한 기구로 '반회'(band meeting)가 있었다. 이것은 서로서로 죄의 고백과 서로를 책임질 수 있는 고백적 영성 훈련을 통하여 완전 성화를 이루어 가기 위한 모임이었다. 속회에는 대다수의 신도가 참여하였으나 반회에는 전체 신도의 약 20% 정도만이 참여하였다. 그리고 더욱 열심히 완전 성화를 추구하며 영적 생활에 헌신된 사람들을 따로 모은 '선발 신도회'(select society)가 있었으며, 낙심자들을 위한 '참회자반'(Penitents)이 있었다.

이외에도 존 웨슬리는 여러 가지 다양한 은혜의 방편(means of grace)을 만들어 신자들이 은혜 안에서 성장할 수 있도록 하였다. 메도디스트 은혜의 방편은 애찬회, 월 1회 열리는 철야기도회(watch-night service), 매일 새벽의 말씀예배(preaching service), 매 신년 초에 갖는 계약예배(covenant service), 가족 기도회, 매주 수요일과 금요일의 금식, 월 1회 열리는 편지의 날(letter day), 경건문학을 지정하여 읽게 하는 필독서 제도 등이었다.[93] 위에 열거한 연결 조직과 은혜의 방편은 존 웨슬리가 창안한 것은 별로 없었고, 거의 다 다른 교회들이 하는 것을 보고 배워 메도디스트 공동체에 적용한 것들이다. 존 웨슬리는 남의 것이라도 유익하고 좋은 것이라면 주저 없이 빌려다 자신의 것으로 만들어 좋은 열매를 거두는, 모방과 응용의 천재였다. 존 웨슬리는 모든 신도를 이와 같이 다양한 연결 조직에 넣었으며 여러 가지 은혜의 방편을 사용하여 효과적으로 양육하고 돌보았다. 실로 메도디스트 교회는 연결 조직과 다양한 은혜의 방편을 통하여 부흥하였다. 그리고 조직에 연결된 사람은 세상의 유혹과 환난으로부터 보호받으며 건강하게 성장하였고 복된 길을 걸었다. 존 웨슬리의 연결주의(connnexionalism)는 존 웨슬리가 받은 은사요 메도디즘의 영광이었다.[94]

4) 나는 너무 늦었다 – 휫필드의 후회

조지 휫필드는 존 웨슬리보다 열한 살이나 아래였고 신성회의 회원으로 사실상 존 웨슬리의 제자이자 믿음의 친구였다. 그는 1735년 20세에 회심을 경험하고 적극적으로 야외 설교를 하면서 부흥운동가가 되었다. 그는 20대 초반부터 벌써 런던과 브리스톨의 유명한 교회들과 길거리와 광장에서 수백 수천의 회중을 모으며 위대한 설교가로 출발하였다. 그는 처음부터 노동자 계층의 보통 사람들 사이에서 영웅적인 인기를 끌었으며, 최고 30,000명이 넘는 군중을 끌고 다녔다. 그는 언제나 존 웨슬리의 회중보다 더 많은 회중 앞에서 설교하였다. 그는 위대한 설교가로서 모든 자질을 타고났다. 우렁찬 목소리, 활달한 성격, 정열, 설득력이 강하고 화려한 웅변, 유머, 폭넓고 포용력 있는 인간관계 등 여러 가지 면에서 존 웨슬리를 능가하였다. 역사가들은 18세기 부흥운동의 중심에는 조지 휫필드가 있었고, 변방에는 존 웨슬리가 있었다고 평하는데, 이것은 어느 정도 사실이다. 그가 전국을 돌며 부흥운동을 일으키면서 수많은 회심자들이 생겨났다.

그러나 그는 설교에는 강했지만 조직에는 약했다. 그래서 휫필드의 설교를 들은 사람들은 한번 설교에 큰 감동을 받은 후 그냥 흩어져 버렸다. 그는 수많은 사람들을 감동시켰으며, 수많은 회심자들을 낳았지만 그들을 그냥 뿔뿔이 흩어지게 하였다. 마치 씨만 뿌려놓고 누군가 와서 추수하기를 바라는 것처럼 이곳에서 감동적인 대중 설교를 한 다음에는 미련 없이 또 저곳으로 옮겨가는 식으로 여행 설교를 한 것이다.

존 웨슬리는 횟필드처럼 하지 않았다. 그는 일단 한 지역에서 설교를 시작하면 오랫동안 그곳에서 머물며 집중적이고 지속적으로 설교하였다. 그는 설교의 능력과 인기에서는 횟필드에 많이 뒤졌지만 사람들을 감동시키는 것으로 끝나지 않고 감동한 사람들과 회심자들을 작은 모임으로 연결하고 조직하여 그렇게 연결 조직된 작은 모임 안에서 훈련받고 성장하게 하였다. 횟필드는 이것을 몰랐다. 두 사람의 수고의 결과는 엄청나게 달랐다. 존 웨슬리를 따르는 메도디스트들은 영국은 물론 전 세계에 지속적으로 영향력을 끼치는 위대한 역사를 이루어 갔다. 반면에 횟필드의 추종자들은 아주 소수였으며, 영국의 소외된 산간 지역인 웨일즈에 횟필드를 따르는 소수의 칼빈주의 교회를 남겼을 뿐 잉글랜드 땅에는 결코 뿌리내리지 못하였다. 횟필드는 단순히 대중설교에는 성공하였지만 조직을 만들지 못하였다. 반면에 존 웨슬리는 연결하고 조직하는 데 성공하였다. 횟필드는 자신의 설교를 듣고 깨어난 사람들이 자연히 자신을 따르리라고 기대하였지만 한두 번 설교를 듣고 감동한 사람들은 다시 돌아오지 않았다. 존 웨슬리의 후계자요 초기 메도디스트 역사가인 아담 클라크는 이에 대하여 다음과 같이 증언하였다.

"존 웨슬리는 처음부터 이것(작은 모임 조직, 필자 주)의 필요성을 알았을까? 횟필드는 존 웨슬리와 결별한 후 존 웨슬리의 이 방법을 따르지 않았다. 결과는 어떠했나? 횟필드의 수고는 그 자신과 함께 사라졌으나 존 웨슬리의 수고는 계속해서 결실을 맺었고 놀랍게 성장하였다. 횟필드는 자신의 실수를 알았을까? 그는 알았지만 너무 늦게 깨달았다. 그의 추종자들은 너무나 오랫동안 작은 모임 훈련을 하지 않았기 때문에 좀처럼 적응하지 못하였다."[95]

횟필드는 너무 늦게 자신의 약점과 실수를 깨닫고 존 웨슬리의 연결 조직의 능력을 인정하였다.

"존, 당신은 옳은 길을 따르고 있소. 나의 형제 존 웨슬리가 지혜롭게 행하였소. … 그는 그의 전도를 통해서 깨어난 영혼들을 속회에 연결시켰으며, 이로써 그의 수고가 계속 결실하게 되었단 말이오. 나는 이것을 게을리했소. … 그래서 나의 추종자들은 모래밧줄처럼 되었소."[96]

연결 조직이 없던 횟필드 설교는 마르고 거친 땅을 소낙비처럼 한번 적셔서 시원케 하고는 그 땅에 그냥 흡수되어 사라지고 말았으나, 존 웨슬리의 영향력은 많은 시냇물로 연결되어 넓고 넓은 지역으로 흘러들어가 오래도록 생명수를 공급하였다. 연결 조직을 만들고 그 안에서 잘 훈련시키는 것은 존 웨슬리의 뛰어난 은사였다. 만약에 그도 횟필드처럼 신학과 설교만 잘하고 연결 조직을 만들지 못했다면 그의 부흥운동은 그렇게 많은 열매를 맺지 못했을 것이다.

존 웨슬리의 생애

제4부

온 나라에서 온 세계로

(1738~1791)

존 웨슬리 : 63세에 야외설교 하는 모습

1. 만인을 위해 죽으신 예수 – 예정론 논쟁(1738~1778)

1) 교리 때문에 우정을 버려도 되나?

존 웨슬리의 생애와 메도디스트 부흥운동에서 조지 휫필드(1714~1770)는 아주 중요한 자리를 차지한다. 그는 존 웨슬리보다 열한 살 아래로서 본래 잉글랜드 중서부의 글로스터 시에서 여관집 아들로 태어난 노동자 계층 출신이지만, 기적적으로 옥스퍼드 대학에 들어갔다. 그는 총명하고 신앙심이 깊으며 강하고 용기 있는 성격에 야심에 찬 청년이었다. 뿐만 아니라 외향적이고 활달하고 서민적이며 명랑한 사람인데다 특별히 언변에 능하고 세기에 보기 드물게 탁월한 웅변가의 소질을 타고났다. 그는 18세기 부흥운동의 시발자요 초기에는 주도자 역할을 하였으며, 존 웨슬리와 찰스 웨슬리 형제를 야외 설교에 끌어들였다. 그렇지만 그는 존 웨슬리에게 많은 빚을 진 사람이다. 그는 옥스퍼드 펨브로크 대학의 장학생이었을 때 존 웨슬리가 지도하는 신성회(holy club)의 중요한 회원이었으며, 존 웨슬리 형제를 진심으로 존경하고 특별히 존 웨슬리의 경건과 인격을 흠모하여 그를 본받으려고 애쓴 존 웨슬리의 제자였다.

18세기 부흥운동의 주역은 휫필드와 찰스와 존 웨슬리 형제 세 사람이었다. 그들은 부흥운동을 함께 이끌어간 위대한 복음의 전사들이었으며, 복음적 우정으로 뜨겁게 맺어진 동역자요 형제들이었다. 18세기 부흥운동은 세 사람의 각기 탁월한 재능, 즉 휫필드의 천하를 흔드는 강력한 설교와 찰스 웨슬리의 감미로운 심정의 찬송, 그리고 존 웨슬리의 신학적 지성과 조직의 능력이 연합하고 조화를 이룸으로써 성공할 수 있었던 것이다. 물론 그런 의미에서 휫필드가 존 웨슬리에게 많은 빚을 진만큼 존 웨슬리도 휫필드에게 빚을 많이 졌다. 두 사람의 우정과 부흥운동에서 동역자로서의 협력 관계는 너무나 깊고 소중한 것이어서 만약에 그들의 우정이 파괴된다면 그들 모두에게 크나큰 손실이었다. 그런데 이 세 사람의 우정이 위기에 부딪치고 급기야는 깨어져서 그들은 서로 갈라지고 부흥운동도 큰 상처를 입고 말았다. 횟필드와 존 웨슬리 형제는 각기 다른 연합체를 구성하여 각기 제 길을 가게 되었다. 존 웨슬리를 따르는 사람은 웨슬리안(wesleyan)이라 불리고, 횟필드를 따르는 사람은 횟필다이트(whitefieldite)라 불렸다.

갈등과 분열의 원인은 교리 때문이었다. 조지 횟필드는 복음적인 회심을 체험하고 신생을 경험하면서 곧 칼빈주의자가 되어 예정론(predestination)을 굳게 믿게 되었다. 그는 확신에 찬 열성적인 칼빈주의적 복음주의자가 되었다. 앞에서 밝힌 대로 그 당시 영국에서 영국 교회 성직자가 복음적인 회심을 체험한다는 것은 대부분의 경우에 곧 칼빈주의적 예정론자가 되는 것을 의미하였으며, 칼빈주의자들은 한 치의 양보나 타협도 없이 예정론만이 정통이라고 주장하면서 조금이라도 예정론과 다른 교리를 주장하는 사람들을 무조건 이단이라고 몰아붙이는 극단론자들이었다.

예정론자들은 모든 사람은 창세전에 이미 그들의 영원한 운명이 결정되었다고 주장하였다. 즉 예정론의 핵심적 의미를 말하면 신이 자신의 독단적인 의지와 주권으로써 인간의 의지와는 아무 상관없이 어떤 사람은 무조건 영원한 복을 누리도록 선택하였으며, 반대로 어떤 사람은 창세전에 무조건 영원한 저주를 받도록 결정하였다는 교리다. 이러한 칼빈주의 예정론자들은 인류의 대부분이 영원한 지옥의 저주를 당하기 위해서 태어난다는 신의 유기론(버림; reprobation)을 주저 없이 주장하였다. 그래서 예정론은 선택(election)의 교리이며 동시에 유기의 교리이다. 유기론은 신의 독단적이고 주권적인 의지의 결정에 의하여 버림받은 사람들은 영원한 지옥의 저주를 위해서 태어나는 것 이외에 아무런 의미가 없다는 말이다. 그러므로 예정론은 그리스도가 모든 사람을 위해서 죽은 것이 아니고 일부 선택된 사람들을 위해서만 죽었으며, 하나님은 모든 사람을 사랑하지 않으며 소수의 선택된 사람들만을 사랑하신다는 주장이다. 예정론이란 정말로 무시무시한 신의 교령(decree)을 골자로 하는 것이다. 칼빈주의자들은 예정론과 상반되는 만인구원론(salvation for all)을 주장하는 사람들을 가장 싫어하였다.

존 웨슬리에게 예정론은 그리스도의 구원의 복음 자체를 부정하는 것이요, 하나님을 사랑의 하나님도 정의의 하나님도 아닌 거짓말하는 비도덕적인 하나님으로 만들어버리는 비성경적이고 비복음적인 교리로 여겨졌다. 그는 칼빈주의자들이 예정론을 설교하고 선전하는 것에 대하여 항상 경계하고 있었으며, 어떤 도전이 오면 항전할 만반의 준비를 하고 있었다. 왜냐하면 당시 칼빈주의자들의 이중 예정론이야말로 기독교의 복음 전체를 뿌리째 파괴하려는 악마적인 것으로 여겼기 때문이었다. 그렇지만 존 웨슬리는 하나님은 모든 사람을 사랑하시고 모든 사람을 구원하신다고만 설교하였다. 그리스도는 모든 사람을 위해서 죽으셨다고 말하였을 뿐 예정론을 직접적으로 비판하는 설교는 하지 않고 있었다. 어떻게 해서든지 우정을 상하지 않고 부흥운동이 갈라지지 않게 하려고 굳게 마음먹었기 때문이었다. 존 웨슬리는 본래 논쟁적인 신학을 싫어하며 신학적 차이를 다루는 데 있어서는 언제나 "나도 생각하고 남들도 생각하게 하라."(Think and let think.)는 관용의 규칙을 지키는 사람이었다.

부흥운동 초기에는 휫필드나 존 웨슬리 모두 이러한 교리 문제를 말하지도, 문제 삼지도 않았다. 왜냐하면 어떻게 해서든지 이 문제로 인해서 서로의 마음을 상하지 말아야 한다고 생각했으며, 만약에 그렇게 된다면 서로에게 크나큰 상처가 된다는 것을 잘 알고 있었기 때문이었다. 더군다나 휫필드는 존 웨슬리에게 세상에 둘도 없는 충성된 동역자요 친구였으며, 두 사람은 예정론을 빼 놓고는 거의 모든 교리와 신학사상에서 생각이 같았다. 1739년 2월 휫필드는 존 웨슬리에게 이렇게 편지하였다.

"존경하는 존 웨슬리 씨, 지난날 당신이 나에게 베풀어주신 은혜에 내가 어떻게 다 감사할 수가 있겠습니까? 나는 당신을 위해서 늘 기도하고 있습니다. … 나를 믿어주십시오. 나는 당신과 함께 감옥에도 갈 수 있으며, 죽기까지 당신을 따르려고 합니다. … 존경하는 어른이시여, 나는 당신이 믿음 안에서 당신의 아들인 조지 횟필드를 위해서 기도해 주시리라 믿습니다."[1]

그러나 예정론 문제는 그들의 신학과 설교 메시지의 핵심적인 요소일 뿐만 아니라 자신의 교리를 보호하고 자신의 회심자들을 지키려는 마음이 자기도 모르게 밖으로 나타나면서 서로의 침묵과 평화를 계속 유지하기에 불가능한 상황이 벌어지게 되었다. 그리고 시간이 지남에 따라서 교리 논쟁은 서로의 감정은 물론 도덕적인 문제까지 일으켰다. 폭발은 횟필드 쪽에서 먼저 일어났다. 그는 존 웨슬리가 1739년 4월 29일 브리스톨에서 4,000명 앞에서 예정론을 비판하는 "값없이 주시는 은혜"(free grace)라는 제목의 설교를 한 것에 대하여 강한 불만을 품고 있었다. 그러면서도 지적인 능력과 논리적인 사고가 약한 횟필드는 언제나 존 웨슬리의 깊고 폭 넓은 지식 세계와 빈틈없는 논리적 사고를 존경하였다. 그래서 그는 존 웨슬리에게 보낸 편지에서 다음과 같이 통사정을 하면서 제발 다시는 예정론을 비판하거나 반대되는 교리를 발설하지 말아줄 것을 간곡히 부탁하였다.

"존경하는 나의 스승 존 웨슬리 목사님! 나는 언제나 당신의 신실하고 충성된 제자입니다. 언제라도 당신의 발을 씻어드릴 준비가 되어 있는 어린아이에게 한 번만 귀를 기울여 주십시오. 그리고 제발 선택론에 반대되는 말을 설교나 공적인 자리에서 하지 말고 침묵을 지켜주십시오."[2]

그러면서 그는 자신의 교리적 신념을 존 웨슬리에게 마치 폭탄을 던지듯 표출하였다.

"나는 선택의 교리와 성도의 견인의 교리(최후까지 구원을 잃어버리지 않는다는 교리)에 대하여 최근에 내가 당신을 만난 때보다도 1만 배나 더 확고한 신념을 가지게 되었습니다. 그런데 당신은 내가 가진 교리와는 다른 교리를 믿고 있군요. 그렇다면 우리가 서로를 설득할 수 있는 가능성도 없으면서 왜 논쟁을 해야 합니까?"[3]

이후 그는 아메리카에서 존 웨슬리를 설득하려고 이렇게 편지하였다.

"나는 모든 훌륭한 학자들의 저서를 읽고 훌륭한 신자들의 경험을 들으면 들을수록 예정론이 옳고 당신이 우리의 교리를 부정하는 것이 잘못되었다고 믿게 될 뿐입니다. … 여기서는 당신의 교리[4]에 반대되는 선택의 교리를 전파함으로 하나님의 구원 사업이 놀랍게 잘 되고 있습니다. … 당신이 계속해서 선택론에 반대되는 교리를 주장한다면 아마도 우리는 주님의 심판대에 서기까지는 이 세상에서 결코 다시 만나지 못할 것입니다."[5]

횟필드의 결심과 태도는 일보의 양보도 없이 단호한 것처럼 보였다. 위와 같은 횟필드의 태도는 옳다고 보기 어려운 것이었다. 왜냐하면 자신과 자신의 추종자들은 이미 예정론에 대한 교리적 신념을 막힘없이 선전하면서 존 웨슬리에게는 말하지 말고 침묵을 지키라고 주문하는 것이기 때문이다. 그럼에도 불구하고 존 웨슬리는 많이 참았다. 그는 횟필드의 공격적인 편지에 대하여 넓고 큰 마음으로 다음과 같이 답장하였다.

"예정론을 주장하는 고집쟁이도 있고 또 그것을 반대하는 고집쟁이도 있습니다.

하나님은 두 종류의 사람들에게 모두 메시지를 보내시지만 둘 다 자신들의 주장을 지지하는 메시지가 아니라면 받아들이지 않을 것입니다. 그러므로 한동안은 당신이나 나나 각기 한 가지 의견을 고수하느라고 고생을 하게 되겠지요. 그러나 하나님의 때가 오면 하나님은 사람이 하지 못하는 것을 하실 것인데, 바로 우리 둘을 한 가지 마음으로 만드실 것입니다."[6]

존 웨슬리는 휫필드에 대해서 끝까지 참기로 결심하고 아무리 속상하고 마음에 안 들어도 이렇게 큰 마음으로 대하였던 것이다. 그러나 이미 휫필다이트 예정론자들의 언행은 교리 논쟁을 넘어서 감정싸움과 도덕적 비행을 저지르고 있었다. 휫필드의 절제나 존 웨슬리의 침묵과 인내가 다 소용없는 것이 되고 부흥운동은 양편으로 갈라지고 서로의 마음속에 오해와 원망과 증오와 상처만 깊어갔다. 교리 때문에 두 사람의 우정은 깨어지고 있었다.

2) 교리가 다르다고 배은망덕해도 되나?

존 웨슬리와 휫필드 사이는 휫필다이트들의 조급하고 무분별한 언행 때문에 악화되고 있었다. 어코트(Acourt)라는 사람은 존 웨슬리의 설교를 듣고 회심하였으며, 존 웨슬리의 사랑을 많이 받은 제자 중의 하나였다. 그는 런던 뎁트포 신도회의 지도자를 맡고 있었는데, 그런 그가 갑자기 열성적인 예정론자가 되어 자기 신도회에서 존 웨슬리의 허락도 없이 공공연히 예정론을 가르치며 신도회원들에게 예정론자가 되도록 강요하고 있었다. 존 웨슬리는 여러 번 그렇게 하지 말라고 권면하였지만 그는 오히려 존 웨슬리 형제를 모욕적으로 비난하면서 이렇게 말하였다. "당신은 온통 잘못 됐습니다. 나는 당신을 바르게 가르치기로 결심하였습니다. … 나는 온 세상에 나가서 당신과 당신의 동생이 거짓 예언자라고 말할 것입니다." 존 웨슬리는 충격을 받았다. 존 웨슬리는 메도디스트 부흥운동에 최대의 위기를 맞이했다고 느꼈다. 존 웨슬리는 용단을 내릴 수밖에 없었다. 그는 어코트를 신도회에서 추방하였다.[7]

　찰스 웨슬리는 어느 예정론자의 장례식에서 만인을 위한 구원에 대하여 설교하였다. 그 후부터 찰스는 지독한 예정론자 와이드보어라는 사람에게 시달렸다. 그는 찰스에게 "만일에 그리스도가 모든 사람을 위해서 죽은 것이라면 나의 영혼을 저주하라."고 말하면서 대들었다. 여기저기 신도회에서 이와 같은 사건이 벌어지고 교리 논쟁이 감정싸움으로 번지는 상황에서 횟필드는 그의 일기에 "이제부터 나는 예정론을 더욱 담대하고 분명하게 설교할 것이다."라고 쓰면서 일사 결전을 결심하였다. 횟필드가 이제 사랑과 우정, 협력도 모두 끝났다고 생각하고 있던 차에 존 웨슬리는 어떤 예정론자로부터 "당신은 복음의 설교자가 아니다. 왜냐하면 선택과 성도의 최후까지의 구원을 설교하지 않기 때문이다."로 시작되는 아주 모욕적인 편지를 받았다. 횟필다이트들은 신도회에서 예정론을 믿지 않는 모든 사람을 마치 이단을 대하듯 하였다. 그리고 날이 갈수록 더 많은 신도회들이 이러한 혼돈에 빠져들어 걷잡을 수가 없었다. 존 웨슬리는 계속적으로 충격을 받았다. 횟필드는 한 술 더 떠서 이제는 존 웨슬리의 완전 성화의 교리를 비판하기 시작하였다. 즉 그는 존 웨슬리가 현세에서 죄 없는 완전을 가르친다고 비난하면서 참된 구원은 신의 무조건적 선택에 의해서만 되는 것이며, 이렇게 말하는 것만이 정통신앙을 말하는 것이라고 주장하였다.

　하웰 해리스는 존 웨슬리 형제의 입장을 거세게 비판하는 설교를 하고 다녔다. 심각한 위기를 느낀 존 웨슬리는 몇몇 다른 신도회에서 예정론자들을 제명시켰다. 그리고 횟필드에게 책망하는 편지를 보냈다. 며칠 후에 횟필드는 다음과 같은 답장을 보내왔다.

　"당신의 친절한 책망에 감사합니다. 나는 더 이상 남에게 상처를 주지 않도록 나의 혀를 지켜주시기를 기도하겠습니다. … 당신이 나를 책망하시나 내가 당신을 더욱 존경하게 됩니다."[8]

　그는 이 편지를 남기고 아메리카로 떠났다. 1741년 초까지 거기 있으면서 또 다시 편지로서 존 웨슬리에게 예정론을 반대하는 설교를 하지 말고 침묵을 지켜줄 것을 계속 요구하였다. 그리고 둘 사이가 악화되거나 갈라지지 않기를 바라는 간절한 마음을 전해 왔다.
　존 웨슬리는 킹스우드 신도회에서 가장 심각한 사태를 맞이하게 되었다. 존 세닉(J. Cennick)은 존 웨슬리의 회심자로서 존 웨슬리의 각별한 총애를 받으며 킹스우드 학교의 교사가 되었는데, 그가 순식간에 휫필드보다도 더 열렬한 예정론자가 되어 사자같이 분노에 찬 어조로 존 웨슬리 형제를 공격하고 신도회를 선동하였다. 그는 아메리카에 있는 휫필드에게 속히 귀국하여 만인구원을 외치는 아르미니안 세력에 대항하여 싸우자고 다음과 같이 편지하였다.

　"여기에 나는 마치 엘리야같이 로뎀나무 아래 외롭게 앉아 있습니다. 킹스우드에서는 그 동안 복음이 영광스럽게 부흥하였는데 이제는 찰스 웨슬리가 복음에 반대되는 설교를 하여 양떼를 위협하고 있습니다. 그가 다름 아닌 만인의 구원(Universal redemption)을 외치며 세상을 즐겁게 하려고 하고 그 형 존은 매사에 동생만 잘했다고 인정하고 나를 핍박합니다. 무신론자라도 존 웨슬리 형제처럼 참된 복음인 예정론을 해치는 설교를 하지 않을 것이라고 생각합니다. 친애하는 휫필드 선생님, 속히 날아오시오. 나는 이 환란 중에 외롭게 고난당하고 있습니다. 하나님이 허락하시면 급히 서둘러 귀국해서 싸우셔야 합니다."[9]

　존 웨슬리도 이 편지를 읽었고 찰스도 보았다. 존은 자신이 신뢰하고 애지중지하던 세닉이 킹스우드 학교의 지붕 아래에서 이와 같은 행동을 하는 것에 너무나 실망했고 심한 배신감을 느꼈다. 찰스는 세닉에게 이렇게 편지하였다.

"당신은 내 형님의 신임과 사랑을 안고 킹스우드에 왔습니다. 당신은 복음 안에서 내 형님의 아들처럼 주님을 섬겼습니다. 내 형님이 당신을 얼마나 사랑했는지는 나와 온 세상이 다 아는 바입니다. 그런데 어떻게 당신이, 내 형님이 당신에게 준 권위를 이용하여 그의 교리와 그가 쌓아놓은 거룩한 사업을 뒤집어 엎어버릴 수 있습니까? 요즘 당신의 언행은 온통 우리 모두를 파괴하는 것뿐입니다. 당신은 내 형님에게서 사람들의 마음을 도둑질하고 있습니다. 내 형님에게 갚을 수 없는 은혜를 입은 당신과 당신의 추종자들은 은혜를 갚지는 못할망정 내 형님을 모욕적으로 비난하고 있습니다. 당신과 같이 예정론자들은 교리가 다르다고 해서 그렇게 배은망덕합니까?"10)

존 웨슬리의 생애

이때 세닉은 이미 자기의 추종자들을 따로 모아서 신도회를 분리해서 모이고 있었다. 세닉에게 존 웨슬리는 아버지와 같은 존재였다. 찰스가 통탄한 대로 세닉은 교리가 다르다고 아버지와 다를 바 없는 은인을 배신하고 말았으니 가룟 유다의 길을 간 것이다. 존 웨슬리는 킹스우드에서 세닉에게 예정론을 가르치지도 말고 신도회를 분열시키는 행동을 하지 말라고 했으나 세닉은 듣지 않고 오히려 존 웨슬리 형제가 계속해서 창세전 예정과 최후까지의 구원을 반대한다면 신도회를 완전히 쪼개나가겠다고 위협하였다. 세닉은 브리스톨에서도 추종자들을 모아 신도회를 분리해 모이게 하였으며, 계속해서 세를 불려나갔다. 결국 킹스우드 신도회는 쪼개지고 말았다. 세닉과 함께 90명의 신도가 떠나고 52명이 남았다. 런던에서도 분열이 가시화되고 있었다.

가만히 있다가는 부흥운동 전체가 칼빈주의 예정론 운동이 되어버릴 것만 같은 위기를 느낀 존 웨슬리는 기도하면서 하나님의 지혜와 인도를 구했다. 이때 존 웨슬리는 예정론의 확산을 막고 참된 성서적 구원의 교리를 지키고 부흥운동을 성서적 성결을 전파하는 복음전도운동으로 이끌어 가려는 비장한 각오로, 1739년 4월 29일에 4,000명에게 행한 설교를 출판하여 보급할 것을 결심하였다. 드디어 존 웨슬리는 그 유명한 설교 "값없이 주시는 은혜"(Free Grace)를 찰스가 지은 "만인의 구원"(universal salvation)이라는 찬송을 덧붙여서 출판하기에 이르렀다. 이때 아메리카에 있었던 횟필드는 존 웨슬리에게 이 설교를 출판하지 말라고 간곡히 부탁하였으나 존 웨슬리는 못들은 체하였다.

1741년 3월 횟필드가 아메리카에서 귀국하였다. 이미 서신 교환을 통해서 감정이 많이 상해 있던 터에 횟필드는 존 웨슬리를 만나자마자 감정이 폭발하고 말았다. 횟필드를 만나자 존 웨슬리는 손을 내밀어 악수를 청하였다. 그러나 횟필드는 그 손을 뿌리치고 악수하기를 거부하였다. 그는 예정론을 반대하는 설교문을 출판한 것을 문제 삼아서 존 웨슬리에게 분노를 터뜨리며 공격을 가해 왔다. 이렇게 두 사람의 우정은 교리 논쟁 때문에 완전히 깨어지고 말았다. 횟필드는 존 웨슬리의 설교 출판에 응수하였다. 그는 존 웨슬리를 원망하고 비난하는 편지를 써서 인쇄하여 런던에 배포하였다. 존 웨슬리는 한 신도회에서 횟필드의 공개서한을 보란 듯이 찢어버렸다.

두 사람의 갈등은 삽시간에 신도회 전체로 퍼졌으며, 신도들은 각기 자기들의 추종자를 따라 나섰다. 부흥운동은 존 웨슬리안 메도디스트와 횟필다이트 메도디스트로 분열되어 각자의 길을 갔으며, 이후로 화해의 노력도 있었지만 분열은 두 사람 생전에도 치유되지 않았고 그대로 정착되어 버렸다. 전자는 존 웨슬리안 메도디스트 교회를 만들었고 후자는 칼빈주의 메도디스트 교회를 남기게 되었다. 물론 존 웨슬리안 메도디스트 교회가 압도적으로 많았고 칼빈주의 메도디스트 교회는 아주 미약하였다. 서로가 깊은 상처를 입었지만 어쨌든 표면상으로는 존 웨슬리의 승리였다. 그러나 예정론 논쟁은 1770년 횟필드가 아메리카의 뉴베리 항구에서 객사한 이후로도 그 후계자들 사이에 뜨겁게 지속되었다.

3) 예정론을 치료하는 특효약 설교 – "값없이 주시는 은혜"(free grace)

존 웨슬리는 예정론의 확산을 막기 위한 최선의 방책으로 "값없이 주시는 은혜"를 출판하여 모든 신도회에 급히 보급하였다. 그는 이 설교만이 아니라 다른 설교에서도 그의 찬란한 신학과 정확한 논리를 사용하여 치밀하고 예리하게 예정론을 비판하고 만인구원을 주장하였다. 그러나 존 웨슬리에 비해서 지적 능력과 논리적 사고와 표현이 많이 약했던 휫필드는 그렇게 하지 못했다. 게다가 동생 찰스 웨슬리는 예정론을 반대하고 만인구원을 전파하는 수많은 찬송을 써서 예정론자들을 대항하여 싸웠다. 존 웨슬리 형제는 예정론자들과의 전투에서 완전히 한 몸, 한 마음, 한 영혼, 한 입이 되었으며, 세상에 그 무엇도 당할 수 없는 형제애를 발휘하였다.

이번에 출판된 존 웨슬리의 설교는 칼빈주의 예정론의 오류와 그 해악을 비판하고 모든 사람을 위해서(free for all), 모든 사람 안에서 자유롭게(free in all) 역사하는 하나님의 "값없이 주시는 은혜"(free grace)로 말미암아 구원을 얻는 만인구원(salvation for all)의 성서적 교리를 가르치는 것으로서 존 웨슬리의 가장 유명한 설교 몇 개 중에 하나가 되었다. "값없이 주시는 은혜"(free grace)는 잘못된 이중 예정론을 멸하는 원자탄 설교였다. 그것은 휫필드파 예정론자들의 진지에 떨어진 원자탄과도 같이 파괴적인 영향을 미치었다. 아마도 교회사에서 존 웨슬리만큼 신학적 근거와 정확한 논리를 가지고 예리하게 칼빈주의 예정론을 분석하고 비판한 사람은 없을 것이다. 평소에 존 웨슬리의 깊고 풍부한 신학적 지성과 예리하고 정확한 논리적 사고를 존경하며 부러워하였던 휫필드는 이 설교를 읽고 분노를 느끼면서 다른 한편으로는 존 웨슬리에게 졌다는 생각을 할 수밖에 없었다. 그에게는 존 웨슬리의 신학적 논리를 뒤집을 실력이 많이 모자라다는 것을 스스로도 잘 알았기 때문이다. 이 설교의 출판은 신속한 효과를 보았다. 예정론의 허구와 해악을 알리고 그 확산을 막는 데 성공적이었다.

존 웨슬리의 이 설교는 "구원은 하나님의 은혜와 사랑에서 나오고, 그 은혜는 그의 아들을 통하여 나타났고, 모든 사람 안에서 자유하고 모든 사람을 위해서 자유하다.(Grace is free in all, and free for all.)"는 말로 시작한다. 이 말의 의미는, 구원은 모든 사람에게 값없이 주시는 하나님의 선물이라는 것이다. 즉 구원은 창세전에 선택된 어떤 특별한 사람들에게만이 아니라 어느 누구에게든지, 즉 모든 사람에게 공평하게 주어진다는 뜻이다. 여기서 존 웨슬리가 첫째로 강조하는 핵심은 하나님의 사랑이다. 존 웨슬리는 구원이나 은혜는 본질적으로 하나님의 사랑에서 나오는 것이므로 하나님의 사랑을 상하거나 사랑의 하나님을 부정하는 그 어떤 교리나 신학이나 생각을 받아들일 수 없었다. 그러나 휫필드는 달랐다. 그에게는 하나님의 사랑보다는 하나님의 주권이나 주권적 의지와 결정 또는 하나님의 전능이 더 중요했다. 그래서 그는 하나님의 사랑을 상하고 희생하더라도 하나님의 주권을 지키려고 했다. 그렇지만 존 웨슬리는 하나님의 사랑, 선하심, 도덕을 희생하면서까지 그의 주권이나 전능하심을 지키는 것은 불가능하다고 생각했으며, 하나님의 사랑과 선하심(goodness)을 부정하는 것은 하나님 자신을 부정하고 모독하는 것이라고 믿었다.[11] "값없이 주시는 은혜"는 예정론의 잘못을 교정하고 그 해악을 치료하는 특효약 설교였다.

존 웨슬리의 핵심은 하나님이 아무런 잘못도 없는 사람들의 운명을 세상에 나기도 전에 영원한 지옥의 저주에 던져버린다고 주장한다면 그것은 하나님이 사랑의 하나님도 아니고 정의의 하나님도 아니라는 말이기 때문에 받아들일 수 없다는 것이다. 그래서 존 웨슬리는 하나님이 아무 잘못도 없는 수억 수십억의 사람들을 지옥 불에 던져버린다는 신의 유기(reprobation) 때문에 예정론을 '무시무시한 교령'(horrible decree)이라고 부르는 것이다.

존 웨슬리는 예정론의 해악을 일곱 가지로 정리하였다. 첫째, 예정론은 모

287

제4부 온 나라에서 온 세계로

든 설교와 전도를 헛되게 한다. 왜냐하면 지옥에 떨어지도록 이미 운명 지어진 자들은 아무리 설교를 듣고 하나님의 복된 말씀을 듣는다 해도 틀림없이 지옥에 가고 말 것이요, 구원받도록 선택된 자들은 무슨 일이 있어도 반드시 구원을 얻을 것이기 때문이다. 예정론은 누구의 운명도 바꿀 수 없다는 교리다.

둘째, 창세전 예정이 사실이라면 성결을 추구하는 모든 노력이 아무런 소용이 없게 된다. 그것은 모든 성결을 파괴하는 악한 교리다. 왜냐하면 선택받은 자는 이미 구원이 결정되어 있으니 성결하게 살지 않아도 아무 상관이 없다고 생각할 수 있으며, 버림받은 사람은 이미 영원히 버림받았으니 성결하게 될 필요가 전혀 없는 것이기 때문이다.

셋째, 그것은 기독교가 주는 모든 위로와 행복을 파괴한다. 더군다나 자신이 어디로 가도록 결정되었는지 알 수 없는 상태에서 한번 의심과 혼돈에 빠지게 되면 예정론이야말로 공포의 교리가 될 수 있는 것이다. 그것은 인간에게 소망을 주는 교리가 아니고 반대로 공포와 불안과 절망을 줄 수 있는 위험이 있다.

넷째, 모든 선행의 열심을 헛되게 한다. 이미 영원한 운명이 결정되었는데 무슨 선을 행할 필요가 있겠는가? 선택받은 자는 선을 행하지 않아도 선택에 제외되지 않을 것이요, 버림받은 자는 아무리 선을 행하여도 영원한 저주를 받을 수밖에 없기 때문이다.

다섯째, 하나님을 거짓말쟁이로 만드는 것이다. 만약에 이중 예정론이 옳다면 하나님이 사랑이시며 정의로우시다는 말은 전적으로 거짓말이 된다.

여섯째, 그것은 신성모독으로 가득 차 있다. 그것은 하나님을 마귀보다 더 악하고 더 불의하고 더 거짓되고 더 잔인하게 만드는 교리다. 그래서 예정론은 하나님의 교리가 아니라 무시무시한 사탄의 교리요, 사탄의 속임수요, 사탄의 폭력이다. 존 웨슬리는 이러한 공포의 예정론을 경계하고 막기 위하여 가

능한 모든 힘과 수단을 동원하여 싸웠다.[12]

일곱째, 그것은 기독교의 모든 계시를 쓸모없는 것으로 만든다.

조지 횟필드는 지적인 재능을 잘 갖추지 못한 사람으로 평가되지만 그가 존 웨슬리의 설교에 대한 응전으로서 출판한 "편지"는 칼빈 이후로 예정론을 가장 조리 있게 정리한 것으로 인정될 만한 것이었다. 그는 여기서 자신은 어떤 사람이 선택받은 사람인지를 모르기 때문에 복음을 전해야 하며, 선택받지 못한 자들도 설교를 듣고서 죄를 짓지 않도록 도울 수 있다고 주장하였다. 그리고 성결과 선행이야말로 선택 받은 자들의 증거요 표시라고 역설하였다. 횟필드는 말하기를 자신은 선택의 확신과 최후까지의 구원이 없다면 절망하고 말 것이라고 말하였다. 횟필드는 존 웨슬리가 현세에서의 완전 성화는 가능하다고 말하는 것을 집요하게 꼬집어 비판하였다. 그리고 그는 존 웨슬리가 실상은 구원이 '값없이 주시는 은혜'에 달려 있는 것이 아니라 인간의 자유의지 (free will)에 달려 있다고 가르친다고 비판하였다.[13] 그러나 존 웨슬리는 설교에서나 그 어디에서도 자유의지를 말한 적이 없다고 대답했다. 존 웨슬리는 처음부터 끝까지 은혜에 의한 구원을 말했지 인간의 자유의지에 의하여 구원받는다고 결코 말하지 않았던 것이다. 존 웨슬리가 그의 설교에서 구원에 대하여 평생토록 강조한 것은 '값없이 주시는 은혜'(free grace)와 '구원의 은혜'(saving grace)였다.

존 웨슬리는 예정론자들이 모든 선행과 성결을 반대하고 파괴하는 반 율법주의자들이라고 몰아세웠다. 그저 무조건 선택되고 예정된 대로 요단강 건너 천국가면 그만이라고 얼마든지 생각할 수 있는 아주 위험한 자들로 보았다. 왜냐하면 창세전에 한번 선택된 자는 무슨 죄를 짓든지 최후까지 구원을 잃어버리지 않으며 구원에서 떨어질 걱정이 전혀 없기 때문이다. 그렇지만 존 웨슬리안들은 다르다. 그들에게 구원 얻는 것은 그저 요단강 건너 천국에 가는 것만이 아니라 이 세상에서 마음의 성결과 생활의 성결을 이루고 사는 것까지도 목표였던 것이다.

　존 웨슬리와 휫필드의 분열은 분명히 양쪽에 슬픈 상처를 주었다. 겉으로는 존 웨슬리의 승리라고 할 수 있었다. 칼빈주의 메도디즘은 점점 미약해졌고 존 웨슬리안들은 치밀한 전도와 빈틈없는 연결 조직과 훈련에 의하여 상처를 치유하고 급속도로 세력이 커졌다. 그런데 어찌된 일인지 18세기와 19세기에 영국과 아메리카에서 일어났던 부흥운동은 대부분이 칼빈주의적이었다. 18세기 당시에 영국의 부흥사들도 칼빈주의자들이 훨씬 더 많았다. 이것은 대단히 이상한 일이 아닐 수 없다. 존 웨슬리가 사용한 비판적 논리에 의하면 예정론에서는 복음 자체와 전도 자체를 소용없게 만드는 것임에 틀림없다. 그런데 조지 휫필드를 비롯한 당시의 칼빈주의 복음주의자들은 복음전도와 진정한 회심을 강조하는 부흥운동에 열성적인 전도자들이었다. 앞에서 말한 대로 어디서나 은혜의 교리를 강조하게 되면 선택과 예정과 최후까지의 구원을 주장하는 경향이 생기게 마련이다. 순간적인 회심을 체험하고 강렬한 은혜를 체험한 사람이거나 은혜를 많이 받았다는 사람일수록 모든 영광을 신에게만 돌리려는 열심이 생기게 되어 결국에는 고집불통이 되어버리는 경우를 보게 된다. 18세기 메도디스트 부흥운동에서도 같은 현상이 일어난 것이다.[14]

　그런데 존 웨슬리 형제는 누구보다도 은혜를 강조하였다. 그들은 구원이 선행적 은혜(先行的 恩惠; preventing grace)와 칭의하는 은혜(justifying grace)와 성화하는 은혜(sanctifying grace)로 된다는 사실을 평생토록 설교했으며, 특별히 값없이 주시는 은혜(free grace)와 구원의 은혜(saving grace)를 강조하였고, 성령의 역사로 인하여 일어나는 회심과 신생의 체험을 강조하였다. 그럼에도 불구하고 그들은 예정론자가 되지 않았으며, 신자가 하나님의 은혜를 힘입어서 현세에서 마음의 성결과 생활의 성결을 이루어야 한다고 줄기차게 역설하였다.

4) 존 웨슬리도 예정론을 믿었다

존 웨슬리는 물론 예정론을 믿지 않았다. 그는 창세전 이중 예정론은 믿지 않았다. 그러나 하나님의 예정이란 것이 전혀 없다고는 생각하지 않았다. 존 웨슬리도 성경이 말하는 예정은 믿었다. 존 웨슬리가 믿은 성경적 예정론 신앙은 두 가지인데, 하나는 '그리스도 안에 예정'이며 또 하나는 '구원 사업을 위한 섭리적 예정'이다. 존 웨슬리가 믿는 '그리스도 안에 예정'이란 성경이 말하는 만인구원을 위한 하나님의 섭리적인 예정을 의미하는 것이다. 즉 하나님께서 온 인류를 긍휼히 여기셔서 독생자를 보내시며 그를 믿는 자는 누구든지 멸망치 않고 구원을 얻도록 인류 구원의 계획을 예정하셨다고 믿는 성경적 예정론이다. 이것은 또한 존 웨슬리의 선택론이 되기도 하는데, 즉 하나님은 예수 그리스도 안에서 얼마든지 믿는 자를 선택하신다는 것이다. 또한 존 웨슬리는 하나님은 어떤 사람이나 어떤 민족이나 당신의 계획과 섭리에 따라서 무조건적으로 선택하신다고 믿었다. 그러나 인류 개개인이 세상에 나기도 전에 영원한 은총으로 선택되거나 영원한 저주로 버림받는다는 예정은 거부하였다. 존 웨슬리는 1743년 일기에서 다음과 같이 자신의 섭리적 예정 신앙을 적어 놓았다.

"사도 바울이 선포한 복음에 따르면 하나님께서는 세상을 창조하시기 전에 어떤 사람들을 무조건적으로 선택하여 어떤 일에 사용하시려고 계획하셨다. 그는 어떤 민족들을 무조건적으로 선택하여 특별한 권리를 부여하셨는데, 특히 유대 민족이 그 경우다. 하나님은 어떤 민족들을 무조건적으로 선택하여 복음을 듣게 하셨는데, 현재 잉글랜드와 스코틀랜드가 그렇고 과거의 많은 민족들이 그랬다. 또한 하나님은 어떤 사람들을 무조건적으로 선택하여 세속적인 것과 영적인 것들에 대하여 특별한 권리를 주셨다. 그리고 나는 비록 증명할 수는 없지만 하나님이 몇몇 사람들을 무조건적으로 선택하여 선택받은 자로 불리게 하고 영원한 영광에 이르게 하셨다는 사실을 부인하지 않는다. 그러나 나는 영원한 영광에 이르도록 선택받지 못한 사람들이 영원한 저주를 받아야 한다거나 이 땅에 영원한 저주를 피할 가능성을 전혀 갖지 못한 영혼이 하나라도 있다는 것은 믿을 수 없다."[15]

5) 귀족들은 예정론을 좋아하나?

존 웨슬리와 갈라진 후에 휫필드는 웨일즈와 런던에 여러 개의 신도회를 거느리고 있었으며, 휫필다이트 신도회들을 묶어서 하나의 연합체(connexion)를 운영하고 있었다. 그가 아메리카에 있을 때에는 이 신도회들을 세닉이 지도했으며, 세닉이 모라비아교도가 되어 떠나버린 후부터는 하웰 해리스가 지도하였다. 그렇지만 어디까지나 의장은 휫필드였다. 그리고 분열 이후에도 존 웨슬리와 휫필드는 개인적으로 우호적인 관계를 유지하고 있었다. 물론 분열 이전 같지는 않았지만 서로 자기들의 신도회에 초청하여 설교를 하게 하였으며, 더 이상의 우정을 상하지 않으려고 말조심도 하는 등 노력하였다. 그렇지만 예정론 논쟁은 휫필드와 존 웨슬리 두 사람 사이의 문제를 훨씬 넘어섰다. 휫필드가 아메리카에 가 있는 동안에도 끊임없이 그 추종자들 사이에서 계속되다가, 1770년 휫필드가 죽은 후에는 더 뜨겁게 달아올랐다.

휫필드에 이어서 칼빈주의 부흥운동의 대표적인 지도자는 헌팅돈 백작 부인(Lady Huntingdon; 1707~1791)이었다. 휫필드는 본래 조지아 사반나의 고아원 설립자로서 만족하고 순회 설교자로서 얻는 기쁨으로 충분히 만족하려고 했다. 그는 처음부터 존 웨슬리처럼 연합체를 구성하고 그것을 키워갈 비전(vision) 같은 것은 없었다. 칼빈주의 메도디즘은 헌팅돈 백작 부인 셀리나(Selina Countess of Huntingdon)의 후원이 없었다면 확대되지도 못하였을 것이며, 결코 하나의 종파를 형성하지 못했을 것이다.

헌팅돈 부인은 귀족 출신의 경건한 인격과 고매한 인품을 지닌 여성으로서 페러(Ferrers)의 백작 워싱턴의 딸이요, 헌팅돈의 백작 테오빌로스의 미망인이었다. 그녀의 시댁 가족은 모두 다 경건한 신앙인들이었으며, 교회와 전도 사업에 헌신적인 지원자들이었다. 그녀는 시누이들을 통해서 존 웨슬리를 알게 되었고 부흥운동 초기에 존 웨슬리의 설교를 들은 뒤 회심을 체험하고 열성적인 존 웨슬리의 지원자가 되었다. 1746년 남편이 죽은 후로 그녀는 자기의 모든 역량과 재물을 부흥운동에 쏟아 부었다. 그녀는 곧 존 웨슬리의 물주요 메도디스트 대모(大母) 역할을 하게 되었다. 1749년까지 그녀는 존 웨슬리안 아르미니우스주의자로서 존 웨슬리의 완전 성화 교리를 열렬히 대변하였다. 그녀는 귀족이요 부자인고로 영국 사회의 상류층과 폭넓은 교분을 갖고 있어서 존 웨슬리는 그녀의 주선으로 상류층과 만나 교제하며 그들에게 설교할 수 있는 기회를 얻었다. 그녀는 자신의 저택의 크고 화려한 응접실에 상류층 사람들을 끌어들였다. 이것을 헌팅돈의 '응접실 전도'라고 부른다. 그녀는 자기의 응접실에서 다양한 종류의 사람들을 만났다. 부흥운동 초기의 그녀는 마치 귀족 사회의 영혼을 구원하는 사명을 받은 사람처럼 보였으며, 실제로 그 일에 헌신하였다.

그녀는 1748년 아메리카에서 막 돌아온 횟필드를 초청하여 설교를 들으며 상류층 사람들 전도에 더욱 열심을 내기 시작했다. 그녀는 횟필드를 대하면서 존 웨슬리보다 횟필드를 앞에 세우는 것이 훨씬 더 편하다고 느꼈다. 왜냐하면 존 웨슬리보다 횟필드가 자기에게 더 순종적이고 협조적이었기 때문이다. 횟필드 역시 조지아 고아원 사업을 위한 모금에 헌팅돈 부인의 후원이 절실하여 그녀와 더욱 가까이 하려고 하였던 것 같다. 곧바로 그녀는 횟필드의 영향을 깊이 받으면서 횟필드보다 더 강경한 예정론자로 변해 버렸다. 그리고 곧장 만인구원과 완전 성화 교리를 비판하고 예정론을 대변하는 평신도 전문 신학자로 나섰다. 사실상 그녀는 1749년 전까지는 가장 믿을 만한 존 웨슬리의 제자요 가장 너그럽고 강력한 후원자였다. 그러나 그녀는 예정론의 마력에 깊이 빠지면서 존경하던 스승 존 웨슬리를 배신하고 그 곁을 떠나버렸다. 그녀는 존 웨슬리와 결별하고 휫필드의 동역자요 후원자가 되어 칼빈주의 메도디스트 부흥운동을 이끌어 나갔다. 그녀는 자기의 많은 재산을 가지고 잉글랜드 남부와 웨일즈에 여러 개의 예배당(chapel)을 지었고 런던에도 여러 개의 예배당을 지었다. 그녀는 온천이나 휴양지에 예배당 짓는 것을 좋아하였다.

그녀는 1768년에 영국 국교회의 복음주의 목사를 길러내려는 목적으로 웨일즈 트레베카에 신학교를 세웠다. 그녀가 지은 예배당은 헌팅돈 예배당(huntingdonian chapel)이라 불렸으며, 그녀의 추종자들은 헌팅도니안(huntingdonian)이라고 불렸다. 그녀의 예배당들은 국교 반대파에 등록을 하였으며 1783년 국교회로부터 완전히 분리되어 나왔다. 이제 헌팅돈 연합체는 하나의 새로운 교파이면서 동시에 하나의 선교회와 같은 조직이 되었다. 1791년 그녀가 세상을 떠날 때에 그녀의 예배당은 약 80개까지 되었다. 그러나 헌팅돈 교회들은 연결 조직이 강했던 존 웨슬리안 연합체에 비하여 그 세력이 매우 약하였으며, 헌팅돈 부인은 예배당을 맡아 돌볼 성직자들을 공급하고 그들의 순회 목회를 관리하고 그 작은 연합체를 유지하는 것도 감당하기 힘들어 하였다. 더욱이 부흥운동 초기부터 19세기 말까지 타락한 영국 사회를 살린 존 웨슬리안 메도디스트들의 사회적 성결운동과 박애운동 같은 것은 할 생각도 못하였던 것 같다. 아직도 웨일즈에는 칼빈주의 메도디스트 교회들이 하나의 작은 연합체로 남아 있으며, 그 신학교도 그대로 유지되고 있다.

존 웨슬리가 부흥운동 최대의 물주요 상류 사회의 가장 중요한 후원자를 잃은 것이 처음에는 큰 손실로 여겨졌다. 이어서 휫필드가 떠나간 후에 존 웨슬리는 일종의 배신감 같은 것을 느낄 수밖에 없었고 마음이 아팠다. 헌팅돈 부인은 귀족이고 교회와 사회에 정치적 권력도 커서 원하기만 하면 국교회 주교들과 성직자들을 언제나 불러들일 수가 있었다. 또 돈이 많아서 그녀의 후원으로 많은 일을 할 수 있었다. 그렇지만 부자들은 존 웨슬리에게서 다 떠나가 버리는 경향이 있었다. 부자도 가고 지식인도 가고 미인도 가고 권력자도 가 버렸다. 그러나 부자를 잃은 존 웨슬리는 오히려 부흥운동에 위대한 축복을 받아 민족을 개혁하고 구원하였으며, 돈과 권력 많은 헌팅돈 부인의 운동은 점점 미약해지고 말았다.

부자들은 만인구원보다 예정론을 더 좋아하는 경향이 있는 것 같다. 선택의 교리가 부자들에게는 더 매력이 있나 보다. 예정의 교리를 믿는 사람들은, 하나님을 아무 잘못도 없는 사람을 영원한 저주와 지옥 불에 넣는 잔인한 분으로 믿기 때문에 사랑의 하나님을 부인하려는 경향이 있다. 따라서 예정론자들은 자신이 선택받았다는 것에 대하여 우월의식을 갖게 마련이며 동시에 선택받지 못한 자들에 대하여는 차별의식을 갖고 멸시하는 경향이 있다. 그래서 예정론자들은 하나님의 이름으로 악을 행할 수 있으며, 그것이 하나님의 영광을 위한 것이라고 믿게 되는 것이다. 그러나 예정론의 가장 악한 요소는 그것이 본질적으로 지니는 운명론이다. 인간의 운명에 대한 신의 주권적 무조건적 결정에 대한 신앙은 그 아무것도 변경시킬 수 없는 무서운 운명론을 주장하게 만든다. 예정론자가 한번 어떤 사람에 대하여 선택받지 못한 사람이라고 생각하게 되면 그 사람에게 어떻게 대하든지 좋다고 생각할 수가 있다.

반대로 만인구원을 믿는 사람들은 세상의 모든 사람들을 사랑하고 구원하시는 하나님을 믿기 때문에 언제나 하나님의 사랑을 중시한다. 그래서 부자나 가난한 자나 그 어떤 사람을 대하든지 차별의식을 가질 수 없으며, 먼저 구원받은 자라고 해서 우월의식을 가질 필요도 없다. 오히려 만인을 사랑하시고 구원하시려는 하나님의 사랑을 모든 사람들에게 전하려는 열심을 품게 된다. 더욱이 가난한 사람들에게는 더 따뜻한 마음을 품게 되는 것이다. 만인구원은 가난한 사람들, 보통 사람들, 평범한 사람들, 노동자 계층, 하류층에게 더 좋은 교리로 환영받았다.

위에서 설명한 대로 선택의 교리는 사람들 마음속에 특권의식, 우월의식, 선민의식, 차별주의를 갖게 한다. 그래서 귀족 출신이요 부자인 헌팅돈 부인은 선택론을 좋아하였나 보다. 그녀는 존 웨슬리에게 은혜를 많이 받았지만 존 웨슬리를 버리고 예정론자로 탈바꿈했다. 그녀는 횟필드를 자기의 개인 목사로 고용하여 설교하게 하고 자기의 커다란 저택의 응접실에서 귀족 사회의 명사들을 만났다. 그녀는 그들과 기도회를 갖고 신학을 토론하면서 예정론을 선전하였다. 존 웨슬리는 만인구원이야말로 예수 그리스도의 복음이요 하나님의 사랑의 복음이라고 믿었기에 만인을 위한 사랑의 전도자로서 살았다. 그는 가난한 보통 사람들, 노동자들, 평범한 사람들, 병들고 굶주리고 헐벗고 갇히고 고난당하는 모든 사람들을 찾아다니는 만인의 목자로 살았던 것이다.

물론 횟필드는 부자도 귀족도 아니다. 그는 아메리카의 고아들을 사랑하여 고아원을 세우고 박애운동을 펼친 거룩한 사도요 위대한 전도자였다. 그러나 그는 예정론을 믿으면서 변했다. 그의 박애주의에 문제가 생긴 것이다. 그는 만인이 다 하나님의 구원을 받고 하나님의 자녀가 될 수 있다는 생각을 하지 못하게 되었다. 그래서 횟필드는 실제로 노예를 사용하였으며, 노예가 많아진 것을 하나님의 은혜라고 감사했다. 반면에 존 웨슬리는 노예해방을 위해서 일평생 헌신하였다. 부자들이 예정론을 좋아하고 예정론자들이 특권의식과 우월주의와 차별주의를 행사하는 것은 어디에서나 있었다. 특별히 아프리카 여러 나라에서 나타났으며, 오늘날 한국에서도 볼 수 있다.

6) 메도디스트 성자 존 플레처

존 플레처(1729~1785)는 본래 스위스 베른 출신의 명망 있는 가정에서 태어났으며, 스위스의 제네바 대학을 졸업하였다. 그는 삼촌의 추천으로 어느 귀족의 아들을 가르치는 가정교사로 영국에 와 살게 되었다. 1750년에 그는 슈롭셔의 테른에 있는 귀족 힐 가(家)의 가정교사가 되어 귀족의 두 아들이 대학에 갈 때까지 가정교사로 일하였다. 그는 어려서부터 천재로 불리었으며 청년 시절부터는 유난히 깊은 종교생활에 헌신하였다. 하루는 주인과 함께 런던에 갔다가 한 할머니가 예수님에 대하여 아주 친절하고도 감동적으로 이야기하는 것을 시간 가는 줄 모르고 듣고 있다가 늦게야 집에 돌아오게 되었다. 이 사실을 안 힐 부인은 "우리의 가정교사가 메도디스트로부터 돌아서지 않으면 큰 일이구나!" 하고 걱정을 하였다. 그때서야 플레처는 그 할머니가 메도디스트라는 사실을 알고 메도디스트가 어떤 사람인지에 대하여 캐묻기 시작하였다. "메도디스트들은 아무것도 하지 않고 기도만 하지요. 그들은 하루 종일 기도하고 밤새도록 기도합니다." 이 말을 들은 플레처는 "아, 그렇군요. 그들이 땅 위에 사는 사람들이라면 나는 하나님의 도우심으로 그들을 만나고야 말 것입니다."라고 말했고, 곧 시내에 있는 리처드 에드워드 속장의 메도디스트 속회를 만나 열성적인 메도디스트가 되었다. 그는 메도디스트 속회에서 신앙의 교제를 하는 동안 성령의 능력으로 주님의 부르시는 음성을 듣고서 회심을 체험하고 자신의 전 생애를 하나님께 바치는 기도를 드렸다.

회심을 체험한 후에 그는 곧 존 웨슬리를 만나 그의 경건과 신학에 깊은 영향을 받아 메도디스트 부흥운동에 참여하여 존 웨슬리의 가장 신뢰받는 동역자가 되었다. 얼마 후에 그는 영국 국교회의 성직자가 되어 슈롭셔의 매들리 교구의 담임 사제가 되어 25년간 성직에 충성하다가 56세에 생을 마쳤다.

그는 유럽대륙의 개혁교회 신학 전통에 선 사람이었으나 영국에서 메도디스트 복음주의자가 되었고 동시에 철저한 아르미니우스주의자였다. 그는 메도디스트 운동의 조직이나 운영에서 어떤 지위나 지도력도 갖지 않았지만 모든 메도디스트들이 흠모할 만큼 존경받는 표본이 되었다. 그는 일생 동안 헌신적인 메도디스트 전도자로 살았으며, 특별히 북부 광산 노동자들을 위한 희생적인 복음전도와 사랑의 수고를 담당하여 메도디스트들의 아름다운 친구가 되었다. 또한 그는 깊고 해박한 신학 지식을 소유하고 명쾌한 신학 해설을 할 수 있는 실력을 가진 학자로서 한때 헌팅돈 부인이 세운 트레베카 신학교의 교장으로 일하기도 하였다.

존 플레처는 프랑스어가 모국어라 처음에는 영어가 서툴렀지만 그의 마음과 말이 얼마나 그리스도의 사랑으로 따뜻하고 아름다운지 그의 말을 듣고서 그냥 돌아간 사람이 한 사람도 없었다고 한다. 그의 성품은 너무나 다정다감하고 순결하여 마치 땅 위에 사는 천사와 같았으며, 기도와 묵상과 금식과 절제와 금욕으로 일관된 그의 삶은 경건이 인격화된 모범이었다. 그는 자기 몸은 돌보지도 않고 하루에 14시간에서 16시간까지 쉬지 않고 교인들을 심방하고 전도하고 가난한 사람들과 광산 노동자들을 방문하여 도왔다. 그는 하인들과 가난한 사람들과 노동자들과 똑같은 음식을 먹으며 생활하였다. 또한 학문 연구에도 열정적이어서 밤이 새도록 성경을 읽고 신학을 공부하였으며, 특별히 존 웨슬리와 함께 칼빈주의 예정론이 퍼지는 것을 막고 존 웨슬리의 성경적 구원론을 전파하기 위하여 논문을 써서 칼빈주의자들과 존 웨슬리의 교리 논쟁에 가장 큰 공을 세웠다. 그는 1770년 이후 칼빈주의 후기 논쟁에서 대표적인 인물이 되었다.

그러나 지나친 금욕주의적 경건생활과 목회 활동 때문에 건강이 많이 상했으며, 나중에는 폐병에 걸리기까지 했다. 그는 한 주간에 이틀은 꼭 앉아서 성경 읽기와 기도와 묵상 가운데 보냈으며, 기도 중에 자주 입신을 경험하였다. 어떤 때에는 6개월 이상 야채와 조금의 빵과 물만 먹으며 지냈다. 그의 건강을 염려한 존 웨슬리가 몇 달간 그와 함께 여행하며 돌봐주어 건강이 잠시 회복되기도 하였다. 그는 1781년에 헌신적인 메도디스트 처녀인 메리 보산켓과 결혼하여 훨씬 안정된 생활을 하였으나 역시 건강이 문제였다.

그는 언제나 자기 부정과 하나님 사랑, 이웃 사랑, 정의, 인내, 평화, 기쁨, 겸손, 온유로 가득 찬 모습을 지니고 살았다. 존 웨슬리는 그와 30년간 함께 지내면서 한 번도 그가 그리스도인으로서 부적절한 말이나 행동을 하는 것을 본적이 없다고 하였다. 그리고 자신의 80년 일생에 그와 같이 흠 없이 거룩한 마음과 거룩한 생활을 하는 사람을 본 적이 없으며 앞으로도 그럴 것 같다고 말하였다. 그래서 존 웨슬리는 그의 장례식 설교에서 "플레처는 이 땅 위에 살아 있는 완전한 사람이다. 그는 모든 행동이나 대화나 선한 일에서 아무 흠이 없이 거룩하고 완전한 사람이다."라고 말했다. 존 웨슬리는 플레처를 세상에서 완전 성화를 얻은 메도디스트 성자의 표본이라고 극찬하면서 모든 메도디스트가 그를 본받아야 한다고 강조하였다.[16] 존 웨슬리는 이처럼 아름다운 동역자를 주신 하나님께 감사하였으며, 플레처를 자신의 후계자로 생각하였다. 그러나 그는 1785년 56세에 갑자기 세상을 떠났다. 가장 신뢰할 만하고 큰 힘이 되었던 아름다운 동역자를 잃은 존 웨슬리는 몹시 슬퍼했다.

7) 예정론자들은 다혈질인가?

1770년 횟필드가 죽자 예정론 논쟁은 그의 추종자들에 의하여 새로운 국면을 맞이하고 다시 불붙었다. 헌팅돈과 월터 셜리를 비롯한 극단적인 칼빈주의자들이 존 웨슬리의 완전 성화 교리를 혹독하게 비판하고 예정론만이 정통교리라고 선전하는 바람에 더 많은 메도디스트들이 칼빈주의자가 되어버렸다. 그런데다가 어거스트 토프레이디가 강력한 칼빈주의 신학자로 등장하여 논쟁에 뛰어드는 바람에 존 웨슬리는 심각한 위기를 느꼈다. 그래서 존 웨슬리는 1771년 8월 총회에서 칼빈주의 예정론을 강력하게 비판하고 완전 성화의 교리를 드높이 내세울 만반의 준비를 하였다. 그런데 토프레이디 측에서 존 웨슬리에게 그러한 계획을 취소할 것을 촉구하면서 만약에 이를 거절할 경우에는 더욱 강력한 전쟁에 돌입할 것을 선언하였다.[17] 이때 양편이 만나서 일종의 교리적인 합의가 이루어진 것으로 보이는데, 존 웨슬리 측에서 많이 양보한 것이 분명하다. 그래서 그 해 총회록에는 어떻게든 행위에 의한 칭의(구원)의 교리를 피하려는 의도적인 노력이 나타난 것이다. 거기에는 다음과 같은 교리 해설이 들어 있다.

> "우리는 살아서나 죽어서나 또는 심판 날에 칭의나 구원을 얻기 위해서는 우리 주 예수 그리스도의 공로만을 확신하고 있다. … 시간과 기회가 있음에도 불구하고 선을 행하지 않은 사람은 … 진정한 그리스도인이 아니기는 하지만 … 그럼에도 불구하고 우리의 행위는 처음부터 끝까지 온전하든지 부분적으로든지 공로가 된다거나 아니면 우리가 구원 얻는 일에 관여되는 것이 아니다."[18]

여기서 칭의가 구원이란 말과 같은 의미로 사용된 것도 존 웨슬리 편의 양보라고 보인다. 이것은 표면적으로는 분명히 행위에 의한 구원을 피하는 것이었다. 그러나 이후 플레처는 존 웨슬리의 교리를 옹호하는 논문들을 출판하였다.

이렇게 하여 예정론 후기 논쟁이 발발하였는데, 양쪽의 대표적인 인물은 예정론을 옹호하는 어거스트 토프레이디(Augustus Montague Toplady; 1740~1778)와 존 웨슬리 편에 선 존 플레처였다. 토프레이디는 아일랜드 태생으로서 16세에 평신도 설교자의 설교를 듣고 회심하여 칼빈주의자가 되었으며, 명문 웨스트민스터 학교와 더블린에 있는 트리니티 대학에서 교육을 받은 지식인이었다. 그는 학교를 졸업한 후에 독학으로 상당한 신학지식을 쌓았다. 그는 영국 국교회에서 성직 임명을 받고 영국 남서부의 데본 주에서 교구 사제로 일하였다. 회심 초기에 그는 존 웨슬리에게 깊은 영향을 받아 존 웨슬리의 경건과 신학의 모든 것을 흠모하였으나 1758년 극단적인 칼빈주의자로 돌변하여 20년간이나 존 웨슬리를 지독하게 공격하고 괴롭히다가 38세의 젊은 나이에 요절하고 말았다. 존 웨슬리는 믿음이 좋고 총명한 청년 토프레이디를 귀하게 여기고 사랑하였지만 토프레이디는 칼빈주의 예정론자가 되어 자기를 총애하는 스승을 배신하고 존 웨슬리와 존 웨슬리의 교리를 파괴하기 위해서 주저 없이 무서운 공격을 퍼부었다.

당시에 그는 찬송가 작가와 신학 저술가로서 꽤 알려진 사람이었다. 그는 영국 교회 안에 칼빈주의 신학을 강화하고 아르미니우스주의를 뿌리째 뽑아 버리려는 의도를 가지고 네 권의 책을 저술하였으며, 약 300편의 찬송가를 지어 출판하였다. 그의 찬송은 당시에도 대단한 인기를 끌었으며, 더러는 오늘날까지도 애송되고 있다. 현재 우리 한국교회의 통일 찬송가에 실린 188장 "만세반석 열리니"와 503장 "고요한 바다로"는 토프레이디의 대표적인 찬송으로서 세계적으로 애송되는 것들이다. 그는 칼빈과 칼빈주의자들을 연구하여 예정론 논쟁에서 가장 탁월한 실력을 발휘하였다.[19] 그는 온 인류의 구원에 대하여 말하기를 20명 중에 단 한 명 정도가 선택을 받았으며, 나머지 19명은 버림받은 자들이라고 공공연히 주장하였다.

그는 경건과 신학 면에서 칼빈주의자들의 존경을 받았지만 성격이 몹시 급하고 강한 다혈질이었다. 그는 극단적인 결론 내리기를 좋아하고 화를 잘 내고 참지 못하는 성격이어서 회의나 토론을 하다가도 갑자기 혈기를 부리곤 했다. 그러한 성격은 그의 신학 성격과 논쟁에서도 아주 잘 나타났다. 토프레이디는, 영국의 범죄자들은 선택받지 못한 인간들이기 때문에 아메리카나 호주에 식민지 개척지의 노동자로 귀양을 보내거나 아니면 타이번 사형장으로 보내는 것이 마땅하다고 주장하였다. 그는 예정론에서 신의 선택보다는 신의 유기론에 더 매력을 느끼는 사람이었다. 그는 인류의 다수가 신이 창세전부터 준비한 영원한 저주를 받기 위해서 태어났다고 믿는 다혈질의 극단적인 이중 예정론자였다. 그래서 존 웨슬리가 만인구원을 주장하는 것은 온 세계를 자기 손 안에 쥐고 흔들려는 의도라고 비난하면서 존 웨슬리를 '늙은 여우'라고 모욕하였다. 그는 예정론을 옹호하고 만인구원론을 비난하는 논문을 써서 퍼뜨리며 존 웨슬리에게 상처를 입히기 위해서 온갖 악선전을 하고 다녔다.

이상하게도 당시의 예정론 논쟁자들은 모두 다혈질의 인물들이었다. 휫필드, 존 세닉, 헌팅돈 부인, 그리고 토프레이디와 월터 셜리 등이 모두가 성격이 급하고 거칠고 극단적인 데로 치닫기를 잘하는 다혈질이었다. 물론 찰스 웨슬리도 성격상 다혈질이었는데 예정론자는 아니었다. 찰스는 분명히 형의 영향으로 그렇게 되지 않았을 것이다. 역사적으로 보면 사람들이 어떤 교리와 신학을 좋아하느냐는 그 사람의 성격과 연관성이 있는 것처럼 보인다.

존 웨슬리와 플레처는 이와 같은 칼빈주의가 반 율법주의이며 사랑과 선행과 성결을 부정하는 악마의 교리라는 확신을 갖고 대항하였다. 존 웨슬리의 입장을 대변하여 논쟁에 나서기에 가장 적합한 인물은 플레처였다. 그는 "반 율법주의에 대한 방지책들"(Checks to Antinomianism)이란 제목의 논문을 여섯 개나 써서 예정론과 싸웠다. 플레처는 존 웨슬리를 펠라지우스주의자라고 하는 비난으로부터 구하기 위해 노력하였다.

그는 "첫 번째 방지책"(The first check)에서 칭의가 하나님으로부터 오는 것임을 강조하면서도 회개와 회개의 열매는 필요하다고 말했다. "두 번째 방지책"에서 그는 첫 번째 칭의에서는 오직 믿음만이 필요하지만 두 번째 칭의에서는 선한 행위의 열매가 반드시 있어야만 한다고 주장하고 두 번째 칭의가 없이는 최후의 구원을 받지 못한다고 역설하였다. 이때 리처드 힐이라는 칼빈주의자가 끼어들어 존 웨슬리를 행위가 구원받는 데 꼭 필요한 공로가 된다고 가르치는 펠라지우스주의자라고 공격하였다. 플레처는 "세 번째 방지책"에서 구원은 은혜로 시작하지만 구원의 완성을 위해서는 인간의 선행(good works)이 꼭 필요하다고 강조하였다. 즉 플레처는 최후의 구원은 하나님의 은혜에 인간의 협력으로 완성된다고 주장하면서 예정론자들에 대항하였다. 이에 대하여 힐은 인간의 선행이란 지금과 마지막 때에 의롭다 함을 얻은(구원 얻은) 자의 고백적 증거일 뿐이며 행위에 의한 두 번째 칭의는 없다고 잘라 말했다.

그러면서 존 웨슬리의 완전 성화의 교리를 잘못된 것이라고 비난하였다.[20]

1772년 말에 플레처는 "제네바인들의 논리"에서 인간의 자유의지는 자연적인 것이 아니고 하나님의 은혜에 속하는 것이라고 설명하기 위해 무진 애를 썼다. 그는 존 웨슬리처럼 자유의지를 '선행적 은혜'(먼저 오는 은혜)[21]에 속하는 것이라고 돌렸다. 존 웨슬리와 플레처의 선행적 은혜의 개념은 예정론적 운명론과 펠라지우스주의를 피할 수 있는 아주 편리한 도구였다. 플레처는 "동등한 방지책"과 "마지막 방지책"에서 자기의 본래 주장을 더욱 간결하게 천명하는 논리를 펴나갔다. 그는 인간의 원죄와 나약함을 인정하면서 하나님과 이웃에 대한 완전한 사랑으로서 존 웨슬리의 완전 성화의 교리를 옹호하고 '믿음과 행위에 의한 칭의(구원)'야말로 성경과 이성과 경험에 의하여 증명되는 정통교리라고 역설하였다. 플레처의 사상은 결국 구원은 하나님의 은혜와 인간의 선한 행위라는 노력이 합하는 신인협동에 의해서 이루어지는 것임을 분명하게 드러내었다.

이렇듯 양편의 교리 논쟁은 교리 논쟁만이 아니라 감정의 악화를 낳았으며, 자신들의 생각만을 고집하고 서로의 차이점만 더욱 확고히 하고 말았다. 그리고 교리가 다르다는 이유로 영원히 갈라져 서로 다른 길을 향해 떠났다. 그 후 예들은 영국만이 아니라 아메리카에서도, 한국에서도, 그리고 또 다른 곳에서도 같은 논쟁에 휘말려 서로를 상하고 갈라지게 하는 갈등의 역사를 이어갔다.

8) 교리보다 큰 사랑

앞에서 얘기한 대로 존 웨슬리와 횟필드의 분열은 본인들보다도 다혈질의 성질을 가진 추종자들의 감정 섞인 논쟁에 의해서 더욱 격화되었다. 사실상 존 웨슬리는 분열 이후에도 계속해서 횟필드에게 연락을 하고 교제를 지속했다. 그리고 두 사람은 가능한 한 다시 하나가 되기를 간절히 바라면서 여러 번

화해하려는 시도를 하였다. 존 웨슬리는 휫필드와 헌팅돈의 채플에 가서 설교하기도 하고 휫필드는 존 웨슬리의 채플에 가서 설교하였다. 1748년에 존 웨슬리는 휫필드에게 화해와 재결합을 제안하는 진지하고 너그러운 편지를 보냈으며, 다음 해에는 찰스와 함께 휫필드와 하웰 해리스를 만나 결합의 실제적인 방법을 찾고자 했지만 잘 이루어지지 않았다. 1766년에는 존 웨슬리 형제와 휫필드 그리고 헌팅돈 부인이 만나 모든 메도디스트 신도회와 모든 메도디스트 운동의 기관들을 묶어 하나의 연합체로 만들어 보려고 구체적인 방법을 합의하였다. 그들은 짧은 시간 화목을 이루는 것처럼 보였지만 휫필드가 죽자 다시 교리 논쟁이 격화되었고 재결합은 아주 멀어져 갔다.

존 웨슬리와 휫필드 사이의 논쟁 초기에는 서로 간에 불화하였고 마음이 차가웠지만 세월이 흐르고 나이를 더해감에 따라서 옥스퍼드 메도디스트 시절부터 쌓아왔던 추억과 우정이 다시 살아났다. 1765년 휫필드가 아메리카에서 귀국했을 때 존 웨슬리는 그의 늙고 초췌한 모습을 보고서 "갓 오십을 넘긴 자네, 주님의 일에 충성하느라고 몸은 지치고 아주 쇠약한 늙은이가 되었구먼! 그러나 그대의 충성이 하나님을 기쁘시게 하는 것이라네. 나는 그대보다 열한 살이나 더 많지만 모든 면에서 아직은 20대 때와 같아. 그러나 나는 자네보다 이가 더 많이 빠지고 머리카락이 더 세어버렸네!"[22)라고 말하면서 위로와 연민으로 그를 포옹하였다.

교리 논쟁을 떠나서 휫필드는 평생토록 존 웨슬리를 진정으로 존경하였다. 영국 사람들 사이에 전해지는 부흥운동에 대한 일화 중에 이런 이야기가 있다. 어느 날 지독한 예정론자인 휫필드의 친구가 그에게 하늘나라에서 존 웨슬리를 만날 수 있을 것인지를 물었을 때에 휫필드는 그것은 불가능하다고 대답하였다고 한다. 왜냐하면 존 웨슬리는 하나님의 보좌 바로 앞에 서겠지만 자기는 많은 사람들의 뒤편에 서 있게 될 것이기 때문이라고 하였다는 것이다. 생전에 휫필드는 "당신이 죽으면 누가 장례식 설교를 해야 하느냐? 옛 친구 존 웨슬리가 해야 하느냐?"는 질문을 받을 때마다 한결같이 "그렇습니다. 바로 존 웨슬리 목사 그분이 해야 합니다."라고 대답하였다. 그래서 횟필드의 평소 유언에 따라 횟필드의 장례식에서 존 웨슬리가 설교하였다. 존 웨슬리는 이 설교에서 생전에 횟필드가 장례식 설교를 자기에게 부탁한 것에 감동받아 "이제 하나님께서 오랜 세월 우리 사이를 지배해 온 우리의 고집불통을 깨뜨리셨도다!"라고 선언하였다.

존 웨슬리는 장례식 설교에서 횟필드의 거룩한 생애와 거룩한 성품, 헌신된 전도와 목회 활동, 특히 영국과 미국에서 대부흥운동을 주도하며 끼친 위대한 공로를 격찬하였다. 그리고 가난한 사람들과 고아들을 위해서 아낌없이 흘린 그의 땀과 거룩한 사랑의 수고를 낱낱이 추억하며 그를 존경하고 그의 죽음을 슬퍼하였다. 존 웨슬리는 폭포수와 용광로같이 위력 있는 횟필드의 웅변적인 설교를 아쉬워하였다. 그는 횟필드의 생애에서 우리가 배워야 하는 중심은 "인간에게 있는 선한 것이 무엇이든지 그것을 통하여 모든 영광을 하나님께 돌리는 것과 구원의 역사에서 가능한 한 그리스도는 높이고 인간은 낮추는 것"이라고 말하였다. 그리고 횟필드의 메시지의 원리는 이신칭의(justification by faith)와 신생(new birth)이라고 하였다.

특별히 이 설교의 결론 부분에서 존 웨슬리는 횟필드가 폭넓은 사랑의 사람이라는 사실을 강조하였다. 심지어 자신을 핍박하는 사람에게도 진실하고 따뜻한 초월적이고 폭넓은 사랑의 소유자였다는 점을 더욱 힘주어 말하였다. 설교 끝에 존 웨슬리는 "횟필드야말로 의견이나 예배 형식 또는 교파에 상관없이 주 예수를 믿는 모든 사람들을 친구처럼 그리고 주 안에서 형제처럼 사랑하고 하나님과 사람을 사랑한 위대한 사도였다."[23]라고 말하면서 그에 대한 진정한 존경심을 표하였다. 존 웨슬리는 이 설교가 화해와 재결합을 이루는 실질적인 동기가 되리라 믿고, 횟필드가 관용과 폭넓은 사랑을 소유한 사도였다는 것을 강조하고 자신도 그러한 사람이라는 것을 전하려고 최선을 다하였던 것이다. 휫필드 서거 후에 그들의 추종자들에 의해서 교리 논쟁은 더욱 격렬해졌지만 그것은 두 사람의 마음은 아니었다. 존 웨슬리와 휫필드 두 사람은 분명히 교리보다 더 큰 예수의 사랑을 잃지 않았으며, 서로를 향해서 그 사랑을 끝까지 품었던 아름다운 친구요 동역자였다. 존 웨슬리는 "가톨릭 정신"(catholic spirit)이라는 설교에서 "가톨릭 사랑"(catholic love)이라는 제목의 시를 지어 교리를 초월하는 사랑의 위대함을 예찬하였다.

> "말 많은 논쟁은 늘 지치게 하고
> 온갖 이론과 학설과 교파도 헛되어라
> 당신께만 길과 진리 생명 있고
> 당신의 사랑만이 내 마음을 비추이니
> 거룩한 가르침에 하늘을 날아
> 당신 안에 마음 모으고
> 당신 안에 하나 되어 살고 지고"[24]

2. 불쌍한 존 웨슬리 – 세 번째 실연과 불행한 결혼(1749~1771)

1) 깨어지는 독신주의

이제까지 존 웨슬리 형제는 결혼에 대하여 거의 수도원적인 견해를 갖고 있었다. 1743년에 발표한 "결혼과 독신에 대한 생각"이라는 글에서 존 웨슬리는 아주 확고하게 사도 바울적인 결혼관과 금욕주의적인 교훈을 주장하고 있다. 그는 결혼에 대하여 가톨릭 사제와 같은 입장에 서 있었다. 그는 독신으로 사는 것이 모든 사람에 대한 신의 명령은 아닐지라도 결혼하는 것보다 확실히 더 고상한 인생이며, 결혼은 정욕을 이기지 못하는 연약함 때문에 하게 되는 인간의 양보이므로 독신으로 지내든지 아니면 가능한 한 하나님의 은혜로 오랜 시간 지연시키는 것이 최선이라고 생각했다. 조지아에서 돌아온 직후 존 웨슬리 형제는 서로 동의 없이는 결코 결혼하지 않기로 약속까지 하였다. 형제들의 동의 없이는 결혼하지 않는 것이 초기 메도디스트들의 규칙이었기 때문이다.

존 웨슬리 형제가 이와 같이 결혼에 대하여 아무리 수도원적 생각을 갖고 있다 하더라도 인간의 본성과 감정은 그것보다 더 강했나 보다. 앞에서 본 대로 존 웨슬리는 여성과의 관계에서 하나님이냐 여자냐? 독신이냐 결혼이냐? 이 두 갈래 길에서 고뇌하다가 사랑하는 여자들을 놓쳐버린 불행한 경험이 두 번이나 있었다. 그러나 이제 그들의 독신주의가 깨어지는 순간이 왔다. 이것은 먼저 찰스에게 일어났다.

찰스는 1747년 웨일즈를 여행하는 동안 자신보다 아홉 살이나 어린 갓 21세의 샐리 귄(Sally Gwynne)을 만났다. 그들은 신앙적인 편지를 주고받다가 이성 간의 사랑을 느끼게 되었다. 존 웨슬리 형제는 서로 동의 없이는 결혼하지 않기로 약속하였기 때문에 찰스는 존과 상의를 하였다. 이때 존은 찰스에게 3명의 여인을 추천하였는데, 찰스는 샐리를 선택하였다. 찰스는 메도디스트 형제들과도 상의를 한 후에 그들의 격려와 축하를 받았다. 찰스는 분명히 샐리와 연애결혼을 하였다. 찰스 역시 독신에 대한 동경과 하나님에 대한 사랑이 마음속에 뿌리 깊이 박혀 있었지만, 그의 연애 방식은 한없이 생각하고 고민하고 주저하고 의심하는 존의 연애와는 아주 달랐다. 찰스는 연애와 구혼에서 아주 직선적이고 감정 표현에서도 솔직하였다. 사랑을 머리로 하려고 하는 존과 달리 찰스는 가슴으로 사랑을 하였다. 이것은 늘 가슴보다 머리가 앞서는 존과 반대로 머리보다 가슴이 앞서는 찰스의 차이점이 연애에서도 그대로 나타난 셈이다.

당시 복음주의자들은 대체로 결혼을 부정적으로 생각하고 결혼의 유익을 별로 기대하지 않는 편이었는데, 찰스에게서는 그런 요소를 발견할 수 없었다. 횟필드도 한 번 실패를 경험한 후에 하나님의 일에 더욱 충실하기 위해서 과부와 결혼을 하였지 세속적인 의미의 사랑이라는 어리석은 감정 때문에 결혼하지 않았다고 고백한 적이 있다.

샐리는 웨일즈의 훌륭한 가문 출신이며 경건한 메도디스트 가정의 아름답고 매력적인 처녀였다. 찰스는 샐리에게 결혼 후에 메도디스트 전도자로서 '채소만 먹는 식사 규칙과 전도 여행' 하는 것을 허락하는지를 물었으며, 샐리는 이에 동의하였다. 그러나 위험하고 장시간 체류해야 하는 아일랜드 여행은 하지 않기로 하였다.

그런데 결혼에 장애물이 생겼다. 샐리의 어머니가 찰스에게 가족 생활비로서 매년 100파운드의 수입을 증명하라고 요구한 것이다. 찰스는 몹시 긴장하지 않을 수 없었다. 왜냐하면 찰스는 그만한 수입을 보장할 수가 없었기 때문이다. 이때 존이 자기의 출판물 판매를 통한 수입에서 매년 100파운드를 주겠다고 약속함으로써 결혼이 성사되었다.

드디어 찰스는 42세가 되던 1749년 4월 8일에 결혼하였고 그의 결혼생활은 내내 행복하였다. 찰스와 샐리 사이에는 8명의 자녀가 태어났지만 2남 1녀만 장성하였다. 찰스는 자녀들을 어머니 수산나의 방식대로 교육하려고 모든 노력을 다 기울였다. 그 결과 두 아들은 음악적 재능을 타고나 큰아들 찰스는 파이프오르간 연주자가 되었고 둘째아들 사무엘은 바이올린 연주자가 되었으며, 딸 사라는 문학적 재능을 타고나 시인이 되었다. 그리고 둘째아들 사무엘에게서 유명한 오르간 연주자요 교회음악 작곡가인 사무엘 세바스찬 웨슬리(1810~1876)가 탄생하였는데, 이 이름은 그가 독일의 음악가 존 세바스찬 바흐를 너무나 닮았기 때문에 바흐의 중간 이름을 따서 그렇게 지었다고 한다.

찰스는 결혼하고 나서부터는 전도 여행을 자주 쉬다가 1756년에 마지막 전국 순회 전도를 하고 아주 그만두었다. 존은 찰스에게 집에만 있지 말고 나와서 순회를 계속하고 함께 실제적인 활동을 하자고 재차 권하였지만 찰스는 "나는 형님과는 사정이 다릅니다. 나는 내 사랑하는 아내와 어린 자녀들을 돌보아야 할 책임이 있으므로 순회 전도를 계속할 수가 없습니다."라고 대답하였다. 그리고 찰스는 일정한 교구의 설교자로 있으면서 브리스톨과 런던에서 주로 찬송을 쓰면서 여생을 보냈다. 물론 부흥운동 초기에는 찰스도 존만큼이나 열정적이고 헌신적인 순회 전도를 하였으나 역시 찰스의 가장 위대한 공헌은 그의 찬송에 있었다. 그는 일생 동안 약 9,000편의 찬송을 썼다. 찰스는 81세 그리고 샐리는 86세까지 장수하였다. 특히 샐리는 불행한 결혼으로 인해서 많은 고생을 하고 평생 홀로 지내야 했던 존에게 많은 위로와 도움을 주면서 그의 곁을 지켜주었다. 찰스는 존 웨슬리 형제자매 중에 가장 다복한 가정을 이루고 행복한 생애를 살았다.

2) 매력적인 그레이스를 누가 차지할 것인가?

찰스가 먼저 독신주의를 깨버렸다. 이제는 존의 차례다. 그러나 존 웨슬리의 연애는 모두 그에게 인생의 재앙이었으며, 그의 결혼은 비극이었다. 그는 옥스퍼드의 샐리 커크함에게 실연당하고 조지아에서 소피 홉키에게 배신당한 후 다시 한 번 사랑하는 여인을 빼앗기는 뼈아픈 실연을 당하고 만다. 존 웨슬리는 세 번씩이나 실연을 당하고 좌절한다. 이것이 누구나 연민을 느끼지 않을 수 없는 그의 인간적인 약점이요 불행이었다. 존 웨슬리의 세 번째 사랑은 그레이스 머리(Grace Murray)라는 존 웨슬리보다 열세 살 젊은 과부였다. 그녀는 1716년에 태어나 16세에 원치 않는 남자와의 결혼을 강요하는 부모를 피해 언니와 살다가 런던에서 하녀생활을 하게 되었다. 18세에 스코틀랜드 선장과 결혼하였으나 두 아이를 잃고 정신적인 고통에 휩싸인 중에 휫필드와 존 웨슬리의 설교를 듣고 회심을 경험하여 충실한 메도디스트가 되었다. 그의 남편은 그녀에게 메도디스트들과의 교제를 당장에 끊으라고 위협하더니 1742년 항해 중에 익사하고 말았다.

과부가 된 그레이스는 존 웨슬리의 부흥운동에 더욱 헌신적이었다. 곧 반회(band)의 반장으로 임명된 그녀는 탁월한 지도력을 발휘하여 존 웨슬리에게 높은 평가를 얻었으며, 뉴캐슬에 있는 고아원(단순히 고아원이 아니라 북부 선교본부로서 예배당, 학교, 주일학교, 진료소, 약국, 신용조합, 나그네 회, 설교자들의 숙박시설을 갖춘 기관)의 관리 책임자로 임명되었다. 그녀는 그곳에서 1746년 존 웨슬리의 평신도 설교자로서 탁월한 실력을 갖춘 북부의 신사 존 베넷(J. Bennet)을 만났고, 그가 병이 나서 치료받는 동안 그의 간호를 맡았다. 베넷의 병세는 꼭 죽을 것만 같았는데, 그는 그레이스의 정성어린 돌봄과 기도로 기적같이 나았다. 그레이스에게 애정을 느낀 베넷은 그녀와 편지를 주고받으며 그녀에게 구혼을 하고 있었다. 다시는 결혼하지 않기로 결심한 그레이스도 처음에는 베넷의 구혼에 냉담하였으나 점점 마음이 그에게로 끌렸으며, 두 사람은 사실상 결혼을 약속한 애인 관계로 발전하였다.[25]

1748년 8월에 존 웨슬리는 북부를 여행하던 중에 병이 나서 며칠 동안 뉴캐슬에서 그레이스의 간호를 받게 되었다. 이때 존 웨슬리는 그녀의 간호하는 손길에서 '형언 못할 부드러움'(inexpressible tenderness)을 느꼈고 이런 감정은 빠르게 애정으로 발전하였다. 존 웨슬리는 확실히 그녀에게 끌리었다. 존 웨슬리는 "내가 만일 결혼한다면 바로 당신과 할 것이다."라고 말했고, 그녀도 존 웨슬리와 결혼하겠다는 약속을 했다고 한다. 이때 존 웨슬리는 그레이스와 실제로 결혼할 결심을 하였던 것 같다. 지금까지 그의 삶을 보면 그는 건강할 때는 너무나 바빠서 결혼을 생각할 틈도 없고 일에만 몰두하는 식이었다. 그러나 아플 때는 달랐다. 이상하게도 그가 아플 때는 언제나 결혼을 생각하고 위험한 결혼으로 끌려갔다. 그는 몸이 아플 때마다 마음까지 약해지면서 여인의 부드러운 돌봄이 필요하다고 느꼈다. 존 웨슬리는, 바쁠 때에는 자신은 하나님의 일과 결혼했다고 생각했을 것이지만 아파서 누워 있을 때에는 한없이 약해져서 여자와 결혼하는 것도 필요하다고 느꼈던 것이다. 이것은 하나님의 은총만이 아니라 인간의 따뜻한 위로를 필요로 하는 너무나 인간적인 그의 모습이었다.

그는 세 번 아파서 세 여인의 간호를 받았다. 1737년 조지아에서 아플 때에 소피의 간호를 받았고, 1748년 뉴캐슬에서는 그레이스의 간호를 받았고, 1761년 런던에서는 바질 부인의 간호를 받았다. 존 웨슬리는 자기를 간호했던 세 여인과 결혼하기를 원했으나 세 번 다 불행으로 끝났다. 존 웨슬리는 그레이스에게 아주 홀딱 반해버린 듯했다. 그는 그레이스를 "뛰어나게 아름답고 고상하고 차분하고 검소하고 근면한데다 이성과 상식과 인내를 겸비한 형언 못할 만큼 부드러운(inexpressibly tender) 여인이며 … 지금까지 어디서도 그와 같은 여인을 보지 못했다."고 극찬하였다. 병에서 다 나아 그레이스의 간호가 끝날 때 존 웨슬리는 그녀에게 구혼을 하였고, 그레이스는 심장이 멎을 정도로 놀라 "이것이 나에게는 얼마나 큰 축복인지요? 이것을 어떻게 믿어야 할지 난 몰라요. 이것이야말로 하늘 아래서 내가 얻을 수 있는 최상의 행운이지요!"라고 말했다. 물론 그녀가 존 웨슬리와 결혼하는 것이 최상의 축복이지만 그레이스의 상황은 복잡해지고 있었다. 왜냐하면 그녀는 이미 존 베넷과 결혼 약속을 해놓은 상태였는데, 이 사실을 존 웨슬리에게 아직 말하지 않은 것이었다.[26]

이제 존 웨슬리와 존 베넷은 한 여인을 두고 경쟁 관계에 돌입하고 있었으며, 두 애인 가운데 끼인 그레이스의 감정은 존 웨슬리와 베넷 사이를 왔다 갔다 하기 시작했다. 그녀는 둘 중에 누구 하나를 선택하지도 또 버리지도 못해서 하늘의 섭리에 맡길 수밖에 없었다. 그녀는 한동안 두 남자를 모두 사랑하였다. 존 웨슬리와 함께 있을 때에는 존 웨슬리와 결혼하고 싶었고, 베넷과 함께 있을 때에는 베넷과 결혼하고 싶었다. 두 사람 사이에는 운명적인 한판 애정 전쟁의 기운이 감돌고 있었다. 문제는 누가 더 강하고 더 신속하게 그레이스를 잡아당기느냐 하는 것이었다. 일주일 후에 존 웨슬리는 계획대로 설교 여행을 떠나게 되었다. 출발 전에 그는 그레이스에게 자기가 그레이스와 결혼하는 것이 하나님의 뜻이라고 확신한다고 말했다. 이때 그레이스는 홀로 남는 것을 견딜 수 없다고 말해 존 웨슬리는 자기의 여행을 돕는 자들 중에 하나로 그녀를 데리고 갔다.

그런데 베넷의 구역에 도착해서 존 웨슬리는 그레이스를 그곳에 남겨두고 갔다. 존 웨슬리는 그레이스와 베넷의 관계를 전혀 알지 못하였으므로 그런 결정적인 실수를 저지른 것이다. 그 후 일주일이 지나자 베넷은 존 웨슬리에게 자신과 그레이스의 결혼을 승낙해 달라는 편지를 보내왔다. 편지와 함께 그레이스가 보낸 사람이 존 웨슬리에게 와서, 그레이스가 존 웨슬리와 결혼하는 것이 아니라 베넷과 결혼하는 것이 하나님의 뜻이라고 확신하게 되었다고 전하는 것이었다. 이 말을 전해들은 존 웨슬리는 망연자실하여 기절할 지경이었으나 너무나 순회 설교에 바빠서 괴로워할 틈도 없었다.

그러나 '형언 못할 만큼 부드럽고 매력적인' 32세의 과부 그레이스는 두 애인 사이의 로맨스를 여기서 끝내지 않고 계속 더 길게 끌고 갔다. 그리고 그 후 6개월간 그녀는 두 애인과 동시에 연애편지를 주고받았으며, 두 애인에게 차례로 "나는 오직 당신만을 사랑해요."라고 속삭였던 것이다. 그리고 그녀는 자기에게 최후까지 연애편지를 주는 그 사람의 몸이 될 것이라고 믿었던 것이다. 그레이스는 존 웨슬리의 조력자(helper; 존 웨슬리에게 고용된 평신도 설교자) 중의 하나였기 때문에 존 웨슬리가 어디든 보내거나 가고자 하면 복종해야만 했다. 1749년 2월 존 웨슬리는 그레이스에게 아일랜드에 설교 여행을 함께 가야 한다고 했다. 그녀는 이러한 긴박한 상황에 몹시 당황하였으며, 이 사실을 베넷에게 알리고 급히 자기에게 달려오라고 전했지만 그는 올 수 없었다. 할

존 웨슬리의 생애

수 없이 그녀는 존 웨슬리에게 자기와 베넷의 관계를 다 말하였고 두 사람은 이 문제에 대하여 한참 토론을 거친 후에 베넷과 그녀의 관계가 법적으로 묶인 것이 아니므로 상관없다고 결론을 내렸다. 이제 다시 그녀는 존 웨슬리의 여자가 되는 듯했다. 그래서 그녀는 존 웨슬리의 아일랜드 전도단에 끼어 존 웨슬리와 함께 아일랜드에 가게 되었다.

그 후 베넷과 존 웨슬리는 엡웟에서 만났다. 이때 베넷은 그레이스가 존 웨슬리에게서 받은 편지를 모두 자기에게 주었다고 말하였다. 순간 존 웨슬리는 참기 어려운 배신감을 느꼈지만, 용케 참아 넘겼다. 존 웨슬리는 그레이스의 이런 행동이 무엇을 의미하는지를 알아차렸다. 그는 그레이스가 사랑하는 사람은 자기가 아니라 베넷이라는 사실을 알고 두 사람이 결혼하는 것이 옳다고 결정하였다. 그리고 그레이스에게 그렇게 하라는 메모를 남기고 몰래 사라졌다. 그레이스는 이 편지를 보자 눈물을 흘리면서 존 웨슬리에게 달려와서 "그런 말을 하지 마세요. 그렇게 말하려면 차라리 나를 죽여주세요."라고 애원했다. 존 웨슬리도 잠시 어떻게 할까 주저했고 그레이스의 얼굴에는 눈물이 폭포수처럼 흘렀다. 그러나 그녀는 이미 베넷의 것이라고 판단하고 그녀를 포기하기로 결정한 존 웨슬리의 마음은 변하지 않는 듯하였다. 그녀는 마음이 너무나 상해 병이 났고 몸을 떨고 있었다. 그녀는 다시 존 웨슬리에게 이렇게 말했다. "내가 당신보다 다른 사람을 더 사랑한다는 것을 어떻게 생각조차 할 수 있단 말인가요? 당신은 내가 언제나 베넷보다 당신을 천배나 더 사랑하고 있다는 것을 아셔야 해요." 이 말을 들은 존 웨슬리는 다시 깊은 미로에 빠지고 있었다. 그날 저녁에 베넷이 왔을 때 그레이스는 그에게 "나는 당신의 아내가 될 거예요."라고 약속하였다.[27]

그녀의 말을 들으면 무엇이 진실인지 알 수가 없다. 그녀는 두 남자를 동시에 사랑한 것일까? 그러면서 둘 중에 하나를 실망시키는 것을 두려워하고 있었던 것일까? 아무래도 그녀는 두 남자를 모두 사랑하고 있었던 것 같다. 그리고 둘 중에 누구와 결혼해도 좋다는 생각을 하게 된 것 같다. 결국 자기를 보다 강하게 잡아끌고 먼저 결혼식을 올리는 사람의 아내가 될 것이라고 생각하고 있었나 보다. 다시 말하면 그레이스는 현재 함께 있는 사람에게 끌려가는 것이었다. 두 남자도 가련하지만 그레이스도 참으로 고통스런 사랑을 하고 있었던 것 같다.

3) 세 번째 실연당한 존 웨슬리

며칠 후에 존 웨슬리는 그녀에게 단도직입적으로 물었다. "당신은 누구를 선택하겠습니까?" 그녀는 조금도 서슴지 않고 "나는 진심으로 당신만을 사랑해요. 나는 당신과 함께 살고 당신과 함께 죽기로 결심했어요."라고 대답하였다. 그래서 존 웨슬리와 그레이스는 자신들의 이러한 뜻을 베넷에게 편지로 써 보냈다. 이제 문제는 확실히 해결된 것처럼 보였다. 그레이스는 존 웨슬리에게 지체하지 말고 가능한 한 빨리 결혼해야 한다고 재촉하였다. 그녀는 결혼이 지연되면 상황이 뒤죽박죽이 될 수도 있다는 사실을 알고 있었던 것이다.

그렇지만 존 웨슬리는 전에도 그랬듯이 이번에도 결혼 절차에 대하여 지나치게 숙고하였으며, 자기와 그레이스와 관련된 모든 사람들을 이해시키고 만족시켜야 한다고 생각하였다. 그는 먼저 베넷을 이해시키고 동생 찰스의 동의를 얻고 그 다음 그의 모든 설교자들과 신도회들에게 결혼의 이유를 설명하고 기도를 부탁할 아주 치밀한 계획을 세웠다. 그런데 이러한 일을 다 마치려면 약 1년의 세월이 족히 걸리는 것이었으니 그들의 미래는 다시 불확실해지고 말았다. 그녀는 기다리기로 동의했지만 절차가 너무나 복잡하다고 불평하면서 1년 이상은 기다릴 수 없다고 말했다. 이와 같이 너무나 느리고 복잡한 절차는 염려하던 상황을 초래하였고 그레이스의 감정이 다시 한 번 뒤집히는 불행한 사건이 발생하였다.

이윽고 찰스가 등장하였다. 그는 형님의 결혼에 깊숙이 간섭하기 시작하였다. 찰스는 형님이 하녀 출신과 결혼하려고 한다는 소리를 듣고 자존심에 큰 충격을 받았다. 찰스는 이 결혼을 반드시 막아야 한다고 작정하고 온갖 수단을 동원할 준비가 되어 있었다. 그리고 찰스는 사람들에게서 들은 그레이스에 대한 좋지 않은 수많은 얘기들을 형님에게 쏟아 놓았다. 그리고 만약에 형님이 그녀와 결혼한다면 모든 설교자들이 다 떠나가고 신도회들은 산산이 흩어질 것이라고 위협하였다. 찰스는 그레이스에게도 만약에 당신이 자기 형님과 결혼한다면 하나님의 일을 파괴해 버리는 큰 죄악을 저지르는 것이라고 말했다. 존은 동생과 토론을 시작하였다. 자신의 결혼 결정은 결코 한순간의 감정에 의한 것이 아니라 이성적 사고와 판단에 의한 것임을 강조하면서 자신이 그레이스와 결혼해야 하는 이유를 논리적으로 설명하였다. 무슨 이유인지는 분명치 않지만 베넷도 그레이스를 존 웨슬리에게 양보하고 두 사람의 결혼을 적극적으로 도우려고 하였다. 그런데 이 사실을 안 찰스는 즉시 베넷에게 편지하여 "당신이 나를 당신의 진정한 친구로 여긴다면 물론 (그런 줄 잘 알지만) 나의 진실한 조언을 들어주시오. 제발 존과 그레이스가 다시는 만나는 일이 없도록 하여야 합니다. 그것만이 우리 형제와 메도디스트 신도회를 살리는 일입니다."라고 그를 설득하였다.[28]

존 웨슬리는 17세 되던 해에 자기는 결혼하지 않을 것이라고 말한 적이 있다. 그 이유는 자기 어머니와 같은 여자를 결코 찾기 어려울 것이기 때문이라고 했다. 그 이후로 존 웨슬리는 10년 동안 결혼에 대하여 진지하게 생각해 본 적이 없었다. 그러다가 그는 성직자가 결혼하지 않는 것이 옳다는 초대 교회의 전통에 깊이 감동되어 독신주의 이상을 품게 되었다. 그는 결혼이 성관계를 수반하므로 마음이 흩어질 뿐 아니라 완전한 성결을 이루는 데 근본적 장애가 되며 독신자처럼 주님을 한 가지 마음(single-mindedness)으로 사랑할 수 없을 것이라고 생각하고 있었다. 존 웨슬리가 독신에 대한 이상주의를 품는 또 한 가지 중요하고도 실제적인 이유가 있었다. 그것은 결혼이 가난한 사람들을 위하여 자신의 '모든 것을 다 주는 삶'을 사는 데 큰 방해가 되며 하나님이 맡기신 특별한 사명을 행하는 데, 즉 거룩한 삶과 여행 전도자로서의 분주한 삶에 불편한 상태가 된다고 생각한 것이다.

그런데 이후 시간에 감에 따라서 그의 생각이 변하였다. 그는 여러 책들을 읽고 친구들의 조언을 통해서 결혼을 하지 않아야 한다는 것은 성경이나 초대교회의 불변의 법칙이 아니며, 결혼하지 않는 것이 결혼하는 것보다 오히려 더 산만해질 수 있어서 결혼하는 것이 특별한 삶을 사는 데 더 유익하다는 생각을 하게 된 것이다. 더욱이 그레이스 머리를 만나 후로 그는 이러한 생각에 확신을 갖게 되었다. 그러면서 찰스가 그레이스와의 결혼을 반대할 때에 존은 자기가 그레이스와 결혼하려는 이유를 논리적으로 설명하려고 애를 썼다.

첫째, 그레이스는 자신에게 가장 알맞은 이상적인 여인이므로 자신의 가장 좋은 동반자요 협력자가 될 것이다. 둘째, 그녀는 자신의 상한 몸을 언제나 잘 돌보아줄 훌륭한 간호사와 근면검소한 주부가 될 것이다. 셋째, 그녀는 드물게 지식과 교양을 갖춘 여성이다. 넷째, 그녀는 메도디스트 여성 조력자(helper)로서 일을 충실히 수행한 검증된 능력 있는 여인이다. 다섯째, 그녀는 다른 여자들의 유혹과 방해로부터 자신을 막아줄 충실한 보호막이 될 것이다. 여섯째, 마음이 혼란한 것보다 결혼하여 안정된 생활을 하는 것이 더 좋으리라고 생각했다. 일곱째, 무엇보다도 그는 그레이스를 사랑하였다.

그렇지만 찰스가 반대하는 이유도 당시로서는 무시하기 어려운 만만치 않은 것들이었다. 찰스와 휫필드는 결혼할 때 존처럼 이렇게 복잡하게 생각하지 않았다. 그런데 존 웨슬리는 복잡한 절차를 앞세우고 결혼의 이유를 논리적으로 명쾌하게 설명하고 모든 면에서 완벽하려고 하였다. 존은 이처럼 사랑에서나 결혼에서 지나칠 정도로 이성적이고 논리적이었고 바로 이 점이 거듭 되는 실연의 가장 큰 요인이 되었다.

찰스는 그레이스에게 작별 키스를 하고 "당신은 나의 마음을 몹시 상하게 하였습니다."라고 말하고 뉴캐슬을 향하여 길을 떠나려고 하였다. 마침 그레이스도 뉴캐슬로 돌아가야 해서 찰스가 그녀를 자기 말에 태워 뉴캐슬로 데려다 주었는데, 그곳에는 존 웨슬리의 운명적 경쟁자 존 베넷이 기다리고 있었다. 그레이스는 베넷을 보자마자 그의 발 앞에 쓰러져 "내가 당신을 무례하게 대하였습니다. 제발 나를 용서해 주세요."라고 말하면서 눈물을 흘렸다. 찰스는 그레이스를 베넷과 결혼시키려고 작정하고 결혼이 성사될 때까지 지키고 도왔다. 그 후 이레 만인 1749년 10월 3일 그레이스는 베넷과 결혼식을 올리고 말았다.[29] 말 그대로 속전속결이었다.

이렇게 해서 존 웨슬리와 베넷의 사랑 전쟁은 존 웨슬리의 제자이며 동시에 평신도 설교자인 베넷의 승리로 막을 내렸다. 이 소식을 들은 존 웨슬리는 눈 앞이 캄캄하고 절망적이었다. 마음이 돌처럼 굳어지는 것 같았다. 이 사건에 대하여 역사가들은 이렇게 평하였다. "존 웨슬리는 바보, 베넷은 사기꾼, 그레이스는 바람둥이, 찰스는 신실하나 성질 급한 간섭쟁이였다."[30] 존 웨슬리가 그레이스를 빼앗기고 그레이스가 베넷과 결혼하게 된 데에는 찰스의 반대와 간섭이 가장 큰 요인이 되었다고 할 수 있다. 그러나 이후에도 존 웨슬리는 동생을 원망한 적이 없다.

4) 실연에 괴로워할 틈도 없이 바쁜 존 웨슬리

며칠 후에 찰스는 갓 결혼한 베넷과 그레이스를 데리고 존에게 왔고 곧 이어 휫필드도 도착하였다. 그리고 존 웨슬리의 유능한 설교자 존 넬슨도 왔다. 휫필드와 넬슨은 불쌍한 존 웨슬리를 보고 눈물을 터뜨려 울면서 위로해 주었고 간절히 기도해 주었다. 두 친구는 존 웨슬리의 마음에 격렬하게 불어 닥친 태풍이 멎을 때까지 그의 옆에 그렇게 있어 주었다. 휫필드는 비록 교리 논쟁에서는 불화하였으나 끊을 수 없는 우정과 사랑으로 강도 만난 자와 같은 존 웨슬리를 붙들어 주었다. 찰스와 존 두 형제는 서로의 목을 끌어안은 채 주저 앉아 많이 울었다. 존 웨슬리는 분명히 찰스와 베넷과 그레이스 모두에게 이용당했다고 할 수 있다. 그러나 존 웨슬리는 곧 베넷과 그레이스에게 작별인사를 했고 두 사람의 행복을 빌어주었다. 존 웨슬리는 분노를 표현하거나 누구에 대한 증오를 품고 사는 사람이 결코 아니었다. 그는 과거를 오래 후회하고 괴로워하며 보낼 시간이 없는, 언제나 하나님의 일에 분주한 사람이었다. 그는 두 사람 모두를 즉시 용서하고 동생 찰스에 대한 원망, 그리고 배신감과 불쾌함과 비애를 바람에 날려 보내고 바로 그 다음날 영국 북부의 광산촌에서 노동하는 가련한 영혼들을 향하여 또 다시 말 잔등에 올라 먼 길을 떠났다. 그는 곧 일상으로 돌아왔다.

그는 자신의 말대로 남의 잘못을 용서하는 데에는 언제나 너그럽고 신속했다. 그는 남에 대한 미움을 마음에 품거나 오래 기억하지 않는 성격이었다. 남의 잘못을 품고 괴로워하며 상대방을 미워하는 것이 자신의 몸과 영혼을 상하게 한다는 것을 잘 알고 있었다. 그는 자신이 고백한 대로 아무리 힘들고 무거운 일을 당해도 단 15분 이상을 우울하게 지낸 적이 없었다. 존 웨슬리는 속상한 일이나 슬픈 일이 생겼을 때에는 더욱 하나님께 가까이 갔고 더 열심히 일했다. 그는 대단한 용기의 사람이었다. 그렇게 무서운 시련을 당하고도 조금도 흐트러지지 않고 자신이 가야 하는 한 길만을 달려갔던 것이다.

결혼 후 9개월 만에 베넷은 칼빈주의자로 변하여 존 웨슬리와 다른 길을 갔다. 그리고 베넷은 그레이스와 겨우 10년밖에 못살고 1759년에 죽었으며, 그레이스는 또 다시 약 30년간 과부로 외롭게 살아야만 했다. 그레이스는 그 후 메도디스트들에게 성녀와 같이 존경받으며 메도디스트 신도회에서 충성된 생애를 살았다. 존 웨슬리는 그레이스와 헤어진 지 40년 만에 런던에서 그녀를 마지막으로 다시 만났다. 그레이스의 요청으로 만난 두 사람은 간단한 인사말을 나눈 다음 서로를 마주보며 짧은 시간 옛날의 사랑을 회상하는 듯하였다. 만남은 감격적이었으나 이때 존 웨슬리는 86세, 그레이스는 73세였다. 그들은 사랑의 추억을 더듬어가기도 힘겨운 황혼에 만나서 잡은 손을 놓고 다시 헤어졌다. 그리고 그 후 이 세상에서 다시는 보지 못하였다.[31]

세상의 어떤 환난풍파에도 넘어지지 않는 영원한 순례자, 세상의 어떤 시련에도 언제나 복음의 트랙을 달리는 여행 전도자(travelling evangelist), 그의 이름은 '로맨틱 존 웨슬리'(romantic Wesley)였다. 존 웨슬리는 엄청난 시련과 눈앞이 캄캄해지는 좌절을 겪고도 바로 그 다음날 버스탈에서 한번, 그리고 리즈에서 두 번 약 2,000명이나 되는 사람들에게 설교하고 곧 그 지역의 신도회들을 순회하고 다시 뉴캐슬로 올라가 선교본부의 일을 보고 로흐데일로 옮겨가서 설교하였다. 그곳에는 수천 명의 군중이 모였는데 여기저기에서 욕지거리를 하고 저주를 퍼부으며 하나님을 욕하고 존 웨슬리를 향하여 이를 갈고 돌을 던지면서 위협하고 있었다. 존 웨슬리가 두려워하지 않고 설교를 계속하였더니 얼마 후에 사방이 조용해지고 군중이 말씀을 경청하였다.

존 웨슬리는 다시 볼톤으로 내려갔다. 그곳에는 가장 악명 높은 폭도들이 메도디스트 설교자들을 돌로 쳐 쓰러뜨리고 진흙덩이에 묻어버린 무서운 광산촌이었다. 존 베넷은 이곳에서 며칠 동안 폭도에게 포로가 된 적이 있었다. 존 웨슬리가 도착했을 때에도 역시 돌이 날아오고 개가 달려들고 폭도들의 난동이 벌어졌다. 존 웨슬리는 높은 언덕에 올라서서 설교를 하고 폭도들을 진정시켰다. 그는 그날 거기서 세 번이나 설교하고 신도회를 돌아보았다. 그는 북부에서 브리스톨로 내려와 뉴룸에서 설교자들을 만나 교육시키고 그 지역의 신도회들을 방문하고 킹스우드와 바스와 인근 지역에서 설교하였다. 그레이스를 베넷에게 보낸 지 한 달 만에 런던 파운더리 예배당에 돌아와 잠시 휴식을 취하고는 설교자들에게 편지를 쓰고 곧 네덜란드어로 번역출판될 "그리스도인의 완전에 대한 평이한 해설"과 "메도디스트의 성격"이라는 두 편의 논문을 다듬었다. 그는 무서운 배신과 실연을 당했으나 단 하루도 괴로워할 틈 없이 하나님의 일에 분주한 삶을 이어나갔던 것이다.

5) 48세 노총각과 41세 과부의 위험한 결혼

그레이스를 잃은 지 18개월 만에 존 웨슬리는 또 다시 위험한 결혼을 시도 했으며, 결국 자신의 인생에 대 재앙 같은 불행한 운명을 선택하였다. 상대는 또 과부다. 그녀는 런던의 부유한 상인과 사별하고 3명의 자녀를 둔 41세의 과 부 메리 바질(M. Vazeille)이었다. 그녀는 전 남편에게 물려받은 유산으로 10,000파운드의 돈과 연간 약 300파운드의 수입으로 안정된 생활을 할 수 있 는 상당한 재력가였다. 찰스가 먼저 이 여자를 만났다. 찰스는 그녀를 보고 '슬픈 영을 가진 여인'이라고 표현했는데, 이 표현은 아주 예언적이었다. 존 웨슬리에게 그녀의 첫인상은 상당히 신앙심이 깊고 책임감과 능력이 있는 여 자로 보였다. 그러나 그녀는 사실상 정서적으로 어둡고 성격적으로 불안하고 우울증이 있으며 아주 심한 질투심과 의심에 시달리는 여자였다.

존 웨슬리는 그녀의 보이지 않는 면을 알 길이 없었다. 그는 그저 겉으로 보 이는 것들에 의해서 그녀를 판단하였다. 그녀는 빼어난 미인이었으며, 신앙과 교양을 잘 갖춘 여인으로 보였던 것이다. 늘 어머니를 이상적인 여성으로 생 각하던 존 웨슬리는 그녀가 자기 어머니와 같지는 못하더라도 자기 누이들과 는 견줄 만하다고 생각했다. 존 웨슬리는 그녀의 재산을 보고 결혼했다는 비 난을 없애기 위해서 그녀의 모든 돈은 그녀의 자녀들을 위해서만 사용하도록 결정했다. 그리고 결혼을 한 후에 존 웨슬리는 영국 대학의 규칙에 의하여 옥 스퍼드 펠로우 직으로부터 얻던 수입을 잃었다.

바질 부인과의 결혼은 아주 급속도로 이루어졌다. 존 웨슬리는 서리가 내려 얼어붙은 런던 다리(London Bridge)를 걸어가다가 넘어져 발목을 심하게 다치는 사고를 당했다. 그래도 존 웨슬리는 설교를 하러 가려고 했으나 더 이상 서 있을 수도 걸을 수도 없어서 가까운 곳을 찾던 중 바질 부인의 집으로 실려가 그녀의 간호를 받게 되었다. 앞에서 언급한 대로 여인의 간호는 존 웨슬리에 게 언제나 불행한 운명이 시작되는 위기였다. 그녀의 집에서 간호를 받던 존 웨슬리는 그녀에게 무언가 애정 같은 것을 느껴 청혼하였고 그녀는 곧 동의하 였다. 사고 난 지 일주일 후 1751년 2월 17일 존 웨슬리는 그녀의 집에서 파운 더리로 옮겨졌다. 그리고 놀랍게도 그 다음날 결혼하였다. 존 웨슬리는 48세 노총각이었고 메리는 41세 과부였다. 어디서 결혼했는지 아직도 밝혀지지 않 았다. 아마도 결혼식은 어느 개인집에서 행해졌을 것이라고 추측될 뿐이다. 존 웨슬리는 결혼 다음날부터 밤에는 히브리어 문법책을 쓰고 어린이들을 위 한 주일학교 교재를 썼다. 그리고 낮에는 아직 다리를 절면서도 사람들의 부 축을 받으면서 의자에 앉아 설교를 하였다. 두 주 후에는 가까스로 말안장에 올라 북부로 설교 여행을 떠났다.

존 웨슬리는 찰스가 간섭하지 못하도록 급히 결혼식을 치른 것이었다. 찰스 는 벼락을 맞은 듯 놀랐다. 찰스는 그녀의 인격을 불신했고 신도회에 좋지 않 은 영향이 미칠 것이라고 걱정했으나 그녀의 사회적인 신분이 문제가 되지 않 아 적극적으로 반대하지 못하였다. 아마 찰스는 어떤 여자라도 형과의 결혼을 반대했을 것이다. 이때 존 웨슬리는 자신이 결혼하는 이유를 모든 사람에게 공개적으로 알리고 싶었다. 그는 일기에 다음과 같이 결혼 이유를 밝혔다. 첫 째로 지금까지는 내가 독신으로 사는 것이 하나님이 쓰시기에 더 좋다고 생각 했으며 지금까지 독신으로 하나님의 일을 많이 할 수 있었던 것에 대하여 하 나님께 감사한다. 그러나 이제는 내가 결혼함으로써 하나님이 나를 더 잘 쓰 실 것이며 하나님의 일을 하는 데 더 유익하다는 확신이 생겼다. 둘째로 나 자 신의 확신만이 아니라 친구들의 충고와 격려를 따라서 며칠 만에 결단을 내렸 다. 셋째로 나는 메도디스트 독신 남자들에게 독신으로 남아 있는 것이 얼마나 복된 일인가에 대하여 말했으나 역시 예외가 있다는 것도 말해 주었다. 넷째로 자기의 약한 몸을 돌보아 줄 간호사 같은 친구가 필요하다고 판단했다. 다섯째로 다른 여성들로부터 오해와 유혹을 물리치기 위해 결혼이 필요하다. 여섯째로 기도한 결과 결혼하는 것이 하나님이 아들을 세상에 보내신 것처럼 하나님의 뜻이라는 믿음을 갖게 되었다.[32]

6) 얻어맞는 존 웨슬리

존 웨슬리는 위에서 밝힌 대로 오로지 하나님의 일만을 위해서 결혼했을까? 메리에 대한 진실한 사랑은 없었던 걸까? 존 웨슬리의 결혼 초기에는 두 사람 사이에 진실한 애정의 증거가 보인다. 존 웨슬리는 "하나님이 우리들의 만남을 도우셨다."고 말하면서 만족하였으며, 그녀에게 보낸 편지에서 사포 (Sappho)의 시를 인용하여 쓴 것을 보면 보통 사람들과 같은 진한 사랑의 증거가 보인다.

"언제나 그대를 보고 그대의 소리에 귀 기울여 듣는다.
부드럽게 말하고 부드럽게 웃는 그대
세상에 하나뿐인 내 소중한 사랑이여"[33]

그리고 결혼 초기에 존 웨슬리는 설교 여행에 메리를 데리고 다녔다. 때로는 딸들도 데리고 다니기도 했다. 그러나 이것이 두 사람 모두에게 얼마나 힘든 일인지 곧 알게 되었다. 존 웨슬리는 설교자들에게 결혼생활 때문에 설교 여행을 1마일이라도 덜 해서는 안 된다고 주장했으나 영웅적인 아내들을 빼놓고는 많은 경우에 그렇게 하지 못했다. 그리고 그것은 현명한 처방이 아니었다. 메리도 남편의 전도 여행에 계속 동행할 수 없었다. 메리는 어떤 경우에도 만족하지 못하고 불평을 털어 놓는 성격이었다. 또한 모든 사람들과 말다툼을 벌이는 습관도 메리가 더 이상 남편을 동행할 수 없는 이유가 되었다.

그들의 불행은 결혼한 지 1년 후부터 시작되었는데, 주로 존 웨슬리의 편지가 불화의 동기가 되었다. 존 웨슬리는 자기에게 오는 모든 편지를 아내에게 열어보도록 허락하였는데, 이것이 문제였다. 그녀는 남편에게 오는 여성들의 편지를 열어보고 그것들이 연애편지이며 그런 여자들과 존 웨슬리가 간통했다고 비난하였다. 존 웨슬리는 평신도 설교자들뿐 아니라 여성 설교자들과 여성 속장들, 그리고 신도들과 편지왕래가 많았다. 왜냐하면 당시에는 서신왕래만이 의사소통의 유일한 수단이었기 때문이다. 그는 거대한 메도디스트 연합체의 일들을 편지를 통하여 지도했다. 그 외에도 존 웨슬리는 남자와 여자 신도들과 개인적인 편지를 많이 주고받으며 편지 목회를 평생토록 해나갔다. 존 웨슬리 연구의 권위자인 헨리 랙은 존 웨슬리의 여성들과의 편지 목회와 인간관계에서 존 웨슬리가 의심받거나 비난받아야 할 요소는 거의 없다고 하였다. 그럼에도 불구하고 특별히 어떤 여성들의 편지와 편지 내용은 메리에게 의심과 질투와 분노하게 만들었다.

또한 메리는 남편이 자기에게 더 많은 관심과 사랑을 주지 않는다고 불평하고 더 많은 시간과 정성을 요구하였다. 물론 존 웨슬리의 분주한 전도 여행과 일이 문제가 된 것은 말할 것도 없었다. 그녀는 아이들과 떨어져서 남편과 늘 여행을 하며 살든지 아니면 집에서 남편이 어디 있는지도 모르고 홀로 지내든지 둘 중에 하나를 선택해야만 했다. 메리는 의심과 질투와 분노와 배신감과 모욕감으로 불타오르는 나날을 보냈으며, 그 모든 감정을 남편에게 쏟아 부었다. 메리의 질투심은 정신적 불안정을 초래했고 때로는 성적인 질투심까지 보여 찰스의 아내가 존 웨슬리의 정부였다고 함부로 말하기도 하였다. 그리고 그녀는 존 웨슬리가 전도 여행할 때에 정부를 데리고 다닌다고 비난하였다. 물론 존 웨슬리가 이런 종류의 비난을 받을 만한 증거는 어디에도 없었으나 그녀의 왜곡되고 병적인 성격은 무엇이든지 상상하는 대로 떠들어댔다.

　　존 웨슬리와 편지를 주고받던 대부분의 여성들은 충성된 메도디스트들로서 신앙과 경건과 선행에 있어 모범적이었다. 존 웨슬리가 여성 신자들에게 보낸 편지의 내용은 존 웨슬리가 그들에게 완전한 성결에 이르도록 촉구하고 그 실천적인 방법을 가르쳐주고 신도회의 효과적인 지도 방법과 메도디스트 경건생활에 관하여 상담자 역할을 하는 지극히 목회적인 편지들이었다. 물론 존 웨슬리 편에서도 문제가 있다고 할 수는 있다. 존 웨슬리는 여성들이 하나님의 일에 충성하는 것이 시대적으로 귀중한 일이므로 가능한 한 많이 격려하고 그들에게 좀 더 우호적이고 온화하고 친절하게 대해 주었다. 편지 속에 드러난 이런 마음의 표현이 메리의 질투와 분노를 일으켰다.

　　그럼에도 불구하고 그녀의 질투심은 아주 희귀한 것이었다. 그녀는 존 웨슬리의 가방과 주머니에서 편지들을 훔쳐내고 존 웨슬리를 망가뜨리기 위해서 편지 내용을 자기 맘대로 수정하여 존 웨슬리의 칼빈주의 적대자들에게 넘겨주기도 하고 신문사 '모닝 포스트'에 넘겨주기도 했다. 그녀는 브리스톨 뉴룸에서 관리자로 일하는 사라 라이언이 존 웨슬리의 정부라고 공공연히 비난하였다. 사실상 사라는 세 남자와 결혼했던 행실이 좋지 않은 과거를 가진 여인이었는데 회심하여 메도디스트가 되었고, 메도디스트들이 그녀를 불쌍히 여기어 돕고 있었을 뿐이었다. 메리는 몰래 남편의 여행길을 100마일씩이나 추적하기도 하고 사람들을 사서 존 웨슬리의 행적을 조사하기도 했다. 그녀는 이처럼 병적으로 왜곡된 성격과 무서운 질투심에 불타서 남편을 극단적으로 괴롭혔다. 온갖 욕설을 퍼붓고 중상모략하고 저주하고 입에서 나오는 대로 공격하였다.

　　메리는 또한 물리적인 힘으로도 존 웨슬리를 공격하였다. 그녀는 손톱으로 할퀴고 손으로 때리고 밀고 발로 찼다. 그녀의 몸집이 존 웨슬리보다 커서 몸으로 밀면 존 웨슬리는 벽에 부딪쳐 충격을 받았다. 초기의 존 웨슬리 전기 작

존 웨슬리의 생애

가인 존 함슨은 무서운 일화를 전해 주었다. 한번은 메리가 어떤 무기를 손에 들고 집에 들어오는 것을 본 존 웨슬리가 기겁을 해서 담을 넘어 도망가다가 넘어져 죽을 뻔하였다는 것이다. 존 함슨은 또 존 웨슬리의 집에 갔을 때에 메리가 손에 존 웨슬리의 노란 머리카락을 한주먹 쥐고서 거품을 물고서 이를 갈고 있었으며, 존 웨슬리는 마룻바닥에 내던져진 채 마치 죽은 것처럼 엎어져 있는 것을 보았다고 하였다. 그때 함슨은 그녀를 때려눕히고 싶은 충동을 느꼈다고 말했다. 함슨은 그녀가 존 웨슬리를 난폭하게 손으로 때리고 머리카락을 한 줌씩 뽑은 적이 한두 번이 아니었다고 말했다. 그녀는 분명히 난폭하고 거친 성격을 가진 여성인 것이 분명하다. 동시에 그녀는 '하나님의 일과 결혼한 사람'과 결혼한 여자로서 치러야 할 대가를 생각하지 못한 불행한 여인이었다. 20세기 메도디스트 역사가 사우디는 그녀가 성경에 나오는 욥의 아내와 소크라테스의 아내 크산티페와 함께 세계 3대 악처에 속한다고 말했다.[34]

7) 하지 않았더라면 좋았을 결혼

1758년 1월에 메리는 집을 나가면서 다시는 돌아오지 않을 것이라고 맹세했는데, 얼마 후에 다시 돌아왔지만 그때부터 결혼생활은 점점 더 고통스런 것이 되어 갔다. 그 후에도 메리는 맘대로 집을 나갔다가 다시 돌아오곤 하였다. 1771년 메리는 다시는 집에 돌아오지 않겠다는 메모를 남겨 놓고 떠나버렸다. 그리고 존 웨슬리는 다시는 그녀를 부르지 않았다. 1777년 메리는 다시 돌아오고 싶다고 전해 왔으나 존 웨슬리는 먼저 이전과 같이 편지를 가져가거나 남편이 여자들과 간통을 했다고 하는 헛소문을 내지 않는다는 약속을 하라는 조건을 제시했다. 다음 해에 존 웨슬리는 그녀에게 마지막으로 편지를 보냈는데, 그 편지에서 존 웨슬리는 "당신이 천년을 산다 해도 당신이 나에게 저지른 잘못을 다 바로 돌려놓지 못할 것이오. 그리고 당신이 그렇게 하기 위해서 무언가 하는 동안 나는 당신에게 작별을 고할 것이오."³⁵⁾라고 하였다.

메리는 1781년 10월에 죽어서 매장되었으나 존 웨슬리는 이것을 며칠이 지나서야 알았다. 메리의 묘비에는 "모범이 되는 경건하고 온화한 어머니이며 신실한 친구"라고 새겨져 있다. 웨슬리의 절친한 친구요 동역자였던 헨리 무어는 존 웨슬리의 불행한 결혼에 대하여 다음과 같이 평가하였다. "만약에 존 웨슬리 부인이 더 좋은 아내였다면 존 웨슬리는 하나님이 자기에게 맡기신 위대한 일에 충성하지 못했을 것이며, 하나님의 일보다도 자기의 사랑스런 아내를 기쁘게 하기 위해서 더 많은 노력을 하였을 것이다."³⁶⁾ 존 함슨은 "행복한 결혼은 찰스 웨슬리를 하나님의 일에 절름발이로 만들었으며, 만약에 하나님이 조지 휫필드와 존 웨슬리에게도 그렇게 좋은 아내를 보내주셨다면 그들도 하나님의 일에 절름발이가 되었을 것이다."³⁷⁾라고 말했다.

존 웨슬리는 결혼하지 않았더라면 훨씬 더 좋았을 것이다. 존 웨슬리의 결혼은 실수였다. 그러나 극심한 고통을 겪었던 존 웨슬리에게 인간적 연민을 느끼게 된다. 거듭되는 실연과 불행한 결혼에서 존 웨슬리는 얼마나 아프고 상했을까? 여자 앞에만 서면 작아지고 주저하고 두려워하는 것, 이것이 존 웨슬리의 약점이었다. 그리고 이로 인해서 생기는 문제는 그의 거룩한 생애의 흠이었다. 그는 여인의 사랑보다 더 큰 하나님의 사랑 안에서, 그리고 하나님의 일에서 더 행복하였으리라!

3. 가난한 사람들의 아버지 – 사랑의 성자 존 웨슬리(1729~1791)

1) 모든 선을 행하라 – 존 웨슬리의 실천적 기독교

존 웨슬리의 메도디즘은 실천하는 기독교(practical Christianity), 즉 기독교의 실천이다. 그것은 신앙의 실천과 실천적 삶의 방식을 의미하는 것이었다. 존 웨슬리는 그 실천을 선행(good works)이라고 보았다. 그리고 선행은 '사람의 영혼을 위한 선행'(good to men's soul)과 '사람의 몸을 위한 선행'(good to men's body), 이 두 가지로 구분하였다. 즉 존 웨슬리의 기독교는 이웃에게 해가 되는 모든 종류의 악을 피하고 모든 종류의 선을 행하는 것이었다. 존 웨슬리는 죄에 빠져 길을 잃고 방황하며 고통당하는 영혼을 불쌍히 여기고 그들에게 복음 전하는 일에 평생토록 헌신하였으며, 그들에게 성경을 가르치고 예배와 성례전을 제공하고 기도와 말씀으로 병든 영혼을 치유하고 구원하는 일에 모든 힘을 다 쏟았다. 동시에 그는 물질의 부족으로 고통당하는 사람들을 불쌍히 여기고 사랑하여 배고픈 자들을 먹이고 헐벗은 자들을 입히고 병든 자들을 치료하고 갇힌 자들을 돌아보는 일에 자신의 사랑을 다 바쳤다. 이것이 존 웨슬리가 믿고 실천한 기독교 신앙이다. 존 웨슬리는 이러한 자신의 이상적 기독교 신앙의 실천을 위하여 선행을 위한 "그리스도인의 생활 규칙"을 만들어 스스로도 평생 지키고 모든 메도디스트들에게도 지칠 줄 모르고 가르쳤다.

「그리스도인의 생활 규칙」
네가 할 수 있는 모든 선을 행하라.
모든 힘을 다하여 모든 방법을 다하여
모든 처지에서 모든 장소에서
모든 기회에 모든 사람에게
네가 살아 있는 동안 모든 선을 행하라.

「John Wesley's Rules for Christian Living」
Do all the good you can, By all the means you can,
In all the ways you can, In all the places you can,

At all the times you can, To all the people you can,

As long as ever you can.

존 웨슬리는 인간은 오직 믿음으로 구원받되 사랑과 선행을 생산하는 믿음으로 구원받는 것이지, 그렇지 않은 믿음으로 구원받는 것이 아니라고 믿었다. 그래서 그는 진정한 믿음은 오직 '사랑으로 역사하는 믿음'(faith working by love)이요, '사랑의 에너지로 가득 찬 믿음'(faith filled with the energy of love)이라고 역설하였다. 그러므로 존 웨슬리는 모든 기회에 모든 힘을 다하여 선을 행하였으며, 메도디스트들은 언제 어디서나 선행자들(good doers)이 되어야 한다고 가르쳤다.

2) 거룩한 부자의 거룩한 가난

가난한 삶은 존 웨슬리 가문의 전통이었다. 그의 증조할아버지 바톨로뮤 웨슬리와 할아버지 존 웨슬리는 청교도 성직자요 용감한 개혁자였다. 그들은 영국 국교회로부터 극심한 박해를 받아 교구 교회에서 추방당하고 무서운 고난의 시련을 당하며 집도 없이 방황하면서 가난한 삶을 살아야 했다. 할아버지 존 웨슬리는 교구에서 추방당하고 두 번씩이나 투옥되었다가 석방되어 순회 설교를 하다가 42세에 아내와 3남 1녀를 남기고 죽었다. 그 후 아무것도 없이 홀로 된 가난한 과부는 32년간 극심한 가난 속에서 자녀를 교육시켰다. 그 과부의 네 자녀 중 막내가 메도디즘 창시자의 아버지 사무엘 존 웨슬리 목사다. 사무엘도 평생 가난과 함께 살았으며, 빚에 쪼들리며 빚쟁이에게 고소를 당해 감옥에까지 갔었다.[38]

그리고 아들 존 웨슬리도 어려서부터 가난한 가정에서 자라났으며 차터하우스 학교와 옥스퍼드 대학생 시절에도 가난한 학생이었다. 그는 자기 아버지

존 웨슬리의 생애

처럼 옥스퍼드 시절 빚을 지고 살아야 했다. 그는 돈이 없어서 옥스퍼드에서 런던까지 또한 옥스퍼드에서 엡윗까지 며칠씩 걸어서 오갔을 정도였다. 존 웨슬리는 자신이 가난으로 인해 많은 고생을 했기 때문에 돈에 대한 욕심이 많고 어떻게 해서든지 부자가 되려고 했을 수도 있다.

그러나 그는 일찍이 경건의 훈련을 통하여 거룩한 가난을 배웠다. 그는 존 밀턴의 생활 모토인 '단순한 삶과 고상한 생각'(plain living high thinking)을 평생토록 실천한 표본이었다. 존 웨슬리의 기독교 신앙은 하나님께 대한 경건의 행위(works of piety)와 이웃에 대한 자비의 행위(works of mercy)였다. 이러한 두 가지 행위는 심령의 가난과 물질의 가난을 실천하는 것이었다. 거룩한 가난이란 물질이 없어서가 아니라 물질이 있어도 하나님과 함께 이웃을 위하여 가난하게 사는 것을 의미한다. 존 웨슬리는 자신이 가난의 고통을 경험하였기에 다른 사람의 가난을 깊이 동정하였다. 그는 옥스퍼드 학생 시절에 거리에서 가난한 거지 소녀를 만났지만 아무것도 줄 수가 없어서 많이 괴로워했다. 그날 저녁에 그는 자기 방에 돌아와서 옥스퍼드의 화려한 집들이 가난한 자들의 피로 장식된 것이라고 생각하며 분노하였다.

그는 옥스퍼드 대학 펠로우로 있으면서 매년 28파운드로 생활하고 나머지는 다 하나님과 이웃에게 주는 생활을 하였으며, 수입이 늘어나도 일평생 자기를 위해서 28파운드 이상 쓰지 않았다. 따라서 수입이 늘었을 때에는 수입이 늘어난 만큼 주는 것도 늘어났다. 그는 자신을 위해서는 생활에 꼭 필요한 만큼만 사용하고 나머지는 모두 하나님과 가난한 이웃에게 주었다. 이러한 존 웨슬리의 거룩한 가난은 그가 평생토록 지키며 살았던 옥스퍼드 메도디스트의 규칙이었다. 오늘날처럼 그 당시에도 성공적인 목회자들과 부흥사들 중에는 상당한 재력가들이 많았다. 존 웨슬리도 자신이 모르는 사이에 부자가 되었다고 말했다. 그러나 그는 세속적인 부자가 아니라 거룩한 부자가 되었던 것이다. 그에게 땅 위에 쌓아둔 보물은 아무것도 없었다. 그리고 그는 세상을 떠나기 전날 밤에 "나는 할 수 있는 한 모두 저축했고 할 수 있는 한 내가 가진 모든 것을 주었기에 만족하고 하나님께 감사한다."고 고백하였다. 그가 죽은 후에 남긴 것은 그가 입던 성의(robes)와 수저뿐이었다.

존 웨슬리의 수입원은 주로 그가 쓰고 출판한 책들의 판매를 통한 이익금이 었으며, 런던 파운더리 신도회에서 매년 생활비로 받는 30파운드와 가끔 지역 메도디스트 신도회에서 그의 여행비를 지불해 주는 것이 전부였다. 그가 출판한 책들 중에 어떤 것들은 불티나게 팔렸으며, 그 수입금액은 매년 평균 1,000파운드에 달했다. 그러나 존 웨슬리는 자기의 필수품을 위한 최소한의 지출을 제외하고는 모든 돈을 다 하나님과 이웃에게 주었다. 존 웨슬리의 생활을 가장 가까이에서 끝까지 지켜본 헨리 무어는 존 웨슬리가 일생 하나님께 드리고 남에게 준 돈이 약 30,000파운드나 된다고 말했다.[39]

당시의 화폐 가치를 오늘의 돈으로 얼마가 되는지 정확히 계산하기는 대단히 어려운 일이다. 이 문제에 대하여는 영국의 교회사가들의 이론이 너무나 다양해서 말하기조차 어렵지만 당시의 1파운드가 오늘 한국 돈으로 약 10만 원이 된다면 존 웨슬리는 생애 후반에 매년 평균 약 1억 원씩 벌었으며 평생 약 30억 원을 남에게 준 셈이고, 1파운드를 100만 원으로 계산하면 평생 약 300억 원을 준 셈이 된다. 그리고 존 웨슬리의 생애 후반에 약 40년간 그렇게 했다면 그가 준 금액은 400억 원까지 된다. 존 웨슬리는 거룩한 부자였으며, 가난한 사람들을 위해서 자기 것을 다 내어 주는 거룩한 가난을 실천하였다. 그는 세상을 떠나기 몇 달 전부터는 평생 기록해오던 회개 장부를 덮어버리고 모든 돈을 필요한 사람들에게 다 주었다. 그리고 그는 평생토록 결코 낭비 없이 모든 것을 저축하고 모든 것을 주었기에 행복하고 감사한다고 말했다.

3) 부자 되는 비결 – 존 웨슬리의 복음적인 경제학

본래 부흥운동 초기의 메도디스트들은 대부분 가난한 노동자 계급에 속하였다. 그러나 1760년대부터 그들은 부자가 되기 시작하였다. 존 웨슬리는 축적된 부가 영적 생활에 얼마든지 해로운 위기가 될 수 있다고 보았다. 그래서 이때부터 돈과 돈의 유익과 돈의 위험에 대한 설교를 많이 하기 시작하였다. 그는 돈을 어떻게 벌고 어떻게 관리하고 어떻게 쓰느냐 하는 문제는 신앙과 인생에서 중대한 문제가 되므로 기회가 있을 때마다 모든 메도디스트들에게 엄격하게 가르쳤다. 그는 자신의 경제에 대한 신념과 실천을 따라서 여러 개의 설교를 통하여, 특별히 "돈의 사용"이라는 설교에서 메도디스트 경제학을 가르쳤다. 존 웨슬리의 설교에 나타난 돈과 재물의 원칙은 네 가지다. 첫째로 모든 것은 하나님께 속한 것이다. 그는 처음부터 재물에 대하여 청지기 신앙을 철저하게 실천하였다. 둘째로 우리에게 주어진 재물은 하나님의 목적을 위해서만 사용되어야 한다. 셋째로 재물은 우리의 가족을 포함하여 이웃의 필요를 위해서 공급되어야 한다. 넷째로 사치와 낭비는 하나님의 것을 도적질하는 죄악이다.

"돈의 사용"은 존 웨슬리의 가장 유명한 설교 중 하나가 되었다. 그는 이 설교에서 소위 그리스도인의 경제생활의 세 가지 규칙을 명확하게 다음과 같이 가르쳤다.

첫째로 가능한 한 많이 벌어라(Gain all as you can). 다만 정직하게 자신의 건강이나 남에게 해가 되지 않으며 자연환경에도 해가 되지 않는 방법으로 벌어야 한다.

둘째로 가능한 한 많이 저축하라(Save all as you can). 자신과 가족의 생활에 꼭 필요한 것을 위해서 사용하고 나머지를 조금도 헛된 일에 낭비하지 말고 다 저축하여야 한다. 존 웨슬리는 자신과 가족에게 꼭 필요한 것을 지출하지 않는 수전노를 비판하였다.

셋째로 가능한 한 많이 주어라(Give all as you can). 자신과 가족의 생활필수품과 편리품을 위해서 적절하게 지출하고 나머지는 하나님과 이웃을 위해서 다 주어야 한다. 그러나 그는 일체의 사치와 허영을 위한 낭비를 피하고 가능한 한 많이 이웃에게 주라고 가르쳤다. 그는 그리스도의 사랑으로 이웃에게 많이 베푸는 것이 곧 하나님께 많이 드리는 것이며, 많이 벌고 많이 저축하는 것도 많이 주기 위한 것이라는 사실을 강조하였다. 그리스도인의 이상적인 경제생활은 가능한 한 많이 주는 생활이어야 하며, 동시에 일체의 낭비도 없이 하나님과 이웃을 위하여 전부를 주는 생활이어야 한다고 끊임없이 강조하였다.

존 웨슬리는 이 세 가지 경제 규칙이 복음적인 경제학이요 신자가 진정으로 복을 받는 비결이라고 가르쳤다. 그는 모든 메도디스트가 어떤 경우에도 이 세 가지 경제 규칙을 실천할 것을 강력하게 촉구하였다. 누구든지 이렇게 하지 않을 때에는 하나님보다 돈을 더 사랑하고 영적 생활이 나태해지고 세속적 쾌락에 빠져 온갖 세상의 환란을 당하고 결국에는 영혼의 파멸과 인생의 파산에 이른다고 경고했다. 그리고 이렇게 다 주는 생활이야말로 하늘나라 은행 (the heavenly bank)에 저축하는 것이며, 현세에서 나와 내 자손이 복을 받으며 다음 세계에서도 영원한 복을 누리게 되는 유일한 길이라고 가르쳤다.

존 웨슬리는 77세가 되던 어느 날 "나는 자신도 모르는 사이에 부자가 되었지만 땅 위에 보물을 쌓지 않고 하늘나라 은행에 쌓아두었으니 나와 같은 부자가 되시오."라고 메도디스트들에게 촉구하였다. 그리고 누구든지 생활필수품과 상식적 편리품보다 더 많은 것을 소유하려고 하는 자가 되면 이미 타락한 부자가 되는 것이라고 가르쳤다. 누구보다도 존 웨슬리 자신이 먼저 이와 같은 경제생활의 거룩한 규칙을 온전히 지켰기 때문에 그가 죽을 때에는 모든 소유물을 가난한 사람들에게 다 주고 평소에 사용하던 성의와 수저 하나 밖에 남긴 것이 없었다. 그리고 수많은 메도디스트들과 세상 사람들이 존 웨슬리의 경제학을 따라 실천하였다. 존 웨슬리의 경제학은 메도디스트 공동체를 넘어서 모든 그리스도인들과 세상 사람들에게도 유명해졌으며, 그리하여 존 웨슬리의 경제학은 영국과 미국, 그리고 세계에서 박애운동과 성결운동을 일으키며 수많은 사람들의 삶을 변화시키고 사회를 성화하고 민족을 구원하는 데 위대한 영향을 끼쳤다.

존 웨슬리는 본성적으로 모든 사람들에게 자애로운 친구요 특별히 가난한 사람들에게 사랑의 아버지였다. 그는 가난이란 부인과 결혼하고 가난한 사람들을 사랑하여 모든 것을 다 내어주었던 중세기 이탈리아, 아시시의 성 프란시스(St. Francis of Assisi)와 똑같은 삶을 살았던 사랑의 성자였다. 직접 가가호호 방문하여 필수품을 모으고 돈을 모아서 가난한 사람들을 방문하여 나누어주고, 그들에게 양식과 의복과 땔감을 주고, 손수 약국과 진료소를 차려서 병든 몸을 치료해 주고, 무지한 성인들과 가난한 집의 어린아이들을 위해서 학교를 설립하고, 과부의 집과 집 없는 사람들을 위해서 나그네 공동체를 설립하여 피난처를 제공하는 박애운동을 펼친 것을 볼 때 우리는 그가 성 프란시스를 꼭 닮았다는 사실을 알게 된다.[40]

4) 자기 몸을 아끼지 않고

존 웨슬리는 가난한 사람들을 업신여기거나 기껏해야 동정심이나 가지는 것은 가난한 사람들을 직접 만나서 그들을 경험하지 못하였기 때문이라고 말했다. 그는 옥스퍼드 학생 때부터 가난한 사람들을 방문하여 그들을 이해하고 도우려고 많은 애를 썼다. 존 웨슬리는 분주한 전도 여행 중에도 가는 곳마다 가장 가난한 사람들을 방문하여 그들의 필요에 따라서 도왔다. 그는 평생을 이렇게 살았다. 그는 주로 금요일과 토요일에 가난한 사람들을 방문하였다. 1741년에는 며칠 동안 런던의 빈민가를 가가호호 방문하여 구제하고서 연합 신도회에 호소하였다.

"수많은 형제자매들이 일용할 양식이 없으며 입을 옷이 없으며 자신들의 잘못도 없이 실직하고 병들고 죽게 되었습니다. 나는 힘을 다해 먹이고 입히고 돌보고 치료해 주고 일자리를 마련하느라고 애썼지만 나 혼자의 힘으로는 감당할 수가 없습니다. 그러므로 나와 같은 마음을 가진 사람들에게 호소합니다. 그들을 위한 필수품을 가져오십시오. 그리고 일주일에 1페니 또는 그 이상을 가져와 그들을 구하십시다."[41]

존 웨슬리는 메도디스트들에게 그리스도인으로서 최소한 일주일에 1페니를 주어 자선을 행하자고 호소하였던 것이다. 그렇게 하여 대부분의 메도디스트들은 '일주일에 1페니'(a penny a week)를 주는 생활을 하였다. 존 웨슬리의 이러한 가르침과 모범은 '칭의, 성화, 일주일에 1페니'(justification, sanctification, a penny a week)라는 유명한 표어를 낳았으며, 이것은 모든 메도디스트들의 신앙 규칙과 실천이 되었다. 그의 일기에는 그가 가난한 사람들을 방문하여 그들의 고통에 동정하고 안타까워하는 기록들이 많다. 그는 1753년 어느 금요일과 토요일에 가난한 사람들의 집을 방문하여 병들고 죽어가는 사람들에게 양식과 약품을 주고 그들의 비참한 생활상을 보고는 눈물을 흘렸다. 그리고 그들의 순수함과 세상 무엇보다도 하나님을 더욱 사랑하는 그들의 신앙에 깊이 감동하였다. 그는 가난하여 자립할 수 없는 장애자들과 불치병에 걸려 죽어가는 사람들이 모여 있는 '구빈원'(poor house)을 자주 방문하여 도왔다. 그의 이러한 생활은 80세가 지나서도 변함이 없었다. 그는 특별히 추운 겨울이 되면 도시의 빈민가족을 더 자주 방문하였다. 그가 82세 되던 어느 추운 겨울에 런던의 빈민 가족들을 위하여 많이 돕고도 부족하여 4일간 거리의 사람들과 집집마다 방문하여 200파운드를 모금하고는 심한 몸살과 이질에 걸려 쓰러지고 말았다.

이렇게 존 웨슬리는 남에게 시키기만 하는 차가운 선생이 아니라 남보다 먼저 실천하고 사랑의 언덕길을 발로 뛰는 사랑의 사도였다. 그는 이날의 사정을 일기에 다음과 같이 기록하였다.

"해마다 이때쯤이면 나는 가난한 사람들에게 석탄과 빵을 갖다 주었습니다. 그러나 이번에 나는 그들이 그 이상의 식량과 의복이 필요하다는 것을 알았습니다. 그래서 나는 4일간이나 다니면서 200파운드를 모금하여 그들에게 나누어 주었습니다. 그러나 이 일은 너무나 고된 일이었습니다. 모든 거리가 녹아내리는 눈으로 덮였는데, 아침부터 저녁까지 녹는 눈 속에 발이 빠지면서 이 일을 했습니다. 그렇게 하여 급한 사람들부터 잘 도울 수 있었습니다. 그러나 나는 결국 심한 이질과 몸살로 다음 날까지 눕게 되었습니다."[42]

5) 따뜻한 말 한마디라도

존 웨슬리는 부자는 아니었지만 교육 수준과 사회적 신분으로 보면 상류층에 속했다. 그러나 그는 늘 평범한 사람들, 그중에도 사회의 가장 밑바닥에 있는 노동자 계층의 가난한 사람들과 함께 살았다. 그는 그런 사람들과 대화하고 교제하기를 즐거워하였다. 그는 그런 생활이 우리 주님이 걸으신 길이라고 믿었다. 그렇게 하여 가난한 사람들의 마음과 생활을 개선하고 그들이 인간의 가치와 존엄과 행복을 찾을 수 있도록 돕는 것을 좋아하였다. 초기 메도디스트들 중에는 상류층에 속하는 사람들이 극히 소수였지만 존 웨슬리는 그들에게 귀족의식을 버리고 보통사람들의 마음을 가지며, 귀족적이고 우아한 사람들만 만나지 말고 가능한 한 보통 사람들이나 가난한 사람들과 많은 교제를 하라고 끊임없이 충고했다. 존 웨슬리는 언제나 모든 사람들에게 따뜻하고 동정심 많은 사랑의 사도였다.

존 웨슬리는 1748년 총회에서 부자들을 메도디스트로 받아들이기 위해서는 가난한 사람들보다 더 오랜 훈련 기간을 두어야 한다고 제안하기도 하였다. 그는 부자들을 회심시키려면 보통 은혜로는 안 되고 보다 '큰 은혜'가 필요하다고 생각하였다. 왜냐하면 부자들은 부자인 만큼 세상의 부와 안락에 마음을 두고 있으며 허영과 허식이 많기 때문이다. 실제로 귀족 출신의 예정론자 헌팅돈 부인의 예배당에서는 부자들의 특별 좌석이 마련되어 있었다. 그러나 존 웨슬리의 예배당에서는 그런 것이 있을 수가 없었다. 그 당시에 많은 성직자들과 부흥사들은 가난한 사람들을 외면하면서 귀족이나 부자들을 너무나 좋아하고 심지어는 그들에게 아부하고 대접받기를 좋아하였지만 존 웨슬리는 결코 그렇게 하지 않았다. 존 웨슬리는 1744년 총회에서 신도회의 구제기금 담당자들(stewards)에게 "결코 어떤 경우에도 도움을 요구하는 자들에게 불쾌한 말을 하거나 인색한 마음을 갖지 말라. 설사 그들을 돕지는 못하더라도 그들의 마음을 상하게 하지 말라."고 엄히 가르쳤다. 1747년 총회에서 존 웨슬리는 가난한 사람들에 대하여 메도디스트가 가져야 할 마음과 태도를 다음과 같이 선언하였다.

"설사 당신들이 가난한 사람들을 돕지 못하는 경우라도 결코 그들을 슬프게는 하지 마십시오. 아무것도 줄 것이 없다면 따뜻한 말 한마디라도 건네주십시오. 그들에게 기분 나쁜 표정을 짓거나 가슴 아픈 말을 하지 마십시오. 빈손으로 돌려보낼지라도 그들이 기쁜 마음으로 다시 당신을 찾아올 수 있도록 하십시오. 당신 자신을 그들과 똑같은 입장에 놓고 생각해 보십시오. 그리고 하나님이 당신에게 대해 주시기를 바라는 대로 당신도 그들을 대하십시오."[43]

6) 존 웨슬리의 비밀서랍

존 웨슬리의 주변에는 늘 가난한 사람들이 많이 모여 들었다. 그는 어디서든지 가난한 사람들에 대한 따뜻한 마음을 가지고 친절한 사랑을 베풀면서 할 수 있는 모든 힘과 방법을 다하여 도왔다. 존 웨슬리는 먹이면서 입히면서 치료하면서 가르치면서 돌보면서 개혁하면서 설교하는 전도자였다. 그는 가난한 사람들의 친구요 목자요 사도로 살았다. 그는 인도에서 '사랑의 선교회'를 설립하여 가난한 사람들에게 예수 그리스도의 사랑으로 생명을 살리는 박애운동을 펼치어 가난한 사람들의 어머니로서 일생을 살았던 20세기 인류의 성녀 노벨평화상 수상자 마더 테레사(Mother Teresa)와 같이 사랑의 사도로서 성자의 일생을 살았다.

런던 파운더리 예배당에 붙어 있는 웨슬리의 목사관의 거실에는 그가 사용하던 경대가 놓여 있다. 그런데 이 경대에는 비밀서랍이 있다. 경대의 서랍 안쪽 깊은 곳에 또 하나의 서랍이 있는데 이것이 존 웨슬리의 비밀서랍이다. 그는 이 비밀서랍 속에 늘 비상금을 보관해 두었다가 가난한 사람들이 찾아오면 주었다. 특별히 그는 늘 모든 일에 의심과 질투심이 많았던 부인이 눈치 채지 못하도록 가난한 사람들에게 언제라도 줄 수 있는 돈을 감추어 두는 비밀서랍을 이용하였던 것이다. 존 웨슬리는 가난한 사람들이 도움을 구하려고 찾아왔을 때 한 번도 섭섭하게 대하거나 빈손으로 돌려보낸 적이 없었다. 그는 자기에게 도움을 구하는 모든 사람들에게 필요한 물건과 함께 하나님의 사랑을 충분하게 나누어 주었다.

7) 복음과 사랑을 주는 것이 목적

당시에 대부분의 다른 교회의 구제 방법은 단순히 돈이나 구제품을 모아서 전달해 주는 것으로 끝났다. 그리고 다른 복음주의자들도 가난한 사람들을 구제했으나 직접 그들의 집을 찾아가는 사람은 별로 없었다. 가난한 사람들이 사는 빈민가는 옛날 우리나라 대도시의 달동네 판자촌과 같은 곳이었는데, 이런 곳에는 극히 더럽고 악취가 나고 질병이 많고 도덕적으로 타락하고 늘 폭력이 난무하는 위험한 곳이라 일반 사람들이 결코 접근하지 않았으나 존 웨슬리는 그런 곳에 늘 찾아가서 사람들을 만나고 전도하고 그들의 실제 생활을 도왔다.

또한 존 웨슬리는 당시에 극도로 가난한 사람들과 불치병 환자들과 신체장애인들과 정신질환자들과 노숙자들이 모여 사는 구빈원(poor house)을 자주 방문하였다. 구빈원이란 사회로부터 완전히 격리된 곳이며 저주받은 사람들이 모여 사는 곳으로 여겨져서 아무도 찾아가지 않았으며, 당시의 다수의 영국 고교회와 칼빈주의에 속한 사람들은 실제로 구빈원에 사는 사람들을 저주받은 사람들이라고 생각하고 가끔 먹을 것이나 의복을 보내 주는 일은 하고 있었다. 하지만 존 웨슬리와 메도디스트들의 방법은 달랐다. 존 웨슬리의 방법은 물질만 주는 것이 아니었다. 그는 그들을 직접 방문하여 인격적으로 만나고 영적인 도움을 주려고 노력했던 것이다. 존 웨슬리는 가난한 사람들에게 구제품을 주는 것이 궁극적인 목적이 아니었다. 그의 목적은 그리스도의 복음과 그리스도의 사랑을 주는 것이었다. 그리고 더 나아가서 그들의 마음과 생활 자체를 개혁하여 하나님의 자녀로서의 신분을 되찾고 그 축복을 누리게 하는 것이었다. 존 웨슬리는 사랑의 복음을 전하고 복음적인 사랑을 실천하는 사도였다. 존 웨슬리는 그동안 메도디스트들의 병자들에 대한 사역을 회고하면서 다음과 같이 말하였다.

"할 수만 있다면 가난한 사람들에게 구제품을 보내는 것보다 그것을 직접 가지고 가는 것이 얼마나 좋은 일인가! 그렇게 하는 것이 그들만이 아니라 우리 자신을 위해서 좋은 일이다. 그들에게는 많은 위로가 될 것이며 우리는 그들을 물질로만 아니라 영적으로 도울 수 있기 때문이다. 이렇게 하여 우리는 가난한 사람들을 자연스럽게 만나고 돌볼 수 있게 되는 것이다."[44]

존 웨슬리는 부자들의 죄악을 비판하였다. 그는 부자들의 교만과 탐욕, 호화롭고 사치한 향락주의 생활, 불건전한 오락과 무분별한 낭비, 값비싼 의복과 장신구와 골동품과 호화 주택과 호화정원, 값비싼 술과 식도락을 비판하였다. 그리고 부자들이 가난한 자들을 멸시하고 착취하면서 저지르는 사회적 죄악을 드러내고 그 죄악에 대하여 심판을 경고하였다. 그는 가난한 자들에게 돈을 빌려주고 이자를 받는 부자들을 비판하고 메도디스트에게는 결코 가난한 사람들에게 돈을 빌려주고 이자를 받지 말라고 가르쳤다. 존 웨슬리의 이와 같은 박애주의와 자비의 실천은 초대교회의 영성생활과 중세기 가톨릭 수도원의 청빈과 사랑의 실천을 믿음의 필연적인 열매로 강조하는 초대교회와 중세기 가톨릭 교회의 수도원 영성생활의 전통에 뿌리를 둔 것이다. 당시의 영국 고교회주의자들과 칼빈주의 예정론자들은 대부분이 부자들의 부를 하나님의 축복으로 여기면서 동시에 가난한 사람들에 대한 차별주의를 갖고 있었던 것이다. 그러나 존 웨슬리는 오히려 가난한 사람들과 자신을 동일시하고 함께 살면서 그들을 개혁하고 하나님의 자녀로서의 가치와 존엄성을 찾고 그 축복을 함께 나누는 복음적 사랑의 사도로 살았던 것이다. 존 웨슬리는 죽기 전에 자신의 모든 소유를 가난한 사람들에게 주고 오로지 자신이 입던 성의만 남겼으며, 자신의 관을 여섯 명의 가난한 사람들에게 묘지까지 운구하도록 부탁하였다. 그리고 그 여섯 명에게 줄 수고비로 한 사람당 1파운드씩의 돈을 남겨 놓았다.

8) 사랑의 언덕길에서

열성적인 복음전도자로서 일생 동안 존 웨슬리가 한 일은 크게 세 가지로 구분할 수 있다. 그것은 개인의 영혼을 구원하는 복음전도운동, 사회의 생활 방식과 도덕을 개혁하는 성결운동, 그리고 가난한 사람들을 돕는 박애운동이었다. 사실상 존 웨슬리는 이 세 가지 일을 하나로 보고 동시에 함께 실행하였다. 존 웨슬리는 처음부터 계획적이고 조직적인 사회사업을 하지는 않았다. 그 이유는 존 웨슬리가 기본적으로 성직자요 목회자요 복음전도자였지 사회사업가나 정치가나 사회혁명가는 아니었기 때문이다. 그는 복음전도 활동에서 현실적인 문제를 발견하는 대로 그때그때 필요에 따라서 가난한 사람들을 돕는 일을 구체적으로 펼쳐나갔던 것이다. 그가 한 일은 수없이 많다. 존 웨슬리는 가난한 사람들의 필요에 따라서 무엇이든지 도왔다.

존 웨슬리는 옥스퍼드 시절부터 어린이들을 무척 좋아하고 사랑하였다. 그리고 그의 어린이 사랑은 평생토록 이어져 메도디스트 역사에 많은 아름다운 열매를 맺었다. 존 웨슬리는 부흥운동 초기에 북부 광산지대 뉴캐슬에 고아원을 세워 버려진 고아들과 광부들의 아이들을 돌보았다. 사실상 이 뉴캐슬의 고아원은 고아원만이 아니라 예배당, 가난한 아이들의 학교, 병원, 약국, 가난한 사람들의 쉼터, 상담소, 직업 정보 센터, 신용조합, 급식소였다. 말하자면 종합적 사회봉사 센터 역할을 하였던 것이다. 이러한 현상은 브리스톨에 세워진 최초의 예배당인 뉴룸(New Room)과 런던 최초의 예배당 파운더리(Foundery)에서도 마찬가지였다. 이때부터 북부에서 메도디스트 교회는 '고아와 과부의 교회'라고 불리었다. 그 후 존 웨슬리의 고아 사업은 메도디스트들에 의하여 전국적으로 세워져 한때 영국의 고아들을 대부분 맡아 기르는 데까지 발전하였다. 존 웨슬리는 일찍이 옥스퍼드 신성회에서 가난한 아이들을 위한 간이학교를 세운 적이 있었다. 가난한 아이들에 대한 사랑은 존 웨슬리와 메도디스트들이 가는 곳마다 아름답게 꽃피고 열매 맺었다. 그래서 고아들을 위한 고아원 학교를 설립하여 메도디스트 자녀로 훌륭하게 길러냈다.

존 웨슬리는 1748년 처음 부흥운동을 일으켰던 킹스우드에 불쌍한 광부들의 아이들을 위하여 킹스우드 학교를 세웠다. 그리고 인근 지역에 노동자들의 아이들을 위하여 두 개의 학교를 더 세웠다. 존 웨슬리는 북부 산업지대 노동자들의 아이들을 위하여 공장에 학교를 세웠는데, 사람들은 이 학교들을 '공장 학교' 또는 '누더기 학교'라고 불렀다. 존 웨슬리는 이들 학교의 학생용 교재들을 손수 써서 사용하였으며, 철저하고 완벽한 기독교 교육을 하려고 하였다. 산업지대와 빈민 지역의 메도디스트 신도회들은 메도디스트 예배당에서 주일학교를 열성적으로 부흥시켰는데, 이 주일학교(sunday school)가 점점 주간학교(day school)로 발전하여 존 웨슬리 사후 1833년에는 전국에 메도디스트 주간학교(초등학교와 중·고등학교)가 약 1,000여 개가 되었으며, 1870년대에는 전국에 메도디스트 기숙학교들이 67개에 이르렀다. 존 웨슬리의 교육 사업 중에 특이한 것은 성인 교육이었다. 그는 각 신도회와 주간학교에서 어린이들뿐만 아니라 무식한 성인들을 위한 성인교육도 실시하였던 것이다. 존 웨슬리는 18세기에 일어난 근대 성인 교육의 시발자라고 할 수 있다.

당시 영국에는 남편들이 전쟁에서 죽고 노동현장에서 죽고, 감옥에 투옥되고 사형당한 과부들이 너무나 많았다. 과부들의 삶은 저주받은 것이었다. 존 웨슬리는 이러한 과부들을 위하여 과부의 집을 여러 곳에 세웠다. 과부의 집은 노인의 집으로 발전하여 오갈 데 없는 과부와 홀로 된 노인들을 위한 집이 되었으며 이는 전국적으로 확산되었다. 존 웨슬리는 메도디스트들과 함께 병들어 갈 곳 없이 죽어가는 사람들과 집 없는 사람들을 위하여 '병자 방문과 구제를 위한 연합회'를 시작하여 활동하다가 집 없이 방황하고 노숙하는 사람들에게 거처할 집과 양식을 제공하고 그들의 영혼과 몸을 돌보아주는 '나그네 공동체'(Strangers' Friendly Society)를 세웠다. 나그네 공동체는 메도디스트 신도회의 핵심적인 사회봉사로 부상하여 사회적으로 인정을 받고 왕실의 지원을 받으며 발전하였다. 특별히 북부 산업지대에 있는 많은 신도회들은 나그네 공동체를 운영하고 있었으며, 메도디스트 나그네 공동체는 대도시와 산업 공장지대의 집 없는 사람들의 안식처가 되어 그들의 몸과 영혼을 돌보는 사랑의 집으로서 그 역할을 다하였다.

1757년 요크셔에서 존 웨슬리의 사랑의 실천에 감동받은 한 메도디스트 노동자는 자기의 집을 개조하고 늘려서 50여 명이 살 수 있는 집으로 만들어 집 없는 나그네들을 모아 함께 살았으며, 존 프리처드라는 한 남자 신도는 자신이 지도하는 반회(band)의 회원들과 함께 나그네 공동체를 구성하여 모든 소유를 공유하고 함께 공동생활을 하였다. 이와 같은 북부 산업 공장지대 노동자들을 위한 존 웨슬리의 활동은 존 웨슬리 사후 메도디스트 노동조합운동(trade unionism)으로 발전하여 산업노동자들의 삶의 질을 향상하고 산업사회를 개혁하고 성화하는 일과 노동자 선교에 위대한 공로를 끼쳤다. 그래서 성인 교육과 나그네 공동체와 노동조합운동은 북부 산업지대에서 메도디스트 3대 사회봉사로 알려졌다.

당시에는 부자들과 귀족들이, 가난한 사람들이 조금만 잘못을 하거나 빚 갚기를 하루만 지체해도 감옥에 넣고 사형에 처하던 시대였다. 그래서 영국에는 감옥이 포화 상태였고 억울한 죄수들이 늘어갔다. 당시의 감옥은 지상의 저주받은 지옥이었다. 감옥 죄수들을 방문하여 돕는 일은 존 웨슬리 가문의 전통이었다. 존 웨슬리는 옥스퍼드에서부터 감옥 죄수를 방문하여 전도하고 돕는 일에 일생 동안 헌신하였다. 그는 옥스퍼드, 런던, 브리스톨, 버밍함, 리즈, 뉴캐슬 지역의 감옥에 교도소장과 교도관들과 죄수들의 아버지로서 존경을 받았다. 런던의 타이번(Tyburn)감옥은 형무소이면서 동시에 사형장이었다. 사형수들은 죽기 전에 존 웨슬리를 만났다. 존 웨슬리는 사형장 마당에서 죄수들과 사형수들에게 설교하였다. 존 웨슬리의 설교를 듣고 수많은 사형수들이 죽기 전에 구원의 확신을 얻고 찬송을 불렀다. 존 웨슬리는 당시의 지옥 같은 감옥의 환경을 개선하기 위하여 많은 노력을 하였다. 존 웨슬리는 1743년 총회에서 감옥 죄수를 방문하는 일을 메도디스트 신도회의 규칙으로 정하고 1778년 총회에서는 메도디스트 설교자들을 감옥 죄수 목회자로 파송하기에 이르렀다. 찰스 웨슬리와 존 웨슬리는 종종 타이번에서 사형수들이 죽기 직전까지 함께 있었으며 그들의 마지막 고백과 부탁을 들어주었다. 웨슬리 형제는 마지막까지 그들의 목자요 아버지가 되었다.

존 웨슬리는 전도자로서 인간의 영혼을 돌보는 영혼의 의사인 동시에 인간의 몸을 돌보는 의사 역할까지 하며 가난한 사람들과 병든 사람들을 도왔다. 18세기 영국은 의료가 발달하지 못한 시대였다. 더욱이 가난한 사람들은 질병에 걸리면 더욱 비참한 상태에 떨어졌다. 존 웨슬리는 병자들을 돌보는 박애전도를 구체적으로 실행하였다. 부흥운동 초기인 1741년부터 그는 신도회 내에 '병자 방문인'(visitors of the sick)을 따로 두어 이 일을 하게 하였다. 이들은 매주 1회 정기적으로 신도회 지역의 병자들을 방문하여 병의 증상을 조사하고 의약을 제공하고 영적인 도움을 주었다. 그는 파운더리, 뉴룸, 뉴캐슬 고아원에 무료진료소를 운영하였다.

그는 조지아 선교를 준비하면서 실제로 의학을 공부한 적이 있었으며, 1745년에는 「가난한 사람들이 사용할 수 있는 처방전 모음」이라는 작은 책자를 만들어 보급하였다. 1747년에는 「원시의학」(Primitive Physics)이라는 의학 책을 저술하여 보급하였다. 이 책은 250가지가 넘는 질병을 치료하는 829가지 치료 방법을 소개한 것으로서 1850년까지 23회나 출판되어 오랫동안 질병 치료와 질병 예방과 가난한 사람들과 보통사람들의 건강 증진에 크게 기여하여 왔다. 런던의 의사들은 존 웨슬리의 의학을 비난하고 그를 돌팔이 의사라고 공격하였지만 오히려 그의 책이 더 많이 알려지고 더 많이 팔리는 결과를 낳았다. 의사들의 비난이 나오자 책 주문량이 쇄도하여 미처 출판을 못해 수난을 겪기도 하였다. 이 책은 병의 치료만 아니라 건강예방과 관리와 증진에 대한 아주 효과적인 방법을 소개하는데, 즉 운동요법, 다양한 식이요법, 절제요법, 청결요법, 휴식과 수면요법, 냉온탕 목욕요법 등 실로 다양하고도 기기묘묘한 치료와 건강증진 요법이 소개되어 있다.

존 웨슬리는 실제로 브리스톨과 런던에 약초를 재배하였는데, 아직도 브리스톨에는 그의 약초밭에 각종 약초들이 자라고 있다. 존 웨슬리는 수입을 늘리기 위해서 환자의 병을 오래 끌고 치료비를 터무니없이 요구하여 가난한 사람들을 착취하는 악덕 의사들을 비난하고 신의 심판을 경고하였다. 그리고 직접 연구하여 각종 신경성 질환을 치료하기 위한 전기치료기계를 발명하였으며, 이를 통하여 신경성 질환, 위장병, 신경통, 불면증, 우울증, 두통 등의 병을 치료하는 데 사용하였고 많은 효과를 보았다. 그는 아마추어 의사가 되어 기도와 의학을 동시에 사용함으로써 능력 있는 치유 목회자요 보건 교육 목회자의 길을 걸었다.

존 웨슬리는 또한 18세기 노예해방운동가로 활동하였다. 그는 1736년 아메리카에서 흑인 노예의 비참한 모습을 보고서 깊은 충격을 받았다. 그는 백인들이 쇠붙이 도장을 불 속에 시뻘겋게 달구어 노예들의 등이나 가슴에 불도장을 찍고, 부부와 부모 자녀를 갈라서 매매하고 노예들을 거세하고 손가락이나 발가락을 자르고 가죽을 벗기고 상처에 소금이나 후춧가루를 뿌리고 반항자들을 나무에 매달아 찢어 죽이기까지 하는 것을 목격하였다. 존 웨슬리는 당시 영국과 미국에서 행해지는 노예매매와 노예학대는 해 아래서 볼 수 있는 가장 무서운 악이라고 비난하면서 노예를 매매하고 부리는 잔인한 백인들에게 반드시 내려질 신의 심판에 대하여 경고하였다.

그는 브리스톨에서 부흥운동을 시작하면서부터 노예제도 폐지운동을 벌여 나갔다. 그는 설교와 반박문과 편지를 통해서 노예상들에게 노예매매와 학대를 즉각 중단하라고 촉구하였으며, 노예해방을 주장하는 정치가들을 격려하고 지원하였다. 그는 죽기 36일 전인 1791년 2월 23일에 영국의 유명한 정치가요 국회의원으로서 노예해방운동가인 윌리엄 윌버포스에게 격려하는, 그의 생애 마지막 편지를 보냈다. 그는 윌버포스에게 영국과 미국에서 노예제도가 사라지는 그날까지 하나님의 이름으로 싸우라고 격려하였다. 존 웨슬리는 85세 되는 해에 노예무역으로 치부하고 호화롭게 사는 브리스톨 시 한복판에서 노예제도를 비판하는 강력한 설교를 하였으며, 그 다음날을 노예들의 해방과 자유를 위한 금식기도일로 선포하였다.

존 웨슬리는 일생 영국과 미국과 세계 모든 곳에서 노예제도가 사라지고 그들의 자유와 인권과 구원을 위해서 일했던 노예해방운동가로 살았다. 그리고 존 웨슬리의 본을 받은 메도디스트들은 노예를 소유하지 않았으며, 흑인 노예들에게도 따뜻하게 대하였다. 많은 메도디스트들이 노예해방운동 그룹에 참여하였다. 윌버포스가 국회에 노예폐지 법안을 제출할 때에 서명자의 절반이 메도디스트들이었다. 존 웨슬리 사후 1807년에 영국에서는 노예매매 폐지법이 선포되고 그 후 미국에서 노예제도가 폐지되었으며, 1833년에는 영국에서 모든 노예들이 자유를 얻었다.

존 웨슬리의 가난한 사람들을 위한 이러한 사랑의 실천은 그의 신학과 교리와 신앙의 본질적인 요소였다. 특별히 그의 사랑의 실천은 그가 평생토록 힘을 다해 외치고 가르쳤던 만인구원(salvation for all)의 교리와 완전한 사랑(perfect love)의 교리를 몸소 실천하는 생생한 모습이었다.

어떤 학자들은 존 웨슬리가 정치적으로 너무나 보수적이고 사상 또한 근본적으로 보수적이어서 당시 사회를 개혁하는 데 실패했다고 비판하기도 하는데, 이것은 지나치고 무리한 비판이다. 왜냐하면 존 웨슬리는 기본적으로 복음전도자였다. 그는 성직자요 목사로서 자신이 할 수 있는 모든 것을 다하였다. 어디까지나 그의 방법은 경건주의적 사랑의 실천이었으며, 가난하고 병들고 고통당하는 소외된 사람들을 위한 박애운동이었다. 그는 결코 정치적인 사회혁명가가 아니었으며, 칼 마르크스주의적 행동주의자가 아니었다. 그는 어디까지나 그리스도 예수의 복음을 전하는 사랑의 혁명가였다. 그는 복음전도운동과 성결운동과 박애운동을 펼치어 온 땅에 성서적 성결을 전파하고, 교회를 개혁하고 사회를 성화하고 민족을 구원하는 데 일생을 헌신하였다. 당시 영국인의 마음과 삶을 개혁하고 사회도덕과 생활습관을 개혁하였으며, 특별히 당시 인구의 약 80퍼센트까지 차지하던 가난한 사람들의 아버지가 되어 그들을 구원하는 데 헌신한 사랑의 성자였다. 존 웨슬리의 박애운동과 성결운동은 가난한 노동자 계층의 인간의 가치와 존엄성, 그리고 품위를 찾아주었으며, 그들이 영국 사회에서 민주적인 주체가 되게 하는 데 결정적인 역할을 하였다고 역사가들은 평가하였다.

4. 당대의 백과사전 존 웨슬리 – 학문과 저술과 출판(1720~1791)

1) 라틴어로 대화하는 존 웨슬리

앞에서 말한 대로 존 웨슬리는 독서광이었다. 그는 약 1,000권 이상의 책을 읽었다. 그리고 그가 저술하고 편집하고 출판한 책들의 분량은 수만 쪽에 달하고 수백 권이나 된다. 존 웨슬리의 이러한 능력의 원천은 무엇일까? 첫째는 그가 어려서부터 부모에게 받은 규칙에 따르는 방법을 사용하는 학문적 훈련이라고 할 수 있다. 그에게 글공부와 독서는 일상의 습관이요 기도요 경건의 훈련이었으며, 동시에 일상의 즐거움이었다. 그는 어머니와 아버지로부터 시작하여 차터하우스 학교와 옥스퍼드를 거치면서 그러한 경건의 학문을 배우고 그 학문하는 즐거움을 누리며 살았으며, 그러한 학문의 즐거움은 일평생 그의 행복이었다.

둘째는 그의 어학 능력이라고 할 수 있다. 그는 영어는 물론 일찍부터 성서 원어인 히브리어와 그리스어를 열심히 공부하여 원어 성서를 줄줄 읽을 수 있는 실력을 갖고 있었다. 그는 차터하우스 학교에서 6년 동안 중세기 수도원 전통의 교육을 받았다. 그는 거기서 역시 수준 높은 영어를 익히고 라틴어와 성서 히브리어와 성서 그리스어 교육을 완벽하게 배운 상태에서 옥스퍼드에 갔다. 존 웨슬리는 라틴어에 능통하였다. 그의 아버지 사무엘 목사는 아들들에게 어학과 고전을 많이 공부할 것을 끊임없이 강조하였다. 사무엘은 존이 옥스퍼드에서 공부할 때에 편지에서 성서를 원어로 완벽하게 읽고 해석할 수 있는 실력을 닦으라고 강조하였다. 그리고 훗날 그러한 고전어 실력이 얼마나 유익한지를 알게 될 것이라고 말하였다. 사무엘 목사는 그의 평생의 역작인 「욥기 주석」을 라틴말로 써서 왕에게 바쳤다. 어머니 수산나는 당대의 누구에게도 지지 않는 훌륭한 영어를 사용하였다. 그녀의 영어는 정확하고 고상하고 우아하였다.

존 웨슬리는 어머니의 영어 스타일을 물려받았다. 그리고 아버지의 고전어 실력을 물려받았다. 그는 옥스퍼드에서 문학 석사 학위를 받기 위해서 세 개의 논문을 라틴어로 썼으며, 링컨 대학의 교수로 있을 때에 초기에 존 웨슬리가 주로 가르친 과목은 성서 그리스어, 철학, 논리학이었다. 존 웨슬리는 영어로 글을 쓰다가도 자주 라틴어 문구를 사용하여 중간에 삽입하는 습관이 있었다. 그는 때때로 자유롭게 라틴어로 일기와 편지와 설교를 썼다. 그는 특별한 경우에는 동생 찰스와 그리고 다른 사람들과 함께 라틴어로 대화하였다. 그는 독일 헤른후트를 방문하여 진첸도르프와 라틴어로 대화하였다. 존 웨슬리의 능통한 고전어 실력은 그의 학문의 원동력이요 학문하는 즐거움이 되었다. 존 웨슬리는 또한 조지아로 가는 선상에서 독일 모라비아교도들에게서 독일어를 배워 독일어 찬송을 번역하여 출판하기도 하였으며, 독일어로 대화할 정도의 실력을 갖추고 있었다. 존 웨슬리의 프랑스어 실력은 독일어만큼은 안 되었지만 어느 정도 할 줄 알았다. 그는 킹스우드 학교 교과목에 신약성서 히브리어, 성서 그리스어, 라틴어, 프랑스어를 가장 중요한 과목으로 넣고 특별히 모든 학생이 어학과 고전에 능통한 실력을 갖추어야만 졸업을 하게 하였다.

존 웨슬리는 여행할 때에도 포켓용 그리스어 성경을 갖고 다녔다. 그는 평신도 설교자들에게 자기와 같이 새벽 4시에 일어나서 기도로 하루를 시작할 것과 매일 5시간은 독서와 연구에 바치도록 하고 결코 아무것도 하지 않고 시간을 보내는 일이 없게 하였으며, 시간을 거룩하게 사용하라고 지속적으로 촉구하였다. 그는 특별히 성서 원어를 열심히 공부하고 성경을 원어로 읽는 것이 얼마나 유익한지를 끊임없이 강조하였다. 그래서 평신도 설교자들은 신학교를 가 본 적이 없지만 원어 성서를 줄줄 읽을 수 있었던 것이다. 존 웨슬리의 고전어와 성서원어에 능통한 실력은 그가 평생 설교하고 학문을 연구하는 데 마르지 않는 원동력이 되었다. 이처럼 성서 원어를 잘하는 것이 메도디스트 설교자들의 전통이었으나, 현대에는 메도디스트 신학이 자유주의 신학으로 흐르면서 성서의 중요성을 덜 강조하게 됨으로써 이러한 전통을 잃어버렸다.

2) 바다만큼 넓고 깊은 존 웨슬리의 지식 세계

누구든지 존 웨슬리의 글을 읽어보면 그의 지식 세계가 얼마나 깊고 넓은지 감탄하게 된다. 앞에서 말한 대로 그는 언제 어디서든지 책을 읽는 독서광이었다. 심지어 말을 타고 가면서도 책을 읽었고, 노년에는 마차 안에서 책을 읽고 책을 썼다. 독서 범위 또한 상당히 넓었다. 그는 신학만이 아니라 모든 분야의 학문에도 깊은 관심을 가졌으며, 지식 탐구에 열심이었다. 존 웨슬리의 지식 탐구의 목적은 하나님을 아는 지식과 그것을 통하여 인간 구원의 길을 찾는 것이었다. 그가 모든 분야에서 지식을 탐구하는 목적은 창조주요 구원자이신 하나님을 더 잘 알고자 하는 것이며, 그로 인해서 인류의 구원과 진정한 행복을 추구하는 데 더 좋은 길을 찾으려는 것이었다. 존 웨슬리는 항상 하나님의 지식을 탐구하고 그것을 가르치고 전하는 행복에 살았다.

존 웨슬리는 하나님을 알기 위해서는 성서와 신학만이 아니라 모든 학문이 필요하며 유익하다고 생각하였다. 그는 성경과 신학 외의 다른 학문적 진리도 하나님을 조명하는 빛이 될 수 있다고 생각했다. 그래서 그는 설교자들에게 성서와 신학 이외의 다른 학문에도 관심을 가지고 공부할 것을 강조하였다. 그는 신학과 교회사는 물론 철학, 문학, 역사, 논리학, 그리고 수사학에도 깊고 해박한 지식을 갖고 있었으며, 과학, 천문학, 지리학, 인류학, 심리학, 음악, 교육학, 의학, 그리고 경제학에도 상당한 지식을 갖고 있었다. 이처럼 심오하고 해박한 지식은 그의 설교를 더 깊고 풍요하게 만들었으며, 그의 모든 글에 잘 나타나 있다. 그의 지식 세계는 마치 바다같이 넓고 깊었다. 그의 정통한 성경 지식과 신학 지식은 하나님의 말씀은 물론 인간과 세계를 정통하게 해석하는 도구였으며, 동시에 그의 세속 학문의 지식은 하나님의 진리를 더 밝게 이해하고 더 쉽게 효과적으로 전달하는 도구였다.

그는 당대의 모든 신학을 완전히 통달하고 있었던 것으로 보이는데, 특별히 교회사에 대한 지식과 이해에서 더욱 탁월하였다. 초대 교회 역사와 서방 교회 교부들과 동방 교회 교부들의 사상에 심취하였으며, 성경 다음으로 초대 교부들의 사상과 전통을 중시하였다. 또한 그는 중세기 신비주의 역사와 신비주의자들의 영성에 영적 향수를 품고 살았다. 존 웨슬리에게 교회사는 영원히 마르지 않는 샘과 같이 그의 지식 세계를 깊고 풍부하게 하는 것이었다. 그는 고대 서양철학에 대해서도 넓은 지식을 갖고 있어서 자신의 설교와 논문에 자유롭게 인용한 것을 볼 수 있다. 뿐만 아니라 당대 영국의 신학과 철학에도 통달하여, 영국 국교회 신학과 청교도 신학을 자유롭게 인용하고 비판하고 있다. 그는 설교문을 작성하거나 논문을 쓸 때 고대 그리스 문학과 영국 문학에서 종종 유명한 글을 인용하거나 문학적 비유를 적절하게 사용하였다. 특히 몇 편의 설교와 가장 방대한 저작인 "원죄의 교리"라는 논문에서 인간의 본성을 논할 때에는 성서적이고 신학적인 해석에 그치지 않고 고대로부터 현대까지의 세계사와 지리학과 인류학의 실로 광범위한 지식에 근거하여 인간의 원죄와 전적타락을 설명하였다. 그는 때로 현대적인 내용은 아니지만 상당히 깊은 수준의 심리학적이고 사회학적인 이해를 가지고 인간과 사회의 현상을 해석하였다.

　존 웨슬리는 과학과 천문학에 대하여도 언제나 경이로운 관심을 갖고 있었다. 그래서 설교에서 가끔 이러한 과학적 지식을 가지고 하나님의 존재와 활동을 증명하려고 하였으며, 하나님의 창조와 섭리를 증명하려고 노력하였다. 존 웨슬리의 과학 지식은 그가 자연철학 개론으로 쓴 "창조에 나타난 하나님의 지혜에 관한 연구"(1755)에 가장 체계적으로 잘 나타나 있다. 그는 이 책에서 모든 자연 현상은 하나님의 창조의 지혜와 능력과 섭리를 보여주는 자연계시라는 점을 분명히 설명하면서 동시에 자연 속에 종종 나타나는 특별한 현상들도 하나님의 지혜의 계시라고 역설하였다. 또 인간은 언제나 자연 속에서 하나님을 보고 경외하며 그 지혜를 흠모하고 경배하여야 한다고 강조하였다.

　앞에서 소개한 대로 존 웨슬리는 민간요법에 대해 깊은 지식을 갖고 있었으며, 당대의 의학 지식에 상당한 이해를 지녔다. 그리고 이를 가난한 사람들의 질병 치유에 사용하였다. 그는 가난한 사람들에 대한 뜨거운 애정 때문에 경제학에 관심을 가지고 연구하여 상당한 경제학적 지식을 갖고 있었다. 존 웨슬리는 "돈의 사용"을 비롯하여 부와 경제에 관한 설교에서 아담 스미스의 「국부론」에 나오는 부의 축적에 대한 이론을 비판하면서 부의 합리적인 분배를 주장하였다.

　존 웨슬리는 교육학에도 조예가 깊었다. 그는 어린이들을 매우 좋아하여서 어린이 심리와 교육 방법에 관하여 많이 연구하였다. 그는 1783년에 "어린아이들의 교육 방법에 관한 고찰"이라는 에세이를 썼다. 그는 이 글에서 어린 시절의 종교 교육을 반대하는 한 옥스퍼드 학자의 이론을 비판하고 반박하였다. 그는 그런 학자의 사상이 바로 반 기독교적인 자연철학에 근거한 것이며 인간의 인격 형성을 망가뜨리는 가장 해로운 생각이라고 비판하였다. 또 그런 사상이 바로 장 자크 루소의 「에밀」(Emil)의 자연주의 교육사상과 낭만주의 사상에 기초한 것으로서 반 기독교적인 위험한 사상이라고 강하게 비난하였다. 존

존 웨슬리의 생애

웨슬리는 원칙적으로 존 로크(J. Locke)의 경험주의 교육철학을 존중하여 어린이의 종교 교육은 가능한 한 일찍 이루어져야 하며 인간의 본성적인 의지는 가능한 한 일찍부터 정복되어야 한다는 교육이론을 실천하였다. 왜냐하면 인간의 본성은 원죄로 인하여 전적으로 타락하였기 때문에 어린이의 악한 의지가 자라기 전에 먼저 바르게 잡아주는 것이 어린이 교육의 목적이요, 그것이 인간의 구원과 참된 행복을 위해서 가장 중요한 과제라고 역설하였다. 그의 교육에 관한 또 다른 저작은 "어린이들을 위한 교훈집"과 "어린이들을 위한 증언"이 있는데, 이 두 에세이 속에는 어린이들의 종교적 인격 형성에 대한 실제적인 이야기들과 어린 시절에 하나님과 가까이 하였던 성인들과 일반 그리스도인들의 유익한 이야기들이 많이 실려 있다.

한편 존 웨슬리는 자신의 야심작이라고 할 수 있는 "교회사"와 "영국사"에서 이전 역사책들의 문제점을 지적하면서 사람들이 역사를 바르게 이해하고 역사로부터 진리를 발견할 수 있는 진정한 역사책을 쓰게 되었다고 역설하였다. 그는 이전에 영국사를 쓴 저자들이 대부분 무신론주의자들이기 때문에 역사 속에서 하나님의 섭리와 음성을 무시해 버리면서 역사를 목적 없는 자연현상과 부정적인 혼돈으로 기술하였다고 비판하였다. 또한 교회사를 너무나 회의적이고 부정적으로 난해하게 기술하였기 때문에 일반 평신도들에게는 아무런 도움이 되지 않는다고 비판하였다. 그는 실제적인 이야기들을 중심으로 실제적인 교훈을 끌어내고, 하나님이 역사의 중심이라는 변증을 중심으로 역사를 이해하고 역사적 신앙을 재건하려는 목적으로 가장 유익한 실천신학으로서의 "교회사"를 썼다고 밝혔다.

존 웨슬리는 언제나 메도디스트들의 건전한 독서와 건강하고 풍요로운 신앙 형성을 위하였고 동시에 일반 대중을 독자로 생각하면서 책을 썼다. 그는 저술을 통하여 점차로 증가하고 있는 대중의 독서 욕구를 만족시키는 대중적인 교육가가 되기를 바랐다. 그리고 그렇게 하는 궁극적인 목적은 복음을 전파하고 당시 사회에 기독교 지식을 증진시키려는 것이었다. 존 웨슬리는 메도디스트 주일학교와 킹스우드 학교의 각종 교과서를 직접 저술하였다. 그는 바쁜 전도 여행에서도 틈만 나면 교과서를 썼다. 그는 자신이 차터하우스 학교와 옥스퍼드 대학에서 받은 교육을 더듬어 성경과 기독교 교리를 비롯하여 각종 어학, 그리고 역사, 철학, 논리학, 과학 교과서를 저술하였다. 그는 킹스우드 학교가 옥스퍼드 대학을 능가하는 세계적인 대학으로 발전하리라는 비전을 품었으며, 영국에서 제일가는 성직자를 길러내는 신학대학을 킹스우드 안에 설립하려는 계획을 가지고 있었다. 그러나 그 꿈은 이루어지지 않았으며, 대신 그의 사후에 다른 곳에서 다른 방식으로 이루어졌다고 볼 수 있다. 실로 존 웨슬리의 지식 세계는 바다와 같이 넓고 깊었다.

3) 391권의 책을 저술한 존 웨슬리

존 웨슬리는 인류 역사를 통틀어 최대의 저술가였다고 할 수 있다. 그는 일생 동안 총 391권의 책을 저술하여 출판하였는데, 이중에 존 웨슬리의 원저작이 233권이고 100권은 다른 사람의 저작으로부터 번역하고 발췌하거나 편집한 것이고, 30권은 동생 찰스와 함께 공동저작이고, 20권은 찰스의 원저작이고, 8권은 다른 사람의 저작에다 서문을 써주거나 해설을 붙인 것이다. 그는 1733년부터 책을 쓰기 시작하여 죽을 때까지 매년 7권 이상의 책을 저술한 셈이 된다.[45] 매년 5,000마일을 여행하고 500번 이상 설교하고 언제나 전도 여행에 바쁘고 거대한 메도디스트 연합체를 지도하면서 오늘날처럼 컴퓨터도 없는 그 시대에 어떻게 그렇게 많은 책을 쓸 수 있었을까? 실로 감탄할 수밖에 없다. 그는 책을 쓰기 위해서 따로 많은 시간을 내지는 못했을 것이다. 그는 편안한 서재에서만 아니라 말을 타고서나 마차 안에서도 책을 읽고 책을 썼던 것이다. 그는 이곳저곳 설교하러 다니면서 틈만 나면 독서하고 책을 썼다.

그의 저작은 내용의 성격상 네 가지, 즉 신학, 철학, 언어학, 시 등으로 구분되는데, 더 세밀하게는 열 가지, 즉 성서주해, 설교, 여행 일기, 서간, 신학, 철학, 역사, 시와 찬송, 언어학, 각종 교과서 등으로 구분된다.

그렇다면 그가 책을 저술하는 목적은 무엇이었을까? 그의 연구와 저술의 목적은 학문적인 취미와 성취 또는 명예와 돈이 아니었다. 그의 연구와 저술의 목적은 철저히 하나님과 인류의 구원을 위한 것이었다. 첫째로 그것은 경건의 일이었다. 그에게는 독서와 책 쓰는 일이 기도의 행위였다. 하나님의 진리를 탐구하고 하나님을 아는 지식을 더해가는 일은 하나님의 뜻을 발견하고 그분의 음성을 듣는 일로서 그에게는 빼놓을 수 없는 경건생활이었다. 둘째로 신자들을 가르치기 위한 교육적인 목적이 있었다. 존 웨슬리는 전도자가 되기 전에 학자였다. 그는 아는 것과 믿는 것, 즉 믿음과 지식은 언제나 함께 가야 한다고 생각했다. 그는 메도디스트들은 항상 배워야 하며 경건의 지식에서 성장하여야 한다는 것을 강조했다. 셋째로 그는 진정한 기독교를 파괴하고 잘못된 교리를 전하는 자들을 막아 정통 기독교 신앙을 지키고 신자들을 보호하기 위해서 저술을 통하여 그들과 논쟁하였다. 넷째로 저술은 복음전도의 방편이었다. 다섯째로 변증적인 목적이 있었다. 즉 메도디스트 부흥운동이 성서적으로 정통 기독교 신앙이라는 것을 설명하는 것이었다. 당시에 존 웨슬리가 출판한 책들은 이러한 목적을 이루기 위한 아주 효과적인 도구가 되었다.

그의 저작 중에 가장 인기 있는 책은 그가 생전에 출판한 다섯 권의 설교집이었다. 그의 설교집은 이루 셀 수 없을 정도로 많이 팔렸다. 그의 출판된 설교는 총 151권으로서 모두 기독교 교리와 생활에 관한 다양한 주제를 다루고 있으며, 명쾌하고도 평이한 문체로 쓰여졌기 때문에 메도디스트들만 아니라 다른 교파 사람들도 많이 애독하였다. 특별히 그의 설교집은 메도디스트 교리와 생활의 표준이기 때문에 메도디스트 설교자들과 속장들에게는 항상 지녀야 하는 필수적인 교과서였다.

두 번째로 인기 있었던 책은 그의 전도 여행 일기(Journal)다. 그는 1735년 10월 14일부터 1790년 10월 24일까지 55년 동안 자신의 삶과 전도 여행의 경험을 일기로 기록하여 남겼다. 그리고 다른 설교자들에게도 매일의 생활과 전도 여행 일기를 기록할 것을 가르쳤다. 그는 일기를 쓰는 것이 매일의 삶을 성찰하고 앞일을 계획하는 데 대단히 유익하다고 강조하였다. 존 웨슬리에게는 매일의 삶을 기록하는 것이 중요한 경건의 일이었다. 그의 일기는 단순한 일상생활의 기록만이 아니라 메도디스트들과 설교자들을 교육시키기 위한 목적으로 쓰여지고 출판되었다. 평신도들은 존 웨슬리의 여행 일기를 읽고 그의 신앙과 거룩한 생활을 배웠고, 전도의 방법과 전도자의 생활을 배웠다. 그래서 그의 일기는 모든 메도디스트들의 필독서였다. 뿐만 아니라 존 웨슬리의 여행 일기는 그 당시 삶의 모습과 풍물 등을 보여주는 역사 기록적 가치가 높았다.

그 다음으로 중요한 존 웨슬리의 저작은 신약성서주해와 구약성서주해였다. 이중에 신약성서주해는 표준설교와 함께 메도디스트 교리의 표준으로 쓰여진 책이므로 메도디스트 설교자들이 항상 지녀야 하는 필독서였다.

또 하나의 중요한 존 웨슬리의 저작은 그의 편지들이다. 존 웨슬리는 1714년 차터하우스 학교에 입학하면서 부모에게 편지를 쓰기 시작한 것으로 알려졌으나, 남아 있는 편지 중에 가장 이른 것은 1721년 11월 3일에 쓴 것이다. 1791년 2월 24일 마지막 편지를 쓰기까지 그는 약 80년 동안 총 2,760통의 편지를 쓴 것으로 알려지고 있다(존 웨슬리는 1791년 3월 2일 소천하기 4개월 전까지 일기를 썼고, 열흘 전인 1791년 2월 22일까지 설교를 했고, 8일 전까지 편지를 썼다). 그는 부모와 가족에게만이 아니라 친구와 동역자들과 수많은 메도디스트들, 그리고 그 외에 자기의 조언과 상담을 원하는 모든 사람들에게 참으로 유익한 편지를 써 보냈다. 그의 편지에는 수신자들을 도우려는 정성과 사랑, 그리고 온갖 영적 교훈과 교육적인 말씀이 가득하다. 아마도 세계 역사상 존 웨슬리보다 더 많은 편지를 쓴 사람은 없을 것이다. 그는 초대 교회 사도 바울처럼

'편지 목회'(correspondence ministry)를 즐겼다. 존 웨슬리의 편지들은 그의 마음과 생활, 그리고 영성과 신학이 가장 잘 나타나 있는 중요한 자료다. 그래서 중요한 편지들은 매월 1회 열리는 메도디스트 '편지의 날'(the letter day)에 신도회에서 읽혀졌다. 프랑크 베이커 박사는 존 웨슬리가 교회사에서 가장 큰 '편지 목사'(postal pastor)였다고 평하였다.[46]

사실상 가장 많이 팔린 존 웨슬리의 저작은 동생 찰스와 함께 출판한 찬송집이었다. 그 외에 존 웨슬리는 다수의 논문들을 저술하여 세상에 내놓았다. 논문 중에 가장 유명한 것은 "그리스도인의 완전에 대한 평이한 해설"과 "종교적이고 이성적인 인사들에게 보내는 진지한 호소"와 이것의 속편인 "종교적이고 이성적인 사람들에게 보내는 두 번째 호소"다. 첫째 것은 자신의 완전 성화의 교리를 해설하는 것으로서 성화론 교리를 분명하고도 체계적으로 설명하였다. 두 가지 "호소"는 자신의 교리와 메도디스트 부흥운동을 반대하고 핍박하는 영국 교회의 성직자들에게 자신이 가르치는 구원의 교리가 성서적인 정통 신앙에 근거한 것이며, 메도디스트 부흥운동이 진정한 기독교 신앙과 생활을 전파하는 것으로 하나님이 원하시는 것이며, 영국과 세계인류에게 참된 구원과 축복을 전파하는 것이라는 사실을 호소하는 글이다. 존 웨슬리는 이 논문에서 메도디스트 교리와 신앙생활을 변호하면서 동시에 성서적으로 진정한 구원의 교리, 즉 칭의와 신생과 성화에 대하여 명쾌하고도 강한 언어로 기술하였다. 이 두 논문은 존 웨슬리 생전에만 10회 출판되었으며, 이후로도 그의 설교와 함께 존 웨슬리 신학 연구에 가장 많이 인용되었다.

존 웨슬리 생전의 가장 큰 저술은 1749년부터 1755년까지 약 6년에 걸쳐서 저술한 「기독교 문고」(Christian Library)다. 이 문고는 전 50권으로 출판된 그의 최고의 야심작이었다. 여기에는 초대 교회 시대부터 당대에 이르기까지 경건하고 유익한 모든 작품들을 총 망라하여 저술한 전집이었다. 존 웨슬리는 이 문고를 메도디스트 경건과 기독교 지식 증진을 위하여, 그리고 일반 신자들의 경건의 독서를 위하여 만들었는데, 전 50권 안에는 약 200여 권의 다른 책들이 편집되어 있는데, 대부분 중요한 부분을 번역, 발췌, 요약하여 엮은 것이다. 그는 실천적인 신학자로서 신자들이 쉽게 이해하고 필요한 지식을 가장 효과적으로 배우고 이용할 수 있도록 실제적인 작품을 만들어내기 위하여 온갖 노력을 다 하였던 것이다. 그는 역사상 최대의 저술가였음에 틀림없다. 컴퓨터와 인쇄술이 발달한 오늘날에도 아무도 그를 따르지 못할 것이다.

존 웨슬리의 번역본 중에 몇 권은 엄청난 부수가 팔렸다. 그것들은 메도디스트 필독서인 동시에 애독서였다. 존 웨슬리가 "그리스도인의 모범"(The Christian's Pattern)이란 제목으로 요약 번역하여 출판한 중세기 신비주의 성자 토마스 아 켐피스의 「그리스도를 본받아」(Imitatio Christi)는 가장 인기 있는 애독서였다. 존 웨슬리는 이 책을 신도들에게 매일 일정한 분량씩 읽으라고 했다. 그는 이 책을 요약하여 포켓용 문고판으로 출판하여 누구나 값싸게 사볼 수 있게 하였다. 그 외에 대표적인 메도디스트 필독서들 중에는 다음과 같은 것들이 있다. 영국 교회의 주교요 경건주의 신학자인 제레미 테일러의 「거룩한 삶과 거룩한 죽음」, 청교도 경건주의 신학자 리처드 박스터의 「성도의 영원한 안식」과 헨리 스쿠걸의 「중대한 부르심」, 존 웨슬리의 스승이요 신비주의 신학자로서 옥스퍼드 신학자인 윌리엄 로우의 「그리스도인의 완전」, 존 번연의 「천로역정」과 「거룩한 전쟁」, 프랑스의 신비주의 성자 마뀌스 드 렝띠의 「생애」, 블레즈 파스칼의 「팡세」 등이다.

존 웨슬리는 저술과 출판에 있어서도 실천신학자의 특징을 잘 보여주었다. 그는 신자들에게 영적 유익이 될 만한 것들은 모두 다 이용하였다. 남의 것을 자기 것으로 이용하고 적용하는 데 천재적인 소질을 타고난 그는 남의 저작으로부터 자유롭게 번역·발췌·요약·출판하였다. 그의 남의 저작 이용은 대단히 광범위하였다. 그 당시에는 오늘날처럼 저작권 남용이 문제되지 않던 시대지만 어떤 것들은 거의 남의 저작을 자신의 것처럼 이용하기도 하였다. 오늘날

같으면 그러한 행동은 법정에 끌려갈 정도의 범죄행위가 되었을 것이다. 그러나 존 웨슬리는 순수한 목적으로 그렇게 하였다. 돈이나 명예나 개인의 사욕을 위해서가 아니라 신자들의 영적인 유익을 위해서 실천신학의 목적으로만 그렇게 하였던 것이다. 또한 이것은 그의 겸손한 행위가 되기도 하였다. 자신의 것이 아니면 사용하지 않는 오만함을 버렸다. 다른 사람의 저작이라고 해도 교인들을 위해서 열심히 소개하고 사용하였던 것은 남의 것을 인정하고 높이 평가하는 그의 겸손함을 보여준다.

그의 생전에 가장 많이 출판되고 팔린 책들은 각종 교재와 찬송가 책들이다. 앞에서 언급한 대로 그는 수많은 학교의 교과서와 교재를 저술하였다. 존 웨슬리의 교과서는 다른 저자들의 교과서보다 인기가 많았다. 왜냐하면 실제적이고 평이하고 간결하고 명쾌하게 쓰여졌기 때문이다. 동생 찰스와 함께 출판한 찬송가는 모든 메도디스트의 필수품으로서 메도디스트 신도회 안에서는 성경보다도 더 많이 팔렸다. 그는 평생 약 60여 종류의 찬송가책을 출판하였다. 메도디스트 찬송은 성경의 요약이며 동시에 성서적인 기독교의 정통교리 전집과 같은 역할을 하였다. 존 웨슬리는 세 권의 기도집을 썼는데, 개인 기도집과 가족 기도집과 어린이 기도집이다. 기도집은 메도디스트뿐 아니라 일반 신자들도 애용하였기 때문에 존 웨슬리 생전에 수십 회 출판될 정도로 인기였다.

4) 무조건 한 권에 1,000원

존 웨슬리의 저술 중에서 가장 많은 부수가 출판되고 가장 많이 팔린 책은 역시 소책자(tract)들이다. 그는 문서 전도의 왕이었다. 중요하고 인기 있는 설교를 한 개씩 소책자로 출판하여 아주 싼 값에 다량으로 팔았다. 그의 유명한 설교는 모두 소책자로 출판되어 수만 부에서 수십만 부씩 팔렸다. 예를 들면

"성서적 구원의 길", "성서적 기독교", "마음의 할례", "예정론에 대하여", "더 좋은 길", "값없이 주시는 은혜"(Free Grace), "돈의 사용", "믿음으로 얻는 구원", "거의 된 크리스천", "전적인 크리스천", "성령의 증거", "신생", "계속적 성찬의 의무", "의복에 대하여", "사랑에 대하여", "영원에 대하여", "선한 청지기", "자기 부정", "가톨릭 정신", "완전에 대하여", "부의 위험", "너의 보물을 하늘에 쌓아두라", "생활방식의 개혁", "사랑에 관하여", "의복에 관하여" 등은 가장 인기 있는 설교로서 이루 셀 수 없이 많은 부수가 팔렸다. 소책자 설교는 분량이 10쪽에서 20쪽밖에 안 되는 아주 짧은 것이었다.

그 외에도 작은 논문들, 즉 "메도디스트의 성격", "메도디스트 원리", "메도디스트 역사", "예정론 소고", "그리스도인의 완전" 등이 소책자로 출판되어 셀 수 없이 많이 팔렸다. 존 웨슬리의 소책자 문서 전도에는 특별한 전략이 있었는데, 그것은 특정한 종류의 사람들을 목표로 하여 소책자를 출판하는 것이었다. 예를 들면 "알코올중독자에게 보내는 한마디 말씀"(A word to a drunkard), "주일 안 지키는 사람들에게 보내는 한마디 말씀", "밀수꾼들에게 보내는 한마디 말씀", "메도디스트가 되려는 사람에게 보내는 한마디 말씀"과 같은 제목의 소책자들이 바로 그런 것들이다. 이런 존 웨슬리의 전략은 창의적이고 대단히 효과적이었다. 그는 이러한 소책자를 그런 사람들이 모이는 곳에다 수도 없이 뿌렸다.

소책자의 값은 무조건 한 권에 1페니였다. '한 권에 1페니'(a penny a piece)는 존 웨슬리의 생전에 한 번도 변함없는 소책자 판매 정책이었다. 18세기 영국 돈을 현대의 한국 화폐 가치로 환산하기는 극도로 어렵다. 그러나 당시의 1페니는 오늘날 한국 돈으로 약 1,000원쯤 된다고 생각해도 좋다. 존 웨슬리의 소책자 출판물은 불티나게 팔렸다. 메도디스트만이 아니라 영국 내 모든 교인들이 존 웨슬리의 소책자를 읽고 성서적이고 평이하고 실천적인 기독교를 쉽게 배웠다. 존 웨슬리의 얇은 소책자 한 권을 읽는 데는 약 5분에서 10분이면

넉넉했다.

당시 영국의 모든 서점마다 존 웨슬리의 소책자가 구비되어 있었다. 존 웨슬리의 책의 특징은 간략하고 명쾌한 내용, 짧고 쉬운 문장, 얇고 값싼 것이 특징이었다. 그는 자신의 저술과 책 판매에 대하여 이렇게 말하였다.

"나는 가난한 보통 사람들이 누구나 맘대로 사볼 수 있도록 세상에서 가장 짧고 쉽고 값싼 책들을 많이 써서 출판하였다. 나는 많은 종류의 소책자들을 출판하여 '무조건 한 권에 1페니'에 팔도록 하였다. 이것들 중에 어떤 것들은 상상을 초월하는 부수로 팔려나가서 나는 나도 모르는 사이에 부자가 되었다."[47]

존 웨슬리는 저술을 통해서 복음전도도 하고 돈도 많이 벌고 번 돈으로 선한 일을 많이 하는 복을 누렸다. 그는 책장사로 부자가 되었으며, 적어도 출판으로 매년 1,000파운드의 돈을 벌었는데, 이 돈은 오늘 한국 돈으로 1억 원이 될 수도 있고 10억 원이 될 수도 있다. 그렇게 번 돈은 전부 하나님의 선한 사업에 사용하였으니 그는 실로 거룩한 가난을 실천한 거룩한 부자였다.

5. 살아 있는 사도 요한 – 존 웨슬리의 인상과 성격(1725~1791)

1) 맑고 소박한 얼굴

존 웨슬리의 실제 모습은 어떠했을까? 많은 역사가들은 역사적인 증언과 목격자들의 증언을 통해서 그의 생전의 모습을 그려보았다. 생전의 존 웨슬리를 잘 알고 있었던 존 윌리엄스는 1741년 38세의 존 웨슬리의 인상을 이렇게 전해 주었다. 그는 당시 사람들의 보통 키보다 작은 편이어서 166cm의 키에 몸집은 가늘지만 단단한 근육질이고 건강 체질로 보였다. 얼굴에서 가장 두드러진 특징은 톡 튀어나오고 끝이 날카롭게 뾰족한 코에 조금은 갈색이 섞인 푸른색의 예리하게 꿰뚫어보는 눈이었다. 머리카락은 적갈색이고 상류층 신사나 옥스퍼드 출신의 상징인 값비싼 가발을 쓰지 않고 자기 머리를 잘 빗어 곧게 내리고 있었다. 얼굴은 하얗고 맑은 피부에 모나지 않고 부드러운 인상이었으며 밝으면서도 동시에 근엄한 모습을 지녔다. 노년에는 경건의 향기가 풍기는 우아한 모습으로 변해갔는데, 얼굴은 여전히 맑고 고상하였다. 그는 일상생활에서 항상 깨끗하고 매사에 정확하며 엄격한 인상과 태도를 나타내면서 옥스퍼드 메도디스트의 경건과 확신과 품위를 보여주었다.[48]

생전의 존 웨슬리를 잘 알고 그의 생생한 모습을 전해 주는 알렉산터 녹스는 다음과 같이 말년의 존 웨슬리의 모습을 말해 주었다. 존 웨슬리는 그의 선조들과 가문의 사람들처럼 체구가 작았다. 키는 겨우 5피트 6인치(약 166 cm)에 체중은 122파운드(약 55.3kg)의 왜소한 사람이었지만, 단단한 근육형에 아주 건강한 체질을 타고났다. 담갈색의 총명하고 꿰뚫어보는 눈과 독수리 코와 번듯한 이마와 맑은 피부와 전형적인 앵글로색슨족의 얼굴에 준수한 용모를 지녔다. 그는 단단하지만 좀 야윈 모습이었으며 당시에 귀족이나 상류층 신사들의 상징이었던 가발을 쓰지 않고 약간 곱슬인 머리카락은 언제나 부드럽게 빗어 목과 어깨까지 곧게 내렸다. 그의 용모와 태도는 명랑함과 근엄함을 동시에 보여주었다. 그의 성격은 매사에 정확하고 섬세하고 꼼꼼하여 항상 깔끔하고 단정한 모습을 하고 있었다. 그는 한 번도 남에게 단정하지 못한 모습을 보이지 않았다. 그는 좁게 세운 깃 장식과 곧추 세운 작은 칼라를 단 코트를 입고 다녔으며 바지의 무릎에는 버클을 차지 않고 의복에는 비단이나 벨벳을 전혀 붙이지 않았다. 그는 항상 소박하지만 단정하고 멋지게 옷을 입고 다녔는데, 윗도리의 작은 칼라는 곧추 세웠고 S자로 멋지게 휜 세모난 모자를 쓰고 다녔다. 마치 눈처럼 하얀 머리카락에 경건한 그의 인상은 초대 교회 사도의 품위

를 나타내는 것이었다.[49]

2) 경건한 얼굴

역사적인 존 웨슬리의 인상을 가장 생생하게 그려주는 증언이 두 개 있다. 하나는 1764년 영국을 방문했다가 설교하는 존 웨슬리를 목격한 라이덴 교수의 증언이다.

"나는 오늘 영국에서 메도디스트들의 영적 아버지라 불리는 존 웨슬리 씨를 만났다. … 나는 그가 다정하고 온화하다는 인상을 받았다. 그는 키가 작고 가는 몸집에 길고 곧게 내린 머리에 늙은 모습이었고, 스웨덴에서 볼 수 있는 시골 목사처럼 보였다. 그러나 그는 하나님의 영광을 위한 열심과 놀랄 만큼의 학식을 갖춘 주교다운 모습이었다. 그는 경건이 인격화된 사람 그 자체였다. 마치 사랑의 사도 요한이 살아난 것같이 보였다. 이미 66세라고 하는데 아직도 활력이 넘치고 근면한 모습이었다."[50]

또 하나의 증언은 18세기 영국의 역사가 토마스 하웨이스가 전하는 말이다.

"그의 인상은 지성이 드러나 보였고 의복은 단정하고 소박했으며, 눈은 총명해 보였고 솔직하고 우아하고 놀랄 만큼 활동적인 사람이었다. 그의 지적인 능력과 이해력은 천성적으로 탁월하고 예리하고 문학적 교양과 철학과 역사의 지식으로 꽉 찬 사람이었다. 설교할 때 웅변적인 힘에서는 친구 조지 휫필드에 뒤졌지만 깨끗하고 진지한 것이 그의 특징이었다. 그리고 그의 경건의 매력과 단순성과 열정과 존경스런 생활 모습은 그의 설교를 성공적인 것으로 만드는 중요한 요소였다. 그는 늙은 나이에도 힘과 정열과 신선함으로 가득 찼고 타고난 건강은 지속적으로 일할 수 있는 비결이었다. 어떠한 사람도 존 웨슬리처럼 영향력 있는 사람이 될 수 없으며, 그의 인격과 거룩한 삶의 본보기에 대하여는 말할 필요도 없다. 수많은 사람들이 그의 거룩한 인격과 삶의 발자국과 위대한 능력과 쉼이 없는 헌신을 보고서 그를 하나님의 성자라고 확신하게 되었다."51)

3) 정확한 존 웨슬리

말년의 존 웨슬리와 함께 지냈던 헨리 무어는 존 웨슬리의 방이나 서재에서 책 한 권이나 종잇조각 하나라도 흐트러진 것을 본 적이 없으며, 약속된 시간에 늦는 것을 본 적이 없다고 전하였다.

존 웨슬리는 평소에 동생 찰스의 자녀들, 즉 조카들을 무척 사랑하였는데, 조카 사무엘은 자기에게 있어 큰아버지는 언제나 유익한 스승이었다고 말하며, 큰아버지가 한 말을 오랫동안 기억하였다. "사무엘아, 언제나 시간을 잘 지켜라. 그래야만 무엇에든지 최선의 시작과 최선의 결과를 얻게 된단다. 나는 어디든지 갈 때는 먼저 준비를 다 하고 그 다음은 거기까지 얼마나 걸리고 떠날 시간이 얼마나 남았는가를 계산한단다." 어디든 갈 때는 마차꾼이 정확한 시간에 문 앞에 대기하게 하였으며, 만일에 무슨 이유라도 있어서 마차가 늦어지면 존 웨슬리는 마차가 따라 올 때까지 앞으로 걸어가 시간을 아꼈다. 그는 날씨가 나쁘거나 예기치 않은 일이 발생하였을 때에는 약속된 설교 장소에 늦지 않기 위해서 식사를 못하거나 잠을 못 자더라도 위험한 길을 달려갔으며, 때로는 위험을 무릅쓰고 강을 건너고 바다를 항해하였다.

함슨은 그가 이러한 시간 엄수와 정확성과 철저함과 치밀함 때문에 그 모든 위대한 일을 해낼 수 있었다고 말했다. 그리고 존 웨슬리는 무엇을 하든지 안정되고 평온한 상태에서 하였으며 결코 불안해하거나 서두르거나 당황하지 않았다고 무어는 전하였다. 또한 존 웨슬리는 항상 부지런하였다. 결코 아무 것도 하지 않고 시간을 낭비하는 적이 없었다. 그는 모든 생활에서 자신의 규칙과 엄격한 계획과 시간 약속을 완벽하게 지켰으며, 다양한 부류의 사람들과의 대화를 좋아하였으며, 사람을 대할 때는 누구에게나 따뜻하고 다정하였지만 결코 누구와 한가롭게 앉아서 시간을 보내는 일은 없었다. 그래서 때로는 그와 좀 더 이야기를 나누고 싶어 하는 사람들을 서운하게 만들기도 하였다. 그는 항상 검소하여 무엇이든지 남겨서 버리는 일이 없었으며, 지나치거나 모자람도 없었다.

4) 명랑한 존 웨슬리

존 웨슬리의 오랜 친구 알렉산더 녹스는 존 웨슬리를 마주 대할 때마다 그의 얼굴에서 어떤 영적인 광채를 느꼈으며, 그의 인상이 땅 위에서 어떻게 천국을 살 수 있는지를 가르쳐주는 것 같았다고 말했다. 또한 그는 존 웨슬리의 얼굴에서 한 번도 어둡거나 무거운 분위기나 근심과 불안해하는 것을 보지 못했고 언제나 한없는 평온과 순수한 기쁨을 보았다고 말하였다.

존 웨슬리는 77세 되는 해에 지난 세월을 회상하면서 다음과 같이 고백하면서 하나님께 감사했다. "나는 지금까지 살아오면서 수많은 고난을 겪었지만 단 15분간이라도 내 마음과 영혼이 밑바닥에 가라앉는 상태로 우울하게 지낸 적이 없었으며, 마치 수만 개의 내 머리카락이 내 머리에 있어도 무겁지 않은 것처럼 수만 개의 어려움도 나에게는 조금도 무겁지 않다."[52] 존 웨슬리도 인간이기 때문에 어려운 일을 당할 때는 마음이 우울하기도 하였으나 우울함은 단 15분 이상 지속된 적이 없었다. 존 웨슬리는 아무리 힘들고 어려운 일이 생겨도 그것을 무겁게 느끼거나 걱정거리로 삼지 않았으며, 단 15분이면 바람에 다 날려 보내고 다시 성령 안에서 평화와 기쁨을 되찾았던 것이다. 그러기에 그는 셀 수 없이 엄청난 고난과 시련이 닥쳐도 조금도 흔들리지 않고 자신의 목표만 바라보면서 자신의 규칙을 지키고 계획에 따라서 목표한 길을 걸어갔으며, 단 하루도 쉬지 않고 하나님의 일에 충실한 인생을 살 수 있었다.

존 웨슬리는 경건주의자였지만 결코 근엄하기만 한 성격이 아니라 명랑하고 유쾌한 성격의 사람이었다. 존 웨슬리의 친구 알렉산더 녹스와 존슨 박사와 존 웨슬리의 친구요 주치의사 화이트헤드 박사는 아무도 존 웨슬리의 얼굴이 어둡고 무거운 것을 본 사람이 없었다고 증언하였다. 존 웨슬리는 모든 일에서 밝고 긍정적인 마음과 태도로 살았던 사도였다. 그것은 어려서부터 쌓은 경건의 훈련과 거룩한 생활을 통하여 성화된 성품과 인격의 열매요 축복이었다.

존 웨슬리의 친구 블랙웰은 친구들이 존 웨슬리와 함께 있을 때면 언제나 유머와 웃음이 떠나지 않았으며, 어둡고 우울한 사람도 곧 평화와 기쁨을 얻게 되었다고 말했다. 존 웨슬리는 어떤 어려움이 생겨도 하나님의 바른 통치와 선하신 인도를 믿기에 언제나 밝고 긍정적인 태도로 살 수 있었다. 블랙웰은 언젠가 존 웨슬리가 친구들과의 모임에서 한 말을 잊지 못하고 마음속에 기억하고 있었는데, 그것은 다음과 같은 말이었다.

"우리는 음식이 나쁘고 침대가 딱딱하고 방이 초라하고 눈비가 내리고 길이 더럽다고 해서 결코 유머를 잃어버려서는 안 된다. 하나님의 은혜로 나는 무엇에도 근심하지 않으며, 아무것에도 불평하지 않는다. 무슨 일에든지 근심걱정하고 투덜거리는 사람은 마치 자기 뼈에서 살을 뜯어내는 것과 같다. 나는 세상에서 나에게 무슨 일이 일어나도 영원하신 왕좌에 앉으셔서 모든 것을 바르게 통치하시는 하나님을 바라보기 때문에 걱정하지 않는다."53)

존 웨슬리는 동료들이나 설교자들과 전도 여행을 할 때면 저녁식사 후에 한 시간씩 그간의 독서와 경험에서 얻은 재미있고 유익한 이야기를 쏟아냈는데, 누구든지 그의 이야기를 즐거워하였다. 존 웨슬리는 항상 재미있는 이야기보

따리를 열 준비가 되어 있었다. 그리고 이야기를 끝내고 자리를 파할 때면 꼭 그날의 분위기에 맞는 찬송가를 한두 곡 부른 후에 자기 자리로 돌아가게 하였다. 녹스 박사는 존 웨슬리와 함께 지내는 며칠 동안 그의 얼굴과 마음과 생활 모습에서 인생을 얼마나 즐겁고 행복하게 살아야 하는지를 배웠다고 말하였다.

1821년에 아담 클라크가 찰스의 딸 사라에게 어려서부터 본 큰아버지 존 웨슬리에 대하여 한마디 해달라고 부탁하였을 때 그녀는 "그분이 근엄하고 금욕주의자라고만 생각하는 것은 큰 실수입니다. 나는 그분의 말씀과 행동 하나하나에서 온화함과 친절함과 명랑함을 빼놓고는 아무것도 본 것이 없습니다."[54] 라고 말하였다. 그리고 그녀는 1775년 큰아버지와 함께 며칠 동안 캔터베리를 여행하였을 때에 그가 가족이나 다른 사람들을 대하는 모습을 보고서 "이 세상에 나의 큰아버지만큼 따뜻하고 부드럽고 겸손한 사람은 어디에도 없을 것이라고 생각했습니다."라는 말을 전해 주었다. 아담 클라크는 존 웨슬리야말로 성령 안에서 항상 기뻐하고 범사에 감사하고 쉬지 않고 기도하면서 하나님 안에서 가장 행복한 삶을 살았다고 말했으며, 존 함슨은 존 웨슬리의 삶에 대하여 "그는 무슨 일에든지 언제나 영적이면서 실천적이고 도덕적이면서도 행복하게 살았다."고 증언하였다.[55] 존 웨슬리의 경건은 근엄하고 어두운 것이 아닌 밝고 행복한 삶이었다.

5) 어린이를 사랑하는 존 웨슬리

존 웨슬리의 어린이 사랑에 대하여는 이미 언급하였지만 여기서 좀 더 이야기를 할 필요가 있다. 앞에서 말한 대로 존 웨슬리는 옥스퍼드 시절부터 가난한 아이들을 가르치고 학교 세우는 일을 헌신적으로 실천하였으며, 부흥운동 초기부터 킹스우드, 브리스톨, 런던, 뉴캐슬 등 여러 곳에 어린이를 위한 학교를 많이 세웠다. 존 웨슬리의 부흥운동에서는 어디서나 어린이 회심자들이 많았으며, 남부 콘월과 런던의 가난한 지역인 동북부와 중북부 산업지대에서는 메도디스트 주일학교 학생이 넘쳐나서 주일학교 교사들이 어린이들을 자기 집에 데리고 가서 예배드리고 성경을 가르쳤다. 거의 모든 메도디스트 신도회에는 주일학교가 부흥하였고, 주일학교(sunday school)는 곧 주간학교(day school)로 발전하여 존 웨슬리와 메도디스트들은 영국에서 초등 교육의 시발자가 되었다.

존 웨슬리와 그의 추종자들은 어린이들을 대단히 사랑하였다. 존 웨슬리의 어린이 교육에 대한 태도는 자신의 성장과 경험에서 나온 것이었다. 어머니의 교육사상을 그대로 물려받은 그는 수산나처럼 어린이의 영혼 구원과 인격 형성과 행복을 위해서는 가능한 한 일찍부터 엄격하게 종교 교육을 시켜야 한다고 믿고 실천했다. 그는 어디를 가나 어린이를 좋아하고 어린이와 함께 대화하기를 좋아하였다. 그는 어린이들을 하나씩 품에 안고 축복하기를 좋아하였고 그들에게 재미있는 이야기를 들려주곤 하였다. 그리고 어린이들을 만날 때마다 꼭 새로 나온 동전 꾸러미를 가지고 가서 어린이들에게 동전을 하나씩 주었다고 한다. 그는 주일학교에서 어린이들에게 새로 나온 동전을 가지고 예수님의 달란트 비유를 설교하였으며, 밀이나 곡식 씨앗을 가지고 씨 뿌리는 농부의 비유를 설교하였다고 한다. 그는 신도회를 방문할 때마다 주일학교에서 어린이 설교를 즐겼고 그가 들려주는 어린이 성경 이야기와 동화설교는 어린이만 아니라 어른들에게도 대단히 깊은 감동을 주었다. 존 웨슬리는 최고로 인기 있는 이야기꾼(story-teller)이었다. 그는 메도디스트 주일학교가 부흥하는 것을 가장 기뻐했으며, 이것이 바로 하나님이 메도디스트들에게 내려주신 최대의 은혜라고 감사하였다.

존 웨슬리는 신도회마다 어린이 성가대를 조직할 것을 강조하였는데, 1786년 부활절에 북부 볼톤에 갔을 때 어린이 성가대의 노래를 듣고 대단히 행복해하였다. 그는 메도디스트 어린이 성가대가 찰스 웨슬리의 어린이 찬송을 화음 맞춰 부르는 것을 듣고서 영국의 어느 교회를 가 봐도 이와 같이 아름다운 어린이들은 없을 것이고, 이와 같이 아름다운 어린이 성가도 들을 수 없을 것이라고 자랑하였다. 특별히 신도회 주일학교 성가대의 노래를 들을 때는 우리가 하늘나라에서 듣게 될 노랫소리가 바로 이들의 노래와 같을 것이라고 하면서, 노래하는 메도디스트의 은사를 어린이 성가대를 통하여 이어가야 할 것이라고 격려하였다.

존 웨슬리는 다음날 볼톤의 메도디스트 주일학교에서 약 1,900명이나 되는 어린이들을 만났다. 그는 아이들이 모두 용모 단정하고 의복은 검소하고, 멜로디와 음정과 화음이 정확하고 세상에서 가장 훌륭한 노래를 불렀다며, 어린이들에게 '노래하는 천사들'이라고 칭찬해 주었다. 뿐만 아니라 수많은 메도디스트 주일학교 어린이들이 회심을 체험하고 구원의 확신을 가졌으며, 속회로 조직되어 모였으며, 주기적으로 지역의 가난한 사람들과 병자들을 방문하여 위로하고 노래를 불러주는 것을 보고 기뻐하고 하나님께 감사했다.[56] 존 웨슬리의 어린이 사랑과 어린이 교육에 대한 열정에 힘입어서 초기 메도디스트 시대에는 메도디스트 신도회의 신도 수보다도 메도디스트 주일학교 어린이들의 수가 더 많았다. 1800년도에 메도디스트 주일학교 어린이 수는 약 10만 명에 달했으며, 1900년도에 가서는 약 100만 명이나 되었다. 존 웨슬리가 세상을 떠날 때에는 메도디스트 주일학교가 약 1,000여 개나 되었으며, 주간학교(day school)는 약 700여 개나 되었다.[57]

존 웨슬리는 어린이들에게 한없이 친절하고 다정하였지만 교육 방법은 지나칠 정도로 엄격하였다. 앞에서 언급한 대로 어머니 수산나의 영향을 강하게 받아 경험주의 교육철학자 존 로크의 교육사상과 방법을 실천하였다. 그는 어린이를 가능한 한 일찍 악마에게서 빼앗아 와야 하며, 악한 본성에 속한 의지를 가능한 한 일찍 파괴하고 성서적 기독교 인격을 형성해 주어야 한다는 이상을 실현하려고 하였다. 그래서 그는 최대한 엄격한 종교 교육과 학습을 강행하였다.

심지어 그가 세운 킹스우드 학교 시간표에는 주일 외에는 휴일도 없었고 노는 시간도 없었다고 한다. 그래서 노는 시간을 허락해 달라는 교사들에게는 "노는 시간이나 레크리에이션을 원한다면 차라리 기도회를 갖도록 하라."고 하면서 "어린아이 때 노는 사람은 어른이 되어서도 놀 것이다."라는 독일 격언을 말해 주었다. 킹스우드 학교는 완전히 어린이 수도원과 같았다. 학생들은 매일 새벽 4시에 기상하여 개인 독서와 묵상을 하고 5시에 아침예배를 드리고 6시에 노동을 하고 7시에 아침식사를 하였다. 그리고 쉴 새 없이 일과가 진행되고 저녁 8시에 잠자리에 들었다. 식사 규정은 물론 매주 금요일 금식도 철저히 지켜졌다. 그러나 존 웨슬리는 가끔 학생들이 학교에서 놀고 있다고 불만을 털어놓기도 한 것을 보면 학생들은 놀기도 하고 장난도 쳤던 것 같다.

1768년 어느 날 킹스우드 학교 기도회 시간에 소년소녀들이 성령의 놀라운 역사를 강하게 체험하였다. 존 웨슬리는 그날 일기에 "하나님의 권능이 바람처럼 강하게 소년소녀들에게 임했고 그들은 하나님의 은혜를 구하며 울부짖었다."고 기록하였다. 많은 어린이들이 회심을 체험하였고, 그날 이후로 학교 분위기가 완전히 달라졌고 이와 같은 어린이 부흥운동은 다른 메도디스트 주일학교와 주간학교로 번져나갔다.[58] 존 웨슬리의 어린이 사랑과 교육의 목적은 그들의 영혼 구원과 그리스도적 인격 형성과 참된 행복을 추구하도록 하는 것이었다. 존 웨슬리의 어린이 사랑은 메도디스트 주일학교의 부흥과 수많은 메도디스트 미션학교의 설립으로 결실하였으며, 메도디스트들의 어린이 교육에 대한 열심은 존 웨슬리로부터 물려받은 복된 은사다.

6. 영국 국교도로 살고 죽으리라! - 미래를 위한 준비(1784~1788)

1) 모교회를 떠나지 말라!

존 웨슬리 생전에 메도디스트 신도 수를 어디까지 잡아야 하는가 하는 문제는 간단하지가 않다. 메도디스트 신도회와 속회에 등록한 수치와 실제적으로 활동하는 수치가 많이 달랐기 때문이다. 신도회에 등록은 되어 있지만 활동에는 충실하게 참여하지 않는 사람도 많았고, 등록은 하지 않은 채 신도회에 출석하는 사람들도 있었으며, 신도회에 나오지는 않지만 존 웨슬리를 좋아하고 지지하는 사람도 상당히 많았다. 상당수의 국교회 신도가 메도디스트 신도회에 참여하지는 않지만 존 웨슬리를 따르고 있었다. 학자들에 따라서 조금씩 다르기는 하지만 단순한 존 웨슬리 추종자들의 수는 정식 메도디스트 신도 수보다 두 배에서 심지어 다섯 배까지 많았다고 한다. 존 웨슬리의 추종자들 중에는 교회에 나가지 않는 사람들과 무신론자들도 꽤 있었다고 한다. 그러므로 메도디스트 신도 수의 통계에 관하여는 이러한 초기의 상황을 늘 생각해야 한다.

부흥운동 초기인 1740년대에 메도디스트 신도회는 브리스톨, 킹스우드, 콘월, 런던, 뉴캐슬 등 특정 지역에만 집중했으나 1760년대 들어서는 전국적으로 부흥하기 시작하여 신도 수가 급성장하였다. 1767년에는 전체 신도 수가 약 30,000명에 달했다. 1768년부터 존 웨슬리가 세상을 떠난 해인 1791년까지 신도 수는 매년 약 5%씩 성장하여 메도디스트 신도회에 정기적으로 참여하는 신도 수가 약 80,000명이나 되었다. 이 수는 영국 전체 인구의 약 1%가 되는 것이다. 1771년부터 1801년 사이에는 신도수가 매 10년마다 41%, 52% 그리고 62.7%씩 증가하였는데, 같은 시대의 인구 증가율은 7%, 9.7%, 그리고 5.7%였다. 물론 그 후로는 같은 속도로 성장하지는 않았으나 존 웨슬리 생애 말년에 갈수록 훨씬 빠른 속도로 신도 수가 성장하였다. 그러나 영국의 메도디스트 역사가 헨리 랙 박사는 그 당시 메도디스트 수는 신도회 밖에 있는 단순한 존 웨슬리 추종자들의 수가 신도회 안에서 활동하던 수의 서너 배가 되었을 것으로 추정하고 있다. 왜냐하면 초기에는 상당수의 사람들이 존 웨슬리를 추종하며 메도디스트 신도회의 집회에 출석하면서도 정식 등록된 메도디스트가 되는 것을 주저하거나 그 필요성을 느끼지 못하였기 때문이다. 따라서 존 웨슬리가 죽던 1791년 정식 메도디스트 신도수와 단순한 추정자의 수를 합하면 약 30만 명 정도가 되었을 것이다.[59] 더욱이 메도디스트 주일학교와 주간학교는 날이 갈수록 기하급수적으로 늘어갔다. 1800년도에 메도디스트 주일학교 어린이 수는 약 10만 명에 달할 정도였다. 그리고 메도디스트 주간학교는 존 웨슬리의 말년에 가서 약 700개로 늘어났다.[60]

이러한 수치는 매우 놀라운 것이다. 당시 영국은 인구의 대다수가 국교회 교인이었으며, 국교회는 모든 국민에게 종교생활뿐 아니라 정치, 경제, 문화 모든 면에서 막강한 영향력을 행사하고 있었기 때문에 비국교도는 사회생활 전반에서 차별받고 불이익을 당하던 시대였다. 그렇기 때문에 국교회로부터 반대와 핍박받는 독립교회로서 이만한 부흥을 이루었다는 것은 실로 대단한 성과였다. 태어나자마자 국교도가 되는 시대였으므로 국교도 중에는 이름만 가진 명목상의 그리스도인이 많이 존재했다. 반면에 존 웨슬리가 공언한 대로 메도디스트들은 마치 초대 교회 제자들처럼 회심을 체험하고 하나님께 헌신하며 사는 실천적인 그리스도인이요 진정한 그리스도인이라는 사실을 고려하면 메도디스트 신도 수는 더욱 큰 의미가 있으며, 이 소수의 신도들이 영국 사회에 끼친 영향력을 생각한다면 그 소수의 힘은 더욱 위대한 것이었다.

존 웨슬리는 시간이 지날수록 급속하게 늘어나는 메도디스트 신도와 신도회가 증가하고 메도디스트 연합체(methodist connexion)의 기구와 힘이 커져가는 것을 보면서 기쁘기도 하였지만 동시에 풀어야 될 과제 때문에 마음이 무거웠다. 그 과제는 바로 영국 국교회와 관계를 어떻게 하느냐 하는 문제였다. 이것은 시간이 갈수록 존 웨슬리 개인이나 모든 메도디스트에게 매우 중대한 문제로 다가오고 있었다. 즉 존 웨슬리는 메도디즘의 미래를 위해 정체성과 방향과 목표를 바로 정해야 하며, 자신이 죽은 후에 메도디스트들의 나아갈 길과 후계자 문제의 해법을 찾아야 했다. 존 웨슬리는 이 문제를 놓고서 동료 지도자들과 진지하게 여러 번 토론하였으나 만족스러운 해답을 얻지는 못했다. 존 웨슬리가 마음속으로 자신의 후계자로 생각하고 있었던 존 플레처가 일찍이 죽은 후에는 더욱 긴박한 문제로 다가왔다.

존 웨슬리가 분명한 방향을 정하지 못하고 있는 상황에서 메도디스트 신도회는 안수 받은 성직자를 요구하는 목소리가 점점 커지고 있었다. 메도디스트 연합체 가운데 처음부터 안수 받은 성직자는 존 웨슬리 형제와 조지 휫필드와 존 플레처밖에는 없었다. 그런데 휫필드는 존 웨슬리를 떠나 다른 길로 갔고 1771년에 죽었으며, 1785년에는 가장 사랑하는 제자요 동역자인 플레처도 죽었다. 곧 이어서 3년 후에는 어려서부터 같은 길만을 달려오던 평생의 동반자 동생 찰스도 세상을 떠나갔다. 친구들이 다 떠나고 홀로 남은 존 웨슬리는 동료 지도자들과 자신의 설교자들로부터 생애 말년에 이를수록 끈질긴 압력을 받으며 살아야 했다. 그 압력이란 다름 아닌 국교회로부터 완전히 독립하여 새로운 교회, 즉 '영국 메도디스트 교회'(The Methodist Church of England)를 설립하자는 요구였다. 그들은 모든 메도디스트 예배당에서 공식적인 주일예배를 갖게 하고 메도디스트 설교자들에게 예배를 집례하고 성만찬을 행할 권한을 달라고 존 웨슬리에게 호소하였다.

지금까지 존 웨슬리는 자신들을 분리주의자들이라고 비난하는 국교도들에게 자신과 메도디스트들은 결코 분리주의자들이 아니고 누구보다도 충성된 국교도들이라고 주장하며 살아왔다. 뿐만 아니라 국교회로부터 독립하자는 신도들의 요구를 일절 귀담아 듣지 않았으며, 국교회로부터 분리를 생각해 본

적도 없었다. 그는 생애 말년에 이를수록 신도들에게 "모든 위험을 감수하고라도 나는 영국 국교도로 살고 죽는다.(I live and die as a church of England man.) 모교회를 떠나지 말라. 모교회를 버리는 것은 나를 버리는 것이다."라고 간곡히 명하였다.[61] 그리고 신도들에게 모든 종류의 메도디스트 집회는 공식적인 예배가 아니고 국교회 예배의 보충적인 것이므로 주일에는 자신들이 소속한 국교회의 교구 교회(parish church)의 공식적인 주일예배에 참여하여 성만찬을 받으며, 국교회의 모든 교리와 규칙과 법에 복종하라고 엄하게 가르쳤다. 메도디스트들은 존 웨슬리의 명을 잘 받들어 충성된 국교도로서 살았다. 한번은 런던에서 가장 큰 국교회 성 바울 성당의 담임 사제가 다음과 같이 탄식한 적이 있다. "주일 성찬예배에 다른 교인들은 오지 않고 메도디스트들만 오니 나는 메도디스트들의 사제가 되었구나!"

2) 영국 교회가 제일 좋은 교회다

그렇지만 존 웨슬리의 이러한 주장은 현실과는 아주 거리가 먼 것이었다. 왜냐하면 부흥운동 후반에 가서부터 메도디스트 운동이 사회적인 인정을 받게 되고 외부의 핍박이 줄어들기는 했지만 아직도 국교회 성직자들이 메도디스트들을 교구에서 차별하고 싫어하는 것은 조금도 변함이 없었기 때문이다. 메도디스트들은 존 웨슬리의 명령에 순종하면서도 뭔가 현실적인 해결책이 나와야만 한다고 생각했으므로 답답하고 조급했다.

처음부터 존 웨슬리의 목적은 영국 국교회로부터 분리하여 새로운 교회를 세우거나 또 다른 교파를 만들려는 것이 아니었고, 국교회 안에서 영적 갱신운동을 일으켜 교회를 개혁하고 민족을 구원하여 성서적 성결을 온 땅에 전파하려는 것이었다. 그는 부흥운동을 일으키면서도 영국 고교회(high church) 신앙 전통을 버리지 않았으며, 일생 동안 고교회주의자(high churchman)로 살았다.

그래서 그는 영국 국교회의 교리(39개 교리)와 리터지(liturgy; 예전)와 성례전과 전통을 사랑하였다. 그는 국교회의 잘못을 강하게 비판하고 부패한 국교회를 개혁하려는 모든 노력을 하면서도 국교회를 존경하고 사랑하였다. 그는 1786년 영국 교회에 대한 사랑을 다음과 같이 표현하였다. "나는 우리의 영국 교회가 세계에서 가장 성서적인 교회라고 믿는다. 나는 국교회의 모든 교리에 동의하고 모든 리터지의 규칙을 지킨다."[62] 1784년 그는 특별히 자신이 영국 국교회 리터지인 "공동기도서"(The Book of Common Prayer)를 얼마나 사랑하는지를 다음과 같은 말로 표현하였다.

> "나는 고대로부터 현대에 이르기까지 세계에서 이와 같이 훌륭한 리터지는 없다고 생각한다. 나는 우리의 리터지가 빈틈없이 온전하고 성서적이며, 이성적 경건으로 가득 찼고, 200년이 지난 오늘날까지도 흠 없이 순결하고 견고하고 아름다운 언어로 만들어진 가장 좋은 것이라고 확신한다."[63]

아버지 사무엘 웨슬리의 고교회 신앙전통을 유산으로 물려받은 존 웨슬리는 열성적인 복음전도자이면서 동시에 일평생 고교회 성례전주의자(high sacramentaian)로 살았다. 영국의 고교회(high church)란 영국 국교회에 소속하면서 교리와 리터지와 영성생활 전통에 있어서, 특별히 리터지와 성례전에서 가톨릭 전통을 따르는 교회를 의미한다.[64] 이러한 고교회를 영국에서는 영국적 가톨릭교회(anglo-catholic church)라고 부른다. 존 웨슬리는 리터지와 성례전에서 영국적 가톨릭교회의 전통을 존중하고 실천한 영국적 가톨릭주의자였다. 말하자면 그는 개신교 전통의 복음주의적 경건주의와 가톨릭 전통의 성례전적 경건주의를 둘 다 포용하고 종합하여 사용하였던 것이다. 존 웨슬리는 예배에서도 말씀과 성만찬이 조화된 이상적인 예배를 실천하였다. 존 웨슬리는 이런 면에서도 가톨릭과 개신교의 중간 길(via media)을 걸어갔다. 그는 이 중간 길이야말로 가톨릭도 아니고 개신교도 아닌 양쪽의 약점을 충족시키는 대안으로서 제3의 길이며, 가장 성서적이며 사도적이고 초대 교회적인 진정한 교회의 형태라고 확신하였다. 그는 아메리카와 영국의 메도디스트들에게 주일예배는 영국 교회의 리터지인 공동기도서를 사용할 것을 강조하면서 필요한 경우에는 기도문 없는 기도를 병행하여 사용할 것과 회중찬송을 사용하라고 가르쳤다. 그리고 영국 국교회의 예전의 규칙을 따라서 매주일 성찬(weekly sacrament)을 실행할 것을 강조하였다.

존 웨슬리는 일평생 성례전적 경건주의자로 살았다. 그는 8세부터 성만찬상에 나갔으며, 1738년 복음주의적 회심을 체험한 후에도 여전히 고교회 성례전주의자로 살았다. 그는 분주한 여행 전도자의 생활 중에도 매주일과 모든 가능한 기회에 성찬을 받았으며, 회심 후 죽기까지 평균 4일에 1회 성찬을 받았다. 어떤 해에는 평균 2일에 1회, 생애 마지막 몇 년간은 평균 3일에 1회 받았다. 그는 "지속적 성찬의 의무"라는 설교를 통하여 자신의 고교회 전통의 성례전 신앙을 설명하고 메도디스트들에게 지속적으로 매주일과 가능한 모든 기회에 성찬을 받을 것을 가르쳤다. 이런 의미에서 어떤 역사가들은 존 웨슬리의 부흥운동이 복음전도운동인 동시에 성만찬 부흥운동이었다고 말한다. 그는 세상에서 마지막 숨을 거두는 순간까지 모든 메도디스트의 아버지이자 충성스런 영국 국교회 성직자였다. 영국적 가톨릭교회의 성례전적 경건주의자인 그는 자신이 죽은 후에라도 메도디스트 신도회가 국교회로부터 분리될 것이라고는 꿈에도 생각하지 않았다. 그는 영국 국교회 성직자의 성의를 입은 채 하늘나라에 들려 갔다. 그러나 그가 세상을 떠난 후에 그의 믿음의 자손들은 그들의 영적 아버지의 길을 그대로 따르지는 못했다.

3) 1763년 모범 시행령

존 웨슬리는 1744년 최초로 메도디스트 설교자 총회(preachers' conference)를 런던의 파운더리 예배당에서 일주일 동안 열었다. 매년 1회 열리는 설교자 총회는 메도디스트 교리(무엇을 가르칠 것인가?)와 신앙 훈련(어떻게 훈련시킬 것인가?)의 규범을 만드는 일에 집중하였으며, 다음으로는 조직과 제도와 행정(어떻게 실행할 것인가?)을 다루고 회의 끝에는 설교자들을 파송하는 파송기를 낭독하였다. 처음 총회는 존 웨슬리를 포함하여 성직자 6명에 평신도 4명이 모여 일주간 동안 회의를 열었다. 총회는 처음 2~3일간은 메도디스트 교리의 규범을 정하는 일에 집중하였으며, 나머지는 신앙 훈련 규범과 조직 행정에 소비하였다. 초기의 메도디스트 총회는 교리 연구 총회라고도 할 수 있을 만큼 교리를 최우선 과제로 여겼다. 그 다음은 교인들을 어떻게 신앙 훈련시킬 것인가 하는 문제를 진지하게 토론하여 그 경건 훈련의 규범을 정하는 것을 두 번째 과제로 여겼다. 매년 총회가 거듭될수록 메도디스트 교리와 신앙 훈련의 규범이 명확하게 되고 연합체는 더욱 결속과 조직이 강화되어 갔으며, 총회 대표의 수도 늘어갔다.

존 웨슬리는 시간이 흐를수록 성서적 교리와 실천을 순수하게 지키고 전파하기 위해서 메도디스트 교리와 신앙 훈련의 규범을 더욱 견고하게 하고 설교자들의 자격을 엄격하게 강화할 필요를 느꼈다. 그래서 그는 1763년 총회에서 '모범 시행령'(Model Deed)을 발표하였다. 내용은 "존 웨슬리의 4권(44개)의 표준설교와 신약성서주해에 들어 있는 것에 맞지 않는 교리나 생활을 가르치거나 공포하는 자에게는 … 메도디스트 예배당에서 설교하거나 성경을 강해하는 것을 허락하지 않는다. 또한 그러한 사람이 메도디스트 신도회에서 … 어떤 예배나 집회를 집행하는 것을 금지한다."[65]는 것이었다. 이렇게 하여 존 웨슬리는 메도디스트의 교리적 규범을 자신의 표준설교와 신약성서주해의 내용으로 규정하였다. 그리고 매년 총회에서는 설교자들에게 이 두 가지 교리적 규범을 충실하게 이해하고 있는지를 철저히 조사하고 그 기준에 만족할 만한 대답을 하지 못하는 후보는 설교자로 임명하지 않았다. 말하자면 총회에서 실행하는 메도디스트 설교자들, 즉 목회자들에 대한 교리 심사(doctrinal test)와 경건생활 심사(disciplinary test)인 셈이었다.

존 웨슬리는 부흥운동 초기부터 교리 훈련과 경건 훈련에 결코 느슨한 적이 없었으며, 오히려 아주 철저하고 엄격하였다. 그는 기독교 신앙의 뿌리와 본질이 되는 교리(essential doctrines)와 의견(opinion)을 구분하여 다루었다. 존 웨슬리가 가르친 본질적인 교리는 원죄와 전적타락, 이신칭의, 신생, 성령의 증거, 성화, 완전이라고 할 수 있다. 그 외에 신학적 해석의 차이, 예배 형태, 성례전 방식, 조직과 제도, 신앙 훈련 방법 등은 시대와 지역의 전통과 문화에 따라서 변할 수 있는 의견으로 취급하여 관용적으로 다루어야 한다고 가르쳤다. 그러나 그는 기독교의 뿌리가 되는 본질적인 교리에 위배되는 사상에 대하여는 있는 힘을 다하여 싸웠다.

4) 100인 위원회 대법원에 등록

메도디스트 설교자들은 존 웨슬리의 모범 시행령에 만족할 수 없었다. 그들은 존 웨슬리가 늙어가는 것을 보면서 메도디즘의 미래를 보장해줄 더욱 실질적이고 확고한 무엇을 원했다. 1764년 존 웨슬리는 한 가지 획기적인 생각을 하게 되었다. 영국 국교회 안에 있는 모든 복음주의 성직자들에게 호소하여 하나의 연대 조직을 만들어보려는 계획이었다. 그들의 지지와 협력을 얻어냄으로써 메도디스트 연합체의 성직자 부족 문제도 해결하고 국교회 안에 복음주의 운동을 더욱 힘 있게 확산시키고 국교회를 강력하게 개혁해 보려는 의도였다. 존 웨슬리는 국교회 안에 있는 복음주의 성직자들을 찾아서 지지와 연대를 호소하였지만 그의 제안에 긍정적인 응답을 보내는 성직자가 거의 없었다. 그들은 존 웨슬리를 지지하다가 자신도 국교회로부터 어떤 불이익이나 피해를 입을까봐 두려웠을 것이다. 또 존 웨슬리처럼 개혁운동에 적극적으로 뛰어든다는 것이 얼마나 힘든 일인지를 그들은 잘 알고 있었다. 존 웨슬리는 너무나 실망하였다. 그러나 다른 대안을 위해 기도하기 시작하였다.

존 웨슬리는 동료들과 함께 메도디즘의 미래에 대하여 오랫동안 진지하게 기도하며 연구하다가 드디어 1784년 2월 28일에 역사적으로 중대한 법령을 선언하게 되었다. 평신도 설교자 100명을 메도디스트 총회의 대표로 임명함과 동시에 연합체의 법적인 대표로 임명하고 같은 해 3월 9일 대법원에 등록하였다. 존 웨슬리는 이 100명을 법적인 100인 위원회(Legal Hundred)라고 불렀으며, 이 선언을 '선언 시행령'(Deed of Declaration)이라고 명명하였다. 이것은 존 웨슬리가 메도디스트 연합체(methodist connexion)에 독립적인 법적 지위를 획득한 것으로서 영국 국교회와 관계에서 중대한 변화를 의미한다. 사실상 이 선언은 독립 선언이라고도 할 수 있다. 이때부터 총회는 설교자들을 3년 임기로 일정한 설교당(예배당)에 순회 설교자(itinerant preacher)로 임명 파송하였다. 순회 설교자들은 말을 타고 일정한 순회구역(circuit)에 속한 예배당들을 돌아다녔기 때문에 순회 말타기꾼(circuit rider)이라고 불렀다.[66]

그러나 존 웨슬리는 국교회로부터 분리되었다는 오해를 피하기 위해서 절대로 메도디스트 예배당(chapel)을 메도디스트 교회(church)라고 부르지 못하게 엄히 명하였다. 존 웨슬리의 이러한 법적인 조치는 자신이 죽은 후를 생각해서 메도디즘의 미래를 확고하게 준비하는 것이었다. 이와 같은 존 웨슬리의 행동은 불가피한 것이었으나, 다른 한편으로는 이율배반적인 것이었다. 여전히 국교회와의 분리를 절대 반대하면서도 분리를 향해 나아가고 있었기 때문이다. 존 웨슬리는 성직 임명(안수)만 하지 않았을 뿐 이제 법적으로나 제도적으로는 분리를 완비해 놓은 상태였다. 당시에 존 웨슬리를 돕는 성직자는 윌리엄 그림쇼(W. Grimshaw)와 존 플레처, 그리고 찰스 웨슬리뿐이었는데, 존 웨슬리는 이러한 성직자가 더 많으면 얼마나 좋을까 하고 메도디스트 성직자의 수가 적은 것을 늘 아쉬워했다.

5) 목자 없는 양떼를 위하여 – 아메리카 메도디스트 교회 탄생

메도디스트 아메리카 선교는 1735년 존 웨슬리 형제에 의해서 시작되었고, 조지 횟필드는 조나단 에드워드와 함께 대각성운동을 일으키면서 아메리카 복음화에 위대한 영향을 끼쳤다. 그러나 1760년 최초로 아메리카에서 메도디스트 신도회가 조직된 것은 영국에서 이민 간 평신도 메도디스트들에 의해서였다. 아메리카에서 신도회를 조직한 최초의 메도디스트들의 직업은 농부, 목수, 공장 노동자, 광산 노동자, 양복 수선공, 퇴직한 군인, 학교 교사, 구두 수선공 등이었다. 이들은 개인 전도로 신도회를 조직하고 속회를 만들어 지도하여 부흥이 일어나자 존 웨슬리에게 선교사를 보내달라고 호소하였으며, 존 웨슬리는 조셉 필모어와 리처드 보드만을 평신도 설교자로 파송하였다. 그리고 1770년에는 프란시스 애즈베리(Francis Asbury; 1745~1816)와 리처드 라이트가 평신도 설교자로 파송되었다. 이들은 존 웨슬리의 가르침과 모범을 따라서 말을 타고 북아메리카 전역을 달리면서 헌신적으로 순회 전도 여행을 하였으므로 영국에서 일어나는 메도디스트 부흥운동이 아메리카에서도 똑같이 일어나게 되었다. 특별히 애즈베리는 북아메리카 전역을 돌며 헌신적으로 활동하여 아메리카에서 존 웨슬리의 복사판이라 불렸다. 그는 후에 아메리카 메도디스트 교회의 초대 감독이 되고 위대한 신앙의 아버지가 되었다.

1773년 필라델피아에서 초대 메도디스트 설교자 총회가 열렸다. 신도 수는 계속 늘어나고 일꾼이 부족하였다. 놀라운 속도로 부흥하는 가운데 메도디스트들은 심각한 문제에 부딪히게 되었는데, 안수 받은 메도디스트 성직자가 없기 때문에 세례를 줄 사람도 없고 성만찬을 베풀 사람도 없다는 것이었다. 더욱이 독립전쟁 때문에 영국 국교회의 성직자들마저 대부분 영국으로 귀국하여 성직자를 만나기란 하늘에 별 따기처럼 어려웠다. 그들은 존 웨슬리에게 안수 받은 성직자를 급히 보내달라고 호소하였다. 존 웨슬리는 즉시 런던의 감독에게 아메리카의 메도디스트들을 위하여 성직자를 파송해 줄 것을 세 번이나 간곡하게 요청했지만 모두 거절당하고 말았다. 존 웨슬리는 고민에 빠져 기도하며 성경과 이 문제에 관련된 서적을 연구하면서 이 문제에 하나님의 대답을 구하고 있었다. 그는 성경의 사도행전과 초대 교회의 전통을 깊이 살펴보고 로드 피터 킹(Lord Peter King)의 저서 「초대 교회에 관하여」(An Account of Early Christian Church)를 읽은 후에 신자들의 영적 유익과 교회의 번영을 위하여 불가피한 상황에서라면 감독이 아닌 목사도 성직 임명을 할 수 있다는 결론을 내렸다.

드디어 존 웨슬리는 역사적인 결단을 내렸다. 1784년 9월 1일 리처드 와트코트와 토마스 베이지를 집사목사로 안수하고 그 다음날 장로목사로 안수하였다. 이에 앞서 이미 국교회의 장로목사인 토마스 코크(T. Coke)를 감리사(superintendent)로 안수하였다. 존 웨슬리는 이미 국교회 성직자를 안수하고 평신도에게 안수하여 성직 임명을 하였으니 사실상 감독직을 수행한 것이라고 할 수 있다. 토마스 코크는 옥스퍼드 민법학 박사인데, 너무나 뜨거운 신앙을 가지고 열성적인 전도를 한다는 이유로 국교회로부터 소외당하여 교구를 맡지 못하고 순회 설교를 하다가 존 웨슬리와 협력하게 되었다. 존 웨슬리는 코크 박사를 감리사라는 직능으로 안수하였는데, 이 용어는 교회사적으로는 힙포의 아우구스티누스가 먼저 사용했다는 설이 있지만 근대 교회사상 존 웨슬리가 처음으로 사용한 용어다. 감리사라는 직능은 아메리카에 가서 평신도 설교자에게 성직 안수를 주라는 권한을 의미하는 것이었다. 이런 의미에서 감독의 직능과 같은 것이라고 할 수 있으나 존 웨슬리는 감독(bishop)이란 용어 대신 기술적이고 창의적인 용어를 사용한 것이다. 존 웨슬리의 의도는 영국 국교회의 타락하고 경건치 못한 권위주의적 감독의 이미지를 메도디즘에 적용하기 싫었던 것이며, 가만히 앉아서 교회를 명령하고 통치하는 교권주의적인 직능이 아니라 직접 복음전도의 일선에서 설교하고 목회자들을 훈련하고 신도회를 돌보는 실천적이고 헌신적인 직무라는 것을 의미하였던 것이다.

형님 존보다 더욱 고교회주의자였던 찰스는 존의 성직 안수를 반대하고 나섰으나 이미 존의 결심을 굽힐 수는 없었다. 존 웨슬리는 코크 박사에게 아메리카에 가서 애즈베리에게 성직 안수를 하고 공동으로 감리사직을 수행하도록 하였다. 존 웨슬리는 국교회의 39개 교리를 24개로 개정 축약하고 공동기도서를 메도디스트에게 맞게 개정 축약하여 코크의 손에 들려 보냈다. 코크 감리사는 아메리카에 가서 1784년 볼티모어에서 역사적인 크리스마스 총회를 열었다. 이 총회는 그 해 12월 24일에 시작하여 다음 해 1월 2일까지 열흘 동안이나 열렸다. 이 총회에서 아메리카 메도디스트 감독교회가 조직되어 탄생하였으며, 코크 감리사는 애즈베리를 첫째 날 집사목사로 둘째 날 장로목사로 셋째 날 감리사로 안수하였다. 그리고 존 웨슬리의 개정판 공동기도서와 24개 교리를 새로 탄생한 아메리카 메도디스트 교회의 예배서와 교리로 받아들이고 24개 교리에 미국 국가에 대한 신앙고백을 더하여 25개 교리를 만들었다. 그리고 존 웨슬리의 표준설교와 신약성서주해를 표준교리로 인정하였다. 이렇게 해서 코크와 애즈베리는 공동 감리사가 되었으니, 메도디스트 교회는 영국이 아니라 미국에서 먼저 탄생된 셈이다.

6) 그렇게도 감독이 되고 싶으냐?

애즈베리는 1745년에 영국 중부 버밍엄 근처 한즈워드(Handsworth) 교구에서 경건한 부모에게서 태어났다. 그의 부친은 정원사였고, 어머니는 복음적인 회심을 체험한 열심 있는 신앙인이었다. 어려서부터 영리하여 독서를 좋아하고 신앙심이 깊은 프란시스는 12세에 학교를 중단한 뒤 더 이상 학교 교육을 받지 못하고 철물제조공장(우리나라 옛날의 대장간과 같은 곳)의 견습공과 무역업자의 심부름꾼 생활을 하였다. 그러나 본래 종교적인 심성이 강한 그는 13세에 존 웨슬리의 최초의 설교자인 알렉산더 마터의 설교를 듣고서 회심을 경험하고 16세부터 설교하기 시작하여 21세에 존 웨슬리로부터 순회 설교자로 임명을 받았다. 1771년 26세에 아메리카에 선교사로 파송되어 1816년에 71세로 생애를 마칠 때까지 45년 동안 북아메리카의 복음화를 위하여 헌신하고 아메리카 메도디즘의 아버지로서 존경을 받았다. 그는 항상 독서에 열심이었고 독학으로 성경과 신학에 놀라운 지식을 쌓았으며, 히브리어 성서와 그리스어 성서를 줄줄 읽는 실력자가 되었다. 그는 금식을 너무나 많이 하고 지나친 금욕생활을 할 뿐 아니라 몸을 돌보지 않고 순회 전도에 열심이어서 늘 건강이 좋지 않았다.

그는 존 웨슬리만큼 경건하고 헌신적인 전도자로서, '미국의 존 웨슬리'라고 불렸다. 그는 북아메리카 전역을 말을 타고 수십 번이나 돌며 미국의 복음화에 자신의 생애를 불살랐던 복음의 사도였다. 45년 동안 16,500번 설교하였고 270,000마일(매년 6,000마일) 전도 여행을 하였고 224번이나 총회를 주관하였고 4,000명에게 성직 안수를 주었다. 사실상 그가 말을 타고 달린 거리는 일생 250,000마일을 달린 존 웨슬리보다 더 긴 거리다. 그는 존 웨슬리처럼 독신주의자였으며 1818년 죽을 때까지 약 50년 동안 독신으로 오로지 복음전도에만 전 생애를 바쳤다. 순회 설교자들이 결혼을 하면 가족을 돌보지 못하든지 아니면 전도생활을 못하든지 하는 문제가 있어서 당시 영국과 미국에는 독신으로 지내며 전도에 헌신한 설교자들이 많았다.

북아메리카에서 독립전쟁이 일어나 대부분의 영국 교회 목사들이 귀국하고 코크도 귀국하였지만 애즈베리는 미국의 시민권을 얻어 고향 땅을 다시 밟지 못하고 아메리카의 전도자로 생을 마쳤다. 북아메리카 메도디스트 교회의 부흥에 있어서 애즈베리의 공로는 말로 다 표현할 수 없을 정도로 위대하였다.

그는 말 그대로 아메리카 메도디스트 교회의 아버지였다. 코크는 귀국하여 존 웨슬리 사후에 영국 메도디스트 교회의 총무가 되어 일하다가 인도 선교사가 되었다. 그리고 여러 차례 대서양을 항해하면서 아시아 선교에 헌신하다가 1814년 스리랑카에 선교하러 가는 중에 배 안에서 생을 마쳤다.

앞에서 말한 대로 존 웨슬리가 코크와 애즈베리를 감리사로 임명한 것은 감독이란 명칭을 피하기 위해 기술적인 용어를 개발한 것이었다. 당시에 두 사람이 가진 감리사의 권한과 직무는 사실상 영국 국교회의 감독과 같은 것이었지만 메도디스트들은 감독이란 이름을 좋아하지 않았다. 1784년 크리스마스 총회에서 행한 설교에서 코크는 존 웨슬리의 의도를 설명하였다. "우리에게 감리사란 감독에 해당하는 것입니다. 우리의 감리사는 감독처럼 모든 일에 운영권한을 가집니다. 우리는 그 이름이 더 좋다고 생각합니다. 왜냐하면 오늘날 감독들은 마치 자기가 예수님이 된 것처럼 행세하며 양떼를 삼키고 사람들에게는 저주스런 존재들이고 그 이름만 들어도 지겹기 때문입니다." 코크는 계속해서 대부분의 감독들은 삯꾼 목자들이고 정치만 일삼는 교회의 백해무익한 존재들이라고 비판하면서 우리의 신앙의 아버지인 존 웨슬리가 감리사란 이름을 사용한 것이 얼마나 잘한 일이냐고 목소리를 높였다.

그렇지만 1785년 켄터키 주에는 두 감리사의 이름이 붙여진 콕스베리 대학(Cokesbury College)이 세워졌다. 2년 후 1787년 총회에서 애즈베리와 코크는 감리사란 명칭을 감독(bishop)으로 바꾸었고, 회의록에도 그렇게 기록하였다. 그리고 자신들의 교회를 아메리카 감독교회(Methodist Episcopal Church of America)라고 명명하였다. 존 웨슬리는 이 사실을 알고 몹시 불쾌해하고 극도로 마음이 상했다. 존 웨슬리는 화가 많이 나서 즉시 애즈베리에게 편지하여 감독이란 칭호를 취소하고 다시 감리사의 명칭을 회복하라고 명하였지만 통신수단이 열악했던 시대라 편지는 몹시 늦게 전달되었으며, 이미 탄생한 아메리카의 감독교회는 자기의 길을 가고 있었다. 1788년 9월에 애즈베리에게 보낸 편지에는 존 웨슬리의 분노와 슬픈 심정이 솔직하게 표현되어 있다.

> "나의 친애하는 형제들이여, 나는 당신들이 나와 다른 길을 가고 있는 것이 몹시 걱정스럽습니다. 나는 작게 되고자 애쓰고 당신들은 크게 되고자 애쓰는군요. 나는 기어 다니는데 당신들은 활보합니다. 나는 학교(school)를 세웠는데 당신들은 대학 (college)을 세웠군요. 그것도 당신들의 이름을 붙였다지요. 못할 일을 했군요. 오, 조심하시오. 제발 엉뚱한 것을 구하지 마시오. 나는 아무것도 아니게 하고 그리스도가 모든 것의 모든 것이 되게 하시오.(Let me be nothing, and Christ be all in all!) … 어떻게 당신들이 자신을 감독이라고 부를 수 있습니까? 그렇게도 감독이 되고 싶습니까? 나는 생각만 해도 몸서리쳐집니다. 나는 사람들이 나를 무뢰한, 바보, 불량배, 악당이라고 부른다 해도 만족합니다. 내가 비록 허락한다 해도 결코 사람들이 나를 감독이라고 부르는 일은 생기지 않을 것입니다. 하나님을 위하여, 그리스도를 위하여, 그리고 나를 생각해서라도 제발 그것을 없던 일로 하십시오. 다른 교회들은 감독이라고 부르도록 내버려 두고 우리는 더 좋은 이름을 부르게 합시다."[67]

존 웨슬리는 그것이 애즈베리의 의도보다는 코크의 의도였다고 생각한 것 같다. 그리고 다른 사람들도 코크의 야심과 교만을 의심하였으며, 찰스는 코크와 애즈베리가 자기 형님이 늙었다고 해서 무시하고 그렇게 했다고 하면서 두 사람의 오만함을 통렬하게 비난하였다. 찰스는 이 사건에 대하여 시를 지어 슬픔을 표현하였다.

> "그렇게 쉽게 감독을 만들다니
> 남자의 변덕인가 여자의 변덕인가?
> 존 웨슬리가 코크에게 손을 얹었다니
> 그렇다면 그에게는 누가 손을 얹었는가?

존 웨슬리 자신과 그의 친구들이 배신하다니

그들의 좋은 상식을 다 버리고

갑자기 손을 얹었다니

코크의 뜨거운 머리 위에

어떤 로마의 황제가

자기 사랑하던 말을 집정관으로 삼았다지

그런데 코크도 그런 짓을 저질렀다지

당나귀가 감독이 되어버렸구먼."[68]

    찰스는 본래 존보다 더 충성된 고교회주의자여서 존의 성직 안수를 적극 반대하였다. 위의 시에서도 형님의 성직 안수에 불만이 강하게 드러났다. 그러나 찰스의 반대에도 불구하고 존의 성직 안수는 불가피한 조치였다. 존 웨슬리는 이후로도 계속 성직 안수를 하여 죽기까지 총 28명의 목사를 만들었다. 성직 안수는 곧 영국 교회로부터 분리를 의미하는 것이라고 생각했기 때문에 찰스가 반대하였는데, 사실상 성직 안수는 곧 분리였다(Ordination is separation). 1970년대부터 세 차례나 시도되었던 영국 감리교회와 영국 국교회의 통합은 국교회 주교들의 반대로 무산되었는데, 이유는 감리교회의 성직 안수는 불법이므로 인정할 수 없다는 것이었다. 그러므로 국교회 주교들은 통합을 이루기 위한 전제 조건으로 모든 영국 감리교회의 목사들이 캔터베리 대주교로부터 다시 성직 안수를 받아야 한다고 주장하였다.

    존 웨슬리 형제의 분노와 책망을 들은 애즈베리와 코크는 존 웨슬리의 권력 행사에 조금은 불만스런 표현도 하고 죄송한 마음도 있어서 잠시 동안 괴로워했다. 그래서인지 1789년 총회에서는 "유럽과 아메리카의 메도디스트 교회의 감독은 누구인가? 그들은 우리의 존경하는 아버지 존 웨슬리와 토마스 코크와 프란시스 애즈베리이다."라고 선언하였다. 존 웨슬리는 자기도 모르는 사이에 아메리카에서 감독이 된 것이다. 역사가들은 이러한 코크와 애즈베리의 행동은 존 웨슬리에 대한 모욕이었다고 말하였다. 존 웨슬리는 교회의 성직제도와 그런 규정을 비판하기보다는 그들의 교만해진 모습과 감독의 명예와 권력을 탐하는 것에 대하여 슬퍼하고 그들이 처음의 겸손한 모습을 되찾을 것을 바랐다. 그렇지만 그 당시에 아메리카의 상황과 정서는 영국과 많이 다르기 때문에 사실상 영국과 존 웨슬리로부터 독립해서 그들의 상황과 사정에 맞는 길로 발전하고 있었던 것이다. 아마도 그들은 메도디스트 감독이 필요하다고 생각했는지도 모른다. 실제로 아메리카 감리교회는 감독교회가 되어 감독의 강력한 지도력과 엄격하고 책임적인 체제 아래서 목회자를 철저히 교육하고 신자들을 훈련하여 그토록 넓은 땅에서 위대한 부흥을 이룰 수 있었다.

7. 행복한 황혼 – 말년의 세월과 작별(1788~1791)

1) 존 웨슬리의 건강 비결

존 웨슬리는 88세까지 일생 건강하게 장수하였다. 그가 건강하였기에 역사상 예를 찾아보기 어려울 정도로 혼자서 그렇게 많은 일을 할 수 있었던 것이다. 존 웨슬리도 험난한 전도 여행에 지쳐서 여러 번 감기와 몸살을 앓으며 때로는 고열에 생명이 위험한 적도 있었다. 또한 여행 도중 말이 넘어지거나 마차가 굴러 가벼운 부상을 당하기도 하였고, 말에서 떨어지기도 하였다. 80세가 되었을 때에 켈소에 갔다가, 계단에서 미끄러져 열일곱 계단을 굴러 떨어졌다. 그는 돌계단 모서리에 세 번이나 머리를 세게 부딪쳤다. 그런데 참으로 기적 같은 일이었다. 그는 마치 포근한 방석에 부딪히는 느낌을 받았을 뿐 전혀 아무데도 상하지 않고 다만 손등에 살갗이 벗겨졌을 뿐이었다. 존 웨슬리는 이때 하나님께서 천사를 보내셔서 보호하셨다고 믿고 감사를 드렸다. 81세 때에는 스코틀랜드의 인버네스에서 마차가 고장나 폭우 속에서 30리 길을 걸어서 갔는데 아무런 피로를 느끼지 않았으며, 그날 약속 장소에서 설교를 하고 큰 은혜가 임하는 것을 보고 기뻐했다. 1760년에 그는 동생에게 여러 번 죽을 고비를 넘겼으며, 기적적으로 병에서 회복된 것이 열 번도 넘는다고 말했다.

1753년에는 너무나 아파서 죽는 줄 알고 자신의 묘비문까지 써놓기도 하였다. 1775년에는 아일랜드에서 심한 열병을 앓아서 거의 죽게 되었다. 이때 아일랜드 신자들이 존 웨슬리를 빙 둘러 앉아 하나님께 히스기야 왕처럼 15년만 더 살게 해달라고 간절히 기도하였는데, 갑자기 한 사람이 벌떡 일어나서 '우리의 기도가 응답되었다!' 고 소리쳤으며, 존 웨슬리는 병에서 완전히 회복되었다.[69] 존 웨슬리는 이와 같이 위험한 고비를 수없이 겪으면서도 상하지 않고 건강한 몸을 지킬 수 있었다. 물론 그도 질병을 앓았다. 그의 어머니가 팔다리에 통풍병(gout; 수류)으로 고생하다가 죽었는데, 존 웨슬리도 그 병을 물려받았다. 그는 61세 때에 수술을 받기도 했다. 그리고 87세부터 당뇨병을 앓았다.[70]

존 웨슬리는 85세 생일(6월 28일)을 맞이했을 때에 지금까지 받은 하나님의 은혜에 감사하면서 특별히 건강의 복에 감사하였다. 그는 시력이 조금 감퇴하고 눈이 좀 어두워지고 류머티즘으로 어깨와 팔이 좀 아팠지만 책 읽은 것은 똑똑히 기억하였고 청각, 미각, 후각, 기호도 전혀 변함이 없었다. 여행이나 설교할 때에 피로를 느끼지 않았고 글을 쓰는 데도 어려움이 없었다. 그는 자기가 지금까지 건강하게 살 수 있었던 비결을 정리하였다. 첫째는 인생길에서 나를 보호하시고 나에게 맡겨주신 일을 감당케 하시는 하나님의 능력이다. 둘째는 기도생활 덕분이다. 기도는 가장 오래고 영원한 의약이다. 셋째는 모든 불행에 특효약인 하나님의 사랑이다. 하나님의 사랑으로부터 오는 기쁨과 평안함이 건강과 장수의 비결이다.

그는 이어서 구체적인 건강한 생활의 비결을 소개하였다. 첫째로 항상 신선한 공기를 마시는 것이다. 둘째로 부드럽고 가벼운 음식으로 소식하는 것이다. 그는 1740년부터 의사의 조언에 따라서 채식을 주로 하였고 또한 조지아 가기 전까지는 포도주를 즐겼다가 중단하였다. 그러나 포도주를 마시는 것이 건강에 유익하다는 주치의 화이트헤드의 조언을 받아들여 많이는 아니지만 식사에 포도주를 곁들여 마셨다.[71] 셋째로 깨끗하고 맑은 물을 마시는 것이다. 넷째로 매일 적절한 운동을 한다. 걷는 것은 가장 좋은 운동이다. 다섯째로 모든 괴로운 일들은 전적으로 하나님께 맡겨버리고 근심과 걱정을 하지 않는다. 여섯째로 일찍 자고 일찍 일어난다. 존 웨슬리는 일생 잠 잘 자는 사람(good sleeper)이었다. 그는 어디서든지 잠 잘 시간이 되어 자리에 누우면 곧장 깊이 잠들었다. 세상에 무슨 일이 있어도 하나님의 은혜 안에 평안하게 단잠을 자는 것이 존 웨슬리의 건강 비결이었다. 일찍 자고 일찍 일어나는 것은 건강에 필수적인 경건의 습관이다. 그는 66년 동안 매일 아침 4시에 기상했고 56년 동안 매일 아침 5시에 설교하였다. 일곱째로 설교는 건강에 아주 좋은 운동이었다. 특별히 새벽설교는 건강에 명약이라고 말했다. 그는 어떤 평신도 설교자에게 "설교는 나에게 건강이며 약이며 음식이다. 왜 너에게는 아니랴. 너도 가서 하라!"고 명한 적이 있다. 여덟째로 그는 남의 잘못에 대해 용서를 빨리 하였다. 그는 남의 잘못을 결코 오래 기억하지 않고 하나님의 사랑으로 용서하는 습관을 가졌다. 아홉째로 여행은 건강에 무엇보다 좋은 비결이었다.

그는 이렇게 건강의 축복에 감사하면서 찬송을 불렀다.[72]

"내 생의 남은 날들을 주님을 찬양하며 지내리
온 세상 인류 위하여 죽으시고 구원하시는 주님 위하여
얼마나 남았든지 내 생의 남은 날들은 주님의 것이라

하루하루 걷는 나의 길을 주님께 바치리라."

2) 나만 홀로 남았구나! – 찰스 웨슬리의 죽음과 말년의 고독

찰스는 1707년에 태어나 1788년 3월 29일, 81세의 나이로 죽었다. 찰스가
죽었다는 소식은 속달편지의 주소가 잘못 적혀져서 존에게 너무나 늦게 도착
하였다. 그래서 존은 동생이 죽은 사실을 장례식 하루 전에 알아 동생의 장례
식에 가지도 못했다. 북부 공장지대의 마클스필드에서 야외 설교 도중 동생의
부음을 들은 그는 설교를 듣던 교인들과 함께 찰스의 찬송을 불렀다.

"오라, 위에 있는 친구들을 바라보라.
하늘의 상을 얻은 그들과 연합하자."

찰스는 존보다 더욱 국교회에 충성하려고 노력하였다. 그래서 1778년에 런
던 파운더리 예배당 자리에 신축 봉헌한 시티로드 예배당의 묘지는 국교회에
의하여 성별되지 않은 곳이라면서 거기에 묻히기를 반대하고 국교회의 교구
묘지에 묻히기를 원했다. 그는 자기기 살던 집 가까운 메릴본(Marylebon) 교구
묘지에 묻혔다.

존 웨슬리는 엡웟 가족 중에서 가장 장수하였으며, 누이동생 마르다를 빼놓
고는 가장 오래 살아남아 부모의 죽음, 형제자매의 죽음과 집을 나간 아내의
죽음을 보았다. 그리고 동료 횟필드의 죽음과 사랑하는 제자 존 플레처의 죽
음을 경험하고 수많은 친구들과 동역자들의 죽음을 보아왔다. 존 웨슬리는 다
른 형제들이나 친구들에 비하여 감정의 동요가 없는 성격의 소유자였는데, 동
생 찰스가 죽었을 때에는 달랐다. 찰스가 죽은 지 이주 후에 존은 볼톤의 신도
회에서 설교하다가 교인들에게 찰스의 유명한 찬송 "씨름하는 야곱"(wrestling

Jacob)을 부르자고 제안하였다. 교인들과 함께 찬송을 부르던 존은 다음의 대목에서 기어이 울음을 터뜨리고 말았다.

"나의 친구들은 다 가고,
이제 나만 홀로 남았구나,
주님과 함께 나 홀로 여기 있네."

존 웨슬리는 강대상 앞에 주저앉아서 한없이 눈물을 흘렸다. 그는 두 손으로 얼굴을 가리고 몸을 가누지 못하였다. 찬송을 부르던 교인들도 늙은 사도와 함께 흐느껴 울었다. 한참 후에야 존 웨슬리는 가까스로 정신을 차리고 예배를 이어갔다.[73] 북쪽에서 내려오는 길에 그는 미망인이 된 제수 사라와 아빠 잃은 조카들을 보러 런던으로 왔다. 찰스는 존에게 아주 특별한 형제였다. 존보다 네 살 아래인 찰스는 어려서 엡윗에서 함께 자랐고 옥스퍼드 대학에서 함께 공부하고 함께 메도디스트 운동을 일으키고 조지아에 함께 선교사로 가서 숱한 고생을 하고 그 후 일평생 부흥운동의 가장 좋은 동역자로 살아왔다. 찰스는 일생 존과 함께 같은 길을 걸었으며, 찰스가 없었다면 존도 없었을 정도로 찰스는 존의 인생에 가장 중요한 친구였다. 특별히 부흥운동에서 찰스의 찬송이 없었다면 존의 신학과 설교가 결코 그만한 열매를 거두지 못했을 것이다. 존 웨슬리는 지금까지 살면서 이만큼 마음이 슬프고 약해진 적이 없었다. 그 누구의 죽음에도 이만큼 눈물을 흘린 적이 없었다.

존 웨슬리는 이전에도 찰스의 가족을 자신의 친 가족으로 대하였는데, 이제 동생이 떠났으므로 더욱 동생의 가족에게 모든 사랑을 다 쏟았다. 그는 제수 사라의 건강이 너무 약해진 것을 보고서 조용한 곳에 가서 쉬도록 도와주었다. 그리고 자식이 없는 존은 조카들(사라, 존, 사무엘)을 마치 자기의 친 자녀처럼 여기면서 그들의 장래를 위해서 모든 힘을 다하여 도왔다. 그들은 잘 커서 찰스는 오르가니스트가 되었고 사무엘은 교회음악 작곡가와 바이올린 연주자가 되었고 사라는 시인이 되었다. 특별히 조카 사무엘의 아들은 교회음악사에 유명한 오르가니스트와 오르간 음악 작곡자가 되었다. 그가 바로 사무엘 세바스찬 웨슬리(1810~1876; 찰스 웨슬리의 손자)다. 요즘도 교회에서 연주되는 오르간 음악에서 세바스찬 웨슬리의 음악을 종종 들을 수 있으며, 우리나라 통일찬송가 242장 "교회의 참된 터는 우리 주 예수라"가 바로 그가 작곡한 곡이다.

3) 88세까지 여행하고 설교하며 행복한 존 웨슬리

존 웨슬리는 위대한 여행가였다. 그는 영국 본토(잉글랜드와 스코틀랜드와 웨일즈)와 아일랜드, 그리고 영국의 모든 섬을 여행하였다. 그는 전도 여행과 신도회를 돌보면서 아름다운 자연 경관을 최대한 즐겼다. 만일 그 당시에도 오늘날처럼 교통수단이 좋았다면 존 웨슬리는 분명히 전 세계를 여행하면서 선교를 하였을 것이다. 그는 80세(1783년)와 83세(1786년)에 고령의 나이에도 두 번씩이나 네덜란드에서 그의 일생에 가장 유쾌하고도 여유 있는 여행을 하였다. 네덜란드에 사는 영국 친구들과 영국인 교회의 초대를 받았던 것이다. 영국과 가까운 네덜란드 도시에는 잉글랜드인 교회도 있었고 스코틀랜드인 교회도 있었다. 말년에는 영국 안에서만 아니라 해외에서도 그의 부흥운동의 위대한 효력이 잘 알려져서 존 웨슬리는 존경을 받고 있었다. 그는 유럽대륙 교회들의 초청을 받기도 하고 그런 교회의 목사들과 친밀한 교제를 갖고 있었다.

그는 배에서 내려서 로텔담 시를 향해 여행하면서 네덜란드의 바다와 운하, 그리고 깨끗하고 잘 정리된 건물과 교회당들과 집들을 보면서 영국에서 이만큼 아름다운 곳은 에딘버러밖에 없을 것이라고 생각했다. 그는 특별히 나라 전체를 화려하고 아름답게 수놓은 꽃들을 보고 깊은 인상을 받았다. 또 네덜란드의 대성당을 돌아보면서 건축미와 파이프 오르간의 모양과 소리에 매혹

되었다.

존 웨슬리는 헤이그로 이동하면서 네덜란드의 전원을 보고 마음에 한없는 평화를 느꼈고 아름다운 정원을 보고 즐거워하였다. 그는 경건한 네덜란드 신자의 집에 초대를 받았는데, 온 가족이 얼마나 신앙심 깊고 사랑과 기쁨이 넘치는 생활을 하는지 이 가정이야말로 땅 위의 작은 천국 같았다. 존 웨슬리가 그 가족을 위해서 짧은 설교를 하고 기도해 주자 그들은 눈물을 흘렸으며, 고령의 사도 존 웨슬리에게 감사하면서 작별을 아쉬워했다.

그는 계속해서 라이덴과 암스테르담으로 여행하였다. 존 웨슬리 일행은 배를 타고 가는 중에 바다와 해안선을 따라 이어진 아름다운 숲과 전원을 바라보면서 배 안에서 찬송을 부르기 시작하였다. 그런데 승객들이 하나 둘씩 따라서 부르더니 헤어질 때는 존 웨슬리 일행에게 다가와서 메도디스트 찬송에 대하여 칭찬을 아끼지 않았다. 그는 암스테르담을 떠나 여러 시골 마을들을 거쳐서 유트레히트에 갔다. 그는 가는 곳마다 네덜란드의 음식을 즐겼지만 특히 과일과 네덜란드의 농장에서 만든 오래된 포도주를 즐겼다. 그는 아주 상쾌한 마음으로 약 한 달간의 여행을 마치고 마차를 타고서 로텔담으로 가서 영국행 배를 탔다. 여행 내내 존 웨슬리는 가는 곳마다 많은 사람들과의 교제와 자연경치와 음식과 설교를 마음껏 즐겼다.

존 웨슬리는 네덜란드를 여행한 다음 해인 1787년(84세)에 아일랜드를 방문하여 마차를 타고서 진청색의 바다를 바라보기도 하고 녹색의 초원을 달리면서 그 평화로움에 젖어 보았다. 그리고 그는 아일랜드 사람들의 오랜 억압과 슬픔이 속히 끝나고 그들이 그 바다와 초원처럼 평화롭기를 기도하였다. 같은 해 여름에 존 웨슬리는 영국과 프랑스 사이의 저지와 건지 섬에서 한 달간 설교하고 신도회를 방문하면서 지냈다. 그 곳 섬사람들은 너무나 순박하고 친절하였으며, 존 웨슬리의 설교 집회마다 온 마을 사람들이 거의 다 모였다. 그는 그 아름다운 섬들에서 전도의 열매도 많이 거두고 심신이 쉬는 행복한 시간을 보냈다.

다음 해(1788년)에 그는 동생 찰스를 하늘나라로 떠나보내고 가장 심한 고독을 느꼈던 것 같다. 동생이 간 지 일 년 후인 1789년, 그는 마지막으로 아일랜드를 방문하여 그곳의 메도디스트들과 함께 사랑과 기쁨의 교제를 가졌다. 작별의 시간에 아일랜드 메도디스트들과 존 웨슬리는 마지막 만남을 슬퍼하면서 부둣가에서 서로 부둥켜 안고 소리 내어 울고 말았다.

아일랜드에서 돌아온 존 웨슬리는 영국의 땅 끝이라 불리는 콘월을 방문하였다. 그는 40년 전에 팔마우스에서 설교하다가 사자같이 으르렁대고 물어뜯는 폭도들에게 죄수처럼 잡혀 있었던 일을 생각하면서 콘월의 여러 곳을 둘러보았다. 존 웨슬리는 그때와 달리 콘월 사람들의 언행과 사회생활이 성화된 것을 보고 감사로 가슴이 벅차오르는 것을 느꼈다. 존 웨슬리가 지날 때에 수많은 사람들이 거리 양쪽에서 줄을 지어 마치 왕의 행렬을 맞이하듯이 사랑과 존경과 친절로서 환영하였다. 존 웨슬리는 콘월에서 가장 즐겨 사용하던 설교 장소인 궤납 피트(궤납 광산 웅덩이)를 다시 찾았다. 벌써 약 25,000명이나 되는 사람들이 모여 있었다. 그는 궤납에서 설교하고 다시 바닷가 동네를 차례로 다니면서 설교하였다. 이것이 그의 마지막 콘월 설교 여행이었다.

그는 콘월에서 브리스톨을 들러서 런던으로 돌아와 신도회를 돌보고 설교하다가 1790년 3월 초에 다시 북부 공장지대로 설교 여행을 떠났다. 링컨, 요크, 돈카스터를 중심으로 다니다가 오랜만에 고향 엡윗에 와서 시장터에서 설교하는데, 설교를 들으려는 사람들이 앉고 설 자리도 없을 정도로 많이 모여들었다. 엡윗에서 이런 모습은 처음 보는 것이었다. 같은 해 11월 존 웨슬리는 중부 콜체스터 지방을 방문하였다. 그곳에서 존 웨슬리를 존경하는 사람들은 존 웨슬리를 보자 찰스의 찬송을 감격스럽게 불렀다. 이때 존 웨슬리는 "당신들의 찬송소리를 듣는 것이 내게는 너무나 큰 기쁨입니다. 당신들은 찬송 가사 한 줄도 잊지 않았군요. 당신들이 언제나 찬송을 잘 부른다면 다른 모든 일들도 잘 하게 될 것입니다."라고 말했다. 사람들은 존 웨슬리의 이 말에 큰 소리로 "아멘! 할렐루야!"라고 화답하였다. 여전히 영국 국교회 성직자들은 존 웨슬리를 핍박하였지만 수많은 평신도들과 일반 대중은 시간이 갈수록 존 웨슬리를 존경하고 따랐던 것이다.

존 웨슬리는 생애 마지막 야외 설교를 1790년 10월 7일 윈첼시아에서 하였는데, 그는 힘이 없어서 동네 재나무 그루터기에 앉아서 설교하였으며, 온 동네 사람들이 다 모여 사도의 마지막 설교를 경청하였다. 그의 설교를 들은 수많은 사람들이 성령의 감동을 크게 받아 눈물을 터뜨렸다. 그는 생애 마지막으로 방문한 이곳에서도 평소와 같은 작별인사를 남겼다. "나의 자녀들이여, 서로 사랑하십시오."

말년의 존 웨슬리는 가는 곳마다 눈물어린 환영과 정성어린 대접과 뜨거운 존경을 받았다. 메도디스트들만이 아니라 일반 대중도 이 역사적인 인물의 설교를 조금이라도 더 듣고 위대한 사도의 얼굴을 한 번이라도 더 보려고 하였다. 말년에 존 웨슬리의 음성은 연약하고 떨렸으므로, 사람들은 그 음성을 듣기 위해서 숨을 죽여야만 했다. 어디든지 존 웨슬리가 나타나면 사람들은 이 역사적인 인물을 볼 수 있는 마지막 기회를 놓치지 않으려고 했으며, 그를 본 사람들은 거룩한 사도의 존경스런 모습, 특히 야위고 주름 많지만 환하게 빛나는 얼굴과 바람에 휘날리는 길고 하얀 머리카락과 한없이 따뜻하고 부드러운 모습을 평생토록 간직하였다.

존 웨슬리는 87세 생일을 맞이하여 자신의 몸이 다 쇠하고 끝나가는 느낌을 서글프게 고백하였다. "나는 이제 늙었다. 머리부터 발끝까지 쇠퇴하였다. 눈은 어둡고 손이 떨리고 입은 뜨겁고 침이 마른다. 매일 온 몸에 열이 나고 움직이기도 힘들고 더디다. 그러나 나는 내 일을 게을리 하지 않는다. 나는 아직도 글을 쓰고 설교할 수 있다. 하나님 나를 도우소서." 헨리 무어는 존 웨슬리가 그때까지도 매일 새벽 4시에 기상하고 자신의 일과를 정확한 규칙에 따라서 수행하고 있음에 놀랐다고 했다. 그리고 그것은 그의 늙고 쇠약한 몸에 대한 의지와 정신의 승리였다고 말했다.

1790년 생애 마지막 총회에 참석한 존 웨슬리는 분명한 목소리로 말하고 찬송을 불렀다. 총회에 참석한 그의 신앙의 아들딸들은 세상에서 자기들의 영적 아버지의 목소리를 듣는 것이 마지막이라는 것을 알고 있었기에 그의 모습을 마음속에 영원히 새기고 싶었으며, 그의 말 한마디도 놓치지 않으려고 애썼다. 1790년 여름에 존 웨슬리는 회계장부 기록을 마감하고 남은 돈과 모든 소유를 필요한 사람들에게 다 나누어주면서 "나는 할 수 있는 한 많이 저축하였고 할 수 있는 한 많이 주면서 살아왔기에 만족하고 행복하다."라고 말하였다. 그는 가난한 사람들에게 한 푼이라고 더 주기 위해서 차 마시는 것도 끊었다. 그리고 "이렇게 하는 것이 내가 나의 죽음을 준비하는 일이요 메도디스트의 거룩한 죽음(holy dying)"이라고 고백하였다. 말년의 존 웨슬리가 가장 많이 반복한 기도는 "주여, 나로 쓸모없는 사람이 되지 않게 하소서."(Lord, let me not to be useless!)였다.

그는 윈첼시아에서 런던으로 돌아왔다가 2월 17일 람베트에서 설교하고, 다음날 첼시에서 설교하고, 죽기 10일 전에 런던 시티로드 예배당에서 마지막 설교하고, 죽기 9일 전 레터헤드의 한 신자의 집에서 생애 최후의 설교를 하였다. 그리고 그는 죽기 8일 전에 윌리엄 윌버포스에게 생애 마지막 편지를 썼다. 그는 윌버포스에게 사명감을 가지고 이 땅에서 노예매매를 종식시키라고 촉구하였다.

그는 지난 50여 년 동안 평균 1년에 800번씩 총 40,000번의 설교를 하였다. 그는 복음전도의 열정과 여행의 즐거움으로 일생을 행복하게 살았다. 그가 가르친 대로 성결은 하나님 안에서 행복한 삶을 사는 것(Holiness is happiness)이었다. 일찍이 존 웨슬리는 "기독교는 행복이다."(Christianity is happiness.)라고 가르쳤는데, 그는 자신의 신학을 자신의 전 생애를 통해 실천하였다. 이런 사실은 누구든지 그의 일기를 읽어보면 쉽게 알 수 있을 것이다.

4) 세상에서 가장 좋은 것은?

존 웨슬리는 종종 메도디스트들이 죽음을 맞이하는 방식을 자랑스럽게 말하곤 하였다. 존 웨슬리는 평소에 거룩한 삶과 거룩한 죽음에 대하여 기회 있을 때마다 자신이 먼저 본을 보였으며 신자들에게 진지하게 가르쳤다. 존 웨슬리의 죽음의 모습에 대하여는 그의 간호사 역할을 하며 마지막 순간까지 그의 곁을 지켰던 엘리자베스 리치(E. Ritchie)에 의하여 자세히 기록되고 전해져 온다. 그녀는 존 웨슬리의 오랜 친구이며 서신왕래자였는데, 말년의 존 웨슬리를 돌보며 헌신적으로 봉사하였다.

1791년 2월 25일 금요일, 존 웨슬리는 사람들의 부축을 받아 시티로드 목사관 의자에 앉았다. 홀로 있기를 원한 그는 사람들을 모두 나가게 하고 잠시 동안 기도하였다. 그리고 곧 도움을 요청하였다. 그는 침대에 눕혀졌다. 고열이 나고 맥박이 너무나 빨리 뛰고 있었다. 사람들은 주치의 화이트헤드 박사를 불렀다. 그는 존 웨슬리의 오랜 친구였다. 런던에 있는 존 웨슬리의 설교자들에게 "존 웨슬리가 위독하다. 기도하라. 기도하라. 기도하라."는 메시지가 급히 전달되었다. 토요일을 평온하게 지내고 27일 주일을 맞았다. 그는 차를 마시고 좀 기운을 차렸다. 그의 얼굴은 기쁨으로 가득해 보였고 같은 찬송을 반복하여 불렀다.

> "이 내 몸이 흙 위에 누울 때까지
> 주여 당신의 종을 지켜주소서.
> 당신의 자비로 내 생명의 끝 날에
> 승리의 면류관을 쓰게 하소서."

존 웨슬리는 더 이상 말을 잘 이어가지 못했다. 그는 다시 기운을 내어 무슨 말을 하려고 하였다. 8년 전, 브리스톨에서 병이 나서 죽을 것이라는 생각이 들었을 때에 고백했던 말을 다시 하려고 입술을 움직이고 있었다. 그가 8년 전에 한 말은 이와 같은 것이다.

"나와 죽음 사이는 불과 몇 발자국밖에는 남지 않았는데, 구원받기 위해서 내가 신뢰할 것은 무엇인가? 내가 나의 구원을 위해서 한 일은 아무것도 없다. 나는 이 말 외에는 외칠 말이 없다. 나는 죄인 중에 가장 큰 죄인인데, 예수 나를 위해 죽으셨도다."

존 웨슬리는 그때 자신이 고백했던 말을 반복하였다.

"나는 죄인 중에 가장 큰 죄인이요, 예수 나를 위해 죽으셨도다."
(I, the chief of sinners, am. But Jesus died for me.)

존 웨슬리는 조용히 눈을 감고 기도하더니 다시 같은 말을 온 힘을 다하여 외쳤다.

"나는 죄인 중에 가장 큰 죄인이요.
예수 나를 위하여 죽으셨도다."

그는 잠깐 동안 편안하게 잠을 자고 깨어난 후에 둘러앉은 사람들의 귀에 분명한 목소리로 이렇게 말하였다.

"예수의 피가 아니면 가장 거룩한 곳에 들어가는 길이 없다."
(There is no way into the holiest but by the blood of Jesus.)

존 웨슬리는 3월 1일 화요일에 "많이 아프십니까?"라는 질문에 "아니오."라고 대답하고 마지막 힘을 다하여 찬송을 불렀다.

"모든 영광을 하나님께 돌리라. 그러면 땅 위에 평화가 오리로다."

존 웨슬리는 이 찬송의 두 구절을 여러 번 반복하여 부르더니 "나는 쓰고 싶다."라고 하였다. 베시 리치가 펜을 손에 쥐어주었지만 그는 펜을 쥘 수가 없었다. 베시가 "제가 대신 쓰겠습니다. 말씀하십시오."라고 말하자, 그는 "아무것도 없습니다. 하나님이 우리와 함께 계시는 것밖에는…"이라고 말하고는 더 이상 말을 잇지 못하였다. 그리고는 마지막 힘을 다해서 아이작 왓츠의 찬송을 불렀다.

"나는 내가 숨 쉬는 동안 나의 창조주 하나님을 찬송하리라.
비록 내가 죽어 내 목소리가 힘을 잃을 때라도
나의 찬양은 더욱 더 높이 울려 퍼지리라.
내 숨이 멎고 기억이 꺼져가도 나의 찬양은 영원하리라."

이제 존 웨슬리는 더 이상 설교할 수 없고, 글을 읽을 수 없고, 쓸 수 없고, 생각할 수도 없고, 기도할 수 없게 되었지만, 아직 찬양만은 할 수 있었다. 이것은 존 웨슬리의 마지막 노래(swan song)였다. 그는 이 찬송을 마지막 숨이 다할 때까지 부르려고 하였다. 그러나 그의 목소리는 더 이상 노래를 이어가지 못하였다. 그는 "이제 우리는 모든 것을 다 하였습니다. 이제는 작별합시다."라고 말하고 다음의 말을 두 번 외쳤다.

"세상에서 제일 좋은 것은 하나님이 우리와 함께 계시는 것이다."

(The best of all is, God is with us.)

존 웨슬리의 이 마지막 유언은 "일평생 하나님과 함께 가장 좋은 삶, 즉 가장 행복한 삶을 살았다."는 선언이었다. 이제 존 웨슬리는 숨이 가빠서 아무 말도 할 수 없는데, 아직도 아이작 왓츠의 찬송의 첫줄 "나는 내가 숨 쉬는 동안 나의 창조주 하나님을 찬양하리라."를 최후의 순간까지 부르고 있었다. 1791년 3월 2일 수요일 아침 10시에 존 웨슬리는 "안녕"(farewell)이라는 작별 인사를 남기고 가장 거룩한 곳 주님의 집에 들어갔다.

메도디스트들은 존 웨슬리가 이 땅의 순례를 마치는 모습에서 존 웨슬리 자신이 가르친 '거룩한 삶과 거룩한 죽음의 예술'(the art of holy living and holy dying)의 표본을 보았다. 존 웨슬리가 죽었을 때 영국에는 메도디스트 신도회에 등록되고 활동하는 신자수가 약 80,000명에 294명의 평신도 설교자가 있었고, 아메리카에는 약 50,000명의 신자와 217명의 평신도 설교자가 있었다. 보다 실제적으로는 영국에서 메도디스트 신도회의 활동을 하지 않고 영국 국교회에 계속 소속하면서 또는 아무 교회에도 소속하지 않은 존 웨슬리의 추종자들이 두 배에서 최고 다섯 배까지 있었다고 추측되었다. 그리고 메도디스트 주일학교와 주간학교에 있었던 메도디스트 어린이 숫자는 약 100,000명까지 되었다.

존 웨슬리와 그의 부흥운동이 미친 사회적 영향력은 신자수보다도 훨씬 위대한 것이었다. 그의 영향력은 영국의 교회를 개혁하고 사회를 성화하고 민족을 구원한 것이다. 그는 영국인의 마음과 생활을 개혁하고 그들의 생활방식과 도덕을 개혁하여 피의 혁명에서 구원하였다. 그는 피 흘리는 혁명의 위기에 처한 영국을 복음과 사랑의 혁명을 일으켜 피 흘리지 않는 혁명으로써 구원하였다. 그리고 그의 성서적 성결을 전파하는 거룩한 혁명은 영국을 넘어 온 세계로 퍼졌으며, 앞으로도 그럴 것이다.

5) 사랑하는 사람들의 눈물만으로 족하다

그의 장례식은 죽은 지 7일 뒤인 1791년 3월 9일에 치러졌다. 너무 많은 사람들이 모이는 것을 피하기 위해서 새벽 5시에 장례식이 열렸는데도, 수많은 사람들이 몰려왔다. 장례식장은 눈물바다가 되었다. 존 웨슬리는 죽기 전에 자신의 유언장에 장례식 규정을 적어 놓았다. 그래서 그의 유언대로 웨슬리의 시신은 값싼 모직으로 싸여졌고 평소에 그의 사랑을 많이 받았던 가난한 사람들 여섯 명에 의해 운반되었다. 그리고 그들의 수고비로 한 사람당 1파운드씩의 돈을 남겨 놓았다.

> "나는 영구차나 마차나 가문의 문장이 새겨진 방패나 어떤 종류의 허례허식도 사용되지 않기를 바란다. 나는 다만 나를 사랑하고 아브라함의 품까지 나를 따라 올 사람들의 눈물만 있으면 족하다. 내가 하나님의 이름으로 나의 유언집행인들에게 엄숙히 간청하니 이것을 정확히 지켜주기를 바란다."

그는 죽기 전에 모든 돈과 물건을 가난한 사람들과 설교자들과 끝까지 자기를 돌보느라고 고생한 사람들에게 다 주고 갔다. 그가 남긴 것은 오로지 그가 입던 성의와 수저 한 개뿐이었다. 장례식에 참석한 사람들은 그의 초상화로 장식된 과자 한 개씩을 받았으며, 예배당 전체가 검은 색 천으로 장식되었는데, 그것으로 나중에 가난한 여인 60명에게 옷을 만들어 주었다. 존 웨슬리는 살아서나 죽어서나 가난한 사람들을 사랑하고 가난한 사람들과 함께 하였다. 존 웨슬리는 파운더리 예배당 자리에 1778년 새로 세워진 런던 시티로드 예배당 뒤편 묘지에 묻혔다. 존 웨슬리의 묘에는 존 웨슬리가 죽은 지 4개월 후에 그의 충성스런 메도디스트 누이동생 마르다가 85세로 죽어 오빠 존 웨슬리와 함께 묻혔다. 존 웨슬리의 관 위에는 아래와 같은 글이 라틴어로 쓰여 있었다.

"요하네스 존 웨슬리 문학 석사

전 옥스퍼드 링컨 대학 펠로우

1791년 3월 2일 소천

향년 88세"

존 웨슬리는 1753년에 자신이 병들어 죽는다고 생각하고 자신의 묘비문을
써 놓은 적이 있었다.

"여기에 불 속에서 꺼낸, 타다 남은 나무토막 존 웨슬리의 몸이 잠들어 있다. 그는
51세의 나이에 폐병으로 세상을 떠나면서 빚을 갚고 단 10파운드도 남기지 못한다.
나는 다만 이렇게 기도한다. 하나님, 이 무익한 종에게 자비를 베푸소서."

존 웨슬리는 분명히 자기 관에 새겨진 간단한 문구나 50세 때에 적어보았던
묘비문에 만족했을 것이다. 그러나 그를 찬양하는 자들이 자기들 맘대로 그의
무덤에 너무나 긴 비문을 새겨 놓았다.

"옥스퍼드 링컨 대학의 펠로우, 문학석사, 존경하는 존 웨슬리를 추모함.
이 위대한 빛은 오로지 하나님의 섭리로 일어나서 이 민족을 깨우치고 초대 교회
의 순수한 사도적 교리와 실행을 부흥시키고 강화하고 옹호하였다. 그는 50년이 넘
는 세월 동안 그의 육신의 수고와 저작들로 그것을 옹호하였고 형언할 수 없는 기쁜
마음으로 이 나라들만이 아니라 세계에 그 영향력을 확장시키고 그 효력을 수많은
사람들의 가슴과 삶 속에 증거하였으며, 모든 인간의 능력과 기대를 초월하여 오로
지 하나님의 은총으로 그것이 이 땅 위에 정립되고 효력을 발휘하도록 기초를 마련
하여 미래의 세대에게 복이 되었다. 이 비문을 읽는 자들이여, 설사 당신이 그를 축복

하는 것이 마음에 거리낌이 된다면 하나님께 영광을 돌리시오. 잠시 동안의 고난의 수고를 마치고 그는 드디어 주후 1791년 3월 2일에 88세를 일기로 죽음에 대한 영광스런 승리와 함께 그의 생애를 마치었다."[74]

6) 복음의 사도, 사랑의 성자, 행복의 교사

애즈베리는 존 웨슬리의 소천 소식을 듣고 이렇게 말하였다. "인류의 자손 중에서 그에게 비교할 만한 사람도 없거니와 뒤에 올 아담의 자손 중에서도 그보다 뛰어난 인물은 없을 것이다."

영국 사람들은 존 웨슬리야말로 역사상 영국과 영국 민족에게 가장 큰 영향력을 미친 사람이라고 말한다. 또한 많은 역사가들은 인류역사에 존 웨슬리만큼 많은 일을 한 사람은 없다고 말하였다. 그는 파멸의 위기에 처한 영국을 피의 혁명이 아닌 복음과 사랑의 혁명으로 구원하였다. 그의 학문과 경건과 사랑의 실천은 지금도 살아서 온 세계 만민에게 구원의 빛을 비추고 있다. 존 웨슬리의 말대로 하나님은 그의 일꾼을 땅 속에 묻으시나 그의 일은 계속 하신다.

존 웨슬리는 위대한 경건주의자, 전도자, 신학자, 교육가, 저술가, 박애운동가, 사회개혁자, 그리고 메도디스트 교회의 창시자였다. 더욱 중요한 것은 그가 자기의 삶과 죽음을 통하여 모든 인류에게 진정한 행복을 가르치는 영원한 행복의 교사였다는 것이다. 그는 세계 만민을 위한 복음의 사도요 사랑의 사도인 동시에 행복의 사도였다. 존 웨슬리는 일평생 거룩한 삶을 살았고 이제 거룩한 죽음을 맞았다. 존 웨슬리는 위대한 경건주의자, 전도자, 신학자, 저술가, 박애운동가, 사회개혁자, 그리고 메도디스트 교회의 창시자이다. 더욱이 그는 자기의 삶을 통하여 모든 인류에게 진정한 행복을 가르치는 영원한 행복의 교사였다. 그는 기독교와 행복은 어떤 경우에도 뗄 수 없는 것이며, 어디까지나 "기독교는 행복이다"(Christianity is happiness)라고 줄기차게 강조하였다. 그는 "모든 인간이 세상에서 추구할 최선의 목적은 하나님 안에서의 행복이다."라고 역설하면서 이 세상에 누구라도 "나는 구원받았다"라고 말하는 것은 "나는 진정한 행복을 찾았다"라고 말하는 것과 같은 것이며, "나는 그리스도인이다"이라고 말하는 것은 "나는 참으로 행복하다" 말하는 것과 같은 것이라고 가르쳤다. 존 웨슬리에게 기독교는 언제나 '오직 하나님 안에서 행복'을 가르치는 행복론이다. 그는 기독교 행복론자였다.75) 그가 일생동안 온 힘을 다하여 복음을 전한 것은 더 많은 사람들에게 진정한 행복이 무엇인지를 가르치려는 열심 때문이었다.

존 웨슬리에게 거룩한 삶은 행복한 삶이요 동시에 행복한 삶은 거룩한 삶이었다. 그는 일평생 거룩하게 살았으며, 이제 거룩하게 죽었다. 그는 예수 그리스도의 복음의 사도로서 88세까지 한 평생을 거룩한 삶과 거룩한 죽음의 예술(the art of holy living and holy dying)의 모범을 모든 인류에게 보여주었다. 그는 거룩한 삶과 거룩한 죽음을 통하여 진정으로 행복한 인생을 살았다. 존 웨슬리는 지금도 온 인류에게 "성결이 행복이다"(Holiness is happiness)라고 가르치고 있다. 그는 세계 인류를 위한 영원한 복음의 사도요, 사랑의 성자요, 행복의 교사이다.

존 웨슬리 생애의 주요 사건

1689년	사무엘 웨슬리와 수산나 아네슬리 결혼
1703년 6월 17일	엡윗에서 19자녀 중 15번째 아이로 탄생
1707년 12월 18일	찰스 웨슬리, 18번째 아이로 탄생
1709년 2월 9일	엡윗목사관 대화재 때 기적적으로 구출됨
1711년 5월 12일	버킹엄 공작의 추천으로 명문 차터하우스 학교에 장학생으로 지명됨
1711~1712년	천연두를 앓음
1714년 1월 28일	차터하우스 학교에 입학, 중고등학교 과정 수학 시작
1716년	엡윗목사관에 유령 출현
1720년 6월 24일	옥스퍼드 크라이스트처치 대학 입학
1725년	제레미 테일러의 「거룩한 삶과 거룩한 죽음」을 읽고 완전한 성화를 향한 거룩한 결심
1725년 9월 19일	크라이스트처치 대학에서 집사 목사로 성직 임명
1726년 3월 17일	옥스퍼드 링컨 대학 펠로우로 임명
1727년 2월 14일	옥스퍼드 크라이스트처치 대학에서 문학석사 학위 받음
1728년 9월 22일	크라이스트처치 대학에서 장로 목사로 성직 임명
1729년	신성회(Holy Club) 시작-메도디스트라는 이름을 얻음
1735년 4월 25일	아버지 사무엘 웨슬리 소천
1735년 10월 21일	찰스와 함께 아메리카 조지아 선교사로 출항
1736년 2월 5일	조지아 사반나에 도착
1736년 8월 11일	찰스 웨슬리, 아메리카를 떠남
1738년 2월 1일	존 웨슬리, 잉글랜드 귀국
1738년 5월 21일	찰스 웨슬리 회심
1738년 5월 24일	올더스게이트에서 존 웨슬리 회심

1738년 6월 13일	독일 모라비아교도 본부 헤른후트 방문
1738년 9월 16일	독일에서 귀국
1739년 4월 2일	브리스톨에서의 첫 번째 야외 설교
1739년 6월 3일	메도디스트 최초의 예배당 브리스톨 뉴룸 (New Room) 건축 봉헌
1739년 11월 5일	존 웨슬리의 형 사무엘 존 웨슬리 (티버튼 학교 교장) 소천
1740년 6월 20일	페터레인 신도회로부터 메도디스트 분리-런던 파운더리에서 메도디스트 신도회 시작
1742년 2월 15일	브리스톨에서 캡틴 포이의 제안으로 최초의 속회(class meeting) 시작
1742년 5월 28일	북부 산업지대 뉴캐슬 최초로 방문
1742년 6월 6일	엡웟 교구 예배당에 있는 부친의 묘 위에서 설교
1742년 6월 30일	수산나 웨슬리, 파운더리에서 소천
1744년 6월 25일	런던 파운더리에서 최초의 메도디스트 설교자 총회
1744년 8월 24일	옥스퍼드 대학에서 마지막 설교
1747년 8월 9일	최초로 아일랜드 방문
1748년	킹스우드 학교 설립
1749년 4월 8일	찰스 웨슬리, 사라와 결혼
1749년 10월 3일	사랑하는 그레이스 머리가 존 베넷과 결혼
1751년 2월 18일	존 웨슬리, 41세의 과부 메리 바질과 결혼
1751년 4월	최초로 스코틀랜드 방문
1757년	존 플레처 성직 수임-존 웨슬리 협력 시작
1767년	뉴욕에 최초의 메도디스트 예배당 설립
1769년	보드만과 필모어, 평신도 선교사로 뉴욕에 파송
1769년	한나 볼, 하이 위컴에 최초의 주일학교 설립
1770년 9월 30일	조지 휫필드 소천
1771년 9월 4일	프란시스 애즈베리, 아메리카에 평신도 선교사로 파송
1773년	마차를 구입하여 타기 시작
1775년 4월 27일	피터 뵐러 소천
1777년 4월 21일	런던 시티로드 예배당 건축 시작

1777년	영국 교회 장로 토마스 코크 박사 메도디스트 되다
1778년	예정론 논쟁자 어거스트 토프레이디 소천
1778년 11월 1일	시티로드 예배당 봉헌
1781년 10월 8일	존 웨슬리의 부인, 메리 웨슬리 소천
1784년 2월 28일	선언 시행령(Deed of Declaration)으로 100인 위원회 대법원에 등록
1784년 9월 1~2일	영국 국교회 장로 토마스 코크를 감리사로, 다른 두 사람을 장로 목사로 성직 임명-아메리카 파송
1784년 12월 24일	볼티모어에서 열린 크리스마스 총회에서 토마스 코크가
~1785년 1월 2일	프란시스 애즈베리를 집사목사 - 장로목사 - 감리사로 성직 안수, 북아메리카 메도디스트교회 탄생
1785년	존 플레처 소천
1788년 3월 29일	찰스 웨슬리 소천
1790년 7월 27일	브리스톨에서 마지막 총회 주관
1790년 10월 7일	윈첼시아에서 마지막 야외 설교
1790년 10월 24일	마지막 일기 기록
1791년 2월 17일	람베트에서 설교
2월 18일	첼시에서 설교
2월 20일	튜켄함에서 설교
2월 22일	시티로드에서 설교
2월 23일	레터헤드에서 마지막 설교
2월 24일	국회위원 노예해방운동가 윌리엄 윌버포스에게 마지막 편지
2월 25일	시티로드에 돌아옴
3월 2일	시티로드에서 향년 88세로 소천
3월 9일	시티로드 예배당 묘지에 묻힘
1795년	화해계획(Plan of Pacification) 선언으로 메도디스트 연합체가 영국 국교회로부터 완전 분리 메도디스트 교회로 독립

1. 존 웨슬리의 저작

1. The Journal of the Rev. John Wesley A.M., 8 vols., edited by Nehemiah Curnock, Robert Culley, London, 1916.

2. The Letters of John Wesley A.M., 8 vols., edited by John Telford, Epworth Press, London, 1931.

3. The Standard Sermons of John Wesley, 2 vols., edited and annotated by Edward H. Sugden, Epworth Press, London, 1921.

4. Explanatory Notes upon the New Testament, John Wesley, 1754, reprinted by Epworth Press, London, 1950.

5. The Works of John Wesley, 14 vols., edited by Thomas Jackson, John Mason, London, 1831.

6. The Works of John Wesley, Bicentennial Edition, vol., 1, 2, 3, 4, 7, 9, 11, 18, 19, 20, 21, 22, 23, 24, 25, 26., edited by Albert C. Outler etc., Abingdon Press, 1975~2003.

7. The Poetical Works of John and Charles Wesley, 13 vols., edited by Dr. George Osborn, Wesleyan Methodist Conference Office, London, 1869.

8. A Collection of Hymns for the Use of People Called Methodists, with a New Supplement Edition with Tunes, 1779, reprinted by Wesleyan Methodist Conference Office, 1878.

9. *Christian Library*, 50 vols., Bristol, 1750. ♣

10. *Primitive Physics*, London, 1747.

2. 존 웨슬리의 생애에 관한 중요한 저서(저작 연대순)

1. John Hampson, *Memoirs of the late Rev. John Wesley*, 1791.

2. Thomas Coke and Henry Moore, *The Life of the Rev. John Wesley*, 1792.

3. John Whitehead, *The Life of the Rev. John Wesley*, 1793~96.

4. Robert Southey, *The Life of Wesley*, 2 vols., 1820.

5. Henry Moore, *The Life of John Wesley*, 1824.

6. Richard Watson, *The Life of the Rev. John Wesley*, 1831.

7. Adam Clarke, *Memoirs of the Wesley Family*, 1831.

8. Luke Tyerman, *The Life and Times of the Rev. John Wesley*, 3 vols., 1870~71.

9. Richard Urlin, *The Churchman's Life of Wesley*, 1886.

10. John Telford, *The Life of John Wesley*, 1899.

11. William Meredith, *The Real John Wesley*, 1903.

12. William Fitchett, *Wesley and His Century*, 1906.

13. Richard Green, *John Wesley, Evangelist*, 1905.

14. _____, *The Works of John and Charles Wesley; A Biography*, 1906.

15. _____, *The Conversion of John Wesley*, 1909.

16. John Smith Simon, *John Wesley and the Religious Societies*, 1921.

17. _____, *John Wesley and the Methodist Societies*, 1923.

18. _____, *John Wesley and the Advance of Methodism*, 1925.

19. _____, *John Wesley; the Master Builder*, 1927.

20. _____, *John Wesley; the Last Phase*, 1934.

21. John Rattenbury, *Wesley's Legacy to the World*, 1928.

22. _____, *The Conversion of John Wesleys*, 1938.

23. Arnold Henry Lunn, *John Wesley*, 1929.

24. Colwyn Vulliamy, *John Wesley*, 1931.

25. Leslie F. Church, *Early Methodist People*, 1936.

26. _____, *More about the Early Methodist People*, 1939.

27. Grace E. S. Harrison, *Sons to Susanna, The Private Life of John Wesley*, 1937.

28. Maximin Piette, *John Wesley in the Evolution of Protestantism*, 1937.

29. Francis John McConnell, *John Wesley*, 1939.

30. Richmond Brailsford, *A Tale of Two Brothers*, 1954.

31. William Doughty, *John Wesley Preacher*, 1955.

32. Martin Schmidt, *John Wesley; A Theological Biography*, 2 vols., 1962.

33. Frank Baker, *A Charge to keep*, 1963.

34. _____, *John Wesley and the Church of England*, 1970.

35. Vivian H. H. Green, *The Young Mr. Wesley; A Study of John Wesley and Oxford Methodists*, 1961.

36. _____, *John Wesley*, 1964.

37. Maldwin Edward, *The Astonishing Youth: A Study of John Wesley as men saw him*, 1965.

38. Arthur Skevington Wood, *The Burning Heart; John Wesley, Evangelist*, 1976.

39. Robert Tuttle, *John Wesley; His Life and Theology*, 1979.

40. Richard Heizenrater, *The Elusive Mr. Wesley*, 2 vols., 1984.

41. _____, *Wesley and the People called Methodists*, 1995.

42. Henry D. Rack, *Reasonable Enthusiast; John Wesley and the Rise of Methodism*, 1989.

43. John Pollock, *John Wesley*, 1998.

44. Kenneth Collins, *A Real Wesley*, 1999.

45. John Munsey Turner, *John Wesley*, 2002.

46. John Kent, *Wesley and the Wesleyans*, 2003.

47. Stephen Tomkins, *John Wesley*, 2003.

48. Ralph Walller, *John Wesley*, 2003.

49. J. Keith Cheetham, *On The Trail of John Wesley*, 2003.

1부_ 엡윗에서 옥스퍼드까지
(1703~1735)

1) 존 웨슬리 가문과 선조들에 관하여는 필자의 책 「웨슬리 이야기 1: 웨슬리의 뿌리」에 자세하게 소개하였다.

2) Thomas Coke and Henry Moore, *The Life of the Rev. John Wesley*, vol. 1, p.116.

3) Adam Clarke, *Memoirs of the Wesley Family*, vol. 2, p.321.

4) *JJW*, 1, p.464.

5) 독자들은 필자의 저서 「웨슬리 이야기 1: 웨슬리의 뿌리」를 반드시 읽어보기 바란다. 이 책을 먼저 읽지 않으면 존 웨슬리를 제대로 이해할 수 없다.

6) Luke Tyerman, 같은 책, p.19.

7) 차터하우스란 이름은 카투시안 수도원이 처음으로 세워진 프랑스의 알프스 지방 'Grande Chartreuse' (그랑 샤뜨르즈)라는 이름에서 유래한 것으로서, 프랑스어의 'maison chartreuse' (샤뜨르즈의 집)의 영어번역이다.

8) Luke Tyerman, 같은 책, p.20.

9) *JJW*, 1, p.465.

10) *JJW*, 1, p.465; 일기, 1738. 5. 24.

11) 여기서 사무엘의 무분별한 맹세가 무엇인지는 밝혀지지 않았다.

12) Luke Tyerman, *The Life and Times of the Samuel Wesley*, 1, p.23.

13) Luke Tyerman, 같은 책, p.23.

14) Robert Southey, *The Life of Wesley*, 1, p.16~20.

15) 당시의 옥스퍼드 대학에 관해서는 V. H. H. Green의 책 *The Young Mr. Wesley*, p.13~40을 참고할 것.

16) V. H. H. Green, *The Young Mr. Wesley*, p.305~319. 여기서 그린 박사는 존 웨슬리의 독서 목록을 잘 정리하여 놓았다.

17) Henry D. Rack, *Reasonable Enthusiast*, p.70.

18) 존 웨슬리의 건강과 체이니 박사 관계에 관하여는 V. H. H. Green, *The Young Mr. Wesley; A Study of John Wesley and Oxford Methodists*, p.63~65를 참고할 것.

19) 수산나의 편지, 1724. 8. 19; Charles Wallace, *Susanna Wesley, Complete Writings*, p.103~104.

20) *LJW*, 1, p.9~11.

21) 노년의 존 웨슬리는 S자 모양의 멋진 모자를 쓰고 다녔다. 그러나 결코 값비싼 것이 아니었으며, 찬바람을 막기 위한 것이었다.

22) John Reynolds, *Anecdotes of Wesley*, p.8.

23) Luke Tyerman, 같은 책, p.31.

24) G. Stevenson, *Memorials of the Wesley Family*, p.119~120.

25) 수산나가 존에게 보낸 편지, 1725. 2. 23.

26) Luke Tyerman, 같은 책, p.43.

27) *WJW*, 11, p.366~367.

28) *WJW*, 11, p.366.

29) *WJW*, 11, p.367.

30) 위와 같은 총칙과 규칙과 결심에 관하여는 다음의 자료를 참고할 것. *LJW*, 1, p.41, 48; *JJW*, 1, p.52, 55, 56, 57; V. H. H. Green, *The Young Mr. Wesley*, p.103.

31) 헨리 랙 박사는 이 점에서 존 웨슬리가 인간적인 사랑에서 거룩한 사랑으로 발전될 것이라고 믿었다고 했는데 필자는 그 반대라고 생각한다. Henry Rack, *Reasonable Enthusiast*, p.78.

32) *JJW*, 1, p.193~194.

33) *JJW*, 1, p.217~218.

34) *LJW*, 1, p.282~284.

35) *LJW*, 1, p.201, p.210.

36) 김진두, 「웨슬리의 뿌리」, p.129.

37) 김진두, 「웨슬리의 뿌리」, p.81.

38) 필자주: 나중에 조지아에서 소피 홉키와 연애 사건도 이런 방식으로 이해하면 좋을 것이다.

39) *LJW*, 1, p.381.

40) Luke Tyerman, 같은 책, p.54~55.

41) Luke Tyerman, 같은 책, p.62.

42) Martin Schmidt, *John Wesley; A Theological Biography*, vol. 1, p.96.

43) John Tyson, *Charles Wesley A Reader*, p.5.

44) *WJW*, 8, p.348. 다음 해에는 존 웨슬리의 제자 2~3명과 찰스의 제자 1명이 이 모임에 가입했다. 1732년에는 벤자민 잉함과 브로톤이 들어왔고 존 클레이튼과 브레이즈 노웃즈가 2~3명의 제자들을 데리고 들어왔다. 곧 이어서 제임스 허비가 가입했으며, 1735년에는 조지 휫필드가 들어왔다. 1735년 신성회가 해산될 때까지 회원 수가 약 40명에 달했다. 그리고 대표적인 회원은 웨슬리 형제와 로버트 커크함, 윌리엄 몰간, 존 클레이튼, 벤자밍 잉함, 제임스 허비, 찰스 킨친, 존 화이트 램, 존 갬볼드, 윌리엄 스미스 등이다(Luke Tyerman, 같은 책, p.67).

45) *WJW*, 11, p.203~237. 존 웨슬리는 이외에도 가족 기도집과 어린이를 위한 기도집을 만들어 사용하였다(*WJW*, 11, p.237~272).

46) *WJW*, 11, p.521~523.

47) *LJW*, 1, p.28~29.

48) *WJW*, 8, p.347~348.

49) *WJW*, 8, p.348.

50) Luke Tyermann, 같은 책, p.67. 람베트는 영국 교회 캔터베리 대주교의 관저다. 정기적으로 영국 국교회의 중요한 일을 의논하고 결정하며 주교와 대주교를 임명하는 람베트 대회의(Lambeth Conference)가 이곳에서 열린다. 또 이 회의에서 영국 국교회의 표준교리와 표준설교집과 표준예배서가 결정되어 나온다. 람베트 설교집이란 람베트에서 행해진 대주교들의 설

교를 모은 것을 말한다.

51) *WJW*, 8, p.348.

52) *WJW*, 11, p.367.

53) *SS*, 1, p.1~32; 김진두, 「웨슬리와 우리의 교리」, p.34~35 참조.

54) *WJW(B)*, 22, p.42.

55) *WJWB*, 1, p.395~410.

56) *LJW*, 6, p.6.

57) *LJW*, 6, p.213.

2부_ 옥스퍼드에서 올더스게이트까지
(1735~1738)

1) 본래는 이 사람들 외에 2명의 옥스퍼드 메도디스트가 더 임명되었지만 곧 부적절하다는 이유로 임명이 취소되어 함께 가지 못했다. 잉함은 가장 활동적인 메도디스트였다. 그는 존 웨슬리의 동역자로 조지아에 갔다가 2년 후에 귀국하여 영국 중부지방에서 부흥운동을 이끌며 신도회를 결성하여 존 웨슬리와 결별하였다. 델라모트는 부유한 상인의 아들로서 존 웨슬리의 조력자가 되기로 자원하여 조지아에 가서 학교를 설립하고 교육 사업에 열중하다가 2년 후에 귀국하여 모라비아교인이 되었다. 그의 누이동생은 조지 휫필드의 아내가 되었다. 모라비아교 감독 데이비드 니치만은 아메리카에 모라비아교 부흥을 위해 헌신한 사람이며, 후에 아메리카 연합 형제 교회(The United Brethren Church)의 창시자가 되었다. *WJWB*, 18, p.136 참조.

2) *WJWB*, 18, p.137~138.

3) *LJW*, 1, p.188~189.

4) *LJW*, 1, p.191.

5) Luke Tyerman, 같은 책, p.120.

6) 모라비아교의 기원은 체코의 종교개혁자 존 허스(J. Huss, 1415년에 순교)에까지 올라가야 한다. 보헤미아의 종교개혁자 허스의 신앙을 계승하려는 사람들이 박해를 피하여 보헤미아와 모라비아 땅에 모여 공동체를 형성하였는데, 그들

은 1457년에 허스가 가르치는 영적 교훈과 사도적 규범을 실천하려는 목적으로 협회를 만들었으니 이것이 곧 '모라비아 형제단'이다. 이후 그들은 가톨릭의 박해를 피하여 폴란드와 오스트리아와 그 밖의 지방으로 흩어져 신앙의 명맥을 유지하다가 1722년에는 진첸도르프(Count Nicholaus Ludwig Von Zinzendorf)를 만나게 되어 독일 헤른후트에 공동체를 건설하였다. 이들의 지도자가 된 진첸도르프는 이들의 신앙운동을 루터교회 개신교 신앙과 접목시켜서 하나의 개신교 경건주의 신앙운동으로 발전시켰다(진첸도르프는 할레 대학에서 공부하고 1737년에 모라비아교의 감독이 되었으며, 모라비아교의 신학과 경건주의의 기틀을 확고히 다져놓았다). 헤른후트 공동체에는 보헤미아와 모라비아뿐만 아니라 유럽의 다른 지역으로부터 경건주의 신앙을 추구하는 약 1,000여 명의 신자들이 모였다. 이들은 초대 교회의 신앙생활을 모범으로 삼아 엄격한 규율을 지키며 철저한 경건생활을 실천하였다. 이들은 가톨릭교회의 경건주의인 수도원 영성생활과는 다르게 그것을 대신하는 독특한 개신교 경건주의를 형성하여 발전시켰다. 그런 면에서 그들은 교회사적으로 아주 중요한 위치를 차지한다. 이후로 헤른후트는 개신교 경건주의의 본산지가 되었으며, 여기서부터 개신교 경건주의는 세계로 확산되었다. 이들은 독일을 비롯하여 유럽 어느 지역에서도 크게 번성하지 못하다가 일부가 영국으로 와서 정착하고 신앙활동을 하였는데, 바로 이들이 존 웨슬리 형제에게 큰 영향을 끼친 것이다. 그들은 개신교 신앙생활의 자유가 있는 아메리카로 이주하여 정착촌을 형성하고 자기들 나름대로의 신앙생활을 유지하였는데, 그 첫 번째 정착지가 바로 존 웨슬리가 머물렀던 조지아 사반나 지역이었기 때문에 존 웨슬리는 배 안에서 만난 모라비아교인들과 그곳에서 더욱 깊은 교제를 맺으며 많은 영향을 받게 된다. Clifford W. Towlson, *Moravians and Methodist* 참고.

7) Luke Tyerman, *The Life and Times of the Rev.* *John Wesley*, p.121~122.

8) *JJW*, 1, p.141~142.

9) *JJW*, 1, p.141~143.

10) 스팡겐버그(1704~1792)는 독일 모라비아교 감독인 진첸도르프(Nikolaus Ludwig von Zinzendorf; 1700~1760)의 파송을 받아 아메리카에 온 최초의 모라비아교 목사다. 그는 일찍이 예나 대학에서 회심을 하였고 곧 진첸도르프의 제자가 되어 모라비아교의 본산지 헤른후트(Hermhut)에서 그의 가장 중요한 동역자가 되었다. 그는 할레 공동체에 있는 신학교 교수가 되었고 고아원을 맡아 일하였다. 선교사로 파송되어 조지아에 살면서 아메리카의 모라비아교 최고 지도자요 사실상 진첸도르프를 대신하는 모라비아교 부감독으로서 아메리카의 모라비아교 선교에 헌신한 사람이다. 1750년대에는 다시 헤른후트에 와서 진첸도르프가 죽을 때까지 모라비아교의 신학과 재정을 확고히 다져 놓았으며 진첸도르프 사후에 그의 후계자가 되었다. 그는 진첸도르프를 계승한 모라비아교의 신학적·영적 지도자였으며, 아메리카에서 모라비아교를 설립하고 발전시킨 사도였다.

11) *JJW*, 1, p.149~151.

12) *WJWB*, 18, p.165~167.

13) 두 여인은 호킨스 부인과 웰치 부인인데, 두 여인은 오글도프와 간통을 저질렀다고 찰스에게 말하기도 하고 그 사실을 찰스가 퍼뜨린다고 비난하였다. 또한 찰스가 두 여인을 음탕한 여인이라고 소문을 퍼뜨린다고 원망하는 등, 찰스에게 괴상한 히스테리를 부렸다.

14) Luke Tyerman, 같은 책, p.128.

15) *WJWB*, 25, p.454.

16) *JJW*, 1, p.330.

17) Luke Tyerman, 같은 책, p.155~156.

18) *JJW*, 1, p.393.

19) *JJW*, 1, p.418.

20) *JJW*, 1, p.422.

21) Luke Tyerman, 같은 책, p.170.

22) Henry Moore, *The Life of John Wesley*, 1,

p.347.

23) *JJW*, 1, p.435.

24) Luke Tyerman, 같은 책, p.173.

25) Clifford Towlson, *Moravian and Methodist*, p.47.

26) *JJW*, 1, p.442.

27) *WJWB*, 18, p.248~249.

28) Moravian Archives, *World Parish*, vol. 2, p.8.

29) *JJW*, 1, p.459~460.

30) *JJW*, 1, p.457.

31) *JJW*, 1, p.149.

32) John Tyson, *Charles Wesley A Reader*, p.98~100.

33) John Tyson, 같은 책, p.101~108.

34) 올더스게이트 거리는 존 웨슬리 시대에 불리던 지명 그대로 아직도 런던 북부에 있다. 이곳은 영국에서 가장 큰 성 바울 성당에서 도보로 약 10분 거리에 있으며, 런던 북부 지역의 번화가 다. 18세기에 이곳은 주로 노동자 계층의 가난 한 사람들이 운집하여 사는 지역이었다. 이곳 에서 약 200미터 떨어진 곳에 찰스 웨슬리가 회 심을 경험하였던 장소가 있다. 존 웨슬리 당시 에 이곳에는 독일에서 이민 온 독일 모라비아교 인들의 정착촌이 있었으며, 그들의 신도회가 몇 곳에서 모이고 있었다. 존 웨슬리가 참석했던 신도회는 본래 올더스게이트 거리의 입구 오른 쪽에 위치한 네틀톤 코트(Nettleton Court)에서 모이고 있었으며, 이 신도회의 회원 중에는 존 웨슬리의 친구인 제임스 허튼(J. Hutton)이 있 었으며, 조지 휫필드도 회원으로서 이 신도회에 서 한동안 설교를 맡은 적이 있다. 현재는 이 거 리 입구에 런던 박물관이 서 있는데, 존 웨슬리 가 회심한 정확한 위치는 런던 박물관 정문이 다. 박물관 입구에 존 웨슬리 회심을 기념하는 기념비가 서 있다.

35) 루터의 로마서 주석의 서문을 읽은 사람은 윌리 엄 홀란드로 알려지고 있다. 그는 경건한 영국 국교도로서 존 웨슬리 형제에게 루터의 로마서 주석과 갈라디아 주석을 읽도록 처음으로 소개

해준 사람이다. 그는 영국 국교도이면서도 모 라비아교인들과 친밀한 신앙의 교제와 활동을 계속하였으며, 페터레인 신도회의 창립 회원이 었다. 그는 영국에서 약 10년간 모라비아 신도 회의 중요한 지도자로 활동하다가 모라비아교 인들을 떠났다.

36) *WJWB*, 1, p.249~250.

37) 영국 국교회 중에서도 신학과 예전 등에서 가톨 릭교회의 신앙전통을 따르는 교회를 영국적 가 톨릭교회(Anglo-Catholic Church)라고 부르며, 고교회(High Church)라고도 부른다. 이러한 교 회들은 구원론에 있어서도 가톨릭교회의 선행 을 쌓아서 구원을 얻는다는 공로주의적 구원을 믿고 있었다. 또한 아르미니우스(1560~1609)는 네덜란드의 신학자로서 라이덴 대학에서 교수 로 있었다. 그는 신의 무조건적 선택과 이중 예 정론을 비롯하여 칼빈주의 교리를 반대하는 신 학을 펼치고 있었다. 그는 구원에 있어서 인간 의 자유의지의 참여와 도덕적 노력(선행)의 필 요성과 중요성을 강조하였다. 아르미니우스주 의는 유럽대륙에서는 막강한 루터주의와 칼빈 주의 때문에 큰 영향을 못 미치고 있었으나 영 국으로 건너와 영국 국교회에 지대한 영향을 미 쳤으며, 영국 국교회의 신학에 깊이 자리 잡게 되었다.

38) John Hampson, *Memoirs of the late Rev. John Wesley, AM*, 3 vols. 1, p.96.

39) John Whitehead, *The Life of the Rev. John Wesley*, 1, p.108.

40) 마음의 신앙에 관해서는 필자의 책 「웨슬리와 우리의 교리」(감리교신학대학교 출판부), p.180~200을 참조할 것.

41) *SS*, 1, p.208.

42) *SS*, 2, p.344~345.

43) John Newton, *Susanna Wesley and the Puritan Tradition*, p.80.

44) *JJW*, 1, p.424.

45) John Newton, 같은 책, p.195~196.

46) *JJW*, 1, p.250.

47) 1744년 메도디스트 총회 회의록; *WJW*, 8, p.300.

48) *PWJC*, 3, p.234~235.

49) *JJW*, 2, p.3.

50) *JJW*, 2, p.3~6.

51) Luke Tyerman, 같은 책, 3, p.203~204.

52) Luke Tyerman, 같은 책, p.204.

53) *WJW*, 1, p.110.

54) *WJW*, 1, p.117.

55) *WJWB*, 19, p.29.

56) Luke Tyerman, 같은 책, p.279~281.

57) Henry D. Rack, *Reasonable Enthusiast*, p.185.

58) Luke Tyerman, 같은 책, p.300~301.

3부_ 올더스게이트에서 온 나라로
(1738~1791)

1) 18세기 영국의 교회와 사회상에 관하여는 필자의 책, 「웨슬리와 사랑의 혁명」(감리교신학대학교 출판부, 2000년)을 참조할 것.

2) Luke Tyerman, *The Life and Times of the Rev. John Wesley*, p.213~215.

3) Luke Tyerman, 같은 책, p.224.

4) Luke Tyerman, 같은 책, p.225.

5) *JJW*, 2, p.156.

6) Thomas Coke and Henry Moore, *The Life of the Rev. John Wesley*, 1, p.438.

7) Luke Tyerman, 같은 책, p.232.

8) *JJW*, 2, p.167.

9) Luke Tyerman, 같은 책, p.232.

10) 하남산에서 야외 설교를 맨 처음 한 사람은 침례교 복음주의자들이었다. 그 다음이 조지 휫필드였고, 그 뒤를 계승한 존 웨슬리는 이곳에서 가장 오랫동안 가장 많은 설교를 하였다. 이곳을 중심으로 부흥운동이 확산되었으며, 킹스우드에서 메도디스트 신도회가 크게 부흥하고 최초의 메도디스트 학교인 킹스우드 학교가 세워지기도 하였다. 하남산은 존 웨슬리가 가장 많이 찾은 야외 설교 장소로 유명하다. 현재 이곳에는 존 웨슬리의 야외 설교를 기념하는 기념비가 세워져 있으며, 아름다운 존 웨슬리 기념 감리교 예배당이 서 있다.

11) *JJW*, 2, p.168.

12) *WJWB*, 10, p.52~53.

13) *WJWB*, 10, p.53.

14) 초기 존 웨슬리 전기 작가인 John Hampson은 존 웨슬리의 전도 여행 일기와 편지를 철저히 조사하고 그가 여행한 도로의 거리를 계산하여 그의 여행 거리와 설교 횟수에 대한 통계를 정확하게 알려주었다. John Hampson, *Memoirs of the late Rev. John Wesley*, AM, 1791, 3 vols. 1, p.98~99.

15) *WJW*, 8, p.300.

16) *WJW*, 8, p.300~301.

17) *WJW*, 4, p.325.

18) *WJW*, 8, p.229.

19) *JJW*, 2, p.227.

20) *JJW*, 1, p.285~287.

21) *JJW*, 2, p.257. 버틀러 감독과의 첫 번째 면담은 1739년 8월 16일에 있었고, 두 번째 면담은 이틀 뒤인 18일에 있었다. 이것은 버틀러 감독이 존 웨슬리에게 브리스톨을 떠나도록 강하게 압박하였다는 것을 의미한다. 그러나 버틀러 감독은 브리스톨에서 존 웨슬리의 인기가 너무나 크다는 사실에 두려워하였기 때문에 더 이상 존 웨슬리를 압박할 수는 없었던 것으로 추측된다 (Luke Tyerman, 같은 책, p.246~247).

22) Luke Tyerman, 같은 책, p.256~268.

23) *JJW*, 2, p.186~231.

24) *JJW*, 2, p.207.

25) *JJW*, 4, p.357.

26) *JJW*, 2, p.321~322.

27) *JJW*, 2, p.297~299.

28) *JJW*, 2, p.299~300.

29) *JJW*, 2, p.300~301.

30) *Methodist Magazine*, 1849, p.165.

31) *JJW*, 2, p.239~240.

32) George Whitefield' Journal, 1739. 7. 17.

33) Richard Watson, *The Life of the Rev. John Wesley*, p.153.

34) *WJW*, 8, p.228, 492.

35) *WJW*, 8, p.495.

36) John Whitehead, *The Life of the Rev. John Wesley*, p.79~80.

37) *JJW*, 3, p.373.

38) Luke Tyerman, 같은 책, p.248.

39) *JJW*, 3, p.100.

40) Henry Moore, *The Life of John Wesley*, p.157~158.

41) Henry Bett, *The Early Methodist Preachers*, p.26~27.

42) Thomas Coke and Henry Moore, *The Life of the Rev. John Wesley*, p.132.

43) *WJWB*, 10, p.16.

44) John Hampson, 같은 책, p.135.

45) John Hampson, 같은 책, p.190.

46) *JJW*, 5, p.89.

47) *JJW*, 6, p.364~365.

48) A Collection of Hymns for the Use of the People Called Methodists, 1779, No.478; 한국 교회 통일 찬송가 280장.

49) *JJW*, 5, p.360~361.

50) John Whitehead, 같은 책, p.123.

51) *JJW*, 6, p.137.

52) Richard Green, *John Wesley, Evangelist*, p.591~492.

53) *WJW*, 7, p.425~426.

54) Thomas Jackson, *The Centenary of Wesleyan Methodism*, p.201.

55) John Whitehead, 같은 책, p.246~248.

56) *JJW*, 5, p.89.

57) J. B. Wakeley, *Anecdotes of the Wesleys*, p.312~313.

58) William Doughty, *Wesley The Preacher*, p.196.

59) *LJW*, 2, p.267~268.

60) *WJW*, 8, p.48, 346.

61) *WJW*, 8, p.47.

62) *JJW*, 1, p.75.

63) *JJW*, 2, p.180.

64) *LJW*, 2, p.290.

65) *LJW*, 3, p.270~271.

66) *JJW*, 3, p.520~521.

67) *JJW*, 5, p.60~61.

68) John Munsey Turner, *John Wesley*, p.127.

69) Robert Southey, *The Life of Wesley*, 2, p.174.

70) William Doughty, 같은 책, p.69.

71) William Doughty, 같은 책, p.69~70.

72) Luke Tyerman, 같은 책, p.346.

73) Wesley's Veterans, 7, p.191.

74) *WJW*, 8, p.299.

75) *JJW*, 1, p.85.

76) "A Short History of the People Called Methodists", *WJWB*, 3, p.276.

77) William Fitchett, *Wesley and His Century*, p.283~295.

78) William Fitchett, 같은 책, p.291.

79) *JJW*, 3, p.129.

80) *JJW*, 3, p.360.

81) *JJW*, 5, p.458.

82) *JJW*, 5, p.501.

83) Leslie F. Church, *More About the Early Methodist People*, p.169.

84) *JJW*, 3, p.71.

85) *JJW*, 3, p.26.

86) *WJW*, 8, p.251~252.

87) *LJW*, 4, p.334.

88) *WJW*, 8, p.269.

89) 연합신도회 일반 규칙에 대하여는 필자의 저서 「웨슬리의 실천신학」 제5장 "초기 메도디스트 신앙공동체들"을 볼 것.

90) Leslie F. Church, 같은 책, p.157.

91) *WJW*, 8, p.252~253, 357.

92) *JJW*, 2, p.535~536; *WJW*, 1, p.363.

93) 존 웨슬리의 은혜의 방편에 대하여는 필자의 책

「웨슬리의 실천신학」 제3장과 제6장을 참고할 것.

94) 존 웨슬리의 연결 조직에 대하여 더 이상의 자세한 지식을 얻으려면 필자의 책 「웨슬리의 실천신학」 제5장을 참고할 것.

95) T. M. Newness, *Memoirs of the Life of the Rev. Adam Clarke*, p.325.

96) Richard Urlin, *The Churchman's Life of Wesley*, p.188.

4부_ 온 나라에서 온 세계로
(1738~1791)

1) *JJW*, 2, p.141.

2) Robert Southey, *The Life of Wesley*, 1, p.226.

3) Robert Southey, 같은 책, p.227.

4) 여기서 말하는 '당신의 교리'란 존 웨슬리가 주장하는 '만인구원의 교리'를 의미한다.

5) William Fitchett, *Wesley and His Century*, p.323.

6) *LJW*, 2, p.31; Robert Southey, 같은 책, p.227.

7) *LJW*, 2, p.184.

8) *LJW*, 1, p.322~323.

9) William Fitchett, 같은 책, p.328.

10) Robert Southey, 같은 책, 1, p.274.

11) William Fitchett, 같은 책, p.331~332.

12) *WJWB*, 3, p.543~563.

13) Henry Rack, 「존 웨슬리와 감리교의 부흥」, 김진두 역, p.225~226.

14) Henry Rack, 김진두 역, 같은 책, p.223.

15) *JJW*, 3, p.83~86.

16) 한국 웨슬리학회 편, 「웨슬리 설교 전집」, 6권, p.179~206, 설교번호 112, "플레처 목사의 죽음에 즈음하여"를 참고할 것.

17) Luke Tyerman, *The Life and Times of the Rev. John Wesley*, 3, p.93~94.

18) Luke Tyerman, 같은 책, p.100.

19) 토프레이디의 대표적인 저작으로는 *The Historic proof of the Doctrinal Calvinism of the Church of England*(1774)와 *The Church of England Vindicated from the Church of Arminianism*(2 vols., 1769)이 있으며, 이 책들은 당시 영국에서 칼빈주의 교리를 대변하는 명작으로 널리 읽혔다.

20) Henry Rack, 같은 책, p.525~526.

21) 선행적 은혜(prevenient grace)란 인간이 예수 그리스도를 통해서 오는 구원의 은혜를 알기도 전에 그보다 먼저 와서 하나님께로 나아가게 하는 은혜를 의미한다. 이러한 은혜의 개념은 칼빈주의에서는 볼 수 없는 것인데 존 웨슬리가 인간의 자유의지를 설명할 때에 즐겨 쓰는 용어였다. 필자 주.

22) Robert Southey, 같은 책, p.196~197.

23) 한국 웨슬리학회 편, 「웨슬리 설교전집」, 3권, p.373~376.

24) *WJWB*, 2, p.80.

25) Luke Tyerman, 같은 책, p.541.

26) William Fitchett, 같은 책, p.458~459.

27) William Fitchett, 같은 책, p.351.

28) Barrie W. Tabraham, *Brother Charles*, p.92.

29) Luke Tyerman, The Life and Times of the Rev. John Wesley, vol 2, p.52~53.

30) Luke Tyerman, 같은 책, p.55.

31) Luke Tyerman, 같은 책, p.54.

32) *JJW*, 3, p.515.

33) Henry Rack, 김진두 역, 같은 책, p.285.

34) Luke Tyerman, 같은 책, p.110~111.

35) *JJW*, 6, p.212.

36) Henry Moore, *The Life of John Wesley*, p.289.

37) John Hampson, *Memoirs of the late Rev. John Wesley*, p.274; William Fitchett, 같은 책, p.471.

38) 존 웨슬리 선조들의 삶에 관하여는 필자의 저서 「웨슬리의 뿌리」를 읽을 것.

39) Henry Moore, 같은 책, p.186; John Telford, *The Life of John Wesley*, p.330~331.

40) 이것에 관하여는 필자의 책 「웨슬리와 사랑의

혁명」을 참고할 것.

41) *JJW*, 1, p.301.

42) *JJW*, 8, p.254.

43) *JJW*, 3, p.301.

44) *JJW*, 3, p.302.

45) Richard Green, *The Works of John and Charles Wesley*, 1908; John Telford, 같은 책, p.385.

46) Frank Baker, "John Wesley, postal pastor", Dig or die, Wesley Historical Society에서 행한 강의, World Methodist Historical Society, 호주판, 1981, p.37~47.

47) *LJW*, 6, p.207, p.334~338; 8, p.76; Henry Moore, 같은 책, 2, p.434.

48) Henry Rack, 같은 책, p.195.

49) William Fitchett, 같은 책, p.445~446.

50) *WJWB*, 1, p.7~8.

51) *WJWB*, 1, p.8.

52) WJWB, 1, p.447.

53) John Telford, 같은 책, p.356.

54) Adam Clarke, *Memoirs of the Wesley Family*, p.359.

55) John Hampson, 같은 책, p.356.

56) *JJW*, 7, p.376~388.

57) John Munsey Turner, *John Wesley*, p.127.

58) Henry Rack, 같은 책, p.363.

59) Henry Rack, 같은 책, p.492.

60) John Munsey Turner, 같은 책, p.127.

61) *WJW*, 8, p.272.

62) Frank Baker, *John Wesley and the Church of England*, p.320.

63) John Wesley, The Sunday Service of the Methodists in North America. ··· (London, 1784), p.2. 이 원본은 James White 박사가 자신의 서문을 실어 1984년에 The Methodist Publishing House를 통하여 출판하였다. 존 웨슬리는 아메리카의 메도디스트들을 위해서 만든 영국 국교회의 공동기도서 축약 개정판 서문에서 이렇게 역설하였다.

64) 반면에 개신교 전통을 존중하고 따르는 교회를 저교회(low church) 혹은 복음주의 교회(evangelical church)라고 부른다.

65) *WJW*, 8, p.330~331.

66) 이것에 관하여는 필자의 논문 "영국 감리교회의 역사"(「존 웨슬리와 감리교신학」, 1999, 한국 웨슬리신학회 편)를 참조할 것.

67) *LJW*, 8, p.91.

68) Frank Baker, *The Verse of Charles Wesley*, p.367.

69) Luke Tyerman, 같은 책, 3, p.203.

70) William Fitchett, 같은 책, p.450.

71) Luke Tyerman, 같은 책, 1, p.117, 525, 521~523; *LJW*, 2, p.158, 285.

72) *JJW*, 8, p.136; Primitive Physics, p.5.

73) John Telford, 같은 책, p.300~301.

74) 이 비문은 런던의 시티로드에 있는 존 웨슬리 기념 예배당 뒤편 존 웨슬리의 묘비에 새겨져 있다.

75) 김진두, 웨슬리와 우리의 교리, p.231